本书为国家社会科学基金重点项目"彝族长期贫困及代际传递的实证研究"的成果

王卓/著

贫困治理

POVERTY GOVERNANCE

彝族长期贫困及代际传递

LONG TERM POVERTY
AND INTERGENERATIONAL TRANSMISSION OF
YI ETHNIC

社会科学文献出版社
SOCIAL SCIENCES ACADEMIC PRESS (CHINA)

序

在世界贫困状况不断恶化、贫困人数呈现上升趋势的国际背景下，中国在 2020 年实现了全面脱贫。国际社会对中国的贫困治理成就给予了高度评价，称之为"中国的奇迹"和"发展中国家消除贫困的典范"。当然，在惊羡之余，许多国家也对中国贫困治理的经验模式、方法路径等充满好奇，而中国自己也非常有必要对于全面脱贫这一伟大成就进行充分的总结归纳，特别是对于那些长期作为国家级贫困县、脱贫攻坚过程极为艰难的偏远少数民族地区，不仅需要总结其成功经验，更需要深入分析其贫困产生的根本原因，深刻认识其贫困治理的长期性。四川大学王卓教授新近付梓的《贫困治理——彝族长期贫困及代际传递》一书，对于彝族地区长期存在的贫困问题，及相关影响因素和机制特点做了大量的田野调查和深入的理论思考，也对如何巩固脱贫攻坚成果，构建造血机制，防止返贫提出了科学务实的政策建议。其理论价值和现实意义皆不同凡响。

第一，从文献检索情况看，我国目前研究彝族历史和社会发展的专著已有若干，研究彝族地区贫困治理的论文也不鲜见，但是洋洋数十万言专门系统研究彝族地区贫困治理的专著尚属首见。从研究内容上看，这部专著对彝族社会的研究非常全面，涉及了彝族社会的悠久历史、人口变动、经济发展、社会变迁、婚姻习俗、家支制度、宗教文化、鬼神信仰等，从非常广阔的视野探讨了彝族社会贫困治理的问题、特点和工作路径。同时该研究田野调查深入细腻，工作量非常饱满，研究团队深入多个彝族村落，取得了大量的一手资料，许多访谈记录真实详细，鲜活生动，读来令人如临其境。研究方法上，虽然作者较多地强调民族志方法，但实际上全面灵活地运用了人口学、社会学、民族学的研究方法。既有人口学坚持数

1

据支撑，擅长数据分析的严谨性，又有社会学田野调查的在地性和现场观察的直观性，以及民族志方法的历史性和文化性。

我国彝族地区是在新中国成立之后，经 1956 年民主改革，从奴隶制社会一步千年地跨入社会主义社会，所以其经济社会发展基础十分薄弱，文化建设非常滞后，社会治理环境具有特殊的复杂性，其贫困治理工作艰难而伟大。对彝族地区贫困治理过程进行系统研究梳理，不仅是对历史的交代，也为其他民族地区总结贫困治理经验，巩固脱贫攻坚成果提供了一个良好借鉴。

第二，贫困代际传递是彝族地区长期贫困的一个重要表现和治理难点。贫困代际传递的含义是指贫困以及导致贫困的相关条件和因素在家庭内部由父母传递给子女，使子女在成年后重复父母的贫困境遇。对于下一代来说，代际传递既是长期贫困产生的原因，也是长期贫困的结果。大约从 20 世纪 70 年代起，国际上关于贫困代际传递的研究开始流行，有代表性的观点有以下几种。美国社会学家布劳和邓肯（Blau & Duncan）提出"地位获得模型"，认为在封闭性社会里个人地位获得主要来自先天因素，在开放性社会里个人地位获得主要来自后致性因素。摩尔（Karen Moore）认为，贫困代际传递的焦点是代际转移的各种形式的资本，如人力资本、社会资本、政治资本、金融资本、物质资本、自然与环境资本等。这些资本在代际的转移状况直接作用于贫困。刘易斯（Lewis）认为，贫困通过固有的社会心理导致穷人的延续，相比于富裕家庭的孩子，来自低收入家庭的儿童教育水平低下，在许多方面处于不利地位。贝克尔（Becker）提出"资源受限"理论框架，认为由于贫困父母始终处于经济危机的状态，总是面临在生存和子女教育投资间分配资源，他们难以有足够的金钱和精力，用于开发孩子的人力资本，从而使孩子在劳动力市场处于劣势。考克兰（Corcoran）通过研究发现，家庭结构也会影响贫困代际传递，单身母亲的孩子成为穷人的可能性为双亲家庭孩子的 5 倍。生长在不完整的家庭中，孩子得到家庭经济资源、非经济资源和社区资源的机会较少，未婚母亲和单身母亲培育的孩子，成年后往往有较高贫困发生率。这些研究对于我们认识和分析彝族地区贫困代际传递与长期贫困的关系固然具有重要的理论启示，但我们更需要的是在地的研究分析彝族地区贫困代际传递的经验观察和理论总结。王卓教授这本著作以大量翔实的资料呈现了彝族贫困代际传递的现状，深入分析了彝族贫困代际传递的影响因素、代际特征和传递机制，既对彝族贫困治理提供了重要的决策参考，也为国际贫困代际传递研究和贫困治理理论发展做出了重要贡献。

第三，虽然贫困治理是一个古老的议题，但是现代科学意义上的贫困研究被认为最早是从英国学者朗特里（Seebohm Rowntree）开始的。20 世纪初，他通过在英国约克郡对居民家计的实地调查和长期观察，发现一些家庭因为收入微薄，不足以换取生活所需要的基本资料，于是首次提出"绝对贫困"（primary poverty）的概念，即：如果一个家庭的总收入不足以取得维持体能所需要的最低数量的生活必需品，那么这个家庭就是处于绝对贫困状态的。朗特里显然是以生物学的理念和方法来界定贫困的，这实际上也成为后来许多国家和地区用于界定贫困的标准。此后 100 多年间，关于贫困的科学研究不断深入，归纳起来大致经历了以下四个阶段：一是 20 世纪初以朗特里为代表的科学家从生物学角度认识和界定绝对贫困；二是 20 世纪 40 年代以汤森为代表的社会学家在质疑绝对贫困的存在和可测量性的同时，以社会学视角从收入不平等方面提出对相对贫困的测量；三是进入六七十年代后，随着对贫困问题研究更加多元化，维度也有所增加，有的以伦理学视角认为贫困是一种价值判断，有的以公共政策视角认为贫困就是一种政策定义，还有的认为贫困是一种亚文化现象等；四是八九十年代以美籍印度裔经济学家阿马蒂亚·森（Amartya Sen）为代表的一些经济学家和国际组织以福利经济学理论和方法为基础，从资源禀赋与交换映射对贫困内核（饥饿）开展深入研究，将贫困发生率和贫困程度的分析进行科学的结合，提出"森指数"贫困测量方法，获得学界和国际组织的认可，阿马蒂亚·森也因此获得诺贝尔经济学奖。

中国是一个人口大国，中国的贫困治理成就举世瞩目，关于贫困治理的科学研究也应当有中国学者的一席之地。王卓教授关于彝族贫困治理的研究既坚持科学研究的严谨性，又做出了非常有价值的创新努力。例如，关于彝族长期贫困发生率的估算测量，将定量方法与定性方法相结合，在实地研究的基础上，通过对贫困家庭的深度访谈和社区考察，根据个人及其家庭在一段时间内经历贫困的时间长短，分析其属于长期贫困或暂时贫困，在纵向加总长期贫困的时候，同时采用贫困线和持续时间两条标准，判断并计算长期贫困发生率。在具体操作中，又从两个维度进行测量，一是国家制定的扶贫标准和低于贫困线持续时间五年以上；二是从受访者在一段时间内经历贫困的感受，以及在评定建档立卡贫困户时其对国家扶贫标准的认识。这些都是只有亲身经历过贫困治理和测量评估工作才能体会到的操作意义和创新价值。

王卓教授是资深的贫困人口问题专家，早在 20 世纪 90 年代就在四川省扶贫办公室从事扶贫管理实际工作，后来师从我国著名人口学家吴忠观教授攻读博士学位，选择进行贫困人口问题的理论研究，毕业后工作于四川大学，教学科研仍紧紧围绕贫困人口问题进行学术拓展，曾获得国家社科基金重大项目（"相对贫困的标准、识别与治理机制研究"）和其他重要社科项目的支持，且皆以贫困人口问题为主题。悠悠三十多年，咬定青山不放松，王卓教授已然成为理论基础深厚、实务操作娴熟的贫困人口问题研究大家。可以相信，这本《贫困治理——彝族长期贫困及代际传递》是她学术生涯中又一个辉煌的里程碑。

是为序。

杨成钢

2022 年 7 月

前　言

按照国家确定的扶贫标准,2016 年底我国有 7000 余万农村贫困人口[①],其中大部分分布在中西部及少数民族地区。调查发现:在贫困发生率很高的彝族地区,陷入贫困 5 年以上的贫困家庭占现有贫困家庭的比例约 40%。彝族长期贫困形成的贫困陷阱,叠加上扶贫精准性不高形成的扶贫陷阱,[②] 两者对中国全面建成小康社会形成严重制约。

近 30 年来,国内外贫困研究逐渐从静态转向动态。动态贫困包括长期贫困和暂时性贫困,尤以长期贫困为研究重点和治理难点。国外对长期贫困及代际传递的研究日趋成熟。但是基于以下原因,我们很难简单照搬西方长期贫困理论来解释中国的长期贫困问题:一是西方(尤其是欧洲)社会福利制度导致贫困群体形成福利依赖,进而形成贫困代际传递的结论,不适合解释中国现行社会福利制度下的长期贫困及代际传递现状;二是西方后现代社会形成的单亲家庭现象及家庭教育结构对贫困代际传递的重要影响,与中国现阶段家庭结构及家庭教育结构对贫困代际传递的影响是不同的;三是西方社会公域和私域里的资产和资源在代与代之间传递的制度背景与我国存在巨大差异;四是国外相关研究对发展中国家及其少数民族地区的关注不多,几乎没有对彝族长期贫困及代际传递的研究。国内相关研究已经取得了一些成果,方法上倾向于利用既有数据库资料,从宏观层面分析长期贫困现象,实证研究贫困代际传递。比较而言,国内关于长期

---

① 本书前言写于 2016 年,当时国家公布的农村贫困人口数为 7000 万。笔者关于凉山彝族的研究最早始于 1995 年。关于彝族贫困代际传递的专题研究始于 2015 年,后来有国家社会科学基金重点项目立项(2016)资助,正式推进了该研究。

② 王卓:《扶贫陷阱与扶贫资金政府管理效率》,《四川大学学报》(哲学社会科学版)2008年第 6 期。

贫困研究的理论、方法和成果上略显滞后，有关彝族贫困代际传递的研究成果对于精准治理其长期贫困和扼制其代际传递的应用性不强。

本书宏观上以藏彝走廊为背景，中观上以分布在川滇彝族地区的贫困县为研究主体，微观上选择具有代表性的彝族贫困村为深度调查样本社区，由此展开历时性研究。本书以陷入长期贫困的彝族家庭为研究对象，其中以贫困家庭的父（母）辈为第一研究对象，以其子辈为第二研究对象；以研究对象中的户主为分析对象。

藏彝走廊是费孝通在 1979 年提出的概念。其地理特征显著，主要是指当下四川、云南、西藏三个省区毗邻地区一系列南北走向的山系、河流所组成的横断山脉区域，在此区域内有怒江、雅砻江、澜沧江、金沙江、大渡河、岷江等六条江河由北向南在高山峡谷中穿流，并形成众多的河谷通道。藏彝走廊的历史文化特征显著，该区域民族种类繁多，文化与信仰差异大，支系异常复杂，主要表现为藏缅语系各个不同语支的历史民族或族群活动居住的区域性。藏彝走廊中的藏彝可以归类成两个大范围，藏是西藏一词中文的缩写；彝是四川西南及云南东北的诺苏（Nuosu）语群。[①]

第六次全国人口普查数据显示，截至 2010 年底，彝族总人口 8714393 人，彝族大部分贫困人口分布在川滇两省贫困地区的 33 个国家扶贫开发工作重点县（以下简称"国家级贫困县"），其中 12 个国家级贫困县分布在四川省凉山彝族自治州和乐山市；21 个国家级贫困县分布在云南省楚雄彝族自治州、红河哈尼族彝族自治州、昭通市等地。除此之外，彝族贫困人口还分布在贵州省毕节地区的 1 个国家级贫困县。笔者实地调研涉及的国家级贫困县有：四川省凉山彝族自治州的喜德县、布拖县、盐源县、普格县、乐山市的峨边彝族自治县；云南省楚雄彝族自治州的武定县，昭通市的镇雄县、威信县等地。

家支是彝族以父系血缘为基础建立起的家族制度。彝族家支是研究彝族贫困家庭必须关注的内容。在新中国成立前，凉山地区存在大小数千个彝族家支。家支之下，有若干家庭。所谓家庭就是由婚姻、血缘或收养关系连接起来的具有亲属关系的一群人，其成年成员负责照料孩子。[②] 但是，

---

① 石硕：《藏彝走廊：文明起源与民族源流》，四川人民出版社，2009。

② 〔英〕安东尼·吉登斯：《社会学》，李康译，北京大学出版社，2009。

在中国语境下，"家"的伸缩性很强，家人的范围是因时因地可伸缩的，大到数不清。① 家庭是构成社会的细胞，是社会组织的基本单元。

贫困户是指以户籍人口为单位的农村建档立卡贫困家庭。在研究中，我们时常用到"贫困户"的概念。所谓"户"是指住在一个屋檐下的一群人。严格意义上，"户"是国家户籍管理的工具。本书以"户主"为分析单位之一，"户主"就是按国家户籍管理登记为该家庭的家长或名义上的管理者。彝族家庭实行父系制和新居制。父系制就是父系传承，包括孩子沿袭父姓。新居制就是一对已婚夫妇搬进一处脱离了各自家庭的居所。在田野调查的时候，我们发现彝族有从夫居的现象，也就是新婚夫妇住在新郎父母附近甚至公婆家。我们发现我国户籍管理在彝族农村存在的一些问题。有些人已经死亡，但是户口登记簿上未给予反映并注销；有些家庭生了几个小孩子，且都已经长到六七岁了，还没有在户口本上登记，一直等到必须有登记在册的户口才能办理入学手续时，他们才会去乡镇政府申请并登记户籍。

随着经济发展、生活条件改善，现在得享高寿的人越来越多了，有可能出现三个"持续中的"家庭共存。已婚的孙辈、他们的父母及祖父母辈，三代人、三个持续中的家庭关系密切。这种家庭内的代际群体共生共存，② 但是又不同于传统社会里的四代同堂的主干式家庭。这就是现代意义上的同期群家庭。在彝族地区，这种同期群家庭是有的。在传统社会的主干家庭里，只有一个权力中心。在同期群家庭里，出现多个权力中心。在贫困代际传递的实证分析中，本书将关注彝族同期群家庭现象。

彝族是中国第六大少数民族，主要聚居在四川、云南、贵州和广西的西北部。此外，陕西、甘肃、西藏等省区也有零星的彝族人世居。截至2010年底，国内彝族总人口870余万人，在越南、老挝、缅甸、泰国等东南亚国家有近百万彝族人。彝族地区长期贫困及贫困代际传递比想象的复杂。从一定意义上讲，彝族地区的贫困问题就是彝族的贫困问题。长期贫困与代际传递既有联系也有区别；长期贫困针对个体经历的贫困时间，代际传递针对跨代家庭中的贫困遗传。本书从两个方向展开研究：一是彝族

---

① 费孝通：《乡土中国》，上海人民出版社，2006。
② 〔英〕安东尼·吉登斯：《社会学》，李康译，北京大学出版社，2009。

长期贫困问题，重点是彝族长期贫困现状、成因与趋势，二是彝族贫困代际传递问题，重点是代际传递中的致贫因素和作用机制。主要内容如下。

第一，基础理论和田野现状。在前期探索性研究的基础上，充分回顾国内外长期贫困和代际传递研究的主要成果，梳理有关彝族贫困问题的研究进展，形成长期贫困与代际传递的理论分析框架，设计调查问卷并进行试调查，对田野调查的彝族贫困社区进行类型化，把握相关理论预设。详见第一章、第二章、第三章。

第二，系统描述和全面分析彝族长期贫困的现状。一是调查研究彝族长期贫困的广度。通过深度访谈和参与式调查，结合国家扶贫标准，建立彝族社区贫困识别标准，对接建档立卡贫困家庭的信息，分析彝族农村家庭陷入长期贫困的广度，即长期贫困发生率。二是调查研究彝族长期贫困的深度。通过对长期贫困家庭的个案研究，重点分析其消费状况和支出水平，分析彝族长期贫困的深度。三是通过对彝族长期贫困家庭生命周期的调查，分析其陷入贫困陷阱的时间长度。详见第四章。

第三，系统描述和全面分析彝族贫困代际传递的现状。在把握彝族长期贫困现状的基础上，对"贫—贫""贫—非贫"配对家庭进行调查，分析这些家庭关键人①的人口学特征（如性别、年龄、受教育程度、身体状况等）、经济特征（如生活技能、劳动技能、收入来源、支出去向、消费水平、储蓄习惯等）和社会特征（如婚配、流动、交往等），分析贫困父代及其子代的经济地位、社会地位和声望等，研究彝族贫困代际传递的主要特征。详见第五章。

第四，分析影响彝族长期贫困家庭及代际传递的结构性因素、家庭（家支或家族）因素与个体禀赋。结构性因素包括历史地理、政治经济、宗教文化、社会结构、生产方式、生活习俗、公共政策与公共服务等。家庭（家支或家族）因素包括家支地位、家庭管理、婚姻生育、生计与子女教育等。个体禀赋包括性别、年龄、健康、专注力、精神力等因素。详见第六章、第七章。

第五，分析既有农村扶贫政策成效，研究干预长期贫困与代际传递的政策建议。调查分析既有扶贫政策对彝族长期贫困家庭的干预效果，研究

---

① 家庭关键人指的是户主或实际管理家庭的人。

治理彝族长期贫困及遏制贫困代际传递的政策建议。详见第八章。

本书对长期贫困与代际传递的研究以民族志为主要研究方法，以半结构式访谈、家族（支）谱系图为主要研究工具。在全面调查样本村农村家庭基本情况的基础上，对"贫—贫""贫—非贫"配对的两组人群进行深度访谈获取第一手资料。以"最大差异的信息饱和法"确定样本量，即获得足以反映研究主题的信息且不再出现差异性（例外）信息而结束调查时的样本量；彝族乡村具有同质性，达到信息饱和的样本规模是有限的。若有特殊性案例出现，通过设置置信水平控制样本规模。在对四川省凉山州喜德县、布拖县、普格县和乐山市的峨边县等，以及云南省楚雄州相关县的前期调研基础上，我们结合地方政府的建议，重点选取了四川省凉山州喜德县、布拖县，云南省楚雄州武定县、昭通市镇雄县的彝族贫困村作为研究长期贫困与代际传递的样本社区。结合回归分析，把握影响彝族长期贫困与代际传递的因素。对于在样本社区和相关地区采集的案例资料，课题组进行全面的整理后，采用后编码的方式①，实现定性与定量研究结合。资料分析主要使用差异性比较法，分析贫困父辈及其子代的差异性，归纳影响长期贫困的各因素。探索贫困家庭内部的差异性，研究阻碍子代脱贫的因素，归纳形成缓解彝族长期贫困及代际传递的政策建议。

本书研究资料主要来自两个方面，一是二手资料，包括有关学术性的文献资料、政策文本性的文献资料，有关地市州州志及贫困县的县志、统计年鉴、气候年鉴等。这些文献资料详见各章节的文献引用注释。二是通过实地调研收集的一手资料，包括：（1）2015 年课题组进入四川大小凉山彝族聚居区，即峨边县 A 村，进行前后一年有余的探索性研究所收集的资料。（2）2016 年 7～8 月课题组在四川省凉山州喜德县贺波洛乡 J 村、云南省楚雄州武定县插甸乡 K 村开展《彝族长期贫困现状评估》问卷调查所收集的资料。（3）2017 年 7～8 月课题组在四川、云南、贵州、广西等五省区开展的《西部五省区驻村扶贫第一书记政策效应》问卷调查所收集的资料（详见《扶贫治理视野下驻村第一书记研究》②）。（4）2017 年 8～9 月，课题组在四川省凉山州普格县、盐源县、喜德县和西昌市，开展《彝

---

① 具体编码方式详见各有关章节。涉及的受访村和深度访谈个案均作匿名处理。
② 王卓、罗江月：《扶贫治理视野下驻村第一书记研究》，《农村经济》2018 年第 2 期。

族乡村婚姻文化问卷调查》所收集的资料。（5）课题组于 2017 年 10 月在四川省凉山州布拖县扯坝乡实地调研所收集的典型家庭案例资料。（6）2018 年 7～9 月，课题组在四川省凉山州喜德县贺波洛乡 J 村、额尼乡 L 村和 E 村，云南省昭通市镇雄县花山乡 H 村、威信县水田镇 X 村实地调研，并开展《彝族地区贫困代际传递与精准扶贫政策效果评估问卷》调查所收集的资料。

本书在归纳形成长期贫困与代际传递理论的基础上，突破传统贫困问题研究对象上的模糊不清现象，突破静态贫困的研究思路，以藏彝走廊为背景，以彝族贫困家庭和个体为研究对象，系统检视和反思地理环境决定（贫困）论，探索社会制度决定论、个体生命周期理论等对彝族长期贫困问题的解释力，深化我国动态贫困的理论研究。在实地调查的基础上，本书针对彝族地区贫困问题及成因，立足稳定脱贫，从宗教文化、婚姻制度、教育扶贫政策、产业扶贫政策、干部帮扶制度等方面研究我国相关扶贫政策的有效性。

目 录
Contents

第一章　峨边县Ａ村的贫困面貌

本章是我们在峨边彝族自治县Ａ村进行的探索性研究。在此之前，笔者曾于 2002 年在大凉山的美姑县进行过长时间调研，当时发现彝族地区的贫困不是短期所形成的，也不是短期就能彻底缓解的。经过政府与社会各界多年的扶贫，彝族地区的社会经济发展取得了长足进步，许多彝族家庭的生活得到显著改善。2015 年伊始，我们进入峨边彝族自治县Ａ村开始田野调查，历时一年有余，完成了Ａ村彝族贫困面貌的探索性研究。本章深度访谈个案的编码规则：第一部分为访谈时间，第二部分为受访个案姓名拼音首字母大写。本书涉及的所有受访者均作匿名处理。

第一节　Ａ村的过去与现在

一　历史、土地和繁衍的人民

（一）Ａ村的历史和土地

大约 100 年前，Ａ村还是原始坡林。当时，大凉山的美姑县是一个典型的彝族社会——"罗罗王国"，日益增加的彝族人口与当地的生态资源不足产生了矛盾。一些黑彝家族为了争夺地盘，家支之间发生了激烈的冲突，"打冤家"累积的世仇愈演愈烈，其中包括"佘鲁"与"几区"家支间严重的敌对关系，于是一些白彝跟随着黑彝迁到小凉山。"马边和峨边都是从美姑迁过来的，这里树木也好，药材也有，庄稼也好。"相对于美姑县山高风大寒冷、树木荒凉，没有经济收入，峨边县成为第一代搬迁到小凉山的彝人的天堂。"（我们）先搬到雷波的罗沙溪乡，我爸爸在那边生的，他8岁搬到这边来了。"（20150911JYSB）

峨边县在汉朝前本属于彝地，彝人因不敌汉人转而向大凉山发展。汉时属犍为郡南安县，北周（561年）为平羌县，唐麟德二年（665年）设罗目县，清嘉庆十三年（1808年）置峨边厅，1950年成立峨边县。随着彝人向小凉山的回迁，峨边县成为汉彝共居的地方。1984年峨边正式设立为彝族自治县，属于乐山市辖自治县。峨边县国土面积2382平方公里，总人口15.3万人，其中彝族5.6万人；辖6镇13乡①，其中纯彝族聚居镇1个，乡7个，村45个，其余为彝汉杂居。

A村是勒乌乡所辖六个村之一。新中国成立前因有黑彝"海甘"（也称作"黑干"）居住于此，被称为"海甘木地"，后因为泥石流导致山体滑坡，村人大部分死亡，新中国成立后被改名为"A村"。"海甘"家族至今在A村还留有1户。A村的管辖范围东至瓦赫，南至甲挖，西至甘洛，北至勒乌，总面积为15平方公里。

表 1-1　A 村人口分布现状（2015 年）

组别	总户数	总人口	男性	女性	总劳动力	出生人数			死亡人数		
						总数	男	女	总数	男	女
一组	43 户	171	83	88	102	5	3	2	3	2	1
二组	25 户	117	55	62	60	4	2	2	0	0	0
三组	25 户	121	64	57	63	4	2	2	1	1	0
四组	37 户	131	68	63	80	3	2	1	0	0	0
五组	42 户	194	99	95	113	1	1	0	1	0	1
全计	172 户	734	369	365	420	17	10	7	5	3	2
占比（%）	—	100	50.3	49.7	57.2	—	—	—	—	—	—

---

① 包括沙坪镇、毛坪镇、五渡镇、大堡镇、新林镇、黑竹沟镇、万坪乡、白杨乡、红花乡、杨村乡、觉莫乡、杨河乡、宜坪乡、新场乡、共和乡、平等乡、哈曲乡、勒乌乡、金岩乡。

资料来源：http://www.eb.gov.cn/content.jsp?id=40288949537cfb1801539885a12f0558，峨边彝族自治县人民政府网站。

A 村辖五个村民小组，也就是五个自然村。它们都位于平均海拔 2200
米左右的两座山间，湍急的河水从两山间流过，三座经过政府修缮的吊桥
连接起东西山坡，这样的山水构成了村民日常生活的形态。2012 年峨边县
政府修"彝家新寨"的时候，三组的村民从山上搬迁到公路边，四组和五
组的村民依然留在西边山坡，有 41 户，共 171 人。同年，峨边县扶贫移民
局帮助村里修筑了 8000 多米长的"连户路"，一组、二组、三组在靠近公
路的东边坡地，生存条件较四组、五组略优。

（二）A 村的生计与生活

A 村位于地震带上，常年遭受地震、泥石流侵袭。2015 年 6 月 29 日，
A 村遭遇了山体滑坡，村里有 20 多户人家因泥石流而房屋受损，住进了临
时搭建的帐篷。在我们调研期间，乡里的地质勘探队正勘探地层，村民投
工投劳每天可得 120 元。很多靠近公路的房屋受频发灾害影响最严重，但
由于修房子的费用太高，他们难以择地重新修建，只能一次次地对危房进
行修缮。"现在修房子一块砖就是 1 元钱，（整体修下来）四五万元肯定
要，（而且）修得不怎么好。"（20150914SMML）

与生活在高海拔的彝族地区一样，A 村没有肥沃的土地，也缺乏温暖
阳光的照射。这里夏季温度平均 28℃左右，冬天为零下 5℃左右，昼夜温
差 10℃。每年 2 ~ 3 月比较干燥，6 ~ 9 月为雨季，雨量较多。霜期主要集
中在 11 月，冰期为 12 月到次年 2 月，日照量每天有八九个小时，每年晴
天最多只有 100 天，不到全年天数的 1/3。

因为这样阴冷潮湿的气候，贫瘠的土地肥力，A 村只适宜土豆和玉米
的种植。村里东边较平缓的坡地土豆产量最高，每亩年产量四五千斤，而
西边山坡陡峭，产量低，平均每亩年产量只有 3000 斤，比峨边县土豆亩产
量略高。A 村产出的土豆主要卖给红花乡、宜坪乡，土豆价格约 0.9 元一
斤，最高可以达到 1 元一斤。

村干部认为土豆难以作为支柱产业发展。县农林局帮 A 村测量过，认
定 A 村土豆亩产量 8000 斤，但村民认为这个数字缺乏可信度。A 村支书告
诉课题组："2012 年是有史以来（土豆收成）最好的一年，那一年雨水
少、天气好，一个土豆有 3 斤 2 两！"（20150913JSML）平均而言，这里
"晴天少得很"。而玉米产量更低，每亩只有五六百斤，"喂猪都不够！"村

民主食是大米，但由于这里没有种稻谷，不能自给自足，主要用退耕还林的钱来买粮食。村里的经济作物现在只有核桃，一共有两三千棵核桃树。此外，村民自家会种一些菜吃，如白菜、四季豆等。

基于这样的土地状况，村内极力希望退耕还林。退耕还林每年每亩政府补贴 260 元。从 2002 年开始，截至 2014 年底 A 村已经累计退耕还林 3832 亩耕地，2015 年预计退 1000 亩，到时候村里只有 290 亩耕地（见表 1-2），不到 10 年前耕地的 1/10。村干部认为，"退耕还林"一方面解放了劳动力，剩余的劳动力可以出去打工，"打工比啥子都强"；另一方面可以使农户有固定收入。

表 1-2 A 村退耕还林及土地剩余情况

单位：亩

年份	退耕还林亩数	剩余土地	退耕还林依据
2002	2014	3108	农民意愿
2014	1818	1290	保留基本土地
2015	1000	290	保留基本土地

总体而言，A 村的农作物产量在勒乌乡属于中等。2014 年 A 村耕地总面积（有套种）为 1818.4 亩，总产量为 16.12 万公斤。其中玉米面积为 582.5 亩，产量 10.2 万公斤；土豆面积 780 亩，产量 2.9 万公斤；荞麦面积 165 亩，产量 1.07 万公斤；黄豆面积 165 亩，产量 1.52 万公斤；杂粮面积 63 亩，产量 0.18 万公斤；地膜玉米面积 120 亩，产量 0.25 万公斤。

村里有养蜂、养牛、养羊交易的传统，但没有养猪贩卖的习惯。虽然家家户户会养两三头猪，但彝族特有的黑猪在高山不长膘，且彝族饮食习惯与汉族不同，彝人喜欢偏瘦的小黑猪，三四十斤就可以出栏。过年、做毕摩①、红白喜事都需要小黑猪制成的"坨坨肉"，家里养猪多供特殊时期的自家消费，冬天没有粮食的时候都放养，黑猪在村里自由地奔跑撒欢。村里养殖大户有十二三家，每户养羊数量达到五六十只，养殖业收入一年 1 万多元。

村内预计在 2015 年退耕还林之后，发展林业，种植落叶松和竹笋。一

---

① 毕摩指彝族的"经师"，专习宗教。"做毕摩"意指请毕摩主持宗教仪式活动，求平安顺遂、风调雨顺。

亩地栽 165～200 株落叶松，每株落叶松长到七八年后，就能卖 100 元钱。发展林业同样可以解放村里的劳动力，"你有 5 个人，3 个人出去打工，1 个人留在屋里头，看守房子啊，种些农作物啊。打工回来，1 个人挣 1 万块钱，你的收入就是 3 万块钱。"（20150905SMGZ）村民更认可现代城市的生计方式，务农的经济效益太低，而土地反而成了外出打工的束缚，村民更倾向于退耕还林。

二　等级观念：今昔对比

1956 年的民主改革虽然已经过去了半个世纪，但在"人人平等"的背后，等级烙印依然没有消失，依然影响着彝人的组织生活、婚姻家庭的方方面面。"如果我娃儿没结婚，那家有个女儿长得漂漂亮亮的，或者他屋头咋个有钱，送给我，一个钱都不要我的，我也不会去娶那家的女儿！"（20150912SMGZ）在谈论彝族婚姻时，村内的长辈这样说道。

大凉山曾经是典型的奴隶社会，林耀华的考察队伍考察凉山彝族社会后，认为等级制度和家支制度构成了凉山彝族奴隶制度的统治基础。"其他一切，无论是社会习俗、文化生活、道德规范、意识形态等等，都离不开这两个核心。"[①] 本小节通过了解 A 村等级关系的变迁，探究其在现代彝族地区的影响力。

（一）等级关系的变化

彝族旧社会有四个等级：土司、黑彝、白彝、娃子。"诺"在彝语中表示"黑色"，但通常认为"诺苏"代表着彝族全体，之后才分化出黑彝、白彝。"子"的意思是官和主权，土司和土目统称为"子末"，是彝族社会的统治阶级。"诺伯"和"诺低"指黑彝，根据骨头的"软硬"来区别。"曲火"统称为白彝，包括有家支的"曲器"、"阿加"和"呷西"。"曲诺"是黑彝和白彝所生的后代。奴隶被称为"娃子"。

娃子有两种："阿加"和"呷西"。"阿加"也就是"安家娃子"：主子在娃子成年后指定婚配，结婚后娃子从主子家中分离出来，"自己家，

---

① 林耀华：《凉山彝家的巨变》，商务印书馆，1995，第 159 页。

自己做";"呷西"也就是"锅庄娃子":住在主子的家中,"跟到他屋头做活路"。"阿加"与主子的关系比"曲诺"与主子的关系更密切。

黑彝、白彝和娃子之间等级森严,禁止通婚。彝族谚语"牛再有力气也跳不上坎子",就是描述了这样固定的等级制度。在新中国成立前,在A村,白彝已经取得独立地位,与黑彝一同成为村里的统治阶级,"安家娃子""锅庄娃子"是被统治阶级。村内的黑彝是"佘鲁""黑干"两家,有十几户。村内的白彝较多,包括沙玛、吉友、吉苏、邛莫等二十多个家支,他们都曾经拥有若干个娃子。凉山解放后,黑彝被定为地主,部分经济条件稍好的白彝被定为富裕劳动者,部分白彝和奴隶被定为一般劳动者和贫困劳动者。直到"民主改革"之后,这样显著的等级观念才得以破除,"解放后打地主,80年代改革开放,四五十年左右(我们)从奴隶社会变成了'人人平等'。"(20150912SMGZ)村里也有曾经是娃子的后代,娃子在"民主改革"时得到解放,奴隶主与娃子之间不再有统治隶属关系,更不能再说"你是我的娃子,我是你的主子"(20150917JYXJ),而这些娃子没有自己的姓氏,以前的奴隶主只能给他们一个姓氏。

图1-1是笔者根据对村内分层观念变迁的理解所绘的。值得一提的是,在1956年"民主改革"之前,黑彝对村内白彝和奴隶均有统治实权,但随着时间的推移,黑彝的地位和身份逐渐下降,甚至被区隔在了白彝之外。

笔者发现,尽管"民主改革"已经过去了六十余年,现代观念也浸染着年轻一代的思想,但这种传统分层观念依然顽固地存在,同时也发生了

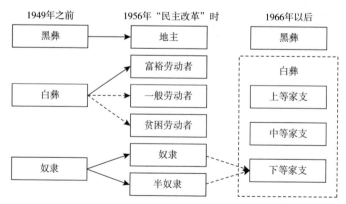

图1-1 1949年新中国成立前后A村社会阶层变迁

一些变化，这主要体现在：第一，由等级的分层演化为"家支"的优劣区别；第二，家支地位与经济地位发生了分离。

（二）家支的好与坏

黑彝为了对其他两个等级实行严格的控制，实行了以黑彝父系血缘为纽带的家支制度。家支制度服务于等级制度。"家支"的彝语为"楚西"，即相当于汉人的姓氏，但在血缘关系上更接近。虽然 A 村多为白彝，但白彝内部存在分层，"家族多了，就好的也有，坏的也有，真的也有，假的也有。"（20150917JYXJ）

那么彝人口中家支的好坏指什么呢？村里长辈认为，家支好坏主要根据是否遵循通婚规则进行判断。如果祖辈一直和门当户对的家支通婚，没有污染家支血统，就是"好"家支；反之，被娃子污染了血统，家支就"坏"了。"看他们以前老辈，与'骨头好'的结婚，不跟娃子结婚，这种就是最好的。没有（跟娃子）结过婚就是稳当的、走平的，如果跟娃子结过婚，你就走下坡路了。"（20150917SMGZ）

而具体导致家支"走下坡路"的原因，有以下两种。一种是有些奴隶主跟不是明媒正娶的娃子发生关系，导致娃子怀孕，且生下了非婚子，"一个娃儿生下来之后，不可能把他打死"，就导致家支血统不好了。这通常发生在男奴隶主和女奴隶之间，彝族地区有句俗语："黑彝男子与白彝妇女通奸，等于白狗在路上撒尿一样。"意思是黑彝男子和白彝女子通婚很正常，但绝不能公开揭发。

另一种是一个好家支"全部没有了"。即整个家支都死去，没有后代，这在彝族被称为"吃绝业"。本来没有姓氏的娃子，就继承了主人的姓氏。所以，同一个家支虽然姓氏相同，但由于不同的历史来源，其"骨头"也存在差异。"QM 我们这里有两种，四组的 QM 是差的，五组的 QM 是好的，我们家支就可以跟五组的通婚，不跟四组的通婚。"（20150923JYXJ）

遵循这样的判断原则，A 村里二十余个白彝家支区分为上、中、下三层。其中，上层白彝家支包括马黑、吉苏、吉友、沙玛；中层白彝家支为耍惹、阿杯、毛介；下层家支有吉沈、牛枯、简卡（阿素）、鲁惹、介来、介帕。不同的家支可能属于相同的系统。沙玛家支属于"木古惹古"系统，吉沈家支属于"阿和李惹"系统，吉友家支属于"俄尼惹古"系统，马黑家支属于"马黑普儿"系统。

村里的老辈非常看重家支格局，而青年一代更加重视个体的能力。老辈对家支好的人非常推崇，"他们（老辈）说这个家支以前是啥子，然后把很光荣的事情摆出来。"（20150921JYXJ）但年轻人认为，如果自身能力欠缺，无论家支多么高贵，也得不到村民的尊重。

家支遵循着"集体负责"的原则，家支里任何一户或个人在外惹事或受到侮辱，家支同胞会一起保护，通常一个家支会有一个领导者，称为"硬都都"。例如，在村里的吉友家支，三个年龄层级分别有三个领导者，老年辈的领导者是原村支书吉友 WG，中年辈的领导者是吉友 XY，青年辈的领导者是现任村委会主任吉友 XJ。

家支间还存在"打冤家"的现象。冤家械斗多因为娃子、土地、婚姻等问题，"带有原始社会血族复仇的迹象"，认为一人惹事要找寻他的全家，而且会坚持复仇，如彝族俗语"彝人的仇不能忘掉，好像杉树节节不怕腐朽一样"。但这在 A 村发生得较少，A 村不存在家支间的敌对关系，偶尔会因在家支内部发生的一些小型矛盾而斗殴。

（三）奴隶的命运

曾听到老辈讲起 A 村一对汉族夫妇的故事，他们都是被贩卖来的奴隶。女人是从西昌被抢过来的，男人是从眉山被抢过来的，他们两个人在主人的安排下，在 A 村结了婚。据说女人是贵族家的女儿，"脚杆是小脚"；在 20 世纪 80 年代，男人的侄儿来看过他，想接他回去，但男人说他人都已经老了，也不愿意走了。他们没有子女，前几年过世的时候，村里为他们举办了葬礼。

在"民主改革"之前，有这样一群人终日游荡在大小凉山和彝汉边界，他们被叫作"丁家阿干"，专门进行奴隶交易。在当今社会背景下，当时他们的职业"是非法的，就是人贩子"。那时 A 村家家户户都种鸦片，用鸦片与乐山商人换枪、子弹和银子，再用银子向"丁家阿干"换娃子。

1900 年前后，银子在彝人地区还比较少见，一个很好的"锅庄娃子"只需要 2~5 锭银子。后来彝人地区普遍种植鸦片，把鸦片运往汉人地区换更多的银子，"锅庄娃子"的身价逐渐上升。1942~1944 年"锅庄娃子"

身价高达 40～60 锭银子。1950 年凉山解放后，娃子觉悟提高，逃亡增多，"锅庄娃子"身价大跌，1953 年只要 7～12 锭银子。"锅庄娃子"可以与牲口比价，10 岁以下的"锅庄娃子"，1 岁约为 1 锭银子；当时两三岁的小牛卖 4 两银子；一些名马可能卖上 200 两银子。

奴隶的悲惨遭遇也引起了他们的反抗，大凉山地区有一些有规模的组织和武装起义。有记录的包括"1945 年普格苏白彝大起义"，七八十个白彝家支，共 2000 多户白彝、娃子，一夜间杀了 18 户土目，他们坚决斗争，保持了独立地位，再无土目和黑彝能够重新控制该地区，成了"独立白彝"。

但这样声势浩大、有组织性的奴隶反抗，在峨边县还非常罕见。由于 A 村白彝与娃子是对立等级，而且白彝人多势众，A 村没有发生过大型奴隶抗争。"他反对得了吗？他活在人家屋檐下的。"听说村里一个要反抗的奴隶，被抓了回来，拴到石磨上，直接投入河里淹死。"跑是跑不（出）去的，就整了一些坏事情"（20150917JSML），这些娃子多以"弱者的武器"进行日常生活的斗争，包括消极怠工、不听主人的命令、偷抢财物等方式，以避免直接的对抗。

1956 年春至 1958 年春，在中国共产党的领导下，在 A 村废除了奴隶制度，进行了民主改革运动。

（四）两种地位的分离

黑彝的主要收入包括地租和自营土地的收入，后者是白彝和娃子无偿劳动所得。在"民主改革"之前，社会身份主要由拥有的娃子数量和土地面积决定，经济地位是判断社会身份的标准，家支身份和经济地位呈高度正相关（见表 1-3）。村委会主任吉友 XJ 回忆："我爷爷是一个地道的老地主，有钱，吸毒。那时候吸毒是有身份的象征。"（20150913JYXJ）

表 1-3　新中国成立后到"民主改革"前 A 村社会分层的指标

社会分层	娃子数量	土地面积
地主	三四个及以上	30 亩及以上
富裕劳动者	两三个	20 亩左右
一般劳动者	没有娃子	10 亩左右

社会分层	娃子数量	土地面积
贫农	没有娃子	5亩左右
奴隶		无土地
半奴隶		无土地

资料来源：根据村内长者对A村历史情况的口述整理而成。

而在"文化大革命"时期，经济地位和社会地位发生了倒置，但两者仍然存在负相关。村内家支地位较高的白彝后代回忆："我们家被划为富裕劳动者，我爸爸小时候在路上会被孩子拿石头打。"这个时期，由黑彝或白彝转化而来的地主阶层和富裕劳动者阶层，在村里的社会地位较低。

而现在的A村，家支身份所代表的社会地位与经济地位的关系越来越弱。我们发现，有些家支地位较低的白彝或奴隶的后代，有不少人取得了显赫的经济地位。同时，有些黑彝的后代，由于能力较弱，懒惰不思进取，反而落入了贫困境地。"有些人祖祖辈辈是贵族，儿子慢慢就好吃懒做了；以前（父辈是）奴隶的变成百万富翁的也有。""他父母以前是我们家族最富有的人，到现在他父母亲死了，他没有老婆，孤寡一个，天天喝酒。"（20150912SMGZ）

新中国成立前，彝族社会的阶层流动与经济地位的变动关系密切。在彝族社区，黑彝家支通常名气较大，相互认识，被拐卖的可能性较小，因此黑彝的地位不易流动；而"白彝"下降为"娃子"，大多因为债务和贫困，以及被"丁家阿干"拐卖到其他地区；"安家娃子"希望上升为"白彝"，通常在其主子全家全部死亡后才有流动的可能。

当今出现家支地位与经济地位的分离，有以下原因。首先，家支地位相对固定，无法以经济地位衡量，而多以非"门当户对"的通婚进行细微的调整。其次，经济地位的流动性高，尤其在改革开放后的20年里，彝族地区逐渐兴起外出打工的潮流。受到市场经济观念的影响，"机会平等"的经济地位流动冲破了传统家支地位的阻碍。没落的贵族后代，虽然仍享有黑彝的地位，但很难得到曾经的尊崇。"以前黑彝是最富的，现在白彝比黑彝富的也多，像佘鲁ML（黑彝后代）呢，再等几年，他这样懒惰习惯不改的话，他就是现在的奴隶，就反过来了！"（20150912SMGZ）

三　现代性与全球化嬗变

（一）现代性话语背景

彝人进入现代性的过程主要受到外界力量的牵引。20 世纪 50 年代，对云南、四川等地区彝族进行"民族识别"，彝族由此被纳入国家现代性进程。

而后，国家对彝族的管理越发严密，"政府透过一连串的计划，改变或打击着传统诺苏的社会习惯"①，如在"文革"时期，官方虽未公开否定毕摩文化，实际上是不欢迎它的存在，它最后演变为汉族话语中有否定色彩的"干迷信"；1956 年以来三次"婚姻改革"，试图消灭等级和家支在社会流动中的决定性力量；以及课题组在调研区域亲历的政府对"礼钱"价格②的控制。这一系列举动，希望将彝人纳入现代性的角色，摆脱野蛮的、不适于现代发展的地方性知识。③

（二）全球化与信息化渗入

与传统"衣食住行"开支相比，A 村的信息产品消费日益增加，包括智能手机、网络流量费用，而这些消费多用于上网交友和获取资讯，属于"猎奇性消费"，对汉族文化的认同提高了彝人的现代化程度。

手机和网络让村民可以超越乡土的桎梏，与遥远的城市和陌生人交流，正如吉友 XJ 在诗里所表达的，现代文明已经进入了这个传统的村庄，有三股重要的力量改变了乡村的样貌和村民的心灵。

> 我的民族，你在走向何方？
> 当时代的车轮碾压过古老的村庄，

---

① 刘绍华：《我的凉山兄弟》，中央编译出版社，2015。

② 2015 年 3 月 8 日，峨边县发生恶性杀人事件。这件由礼钱矛盾导致的 4 人死亡、数人重伤的惨案，在平静的峨边县城引起了轰动。峨边县"德古"协会一纸急令下达，终结了自 2010 年起礼钱逐年攀高的势头，遏制了疯狂的"市场力量"，似乎也杜绝了买卖婚姻的源头。

③ 曾青：《传承、变化与顺应：彝族婚姻家庭的现状及法律调适——兼论凉山彝族自治州施行婚姻法〈补充规定〉的完善》，《西南民族大学学报》（人文社科版）2009 年第 8 期。

我看见我的族人们，惶然失措，淹没在车轮之中。

当市场经济的龙卷风扫过幽静的山寨，我看见我的族人们，迷失了自我，失去了信仰。

在一场场葬礼和婚礼的仪式中，我看见人性的美丽与肮脏。

在一次次激烈的利益谈判后，愤怒的人民，眼冒杀光，向着自己的族人拿起了枪。

毕摩口中诵读的经文，已经无法为你超度。

我的民族，你在走向何方？①

第一，大型打工潮。在七八年之前，村里的青年人陆陆续续开始外出打工，收入从相对的均等化逐渐向贫富分化发展。有些能干的青年在外打工，一年可以挣一两万元，但不出去打工，干农活每年只能挣一两千元，"小时候的小伙伴有钱了，他们的关系就产生了变化。"由于收入差距越来越大，大家变得疏远，产生了嫉妒心理和攀比心理。

第二，乡村企业的发展。政府工程、企业的发展逐渐波及僻远的山村，如政府修路、修堡坎、修电站，都有可能占用村里土地，需要给予一定的补偿金。每亩地补偿 10 万元，这导致一些家庭因靠近政府工程项目实施地段，迅速"致富"，与周围村民的经济水平拉开了差距。

第三，现代媒介的普及。虽然村里没有通网络，但智能手机已经得到普及，村里青年人也享受到了现代成果。他们看到了大城市的生活，渴望拥有相同的生活品质。"网络发达之后，我可以躺在沙发上聊天，也可以谈恋爱。"虽然身处不同的环境，但网络诱发了他们对现代生活的热望，"有钱使他们的生活发生了很大的变化"，这影响了彝族女人的择偶标准，"现在彝族女人普遍倾向于有钱的，以前有钱没钱都是一样。"（20150921JYXJ）

正是因为以上三股力量，人与人之间的感情从传统人情交往，转向现代契约关系，给原本淳朴的彝族村庄镀上了一抹金钱色彩。彝人生活的非经济领域逐渐被商业化，也导致了极度个人主义的现代人格的出现。

---

① 吉友 XJ 向课题组提供的诗作。

四 贫困村的事实与变迁

新中国成立以来，A 村的"衣食住行"发生了巨大改变。尤其从 20 世纪七八十年代开始，卫生状况得到了极大的改善，一些流行的传染病得到了遏制。"以前彝族不讲卫生，现在跟着汉族学了，以前衣服都不洗的，脸都不洗的。麻疹和百日咳特别多，后来国家打预防针（即疫苗。——笔者注），麻疹和百日咳就害不到人了。"（20150911JYSB）

2012 年 A 村进行新农村"彝家新寨"建设，新修了 132 户住房，对 26 户住房进行了整修。"以前是篱笆编的木头桩桩，周围用篱笆围，（用）砍的木板盖屋，冬天冷得很。下雨的时候落雨啊，条件差得很。"（20150911JYSB）而现在村民们住在坚固的砖房里，墙上贴着洁白的瓷砖，还保留了富有彝族风情的装饰。尽管如此，由于自然禀赋较差，人员素质提高缓慢，A 村仍然是一个贫困村。

（一）贫困现状的描述

政府多年扶贫资源的投入，让 A 村发生了翻天覆地的变化，生活条件得到极大改善，但村内的生产状况依然堪忧。2014 年 A 村的经济总收入包括：林业收入 9.7 万元，牧业收入 38 万元，农业收入 39.86 万元，劳务收入 36.1 万元，药材收入 7.3 万元，商业收入 2.3 万元，运输业收入 9.6 万元。总收入 142.86 万元，人均收入为 1946.32 元，低于 2011 年国家贫困线 2300 元。A 村与勒乌乡其他 5 个村一样，均属于贫困村。

全村 172 户、734 人（2015 年底），其中建档立卡贫困户有 39 户、贫困人口 173 人，贫困发生率约 23.57%；五保户 1 人；最低生活保障有 105 人；特困户有 4 户。村里有 13 名残疾人；二级残疾 1 人，其他都是四级、五级残疾。如果算上后面几类，贫困发生率约为 40%。

导致贫困的主要原因包括重大疾病、家庭缺劳动力、缺乏生存技能、人多地少。其中因病致贫 17 户，缺乏技能 12 户，缺乏劳动力 5 户，人多地少 5 户。这些贫困户大多经济窘迫，入不敷出。"一天得一天吃，得了多少钱就花销掉了，没有多余的钱。"

（二）扶贫力量的投入

政府扶贫投入普遍规模较大，救济式扶贫和开发式扶贫并举。政府扶贫主要针对住房、吊桥、污水处理设施等，存在未能因地制宜的问题，当地海拔较高，县农林局的玉米种子不适宜当地播种。村内对政府扶贫比较依赖，如村支书反映本村最迫切的需求是修路。村里还需要修两三公里的路，共需要资金 40 万元左右；村内饮水问题已经向水务局申请，但也迟迟得不到解决。"就向扶贫（和）移民（工作）局、交通局、民委，每年都申请，都不知道多少遍了，我们都不好意思了。"（20150914SMGZ）

社会扶贫主要通过两个基金会进行的项目。一是世界自然基金会（WWF）帮助建立的污水处理项目。备忘录由峨边县 A 村和玉坪村的村民、下游的水电开发公司共同签署，根据备忘录规定，只要在未来三年内两个村能够减少一半以上的水土流失，该水电开发公司就为这种生态服务的提供买单。二是中国扶贫基金会资助社会公益组织在 A 村开展的"公益同行，美丽乡村中国梦"健康蜂蜜彝家情项目，前后投资 40 余万元，在该村原有的传统养蜂实践基础上成立专业合作社，内引外联，逐步培养农户生产经营管理能力，并选定了 50 户贫困农户作为项目受益户。

比较而言，在扶贫规模和资源投入力度上，政府扶贫比社会组织投入更多，整体扶持效果更好。政府与 A 村信息互通，A 村可以向政府就贫困问题申请相关补助。A 村与外部基金会和公益组织的关系相对是单向的，大多数村民不知道基金会的存在，也不会主动向基金会提出申请，"不是他们（社会组织）进来了，我们根本找不到他们的"。

表 1 - 4　2014 年政府机构在 A 村的扶贫投入

政府机构	提供资源类型	资源数量
峨边县扶贫和移民工作局	基础设施	住房（新修 132 户，改建 26 户）、吊桥、垃圾池等
黑竹沟自然保护区管理局	基础设施	污水处理站
峨边县农林局	技术、粮食补助	4000 元的玉米补助和玉米种子；七八千元的补助款
峨边县民委	物资	25 头牦牛
乐山市环保局	物资	核桃树苗栽种，每棵核桃树苗政府出 5 元，村民出 1 元

（三）对贫困文化的反思

与大众舆论对彝族地区的"刻板印象"不同，A 村民风淳朴，大多数村民愿意勤劳致富。村里的年轻人尤其不甘于"靠天吃饭"，渴求外出打工谋生，为家庭创造更好的经济条件；而传统务农的模式也发生了改变，开创了养蜂、养羊、种植林木等多种经营方式。在谈到国家补贴的时候，村里青年人说：

> "人刚生下来肯定是什么都没有的，只有靠自己努力慢慢去做，先苦后甜嘛。"（20150920JSAM）
>
> "你自己要是什么都不做，光靠国家给的这点钱，是富不起来的。"（2150914SMML）

贫困的原因除了天灾人祸以外，村干部认为村里"比较懒"的有八九户。这些贫困户虽有劳动能力，但生活仍然非常贫困。他们有的会外出打工，但比较懒散，也不懂得节约理财，往往路费花销比打工收入还多；有的贫困户不愿意劳作，每天在家里休息，对政府的救济存在依赖心理。村干部这样描述他们的情况：

> "他懒呢，但是他要吃。他们年收入比较少，政府发了些清油、大米、被盖下来，他就来这里说，被盖还是该他得，大米还是该他得，清油还是该他得。年年你得，别人得啥子啊！他这种人是政府越照顾他越没得，他只是等、靠、要！"（20150917SMGZ）
>
> "你去教育他，他觉得你是在歧视他。你去教育他，他还最不安逸你！他们比较懒惰，让他们干活路啊，他们觉得活路太费力了。佘鲁 ML 就是在外面打工了，没得几天就会转来的。"（20150922JSML）

在 A 村里，这样的家庭属于少数，有 5% 左右，懒惰是一种不被大多数村民认可的生活方式。

总体而言，A 村保留着传统、质朴的价值观，认为"好一点"的是指勤劳、聪明、节俭的价值观念，而不一定是指富裕的物质条件。

第二节　A 村的长期贫困现象

　　我国的贫困研究素有两种范式：社会结构范式和个体主义范式。前者认为贫困来源于超越个体之上的结构性要素，后者则认为贫困发生于个体缺乏能力、训练或道德。本书对彝族地区长期贫困的分析基于这样的理论传统。

　　本节从生命历程理论视角研究宏观因素对彝人成年后贫困发生的影响。生命历程社会学由埃尔德（G. H. Elder）创立，1970 年他发表《大萧条的孩子们》一文，认为生活机会（life chance）取决于历史环境，同时也取决于个人在社会结构中所处位置。[①] 生命历程不等同于生命周期（life cycle）和生活史（life history），后两者对生命历程理论有启发作用。生命周期理论强调社会角色、代际问题研究，如 Rowntree 提出"贫困生命周期理论"，认为个体在儿童期、初为父母期及老年期是陷入贫困的高风险时期。生命历程理论则对时空位置更敏感。[②]

　　生命历程理论主要研究对象包括：日常生活的时空位置、个体能动性、相互联系的生活、生活的时间性。[③] 其中轨迹（trajectory）、转变（transition）、延续（duration）"三位一体"是该理论的主要框架。[④] 轨迹指的是个体在成长历程中其社会角色会依次发生改变，是一种长期观；转变指的是个体某种状态的变化，是一种短期观；延续时间越长，则相应行为越稳定。该理论在微观的行动者与宏观的社会结构之间搭建纵向维度的桥梁。

　　本节的目的在于解释彝人生命早期条件与其后期结果之间的因果机制，探索其优势与劣势对彝人成年后的累积效果。社会变迁对累积过程具

---

① 〔美国〕G. H. 埃尔德：《大萧条的孩子们》，田禾译，《当代外国文学》2002 年第 3 期。

② B. S. Rowntree, *Poverty：A Study of Town Life*, Macmillan, 1902.

③ G. H. Elder, M. K. Johnson, R. Crosnoe, "The Emergence and Development of Life Course Theory," in J. T. Mortimer, M. J. Shanahan (eds.), *Handbook of the Life Course*, Springer, 2003.

④ 徐静、徐永德：《生命历程理论视域下的老年贫困》，《社会学研究》2009 年第 6 期。

有决定性影响。① 重点分析个体在"成家立业"前期的生命轨迹：教育、生计、婚姻。"成家立业"意味着个体独立，从"稳定三角形"② 中破茧而出，担负起新家庭的生计责任，而来自父辈的"先赋性"影响逐渐衰微。教育与长期贫困的相关性较强，但造成彝族地区教育水平较低的原因是哪些呢？

一 教育：文化的贫困

2015 年 9 月 1 日，16 岁的吉苏 YF 告别村里父老乡亲，前往乐山一中高中部，开始新学期紧张的学习。他在 QQ 空间里改了新的签名："新起点，再开始。风口浪尖，风光无限。"乐山一中是市内重点中学之一，2015 年包揽了市文科状元和理科榜眼，本科上线率达 72%。吉苏 YF 从小成绩出众，初中在峨边民族中学就读，他在初中的学习成绩经常是全县第一名。中考考入乐山一中的实验班。乐山一中的录取分数线是 660 分，他考了 720 分，而他的堂弟吉苏 XF 只考了 280 分。

然而，吉苏 YF 并不能代表村内的青少年，甚至可以把他当作一个特例。在这二三十年里，虽然村民受教育程度普遍提高了五六年，但考高中仍然非常困难，而读大学更是遥不可及。鉴于村内教育状况存在的代际差异，笔者追溯了村里 40 年以来受教育情况的变迁，从而将教育问题锁定在 20 世纪 90 年代出生的人群。

> "1995 年（后出生）不读书的很少，再怎么困难，就是向别人借钱也要读。有些六七十年代出生的，很多都没有读书，连学校是什么样子都不知道。"（20150911JYSB）

20 世纪 60 年代出生的人群中，文盲率高达 80%，其余多为小学水平；1970 年代出生的人群中，文盲率在 50% 以上，小学水平约为 40%，而女性接受教育的百分比更低。在 A 村，40 岁以上的女人多为文盲，无法使用普通话交流。

---

① 胡薇：《累积的异质性——生命历程视角下的老年人分化》，《社会》2009 年第 2 期。
② 费孝通：《生育制度》，商务印书馆，1947。

1986 年我国颁布了《中华人民共和国义务教育法》，这成为彝族贫困地区教育状况的分水岭，A 村的受教育程度也得到极大的改善。在 1980 年代出生的人群中，初中毕业二三十人，多为打工或者务农；有 4 个高中毕业，但也是在外打工；有 2 个中专毕业，一个毕业于眉山农校，在水电厂上班，另一个毕业于乐山财贸学校，现为勒乌乡乡长。

20 世纪 90 年代出生的人群中，读小学的有五六人，村内没有失学儿童，主要就读于勒乌乡中心小学，有的在沙坪小学、县一小、县二小就读；初中在读的有一二十个，主要在西河中学、峨边中学和峨边民族中学；高中在读有 6 人，其中 4 人在峨边高中，1 人在乐山一中，1 人在峨边职高。其中有一家在峨边县城租房陪读，其余都住校。

表 1-5　A 村 20 世纪 60 年代以来村民受教育程度的变化

	文盲	小学	初中	高中
20 世纪 90 年代出生	0	50 至 60 人	15 人	6 人
20 世纪 80 年代出生	0	30 至 40 人	20 人	4 人
20 世纪 70 年代出生	占同龄人的 50% 以上	占同龄人的 40%	10 人	0
20 世纪 60 年代出生	占同龄人的 80% 以上	20 人	5 人	0

资料来源：根据村内老年人对 A 村历史情况的口述整理而成。

读书对于脱贫的意义，在 A 村已经成为一种常识。这种常识的来源除了政府宣传、学校老师的指导，更多的是身边的典型人物和"理想生活"的召唤。"看到周围有些人读了书，考了公务员，吃了国家一碗饭，有住房公积金，有工资，一直在外面上班，就不用回来了。"（20150907JYXJ）

"吃工资"① 成了村民们的"最高理想"，也是他们对下一代的期望，而要能够"吃工资"，学历是最重要的门槛之一。同时，村里的长辈时常叮嘱年轻人认真学习，村里支持学习的氛围非常浓厚。

（一）学校教育：非中立者

接受学校教育对于彝族青年的最大意义是获得"制度性"文化资本，也是学历获取的主要途径之一。研究教育与贫困的关系，其理论前提是：

---

① 吃工资：主要指在政府机关或事业单位工作。

教育的经济收益率，即教育投资与经济回报的比例高。家庭教育投入可以提高经济收入，这是市场经济和工业化社会的普遍规律。但理论所对应的现实世界并非铁板一块，在彝族地区也呈现不同的发展路径。

国家对于民族地区的教育投入，大大降低了家庭对子女的教育投资成本。有的学者认为："长期贫困的父辈们受经济条件和观念的影响，对子女教育投资偏少，导致子女受教育的机会下降。"[1] 但在 A 村，乃至整个勒乌乡，我们发现这样的结论不尽全面。

在 2009 年 A 村小学被撤之后，村里的孩子只能走五六公里路去勒乌乡中心小学读书。勒乌乡中心小学建于 1958 年，各村小撤并后，勒乌村、甲挖村、山峰村、玉坪村、祖马村和 A 村的适龄儿童大部分在勒乌乡中心小学上学。学校共 12 个班，平均每个班有四五十个人，共 549 人。

学校共 13 间教室，每间教室有 70 平方米，操场约 300 平方米。学校一共有 30 间宿舍，其中男生宿舍 18 间，女生宿舍 12 间，2015 年住校生有 346 人。乡里住得远的学生都住校，甲挖村、A 村、山峰村的学生从一年级开始住校，勒乌村、玉坪村、祖马村的学生从四五年级开始住校。

在九年制义务教育实施之后，小学、初中的学费全免。一名初中生每年花费 1000 元。小学额外的开支包括保险费和资料费，一名小学生每年花费 200 多元，也不需要交生活费，政府拨 120 元作为住宿费的补贴，"一天的话两顿肉，早上馒头、稀饭，现在小娃儿生活还是好了"。

学校共 21 名老师，其中女老师 5 名，男老师 16 名。他们均从正规的师范学校毕业，5 个是本科，其余的是专科。老师的工资，本科和专科有差距，本科是 2500～2700 元，专科是 2400 元，加上绩效每个月有 3000 元左右。虽然没有出现老师调职流动的现象，但普遍"安心程度"不够。主要原因是：第一，距离太远，坐车不便。老师常常周五回家，周日返校。第二，老师的付出没有得到回报：老师工作繁重，下午放学后有节自习课，晚上自习也要到堂辅导，早自习要组织学生早读。而大部分学生从一年级开始住校，"到第二天天亮都管，但是工资跟下面（指峨边县城）是一模一样的。"

---

① 刘浩、赵晓霞：《凉山彝族地区反贫困研究》，《当代中国史研究》2013 年第 4 期。

此外，由于师资力量薄弱，除了六年级平行班是一个老师负责一个班，其他年级都是三个老师负责两个班。除了语文和数学分别由两个老师上，体育、美术、音乐、品德、科学等课程都需要其他老师承担课时任务。

由于课程杂而多，老师数量有限，老师缺乏专业性，"我们上语文、数学的（老师），有美术专业的，有计算机专业的，有体育专业的，没得办法的！"（20150920WZMS）同时，学校每年会组织老师进修。勒乌乡中心小学与乐山市白杨小学是对口学校，有时候让勒乌乡的学生到白杨小学去学习，也让白杨小学的学生到勒乌乡体验中心小学生活。

山路遥远，但上学坐车问题一直未能解决。学校教导主任伟者 MS 曾把这个问题向县政府、教育局局长反映过，但都未得到有效的答复。在没有班车的时候，老师和学生只能坐没有营业许可证的面包车，超载现象非常严重，非常不安全。而导致交通困难的另一个原因是学校经费紧张，伟者 MS 认为，"就是给我们配个校车呢，我们也供不起。"家长只能骑摩托车接送孩子，有的摩托车坐两三个人甚至四个人，山路陡峭，存在严重的安全隐患。学校对孩子们的建议是"最好就走路，走路是最安全的"。

尽管国家扶持、学校接纳、老师奉献，但勒乌乡中心小学学生的成绩普遍较低，县一小学生平均分为 90 分，在勒乌乡中心小学 60 分是较好的分数，与县一小平均分相差三四十分。A 村孩子的成绩相对比较好，但平均分也只有四五十分。

表 1-6 是 2015 年上半学期乐山市小学期末考试成绩各年级汇总，包括各科目的平均成绩和平均合格率，通过区分城区小学、汉族乡镇小学、彝族乡镇小学，我们可以看到彝族乡镇小学平均成绩偏低，勒乌乡中心小学并不是个案，城区小学合格率多在 90% 以上，汉族乡镇小学合格率徘徊在 60% 上下，而彝族乡镇小学的合格率往往不到 30%。

表 1-6　2015 年上半学期乐山市小学期末考试分区成绩统计

	学校分区	人数	语文（分）	数学（分）	英语（分）*	合格率（%）
一年级	城区	356	94.6	94.3		96.9
	汉乡	953	71.7	79.9		68.9
	彝乡	450	45.4	58.1		29.3

续表

	学校分区	人数	语文（分）	数学（分）	英语（分）*	合格率（%）
二年级	城区	484	96.1	94.9		97.9
	汉乡	950	69.7	74.6		65.1
	彝乡	451	51.5	54.9		33.7
三年级	城区	416	93.5	89.1	76.2	99.0
	汉乡	889	71.1	70.6	37.5	69.9
	彝乡	486	46.7	48.8	9.7	26.1
四年级	城区	397	90.7	91.6	58.9	99.7
	汉乡	949	67.5	65.3	33.4	59.3
	彝乡	460	49.8	49.8	13.3	27.8
五年级	城区	387	85.8	77.1	61.0	85.5
	汉乡	785	63.5	54.4	37.2	40.3
	彝乡	473	54.5	35.3	12.1	15.4
六年级	城区	324	83.0	80.7	59.0	83.3
	汉乡	759	66.3	60.6	36.0	52.8
	彝乡	360	53.8	46.6	31.8	30.0

* 乐山市小学三年级起开设英语课程。

对于勒乌乡中心小学面临的困境，伟者 MS 认为峨边县应该向马边县借鉴学习，马边县教师工资分为七级，在县城教书的就给 2000 元，在乡中心小学的就给 3000 元，在村里小学的就给 4000 元，认为这样的薪酬体系可以提高教师的积极性。艰苦的地方只能是多给点钱，教师才会安心一点，如果跟别人工资一样，教师何必到这里来呢？

学校教育担负着彝族地区现代化的重要功能，学校并不是唯一的责任机构，而需要各方力量的配合。伟者 MS 认为，家庭教育和学前教育的缺失，不利于学生成绩提高和语言发展。

（二）缺失的学前教育

在村里，我们常常看到小孩子打闹嬉戏，无人管教，家长有的外出打工，有的务农。孩子们在六岁之前没有接触过任何图书，而家庭主要负责让孩子吃饱穿暖，还会教其一些彝语，但多数没有进行汉语教育。在问到村里孩子们的学前教育情况时，村民说："家里没有书，我们这边没有学前班，也没有幼儿园，现在只能靠小学，小学之前连'1、2、3'都没有学过。"（20150926WZMS）"一年级啥子都不晓得，一个汉字也不晓得，一个'a、o'都不晓得。"（20150907JYXJ）

协助孩子跨过语言障碍，这是学前教育在民族地区的主要功能。学校方面认为，孩子们只有把语言关过了，成绩才会得到提升。"现在是用汉语讲，有时候用彝语翻译，翻译之后又回到汉语，转两次，他也累，老师也累。"城区孩子通常要上幼儿园小班、中班、大班、学前班，上小学一年级前已经有了一定的知识基础，因而与村里的孩子拉开了差距。因为没有学前教育的基础，一些小学课程也不适合彝族乡里小学讲授。

勒乌乡政府在两三年前宣传"一村一幼"①，普遍认识到小孩在没上小学前只说彝语的现象对升学有很大的影响。但"一村一幼"在勒乌乡各村迟迟没有得到落实，村干部说，"一村一幼"需要村里提供办学地点，多以村活动室改造，但村里并没有多余的地点。而乡政府反映，有些村里小孩数量太少，办学资源投入太大，容易产生浪费，"一个村就几个小孩来读"。乡小学方面则认为，现在最主要的原因是师资力量缺乏："我们有想办（学前教育），但是我们12个班只有21个老师。"

（三）难以维系的家庭教育

在 A 村，家长多数非常支持孩子的学习。而家庭教育主要围绕学校教育来开展，以学生的成绩来作为判断学校教育优劣的标准。但并不是所有家庭都意识到家庭教育的必要性，也有部分家庭认为成绩"好坏"是由孩子的天赋决定的，家长并无教导责任。在提及对子女的教育问题时，家长都会提及以下几种方式，并且认为这样的做法是尽责的表现。

第一，口头说教。家长常常用自身经历告诫孩子要好好读书，同时描绘出读书与未来生活的关系，通常以物质水平的提升为督促学习的直接刺激，例如：

"不读书，以后就只能在这里做活路。如果读了书，以后有车子

---

① 2014 年初乐山市委、市政府印发《关于进一步加快推进小凉山综合扶贫开发的通知》，明确以 2 年的时间，在彝族地区建设"一村一幼"150 个。截至 2015 年 9 月 1 日，乐山市彝族地区共建成"一村一幼"155 个，接收学龄幼儿 4500 余人。

开，有房子住，有工资吃。我们认不到字，就是瞎子眼，出去（后）也不会说，不会跟人交流，去峨边都会迷路。让他们多学点知识。"（20150907JSAM）

第二，尽量满足物质需求。村里青年人的父母多出生于 20 世纪六七十年代，教育普及率低，家长受教育程度普遍不高，难以辅导孩子学习，而通常以物质供给给予支持，同时减轻孩子的劳动负担和思想包袱。例如：

> "当时没有退耕还林，我妈妈七点钟出去干农活，晚上七八点才回来，不让你做什么活，就让你安安心心读书，这就是最大的帮助了。"（20150914SMML）

第三，坚持接送。上学山路遥远，为了保护孩子安全，村里家长努力全程护送。吉沈从小残疾，妈妈每天早上背他走 5 公里路去读书，晚上再背回来，背了六年。因为读初中离学校太远了，没办法继续照顾，只好放弃让孩子继续读书。另有一村民说："我在他们读书方面很下功夫的，我大娃儿在勒乌的时候，我星期一都送他去，星期五又接他回来。"（20150912SMGZ）

第四，找关系升学。峨边中学和峨边民族中学的教学质量较高，有能力的家长积极动用关系，希望将孩子送到更高的平台。村支书回忆起让二儿子上高中的情形，虽然孩子初中毕业只考了 200 分，但通过与县里的老师打招呼，孩子也有上学机会。"小老板"吉苏 LJ 送大女儿上初中同样如此。

> "我还是想让她去峨边读，我是托人的，也欠了人家人情的。不管她成绩好不好，但她认识的人、交的朋友就不一样，还是希望她不要被困到山沟沟里。"（20150910JSLJ）

家长都尽力为孩子提供良好的学习环境，但收效甚微。村里的孩子学习成绩普遍较差，且厌学情绪极大，往往不愿意继续就读。沙玛 GZ 的女儿读完小学后，不愿继续读书，而希望外出打工。"报名之后，她死活都不去读，打她也不是，不打也不是。她说不读，就是不读了，你喊我干啥子都可以，读书她是咋个都不读了。"（20150912SMGZ）而产生这样困境的原因可能是：两代教育经历呈现巨大的"断裂"。"80 后"和"90 后"的父辈接受义务教育的比例很低，父母学历较低，辅导功课的能力有限。而孩子在学习初期缺乏教学指导，后期学习越发吃力，也容易产生自卑心理。

在教育方式上，父辈"唯智化"倾向明显，忽略了子女的感情世界。卢梭在《爱弥儿》中认为家庭教育是"爱"的教育，首先让孩子培养"自爱之心"，再扩展到"他爱之心"①。而父母在家庭教育中往往缺乏对子女心灵世界的关注。

学校距离远，家长管教时间较少。上初中以后，孩子多在外住读，每周回家两天，家长无法管教孩子，只能靠孩子的自觉性。很多家长也表示了这样的无奈之情。"在家里还是听话，但是出去了，我就不晓得了。他刚上初中还可以，初三就不知道到哪里乱跑去了。他跟那些不三不四的人一起，我们也不知道。"（20150908JSML）两代人之间也存在交流障碍。孩子长大之后，不喜欢跟父母交流，而更愿意跟同龄群体的同伴在一起。

（四）同龄群体的影响

村里的孩子到了青少年时期，与家长的关系越发疏远，而同龄群体的影响更加明显。当孩子们进入初中以后，最近的中学离 A 村也有 20 公里，他们只在周末才回家，从而脱离了父母的管教。"大了以后，只有星期五回来，星期天就回去，他们也管不了我"。而新鲜的环境带来更多现代化的诱惑，学校周边的网吧、台球店勾起了这些处于青春期的孩子们爱玩的天性。

中学分流也是重要因素。A 村的孩子们主要就读三所中学：峨边中学、峨边民族中学、西河中学。峨边中学和峨边民族中学升学率较高，西河中学校风较差。西河中学是哈曲乡、金岩乡、勒乌乡和黑竹沟镇"三乡一镇"的定点学校。村里有 50% 以上的孩子只能就读于此，但有些家庭条件比较好的，或对教育比较重视的家长就会把孩子送到峨边中学。

以吉苏家两堂兄弟为例：小学时，吉苏 XF 与堂哥吉苏 YF 同班，吉苏

---

① 〔法〕让·雅克·卢梭：《爱弥儿（精选本）》，彭正梅译，上海人民出版社，2011。

YF 时常监督吉苏 XF 的学习。原先两人成绩差不多，吉苏 YF 是班级前一二名，吉苏 XF 是十来名，后来吉苏 YF 考上峨边民族中学，吉苏 XF 去了西河中学。由于西河中学的孩子比较调皮，"伙伴他们叫我一起耍，我就跟他们一起耍，就不想上课，去打台球"。吉苏 XF 的成绩渐渐变差，2015年没有考上高中，而吉苏 YF 则顺利考上乐山一中。

曲别 XH 谈论起西河中学上课的情景："同学们都在下面做自己的事，注意力不集中，看到不喜欢的老师就不想上，然后就一直吵、一直吵，想学的都听不进去。上初中的时候，要考试分班，不好的就二班、三班，但是去西河的都是很调皮的，进一班的也不是成绩很好的，但是也进了。"（20150910QBXH）

尽管如此，在峨边中学和峨边民族中学就读的学生也不一定能取得较好的成绩。沙玛 GZ 谈论起二儿子，表情非常无奈："他在峨边民族中学读书的时候，三年之间，我被老师喊过去五次，他打牌、抽烟、旷课，我都不好意思去了。"

外面的世界与村里的景象有巨大的反差。我们发现村里青少年有这样两个特点。

第一，喜欢族内"抱团"，依赖熟人团体。由于生活习性和语言障碍，彝族学生在中学阶段大多难以融入汉族学生群体，"跟汉族（同学）接触的时间比较少，表达能力不太好，他跟汉族（同学）交流不来，他就不敢去读"，同时在与本族人的交往中，更能获得温暖和信心。

第二，集体"反智主义"倾向。对于学校文化的反抗，同样存在于彝族青年群体中，正如保罗·威利斯在《学做工》一书中所说，"他们的群体逻辑认为证书和考试永远不可能提高整个工人阶级的地位"。[1] 彝族青年将自身隔离出主流文化，"我们普遍都不喜欢读书"。

二　经济：生计的分流

2003 年，17 岁的邛莫 YB 在峨边县就业局的安排下，去新加坡等东南亚地区打工。他属于村里较早一批外出打工的，他们通常是在政府的安排

---

① 〔英〕保罗·威利斯：《学做工》，秘舒、凌旻华译，译林出版社，2013。

下去外国打工。邛莫 YB 的工作是在太平洋捕鱼，每个月的固定工资以美元结算，折合当时人民币每个月约 1200 元。签订的合同是 3 年，由于家里老小需要照顾，邛莫 YB 只干了 1 年，决意返回村里，因为没到合同要求的 3 年，与峨边县就业局合作的公司没有给邛莫 YB 发工资。

随着 2005 年打工潮的蔓延，更多的彝族青年选择外出打工，为家庭增加收入。A 村也形成了两个群体：外出群体和留守群体。生计活动也由传统的以务农为主，转化为务农、打工、经商三种类型。由此形成一条传统与现代生产方式的连续谱。村里劳动力共有 420 人。其中去打工的有 150 人左右，务农的有 130~140 人。职业直接决定了村民的收入。

（一）"带工制"与离开的人

刘绍华将彝族青年外出打工的探险之旅称为"新兴成年礼"。离开村庄的群体，意味着他们的生产方式发生了改变。在 A 村，离开村庄的群体主要包括三类人："吃工资"的人、"小老板"和打工的人。"吃工资"的人非常少，但也是村民们口口相传的榜样；"小老板"在村里有三四个；打工群体不固定。

"吃工资"需要一定的学历。35 岁的沙玛 MB 现在是勒乌乡公务员，毕业于乐山财贸学校，在 A 村的贫困中成长起来，父母早逝，其父亲是村支书沙玛 GI 的亲哥哥。他的哥哥，现年 38 岁的沙玛 MY 当年为了供弟弟读书，辍学后去打工。吉友 PE、吉友 XY，就读的是乐山犍为师范学校，现在都在峨边县城教书。

"小老板"需要较强的专业技能和商业头脑。沙玛 MY 年轻时在乐山饭店打工，后来自己做小生意，也开卡车跑运输，每个月可以挣五六千元。五组两兄弟佘鲁 EB、佘鲁 SB 带着美姑的彝人打工，在工厂老板和村民间周旋，通过收取中介费用谋利。吉苏 LJ 承包一些大工程的部分工作，作为"小包工头"，每年收入有五六万元，属于村内的中上水平。

而打工群体在村里较为常见，人数很多，但打工的时间断断续续，在一年里打工 1 个月到 6 个月不等，大部分人外出 2~3 个月就返回。A 村青年的打工目的地主要是广东、江苏、山东、新疆、海南等地（见表 1-7）。打工的人年龄多在 40 岁以下，其中 17~25 岁的有八九十人，26~39 岁的有四五十人。40 岁及以上的有 10 人左右。在打工意向方面，男性多倾向于体力劳动偏重的建筑工地，女性则以在工厂做工为主。

表 1－7 A 村 2014 年外出打工情况

打工目的地	打工人数	工种类型	工资水平
广东	60 人左右	电子厂	9～10 元/小时；每月 2000 元左右
江苏	50～60 人	电子厂	9～10 元/小时；每月 2000 元左右
山东	11～12 人	鸭厂、鸡厂	每月 3000 元左右
北京	2～3 人	建筑工地	200 元/天；每月四五千元
新疆	7～8 人	摘棉花	摘一斤棉花得 1.8 元；每月 4000 元左右
海南	7～8 人	建筑工地	175 元/天；每月三四千元

资料来源：根据 A 村文书口述资料整理而成。

在 A 村，能够考上大学的人凤毛麟角，大部分人是初中以下学历，想要改变始终在生存线上下徘徊的状态，外出打工是理想的选择。"大家愿意出去，你困在山旮旯里，有时候一个月挣不到一两百元，出去了最差每天能挣五六十元，这也不错了嘛！"另外，"外面的世界"更现代更有趣，现代娱乐诱惑着村里的青年，他们渴望着城市的生活。

A 村人外出打工的特点是：第一，多为集体行动；第二，工作时间不固定。A 村打工的人一年回来一两次的情况比较少，打工不超过半年的占 80%，打工一两个月的占 60%，打工半年到一年的占 6%～7%。

在彝族地区存在特有的"带工制"。一些"小老板"专门带村民出去打工，根据工厂需求，在多个村招工，并收取"中介费"：按小时计算工资的工厂，一小时扣两三元钱；按天结算工资的建筑工地则一天扣二三十元。村里的干部对于这样的情况较为不满，认为"小老板"克扣了村民的工资，而希望老板能够直接发工资给打工者，而不是通过中间人：

"一小时扣两三元钱，这个人就坐到吃了，这些人经常在外面与老板交流嘛，他们是最狡猾的。"（20150920SMGZ）

而这种民间自发形成的"带工制"，根植于彝族地区的窘迫困境：与汉族区域相联系的社会网络的稀缺。大部分彝族青年个体很难与外界建立关系，无法获得需要的工作机会，也难以谋得相应的岗位，只能依靠部分"有能耐"的中间人，搭建起与外界沟通的桥梁。

除此之外，彝族青年打工遇到的障碍还包括以下两个。第一，受教育程度低，以及由此导致的语言交流障碍。有的人小学没有毕业就外出打工，绝大多数人是初中毕业。第二，缺乏技术。在建筑工地打工，没有技术要求的工种每天工资 150 元左右，一些有技术要求的工种每天工资约220 元，很多彝族青年想做技术高一点的工种，但因为没有技术指导，缺乏学习途径，只能作罢。"木工啊、钢筋工，他们想做这个，但是缺乏技术，他们去找这样的活路，他们是找不到的。"（20150920SMGZ）

这些外出打工的彝族青年是非常矛盾的群体。一方面，他们在城市工作，努力适应着城市的生活节奏，却难以在城市立足；另一方面，家里老小需要照看，"孩子还小，老人又老了，照顾不过来"。农忙时节还需要打理庄稼，生产与生活发生了严重的分离，在外无法安心打工，在村里的经济收入又难以维持家庭开支。2015 年沙玛 ML 外出打工 5 个月，因为村里发生泥石流，家里的房子成了危房，只能急匆匆赶回家里修缮。"现在有点麻烦，你看下面的路垮了，房子现在又要修，他们不敢住在这里，假如一下子垮了，人都没有了，还做什么！"（20150918QMYB）

综合而言，在谋生之路上，利用"制度性"文化资本进入主要劳动力市场的彝人尚属于少数，而大部分彝族青年倾向于通过关系找工作，无论是有偿的"带工制"还是"类熟人"无偿的信息沟通，因为次级劳动力市场的技术门槛低，组织模式成本低，这成为彝族低学历青年源源不断进入工厂的主要方式。

（二）"靠天吃饭"留下的人

村内的职业分层包括三类：务农、养殖和开杂货店。村里务农的只有 130～140 人。这些留守村内的青年人，出于种种原因无法出门，包括：家里老小需要照顾；家里有地，需要干农活；不认字，只有别人带着他们去，没办法走远。他们大部分不甘心在村里务农，希望找机会外出打工。养殖大户有十二三家，养羊数量达到五六十只羊，经济条件也不算太好，一年收入 1 万多元。村里还有六七户开杂货店，平均年收入15000 元左右。

"靠天吃饭"意味着对土地、气候的依赖。而 A 村位于地震频发的地段，在我们第二次进村调研期间，泥石流严重地毁坏了公路，同时造成靠近公路的数家房屋受损，成为危房，影响了村民出行和牲口买卖。2013 年，村里的养蜂项目收成也不尽如人意，由于气候潮湿，雨水连绵，以及工蜂天敌——本地霸王蜂大肆繁衍，蜜蜂大量死亡，蜂蜜产量下降，打击了村民的积极性。

在 A 村，"离开"与"留下"并没有绝对的界限，个体的生计活动并没有固定在连续谱中的某点，由于工程要求的时间性，多数打工者只能在外界有劳动需求时务工，而逢农忙季节，依然需要折返回乡务农。流动性极强的青壮年劳动力群体通常徘徊在"打工者"和"农民"两个角色之间。一方面，他们在需要劳动力的地方获得挣钱机会，打工是他们主要的生计方式，勤奋能干的人往往打工时间更长；另一方面，青年群体无法在大城市定居，其生活消费和再生产延续仍然在熟悉的村庄。生计空间和生活空间分别置于城市和农村两点，这样相互割裂的两种现场导致了 A 村彝族青壮年劳动力的"双重脱嵌"。[①]

三　婚姻：古老的维模系统

2015 年 3 月 8 日，一起血腥惨案发生在平静的峨边县新林镇。邛莫家对昔日的亲家严日 JL 家进行残忍的打杀，导致四人死亡，多人重伤。该恶性事件起源于结亲的年轻夫妇婚后不和，协商离婚后女方难以支付高昂的赔偿费用。礼钱对人情的伤害由此可见一斑。彝族的礼钱从 2010 年前后攀升至今，已经超过了普通百姓所能承担的范围，例如，女方有工作或为大学生，礼钱在 20 万元到 30 万元；女方在农村或文化水平较低，礼钱也高达 15 万元到 17 万元。礼钱在传统上的本意是对父母养育之恩的回报。由于彝族地区特有的等级和家支制度与通婚存在密切联系，在市场经济的影响下，"婚姻"成为商业化的交易。

在哈贝马斯构建的"系统—生活世界"理论中，市场和国家机构是重要的系统形式，而生活世界则为核心家庭生活。[②] 以金钱为载体的市场力量和以权力为媒介的国家力量介入本属于私人领域的生活世界——"生活

---

① 朱妍、李煜：《"双重脱嵌"：农民工代际分化的政治经济学分析》，《社会科学》2013 年第 11 期。

② 〔德〕尤尔根·哈贝马斯：《交往行为理论》，曹卫东译，上海人民出版社，2004。

世界殖民化"（colonization of lifeworld）导致了彝族地区相对固定的通婚关系发生了变化。同等级家支间的通婚是等价家支地位的交换，是传统观念下的常态；但由于金钱工具的出现，不同等级家支间的"非常态"通婚也成为可能。本小节通过分析彝族地区婚姻关系的改变，尤其是市场对婚姻这种古老维模系统的冲击，指出其产生的后果以及与结构性贫困的关系。

（一）通婚规则与婚姻质量

早年彝族地区等级严格，黑彝、白彝和娃子间绝无通婚的可能，属于"等级内婚"①。在 1956 年民主改革之后，彝人近乎探险地进入现代性空间，生计、教育、人际交往的各方面都受到冲击，也产生了"跨等级、跨民族间互通婚姻和自主婚姻的婚变现象"等异质性婚姻。而城市地区的彝族通婚甚至接纳了汉族等民族，而农村彝族婚姻文化相对稳定，仍然以族内婚为主。

在 A 村，白彝内部家支存在分层，不同等级的家支之间也不能通婚。彝人都希望与"门当户对"的家支结亲，"攀上婚"也是得到认可的。正如沙玛 GZ 的总结："家支不好的，想结家支好的；家支好的，想结家支更好的！"（20150917SMGZ）这是彝族地区结亲的首要原则。

例如，黑彝在彝族人口中占的比例较低，在大凉山黑彝约占 7%，因为黑彝禁止与其他等级通婚，他们结婚选择的余地非常有限。而峨边县黑彝有几百人，只占峨边县彝族总人口的 1% 左右。"很多（黑彝）三四十岁都结不了婚，只有找甘洛那边的。"（20150917JSML）

这样的通婚规则注定了婚姻不是"两个人的事儿"。在 21 世纪以前，A 村大部分人的婚姻是父母安排的，自由恋爱占的比例极小。只要媒人觉得两个家庭条件相似，"见一面，点头就结婚。"进入 21 世纪，A 村的自由恋爱越来越多。但在伴侣选择上，依然要考虑对方的家支背景，否则很"难修成正果"。

> "我们基本上都是传统（婚姻），结婚都是父母说了算。现在（传统婚姻）很少，基本上是娃儿他们要好了。"（20150910JSLJ）

---

① 李煜：《婚姻匹配的变迁：社会开放性的视角》，《社会学研究》2011 年第 4 期。

表 1-8　A 村两类婚姻比例变迁

出生年代	自由恋爱所占比例	父母安排的婚姻所占比例
20 世纪 90 年代	60%	40%
20 世纪 80 年代	20%	80%
20 世纪 70 年代	10%	90%
20 世纪 60 年代	3%~4%	95% 以上

资料来源：根据采访村里老人、村干部的口述资料整理而成。

　　家支地位在婚姻中占的权重极大，而男女双方在婚前忽略了结婚对象的性格和生活习惯，彼此缺乏磨合，婚后吵架、闹矛盾的情况比较普遍，也导致婚后生活充满了变数。婚姻成了一场赌博。"有些运气好的，遇到好的，就幸福；有些运气不好的，遇到不好的，就不幸福。" A 村的离婚率在 40% 左右，但如果离婚，女方将赔偿 2 倍彩礼，昂贵的赔偿金让很多女性忍辱负重，被束缚在婚姻的枷锁里。"有些离婚，有些将就过，离婚要赔 20 万（元），赔不起的就将就过。"（20150907JYXJ）

　　婚姻被视为繁衍后代的方式，是为了家支的延续。"根本没得你们汉族说的'爱'这些说法的。"（20150913JYXJ）这与现代青年追求浪漫的想法相悖。工业化使地域流动性增大，而信息社会的发展则进一步突破了时间空间的藩篱，人们的个性越发凸显，彝族青年也越来越反感集体主义导向的安排婚姻。

（二）早婚的缘由与后果

　　与汉族地区相比，彝族地区早婚不是什么稀罕事。但令人惊奇的是，20 世纪 90 年代出生的彝族青年，平均比父辈结婚年龄还早 2~3 岁。而这与彝族地区不断攀升的彩礼金额密切相关（见表 1-9）。

表 1-9　20 世纪 60 年代以来 A 村结婚年龄与礼钱数目变化

出生时间	女性结婚年龄	男性结婚年龄	彩礼金额
1990~1995	17~19 岁	18~19 岁	5 万~20 万元
1980~1989	21~22 岁	21~22 岁	1000~2000 元
1970~1979	20~21 岁	21~22 岁	200~700 元
1960~1969	不低于 18 岁	不低于 20 岁	100~200 元

资料来源：根据采访村里老人、村干部的口述资料整理而成。

20世纪60年代彝族地区的结婚年龄有法律规定，要求女性不低于18岁，男性不低于20岁；而20世纪七八十年代出生的人，现代婚恋观已经逐渐影响到他们的行为选择，结婚年龄平均比父辈晚一两岁。但观念传统的彝族父母们视结婚为子女人生大事，也是其父母责任的体现。

"（结婚早）是父母要求的，我17岁，刚刚初中毕业回来，就开始说这个事情，不晓得说了好多个了，说了十几、二十个了。"

"女方认为我有个女儿18岁了，还没有人娶的话，每天都有人上门说媒，你这个女儿该嫁了。"（20150912SMGZ）

彝族礼钱从2010年开始迅猛提高，因为害怕礼钱"越拖越贵"，当时的适婚年轻人赶紧结婚。村里十七八岁的青年，正好目睹了这种情形。"父母就着急了，10万元的时候不娶，你等到20万元再娶就恼火了。"A村的父母们开始争先恐后地为儿子提亲，村里20世纪90年代出生的青年，女孩17岁结婚，男孩十八九岁结婚非常普遍。

"前几年，没几个月涨几万，过一两个月涨2万（元），过几个月涨5万（元），有些家庭准备10万（元）结婚的，结果不够了，父母就慌了嘛。这跟（买）股票是一样的，娶媳妇就在（礼钱）较低的时候娶进。"（20150907JYXJ）

婚后随之而来的是生儿育女，这是"香火"延续的头等大事。"父母没得事就催他们生娃儿，抱孙子。"村内大部分青年夫妇在婚后第二年生育第一个孩子，从一个懵懂的青少年转变为父母，往往只有几年的适应时间。1993年出生的曲莫MJ17岁结婚，2015年22岁的她已经是两个孩子的母亲，最大的孩子3岁，很快面临上学问题，这让全家人很苦恼。

结婚年龄和生育年龄过早，是彝族地区贫困代际传递的重要因素。很多彝族青少年在心智尚不成熟、尚未掌握生存技术的情况下，就奉"父母之命、媒妁之言"，匆匆完婚。未"立业"先"成家"。其后果是，小家庭的年轻夫妇尚不能养活自己，没有稳定的收入，孩子的诞生无疑又给家庭增添了负担，尤其对于年轻的母亲来说，她们外出打工的机会几乎断绝了。

"虽然我是最小的，但我是最早结婚的。因为结婚早，没有时间

出去打工，要照顾孩子了。如果我不结婚的话，厂里也是可以去的嘛。"（20150907QMMEJ）

村内的生育意愿是三胎。老一辈的观念是"人多力量大"，认为孩子多是家支壮大的表现。村里的吉友 SB，一共娶了两任妻子，与第一任妻子生的第一个儿子在读书时煤气中毒去世，第二个儿子是聋哑人。当时前妻已经 47 岁，难以继续生育。吉友 SB 认为这样"断绝根子了，没得希望了"，就找了一个年轻的新妻子，第二任妻子生了两男一女，实现了"香火"的延续。

村里的未婚青年则抗拒过早进入婚姻。"我不想那么早结婚，还想再疯几年呢，看到这个年龄就当妈妈的，就有负担了嘛。"有些年轻人则更重视子女质量，而不是传统"多子多福"的思想。"因为我们供不起，不在多，在精！他们生 5 个娃儿的话，我宁愿把 5 个娃儿的花费放在 2 个娃儿身上。"

（三）"彩礼"市场的波动

在彝族地区，当男女双方同意婚事后，男方通过媒人送彩礼（在彝语中称为"者果"，俗称"身份钱"）给女方，彩礼的多寡视男方家庭财力而定。在旧社会，通常娶黑彝的女孩彩礼要求更高一些，白彝的女孩低一些，娃子的女孩则不需要礼钱，作为主人之女的陪嫁。

在 A 村，由于白彝居多，大家的生活水平差距不大，礼钱的数目在特定的时期也比较固定。20 世纪 60 年代出生的青年到适婚年龄时礼钱为一两百元，20 世纪 70 年代出生的青年到适婚年龄时礼钱为 200～700 元；随着生活水平的提高，20 世纪 80 年代出生的青年到适婚年龄时，礼钱涨到一两千元。

到 2010 年前后，礼钱突然快速上涨。这个时期的彩礼普遍在 7 万元以上。在 A 村有彩礼 20 万元的婚姻，而勒乌乡里甚至有彩礼上百万元的案例。那么，礼钱突然上涨的原因是什么呢？

第一，收入增加。大家认为"有钱了嘛，没得钱哪个娶老婆呢？"但仔细计算村民的收入可见，从 1990 年代之前平均年收入 200 元左右，到 2010 年前后平均年收入 2000 元左右，收入增长速度远远不及彩礼增长速度。因此，用收入增加来解释并不充分。

第二，大凉山"买卖婚姻"的影响。村里长辈认为，小凉山礼钱疯长多半是从大凉山传来的，因为"大凉山那边娶老婆很贵"。当大凉山娶亲要七八万元的时候，小凉山只要一两万元；大凉山要十几万元的时候，小凉山要七八万元；大凉山要20万元的时候，小凉山要10万元；大凉山要30万元的时候，小凉山要20万元。由此产生"人家大凉山的女儿都卖这么贵，我们女儿凭啥子卖这么低呢？"的想法。小凉山跟风大凉山可以部分解释小凉山彩礼攀升的现象，但大凉山礼钱攀升的原因尚需深入分析。

第三，经济地位与家支地位产生了兑换关系。随着市场经济的发展，家支地位与经济地位发生了分离。一些家支地位较低的男方家庭，由于经济实力较强，结婚时可以出很高的彩礼娶走家支地位较高的姑娘。"他出10万（元）没人嫁给他，如果出30万（元）、40万（元），就娶走了。""他们就是用钱来买这个'骨头'，换这个社会地位。"（20150910JYXJ）例如勒乌乡阿沈家族，他们本是白彝里家支地位比较低的，但其父辈开始做生意，这一辈的青年人也做小批发生意、搞小工程，积累了较多的财富，他们的后代娶了一个家支地位高的女子，"（女孩的家支）在我们彝族（血统）是最高、最好、最硬的。"（20150910JYXJ）经济地位与家支地位兑换现象的出现，逐渐抬高了彝族地区的礼钱金额。

彩礼金额的攀高最直接的影响是加重了男方家庭的经济负担。同时，由于彝族地区对礼钱的特殊规定，礼钱从男方家庭传递到女方家庭，女方家庭拿不到全部礼钱，女方的亲戚朋友，如母舅、叔叔、兄弟、姐妹要分得部分礼钱。因而，子代家庭得不到礼金，反而会因为"父债子偿"而面临严峻的经济困境（见图1-2），"有些男方家庭为了娶老婆到处背债，几十万元让小两口还，好大的压力，马上就陷入贫困了"。

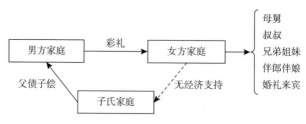

图1-2 A村彩礼钱的流动分配方式

第三节　A 村的贫困代际传递现象

个体的心理结构及其行为选择，在不同的家支和家庭内部孕育了特殊的家庭惯习。家支在彝族地区的功能已经发生了变化，家支已经不再是维护奴隶制的工具，也不对社会成员实施等级统治的作用，而现在的家支则多是互助、帮扶血亲成员的纽带。

一　结构化存在的家支

彝族研究学者易谋远认为"家支"就是汉族所称的"宗族"，因"家支"与"宗族"有若干相似之处，如有特定的祭祀、共同的特殊称号，而且由父系大家族发展而来。"家支"之下再分为"戈"，这意味着"家支"是"宗族"再分出等第，从而形成了并蒂大支宗族。① 家支地位在彝族地区是不言自明的，彝人几乎对生活世界中的家支环境了如指掌，不仅熟知村里家支的地位等级、与本家支的匹配程度，对邻村、同乡乃至整个小凉山知名的家支等级谱系也有所知晓。这不仅关系到彝人成年后婚嫁选择的范围，而且决定了彝人间互动的规则。"家支好""骨头硬"的家族通常名气远扬，在凉山地区都享有盛誉，而"差一点"的家族则不受重视，在村里没有话语权。总之，家支地位的分层是由传统血脉关系自然形成，顽强地存活在彝人的头脑中，这不适用于新马克思主义、新韦伯主义等社会分层规则，无法进行精确具体的测量，却影响着彝人生活的方方面面。

随着市场经济的影响，村民谋生职业的改变，曾经以家支地位为分层基础的彝族社会形成了一套多元化的分层标准。我们请 A 村里的长者和青年人对"家支地位、文化水平、经济收入、政治身份"的重视程度进行排序发现，如今村内最青睐文化地位，村内的长辈看重学历价值，更多的是出于对劳动力市场需求的适应，而年轻一代对学历更认可，认为大学生层

① 易谋远：《对凉山彝族"家支"概念的研究》，《西南民族学院学报》（社会科学版）1986年第 4 期。

次更高，大学毕业就可以当官了。其次，古老的家支地位仍然得到重视，经济地位、政治地位两者在彝人心目中的分量也日益增加。正如前文所述，四种地位标准已经不再具有亲和性，尤其是家支地位与经济收入发生了分离。那么家支与文化程度、性格共性、政治获得和经济收入的关系究竟如何？文化程度在全国教育普及的政策下已趋于均等化，与家支、家庭的关系逐渐消减。因此，本小节着重研究家支与性格共性、政治获得、经济收入的关系。在彝族地区，家支是研究经济现象和贫富分层的重要变量。本小节从中观层面研究贫富背后的家支影响。

（一）家支的性格共性

1956 年"民主改革"摧毁了奴隶制度，同时"对家支这既有'灵魂'（观念、规则）、又有'躯体'（组织、手段）的有'血'有'肉'的现实制度"[1] 进行了冲击。但在"文革"结束后，家支观念又活跃起来，宗族成员间依据血缘关系，有彼此保护的权利和义务。那么家支间的好坏是否意味着个性差异，家支是否形成了相分离的性格系统？村里持有两种不同的观念。

第一，家支性格不分好坏。村里老辈认为家支与一种特定观念并无联系。他们认为有些家支虽然很差，做事还是很好，但有些家支做事很差。所谓"做事很差"是指，认可一种侵犯他人利益的自私行径。"有些（人）做事不知道害臊。比如我们两个朋友一起做生意，他把钱自个吞了。我们不会做出这样的事情的。"（20150922JSML）

第二，村里年轻人隐约察觉家支具有某些相似的处世观念。认为家支好点的有组织性，很和睦，很识大体，有集体感，而且每个家支有"一个说得起话的人"。顾全大局，珍惜自己的名誉，不会随便通婚，为人处世会考虑周围几个家支，家支整体能够平稳地上升，名气越来越大。

村内上等家支的青年这样描述道："不是我们看不起家支不好的，是看不起他们的生活方式，（他们）比较自私，不团结。我们看待我们家支的人，和他们看待他们家支的人，看法是不一样的。"（20150921JYXJ）

---

① 易谋远：《宗族（家支）观念与凉山彝族繁荣进步的关系》，《思想战线》1989 年第 3 期。

不好的家支通常不团结，没有一个人来带头，没有好的领导。A 村在 2015 年初曾发生一起家支内部的冲突，某家支内部两兄弟间发生了矛盾，半夜持械打架，甚至惊动了警方。

> "他们家支乱！谁也不管谁，你走你的独木桥，我走我的阳关道，没想到以前是同根生的人。他们没有一个有能力的人来组织他们整个家族。如果发生在我们家族，我们会处理得很妥当很巴适的。我会让这两个家庭在一起好好说，聊得开就聊开，聊不开就往更高的层次上说。"（20150921JYXJ）

此外，好的家支通常拥有良好的对外交往关系。好的家支结的亲家均属于同一家支社会阶层，两方能力都比较强，形成并巩固了上等家支阶层网络。而较差的家支通常不会考虑与外界的友好关系，而只考虑自己的问题。

（二）家支与政治获得

A 村里最富裕、社会地位最高的四个家支的后代，一个是现任村委会主任，一个是现任村支书，另外两户是黑彝。A 村文书也是村里最好的四个白彝家支中的成员之一。这就意味着，三位村干部均来自村里上等白彝家支。

家支地位与基层政治地位相对而言有较强的相关性。这是因为黑彝在过去有较高的社会地位，在纠纷冲突中，他们往往作为令人信服的仲裁人出现，其领导角色在彝族地区得以保留。而地位较低的家支，则很难得到众人认可。

> "十几年前，家支不好的，根本没有人能听你说话。尤其在美姑，出了一些小事，都需要黑彝出面解决。"（20150921JYXJ）

而在当今村干部换届选举，很多人也坚决拥护家支地位较高的后代，同时极其反对奴隶后代担任村干部。他们认为这些人做事情不顾全大局，反而会把村搞得倒退。

村委会主任吉友 XJ 的父亲在村里很有威望，曾经当选为村委会主任。

吉友 XJ 认为虽然父亲与他当选村委会主任没有太大关系，但自己的家支可能会带来正面的影响，"我一个年轻的小伙子去当村长，家支一定会有一点影响。"

（三）家支与经济收入

如果说政治地位与家支地位尚存在某种关联，那么在现在的彝族社会家支地位与经济地位已经基本分离。"家支好的家族，有些贫穷的也多，这个没有关系。"（20150922JSML）家支好并不意味着经济状况更好，子辈经济地位的高低，取决于父辈的经济积累。"以前家支不好的，现在有钱的特别多；以前是娃子的，现在有钱的也多。"（20150921JYXJ）

当今家支地位与经济地位流动率的差异，造成了两者的分离。家支地位的流动性极低，而经济地位的流动性较高。家支地位高低和经济地位高低两两组合，结果见表 1-10。

表 1-10　A 村家支地位—经济地位个性类型

两种地位的组合	个性类型	典型代表
家支地位高，经济地位高	团结、有大局观、勤劳	沙玛 MB、沙玛 GZ
家支地位高，经济地位低	懒惰、冷漠、自私	佘鲁 ML
家支地位低，经济地位高	聪明、勤劳、自私	景牛 SJ
家支地位低，经济地位低	勤劳、愚笨、自私	邛莫 YB

A 村内对家支地位的认可程度始终高于对经济地位的认可程度，但随着打工潮流和现代媒介的进入，对经济地位的认可虽然无法得到 A 村村民的推崇，但它是一股强大的暗流，成为大家心知肚明却又竭力掩饰的分层标准。"如果他是个好人，大家都尊重他，不管他有没有钱。但是有些人很世俗，比如你有钱我就看得起你，围着你转。"

在获得经济收入方面，村内非常不认可两种行径。一种是性格懒散、不思进取，自甘堕落，总希望得到政府救济。"他天天坐到屋里耍。别人劳动有收获的时候，他肯定是没得的。这种人，政府越照顾他越没得。"另一种是为了挣钱不择手段，坑蒙拐骗，自私自利。"耍惹 SZ 是个无赖，他对我爸爸的身世很了解，冒充我爸爸的名字，到美姑骗吃骗喝。"（20150921JYXJ）

二　两种家庭的异同

为什么父辈同样属于贫困阶层，但子辈发生了差异和分离？通过对这两种群体的比较，我们可以了解贫困在家庭内部传递的原因。我们将访谈对象区分为"贫困—贫困家庭"（以下简称"贫—贫"家庭）和"贫困—非贫困家庭"（以下简称"贫—非贫"家庭）①，前者指两代人均为贫困的家庭，后者指父辈贫困而子辈已经脱贫的家庭。在这里，"贫困家庭"是指建档立卡贫困户，同时我们也参考受访家庭近几年的经济收入。我们共深度访谈了 21 户家庭、42 人（见表 1 – 11）。

表 1 – 11　A 村半结构式访谈对象人口结构

子辈出生年代	贫困—贫困家庭		贫困—非贫困家庭	
	父亲/母亲	儿子/女儿	父亲/母亲	儿子/女儿
1990 年代	10	10	5	5
1980 年代	2	2	1	1
1970 年代	2	2	1	1
合　计	14	14	7	7

（一）生计观念

王小强、白南风在调查中发现，云南、广西、西藏等地自然资源富饶，但当地人群深陷在贫困状态中。他们曾使用"进取心量表"对人群的生计心态进行测量。该量表的理论灵感来自英格尔斯在《人的现代化》中所描绘的传统人与现代人的连续谱。其中包括以下几个方面：改行新的农作技术、是否愿意追求或接受新的经历和体验、公共事务参与、效率感、创业冲动、风险、生产和生活计划性等。"现代人"的特点是：乐于准备和接受新的生产方式、思维观念和行为观念，重视专门技术，愿意根据技术高低领取不同报酬。王小强和白南风在书中最终得出结论："人的素质

---

① 第一，访谈的子辈均为已经成年，且与父母分家，实现经济独立的个体。第二，彝族地区有"分家"的传统，因此可以直接对比两代家庭的贫富状况。

差才是落后的本质。"①

为了了解受访家庭对生计的观念，我们借鉴了这样一种思维模式，主要针对改变取向、风险、教育期望等几个方面进行询问。为了沟通顺畅，将问题具象化，以村内的养蜂项目②为他们生计观念的一个测试点。发现两个群体在生计观念上有较大的差异。

贫困的个体呈现墨守成规、懒于改变、惧怕风险的倾向。我们向两代贫困的家庭询问他们是否接受养蜂项目，贫困的个体通常对养蜂项目有"恐惧"心理，害怕被蜇；有些人被蜜蜂蜇过，更是留下严重的心理阴影，不愿意参与项目；同时认为养蜂的风险太大，虽然收益更高，但如果养护不善、冬季温度低，蜜蜂容易死亡。

> "养蜂，不得行，我最怕的就是蜂了，村里那些养蜂的人是有，但是他们都不怕的嘛。"（20150907QMMEJ）

> "我很怕养蜂的，而且技术不够的话，冬天蜂子会死完，去年就死了几十桶。"（20150909SRET）

而非贫困的家庭往往乐于创新，尤其认可科学技术的生产力；同时愿意承担风险。他们在项目未开展前已经尝试养蜂，普遍认为养蜂可以提高经济收入，而且养蜂更适合村里的生计条件，总体而言，养蜂比种玉米、土豆的收益更高。

> "养蜂，我干得来，以前家里有圆桶，今年来了100桶，我也参加了。我们这里适合养蜂子、养羊子，其他就不好挣钱。"（20150908JSML）

> "我最不能接受那种老办法，以前老办法一年只有10斤，新办法一年可以产20斤、30斤，这都是翻倍的。"（20150909JYXJ）

（二）家庭教育

家庭互动对子辈的影响甚大。在家庭教育上，"贫—贫"家庭与"贫—非贫"家庭有显著的区别，这主要体现在："贫—贫"家庭通常将学

---

① 王小强、白南风：《富饶的贫困》，四川人民出版社，1986。
② 养蜂项目，是由中国扶贫基金会提供的"美丽乡村中国梦，健康蜂蜜彝家情"项目。

习成绩、生存发展视为孩子的禀赋问题，认为孩子应该为自己负责，而忽视了家长对孩子的引导，也无法给孩子提供建议和指导。

> "他们自己能力不行了，成绩差，太笨了，脑筋不行，读不好书。""家里哪个聪明哪个就读，孩子读书，跟我们有什么关系嘛。"（20150908JSML）

> "孩子学习成绩不好，硬逼着去也不行，他喜欢干活路，我说如果你不想读呢，就自己做，自己吃吧。想读是自己的，不想读也是自己的！"（20150906SMGJ）

而"贫—非贫"家庭则认识到对孩子的"教养"责任，认识到父母是孩子的第一位老师。而且往往以身作则，家庭教育的内容大部分是告诫孩子应该认真读书，获得较高的学历。一些学历较高的家长会尽可能地辅导孩子的学习，例如村里的退休老师曾经给孩子讲授基本知识，以弥补村里学前教育的不足：

> "村里升学前认不到字，都是 7 岁才读书。（我的孩子）没上学之前，阿拉伯数字和拼音字母稍微教一点，这样他读书就比其他人强一点了。"（20150911JYSB）

> "六年级以下我们肯定会辅导，六年级以上我们没有这个学历了。我们会给她看一下作业，她不会的给她讲解一下。"（20150910QMCL）

除了学习方面的教育，一些家长同时会教育孩子如何做人，形塑孩子基本的价值观和交友观。这对于孩子的成长发展非常有益。家庭教育的实现除了"言传"还有"身教"，通过家长以身作则，以对孩子的要求约束自己，越能够实现家庭环境中耳濡目染的教育效果。"现代人"思维对子女的期望是乐于让自己和他的后代选择离开传统所尊敬的职业，对教育的内容和传统智慧敢于挑战。"贫—非贫"家庭的家长教育观相对更加开明。

> "我爸爸是一个特别尊重我的人，他知道我有梦想，只要我想做的，他就让我去做。他不要求我赚好多钱，但是要求我交好的朋友。我读了初中，然后去读了一个民族文化艺术班。"（20150907JYXJ）

（三）教育期望和职业定位

在地位获得模型的相关研究中，家庭教育期望是子女地位获得的关键变量，其影响路径包括：一方面，高教育期望激励父辈更多的教育投资；另一方面，高教育期望通过家庭社会化影响子女的价值观念，子女更重视学业成绩。

而在 A 村，我们发现父辈对子辈的职业定位直接影响其对子辈的教育期望。A 村普遍向往"吃工资"职业，但"吃工资"至少要高中以上学历，村里大部分家长经济窘迫，没有任何家长有自信可以把孩子"供"到大学，村里很多家长透露出这样无奈的想法。

> "像我们这种家庭，想考个啥子大学，不可能的事了，大不了就是初中毕业，就考个技校，或者说以前的中专。出来能够自力更生，就是最好的了。"（20150910JSLJ）

村里家长对子女的教育期望一般而言是"一定读完初中，尽量上高中"。而这样的学历并不能从实质上改变他们的身份，高中及以下学历的"文凭效应"较低，且难以保证"制度性就业"，所对应的职业定位是打工。能够在城市谋生，"不要被困到山旮旯里"是退而求其次的理想状态。

"贫—贫"家庭的家长通常认为"教育"与"收入"并没有什么联系，这种"毫无联系"的观念来自父母对子女的职业定位是务农。一位依然陷入贫困的受访者说："父母对我们的希望，就是生儿育女吧，工作上的事情没有考虑过。"

村里更多的情况是，父母认识到教育与收入的关系，虽然不能够供子女读到大学，但多学几年，子女的普通话水平越高，外出打工越容易，与外界交流也越顺畅。这些家长通常自身受教育程度较低，而将摆脱自身命运的期望转移到下一代。"贫—非贫"家庭的家长对子女的教育期望普遍在高中以上，父辈在教育上的经济投入也较多。

> "不管能不能供，反正九年义务教育或者十二年普及呢，我是必须要完成的，这是尽了我做父亲的责任。我不着急我子女成家，我就希望我的子女，在我有生之年，能够学点东西，能够自力更生。"

（20150910JSLJ）

　　"还是希望他补习，考上高中，当时没有考上，我就冒火了，屋里辛辛苦苦做活路，喊你读书，高中都考不上，还做什么嘛。"（20150908JSML）

（四）资本支持

　　布迪厄将身份继承的实质归因于资本的传递。在彝族地区的代际交换关系中，父母对儿子的"最低"义务是提供"一个房子，一个老婆"，对女儿则没有更多的扶助义务。子女"分家"并实现"自己做，自己吃"之后，父母的抚养使命告一段落；随后子女将负担起对父母的养老义务，在彝族的传统文化中，养老责任通常由小儿子承担。

　　"贫—贫"家庭通常很难给予子女资本支持。相反，由于在儿子结婚时需要拿出巨额礼钱，外债继续由儿子继承，父辈在资本上的劣势使子代的生活更加窘迫。另外，一些"贫—贫"家庭的父母对子女抚育和支持的义务较为漠然。

　　"对孩子也没有什么帮助，自己做自己的，过一年算一年。"（20150906SMGJ）

　　"没有经济上的支持，没有牲口，我都是自己建的房子，也没有嫁妆。"（20150909SRET）

　　"贫—非贫"家庭虽然不能给予子女物质支持，却积极利用自身的社会资本，为子女提供帮助，尤其是努力提高子女的受教育水平和谋生能力。例如，"小老板"吉苏 LJ 在女儿升学时，托熟人给女儿安排在峨边中学就读，每个学期交 3000 多元学费。

　　沙玛 GZ 的大儿子初中毕业在家，通过在眉山的汉族亲家，安排大儿子去天津打工，因为大儿子做不了有技术要求的木工，亲家给他安排了一个"活路不恼火"的工种，"就看着他们打混凝土的时候，有打爆了的没得，比如这里是张三打的，这里打爆了就给张三打个电话。"（20150912SMGZ）儿子工作了 4 个月，挣了 2 万元。如果没有沙玛 GZ 的社会资本支持，一个初中毕业的彝族青年很难在汉族社区谋得这样轻松而工资较高的工作。

（五）独立与依赖

许烺光认为，中国人是活在祖荫之下的，穷人的后代无法依赖父母，具有独立意识，而富人的子孙则更加依赖父辈的荣耀，"父子同一"是"大家族理想"的核心。① 阎云翔则发现农民私人生活发生了变革，老人权威下降，家庭核心从父子纵轴向夫妻横轴转移。② 如第二小节所述，虽然家庭环境浸染效果不尽相同，但子代与父辈的关系决定家庭力量的影响深度。若子代对父辈的依赖性较强，则顺应了父辈观念，家庭的影响力较大；若子代独立于父辈家庭，则反抗了父辈观念，家庭的影响力更弱。

第一，老人无权威。A 村有"尊老"的美德，但一向没有"长老统治"。"老年人并不是村里权力最大的。"这与彝族地区的信仰文化有莫大的关联，人们对于"保平安"的期许和祈祷并非来自祖宗，而是"毕摩"。作为彝族地区"人神"的中介，毕摩担负着"驱鬼""清净家户"的工作。A 村除了一户家庭信仰基督教，村里其他家庭都信仰"毕摩"。

第二，分家是青年夫妻独立性的体现。彝族地区有分家的传统，一夫一妻的核心家庭是典型的小家庭。家庭由父母和未婚子女组成，仅包括亲子两代，而没有"大家庭理想"的执念。父母对儿子负有更大的责任，当儿子到了适婚年龄，父母需要为儿子提供"一个房子，一个老婆"，这就意味着儿子从原生家庭中分离，实现"自己做，自己吃"的独立生活。

彝族地区都是由"幺娃"③负担父母养老生活，父母通常会多留一些存款给幺娃。分家之后，父子间的纽带功能逐渐弱化，而夫妻关系成为生活的主调，青年夫妇相互配合，继续繁衍后代。

第三，两代人之间存在"思想鸿沟"。村里的年轻人受到网络文化的冲击，眼界越来越趋向于城市青年，而父辈却停留在传统时期。"我们想的跟他们想的不一样，我们肯定不会依赖他们。"在婚姻大事上，部分年轻人崇尚自由恋爱，但父母觉得家支不合适，两代人之间会发生冲突；而年轻人认为有价值的东西，父母并不认可。"有些人自己做点啥子事情，

① 〔美〕许烺光：《祖荫下》，王芃、徐隆德译，南天书局有限公司，2001。
② 〔美〕阎云翔：《私人生活的变革》，龚小夏译，上海人民出版社，2017。
③ 幺娃，即家庭中年龄最小的儿子。

父母觉得不起眼的，他自己认为很大。"

　　总体而言，A 村的年轻人并没有依赖祖荫的习惯。在"贫—贫"家庭中，子女更多地顺从父母的意见，缺乏独立意识。如曲莫 MEJ 因家庭贫困辍学，虽然喜欢读书，但并没有坚持自己的想法，"没有跟他们（父母）吵，他们说不读了就不读了。"（20150907QMMEJ）

　　而在"贫—非贫"家庭中，一些父辈处于长期贫困中，子代通常并不认可父母，甚至会产生排斥心理。吉友 XL 初中毕业，年轻时喜欢做小零件，常用废弃的铁皮做小机器人、小型汽车、小吊车。吉友 XL 头脑灵活，充满梦想，他认为有意思的，父母很反对，认为他不务正业，挣不到钱。吉友 XL 现在电站工作，技术非常好。但父母对其生活方式不认可。"一棒子就打死了，他们不会想到这种东西以后好好发展。""优点？（爸爸）没有优点，他挣不到钱！"（20150910QMCL）

　　调查发现，随着彝族社区现代化色彩越发突出，传统诺苏文化与现代价值观念共融，代与代之间的关系处于不断变动中。米德在《文化与承诺：一项有关代沟问题的研究》中将人类文化区分为"前喻文化""并喻文化""后喻文化"。[①] 前喻文化也称为"老年文化"，长辈向晚辈输送文化价值观念；"并喻文化"是一种过渡性文化；"后喻文化"则类似于"文化反哺"，指长辈反过来向晚辈学习。在 A 村，属于父辈的"前喻文化"影响力逐渐衰微，青年彝人的独立性增强，全球化和智能手机的普及让他们的价值追求、行为方式与父辈截然不同，他们不再是被动地接受父辈的贫困文化，而是在再生产过程中创造了新的贫困文化。

　　此外，"贫—贫"家庭和"贫—非贫"家庭的父辈看似处于"无差别"的贫困状态，但家庭的生计观念、教育方式、工作期望和社会资本都存在差异。进一步分析可见，"贫—贫"家庭的父辈多属于长期性贫困，几代人的生存状况都没有得到改善，贫困观念代代相传；而"贫—非贫"家庭的父辈大部分处于暂时性贫困，多为因病、因学致贫，在短时间内家庭突然陷入赤贫，但保持了积极的生计观念和良好的家庭教育。例如以下三个个案。

---

①　〔美〕米德：《文化与承诺：一项有关代沟问题的研究》，周晓虹、周怡译，河北人民出版社，1987。

吉友 XJ 的父亲吉友 LB 长期患乙肝，母亲 39 岁时安装心脏起搏器，吃药住院花销二三十万元，因家境困难，村民曾为其募捐，在村里属于贫困户。但由于吉友 LB 家支地位较高，且个人思想开明，头脑活络，在小凉山声誉极高，曾当选过 A 村村委会主任。吉友 XJ 这样描述自己的父亲：吉友 LB 非常尊重吉友 XJ 的选择，支持其艺术事业的发展。吉友 XJ 在 2013 年竞选成为 A 村的村委会主任，属于村里青年群体中的精英。

2014 年景牛 SJ 得了肾结石，在医院住院花了五六万元。2015 年景牛 SJ 家成为村里的贫困户，但景牛 SJ 家经营村里的杂货店已经十余年，是村里第一个做生意的家庭，与外界的交流非常频繁。他头脑精明，指导四儿子去乐山驾校学开车，跑长途运输挣钱，同时也方便为杂货店进货，景牛 SJ 家的其他几个孩子均在城里工作。

吉苏 LJ 的妻子长期患心脏病，多年治疗，已经花费 47 万元，这导致吉苏 LJ 不能外出工作，经济拮据，负债累累，也成为村里的贫困户。但吉苏 LJ 早年是村里的"小老板"之一，常年外出承包项目，自己学习技术，同时积累了大量人脉资源。

第二章　彝族贫困村落的类型

在上一章对彝族贫困村面貌探索性研究的基础上，本研究田野调查的社区主要集中在四川彝族贫困村和云南彝族贫困村，在四川彝族贫困村的田野调查进一步集中在大凉山彝族贫困村和小凉山彝族贫困村，在云南彝族贫困村的田野调查集中在楚雄彝族贫困村和昭通彝族贫困村。这四种类型的贫困村基本上可以概括彝族贫困村落的特点。

调研地对研究彝族长期贫困的代表性主要建立在以下几个方面。首先，选取的调研地符合我国彝族聚居分布的基本特征。调研重点选取了四川省凉山彝族自治州、云南省楚雄彝族自治州和昭通彝族自治州作为调研地，这与我国彝族主要分布在川南滇北的地理空间吻合，以彝族自治州为调研地也能使样本选取更好地反映彝族聚居社区的传统文化。其次，调研地的经济社会发展状况，在川滇两大彝族聚居地中处于中等水平，能反映彝族社区目前发展的主流。调研村落的选取，参考了凉山彝族自治州、楚雄彝族自治州、昭通彝族自治州的统计年鉴及相关研究文献，同时综合考虑了调研地的典型性因素。再次，在调研地的选择上，彝族聚集度、贫困典型性、地区差异性等作为具体的代表性因素均纳入调研地选取指标。以这些指标为筛选基础选择的调研地较好地保证了对彝族贫困社区的代表性。最后，在选定了调研地之后，对符合研究主题的贫困家庭进行了整群抽样，并适当地选取了非贫困家庭作为参照，以"最大差异信息饱和法"对样本进行了涉及贫困状况、生计、宗教信仰、价值观等众多方面的详细调查。

第一节　四川省凉山州喜德县和布拖县的贫困村

一　四川省凉山州彝族概况

中国第六次全国人口普查显示，2010 年彝族总人口 8714393 人，在 55 个少数民族中总人口数排第六位，是一个人数较多的少数民族。我国彝族主要分布在四川、云南、贵州等省区。

四川彝族主要分布在大小凉山的凉山彝族自治州。凉山州位于四川省西南部，北连雅安、甘孜，南接攀枝花市，北与乐山、宜宾两地区毗邻，东南、西南分别隔金沙江与云南省相望，总面积约 6 万平方千米，辖 17 个县市。据公安部人口统计，2017 年末凉山州户籍人口 521.29 万人，同比增长 1.71%。其中：少数民族人口为 293.61 万人，占总人口的 56.32%；彝族人口为 275.73 万人，占总人口的 52.89%。① 凉山州是我国最大的彝族聚居区。

凉山州境内地表起伏大，高低悬殊。西部木里县境内海拔高达 5958 米，地貌以山地为主，占总面积的 70% 以上，高原次之。丘陵、平坝、盆地仅占 5% ~6%。山地多为高山和中山，相对高度一般在 1000 ~2500 米，全州最低处海拔 305 米，与最高处相差 5653 米。高原和山地被河谷分割为条状。金沙江、雅砻江、大渡河、安宁河等水系纵横流经于山地和高原之中，从而形成了高山耸立、峡谷纵深、山林相间的川西南高山峡谷区。

由于多山、地形起伏大，垂直变化明显，大多数彝族居民生活在高原及高寒山区、二半山（中山）区，以经营山地农业、旱地作物为主，依靠耕种和畜牧为生，种植荞麦、燕麦、洋芋、玉米等耐寒作物，同时养殖牛、羊、马、猪、鸡等畜禽。其经济类型属于农耕经济文化中的"山地耕牧型"。高寒山区和二半山区养育了彝族，也造就了彝族的山地文化，对彝族生活习惯、行为方式、思维模式的形成有很大的影响。

---

① 《凉山州 2017 年国民经济和社会发展统计公报》，中国统计信息网，http://www.tjcn.org/tjgb/23sc/35693.html。

凉山州是一个古老、广袤、富饶的地方，它的历史悠久，早在石器时代便有人类居住，2000多年前我国中央王朝就在此设置郡县。而世居在这里的彝族人民有自己的语言文字和传统文化，民风古朴，但是历史上由于地理条件和民族风俗的限制，直至1956年民主改革前还一直处于奴隶社会，基本保持了几千年不变的彝族先民文化。

二　喜德县及样本村基本情况

（一）喜德县的基本情况

喜德县位于凉山州中北部，北与越西交界，东及东南部与昭觉接壤，西及西南部与冕宁县毗邻，南距州府西昌市78公里，北距成都市483公里。喜德县地处大凉山与小相岭间，地势东北高西南低，境内多山，以中山为主，有沟坝、中山、高山等7种类型，全县森林覆盖率为22.78%。

喜德县国土面积2000多平方公里，下辖24个乡（镇）、170个村、3个社区。第六次全国人口普查数据显示，2010年喜德县总人口19.8万人，其中彝族人口占总人口的89.5%。喜德县2017年统计公报数据显示，2017年末总户数67249户（公安部门统计数据），总人口22.58万人，其中彝族人口占91.2%。喜德县有普通中学7所，在校生6002人；小学156所，在校生23725人；学龄儿童入学率为99.8%；拥有各类医疗机构达50个，医务人员328人；170个行政村建有156个卫生室，120个重点村建有卫生站，乡村医生有182人。

喜德县拥有较为丰富的水资源、矿产资源和以马铃薯、中药材为代表的生物资源。2017年喜德县地区生产总值为22.78亿元，较上年增长10.1%。其中第一产业增加值为73245万元；第二产业增加值61258万元；第三产业增加值为93275万元。三大牲畜存栏分别为：猪129295头，牛50145头，羊266222头。2017年，全县旅游接待人数180万人次，实现旅游综合收入3.2亿元。[①]

---

① 《喜德县2017年国民经济和社会发展统计公报》，http://www.ahmhxc.com/tongjigongbao/10824.html。

（二）喜德县样本村的基本情况

1. 贺波洛乡 J 村的基本情况[①]

样本村 J 村是我们长期跟踪调查的村，位于喜德县东北部，距离贺波洛乡政府 12 公里，是该乡全部 9 个贫困村中经济居于中等水平的一个村。J 村面积 10.5 平方公里，属于二半山区，平均海拔在 2700 米左右，海拔高，气温低。J 村有 4 个村民小组，即团结组（一组）、马约组（二组）、基打组（三组）和拉玛组（四组）（见表 2-1）。

2016 年 8 月我们入村实地调研时，村委会提供的数据显示，全村共 307 户、1136 人，其中 1133 人为彝族，3 人为汉族，彝族人口占全村总人口的 99.7%，是一个典型的彝族村落。全村有男性 598 人，女性 538 人。全村劳动力有 705 人，其中常年外出务工约 40 人。全村 60 岁及以上的老人有 78 人，70 岁及以上的老人有 20 人左右，80 岁及以上的老人有 5 人，政府提供的养老保障每月有 65~75 元。

直到 1950 年代，J 村才得以通路，村里以往的主路曾是泥巴路式的废弃省道，平日里过往的客车和货车比较多。2000 年某单位征用村道路。2015 年开始修整道路，2016 年底竣工。[②] 地理条件直接影响着该村各组的经济状况。经济条件较好的是团结组，主要种植核桃和花椒；条件最差的是山上的拉玛组，道路不通，气温偏低。

表 2-1　四川 J 村人口分布情况（2016 年 8 月）

组别	户数	人口	男性	女性	贫困户户数
一组	113	408	219	189	21
二组	61	242	124	118	14
三组	63	214	116	98	14
四组	70	272	139	133	17
总　计	307	1136	598	538	66

J 村是一个以传统农业为主的彝族聚居村，全村耕地面积 1656 亩，人均 1.48 亩；林地面积 2000 亩，其中退耕还林 1000 亩，核桃种植面积 500

---

① 本节信息是 2016 年 8 月课题组入村实地调研一周后整理的资料。
② 2018 年 11 月课题组再次入村调研时，道路已经全部硬化为水泥路。

亩，花椒种植面积 500 亩；牧草面积 10079 亩，人均 8.87 亩。种植业以马铃薯、荞麦、燕麦等多种粮食和经济作物为主。养殖业以养羊、猪、马和鸡、鸭、鹅为主，其中以养羊居多，养猪不具规模性，每家养有 1~2 头猪；全村的马、牛合计约 120 头。2015 年牲畜存栏数 3302 头；2016 年，陆续新增存栏种羊 500 只，加上现有的种羊存栏数共 1700 只，年出栏约 300 只羊。2015 年 J 村人均年收入为 3700 余元。

J 村共有 15 个家支，人数最多的是阿的家支，有 63 户、265 人；人数最少的是阿伍家支，有 2 户、7 人。村干部所属家支在村里处于较高的地位。J 村共有 2 名毕摩，分别属于沙马家支和吉克家支。

村里没有卫生所，但是有两位"赤脚医生"，一位由村委会主任兼任，另一位由村会计兼任。乡上的卫生院对其进行培训。他们主要负责发放预防药等，统计新生儿打预防针，不从事治病工作。

2016 年 8 月入村调研时，村里无一户村民家有厕所，村内也没有公共厕所。村内住房全部是土坯结构，部分村民居住条件极差，只有少部分村民家的房子是粉刷过的。2014 年，村内 80 户农户参加"彝家新寨"项目，粉刷了墙壁、获赠了"四件套"等，移风易俗并美化村容村貌；县水务局给予支持，实现每户通水，有些村民把山泉水用管子接到了屋子里，有些村民把山泉水用管子接到屋外面的坡地上。

村里有小学一所，占地面积 40 平方米，是某道班撤走后留下来的旧房子。① 村小每三年招一次生，招生时间跨度大，不少适龄儿童只能延迟入学，导致学生的入学年龄普遍偏大。村里没有小卖部，没有集体经济。

全村有建档立卡贫困户 66 户、251 人，贫困人口占比为 22.1%。贫困户分布如下：团结组 92 人，马约组和基打组各 55 人，拉玛组 49 人。其中低保贫困户 81 人，占 32.3%。村干部认为，J 村贫困户贫困的原因主要是缺资金、缺技术、缺少劳动力、人多地少、缺水、生病、残疾。具体情况如下：缺资金占 49.8%，缺技术占 12.5%，缺土地占 5.6%，缺劳动力占3.1%，缺水占 1.4%，因病致贫占 1.7%，因残致贫占 0.3%。这些贫困户大多数经济窘迫、入不敷出，超过一半的贫困户是在多重因素影响下而

---

① 2018 年 11 月课题组入村调研时，该小学已经停用。

陷入贫困。

J村贫困主要表现在以下四个方面：一是自然资源匮乏。J村人均占有耕地面积仅有 1.48 亩，严重制约着 J 村养殖业和种植业的发展。二是生产技能缺乏。村民文化水平偏低，在生产技能的学习、掌握和应用上存在不同程度的困难；更棘手的问题是村民没有学习技能的意识和热情，严重缺乏学习的主动性。三是生产资金不足。相比凉山州其他贫困村，J村的经济尤其滞后，资金严重缺乏是阻碍其经济发展的主要问题。四是商品观念不强。村民长时期地满足于自给自足的小农经济，从而导致以商品出售为目的的生产意识尤为淡薄，市场观念很弱。

2010 年以来，经过持续推进扶贫开发工作，J村的各方面条件均得到了很大改善（见表 2 - 2）。J村的扶贫工作以"造血式"扶贫为主、"输血式"扶贫为辅。同时采取多主体协同扶贫的联动机制，即"五个一联系帮扶"：县级联系领导、驻村第一书记、驻村农技员、帮扶单位和驻村工作组成员共同为村民提供有针对性的帮扶，包括技术指导、资金投入和基础设施建设等方面。

负责技术指导的单位包括喜德县委组织部、民政局、扶贫移民局、科技局等，主要提供法律、宣传、技术等多方面的帮扶工作，户均有 1 ~ 2 名专业技能人员。我们从喜德县农牧局派驻村农技员口中得知，农牧局和畜牧站等单位会定期在村委会和"农民夜校"为村民开展种植和养殖方面的技术指导，农忙时期会到田里为村民提供现场指导。

资金投入的方式有粮食直接补贴、草原补贴、生态补贴，主要为农户发展种植业和养殖业提供一定的资金支持，促进特色产业发展。此外，还有低保补贴，以保障部分村民的基本生活。

在基础设施建设方面，除了 2014 年的"彝家新寨"项目，2016 年 J村基打组入组道路正在修建当中，政府要实现村村有硬化路的目标。村委会办公场所也正在修建当中。① J村计划还要在每个组再新建 1 个垃圾池，以改善村里的环境卫生条件。

---

① 2018 年 11 月课题组入村调研时，村两委活动室已经新建完成并投入使用。

表 2 - 2　四川 J 村近年来的扶贫项目和投入（2016 年 8 月）

扶贫单位	资源类型	资源内容及用途
四川省委、省政府	基础设施及物资	2014 年"彝家新寨"项目：粉刷房屋，"四件套"（生化炉、桌椅、碗柜和储物柜），"二选一"（电视机或太阳能热水器）；全村共覆盖 80 户，总资金 2 万余元
凉山州喜德县政府	资金	在团结组规划并实施 500 亩的核桃种植基地
凉山州喜德县扶贫移民局	基础设施及资金	筹资约 150 万元，用于修建新村委会大楼及水泥路
凉山州喜德县税务局	基础设施	全村每家每户均通安全饮用水
凉山州喜德县教育局	公共服务	负责"一村一幼"项目，改造村小学
凉山州喜德县农牧局、畜牧站等	技术	定期提供种植业和养殖业方面的技术指导
凉山州喜德县电力公司	基础设施及资金	电网改造，负责购买电表
成都市政府	资金	提供 20 万元的基础设施建设资金

2. 额尼乡 L 村基本情况

额尼乡位于喜德县东南部，东南与昭觉县交界，东北与洛哈镇相连，西南与东河、西河、北山接壤，西北与热柯依达乡毗邻。额尼乡距离喜德县城 53 公里，距离西昌市 43 公里。该乡是以畜牧业为主产业的高山贫困乡。全乡面积 52 平方公里，平均海拔 2800 米。大多数农户居住在海拔 2500～3400 米的高山上。由于过去广泛种植桦树，彝语称桦树为"额尼"，该乡因而得名。额尼乡自然灾害频繁，主要有冰雹、暴雨、泥石流等。额尼乡乡政府驻 L 村。主要粮食作物有土豆、荞麦、燕麦、玉米等。由于地处高山，气候寒冷，玉米产量不高。经济作物有花椒、白杨等。[①]

全乡农业人口 796 户、3335 人，建档立卡贫困户 457 户、1644 人，贫困发生率约 49.3%。耕地面积 5886.5 亩，均以坡地为主，主要种植土豆、荞麦；农户目前经济收入主要来源于养殖业和外出务工。全乡"四大牲畜"存栏 9321 只，全乡劳动力 1516 人（其中贫困人口 1035 人），全乡外出务工人员 438 人（其中贫困人口 258 人）。适龄儿童 841 人，义务教育阶段辍学率为 0%。参加新农保 789 人，参保率为 23.7%；参加新农合 3297

---

① 　数据来源：喜德县人民政府网站。

人，参合率为 98.9%。目前 457 户贫困户的"安全住房工程"已启动，已完成建设 318 户，正在建设 139 户。2014 年退出贫困户 54 户、185 人，全乡计划于 2020 年脱贫。①

额尼乡的产业发展现状及思路是：一是目前全乡已种植 1000 亩大红袍花椒；二是试种了重楼、苍术等 11 种中草药，面积达 35 亩；三是建设了 4 个林下生态鸡养殖基地；四是规划了 1500 亩的青刺果种植基地。乡党委、政府计划短期内稳定提升传统种养殖业；中期加强劳动力素质提升培训，引导劳务输出，探索乡村旅游和中草药种植；长期积极争取退耕还林、生态修复项目，发展生态产业。

L 村是全乡 4 个行政村中发展较快的村。L 村面积 16.4 平方公里，平均海拔 2718.5 米，现有耕地面积 1349 亩，林地面积 2100 亩，退耕还林 1730 亩，草原面积 5730 亩，轮息地 2400 亩，荒地面积 1100 亩。全村辖 5 个村民小组，其中马木组居民点在 2012 年 8 月 31 日的山体滑坡中成为地质灾害点，如今马木组村民分散居住在阿坡洛组和西昌市周边的乡镇。

截至 2018 年 6 月，全村户籍人口 302 户、1133 人，是彝族聚居村，全村人都是彝族人。男性 621 人，女性 512 人，男女比例约为 5.5∶4.5；60 岁及以上 48 人，占 4.2%，16～59 岁 734 人，占 64.8%，15 岁及以下 351 人，占 31.0%。其中建档立卡贫困户 123 户、491 人，贫困发生率为 43.3%，其中低保户 85 户、339 人，五保户 6 户、6 人。

目前，全村在校生 176 人，其中小学生 132 人，中学生 36 人，中职生 4 人，大学生 4 人。党员 25 人，其中 60 岁以下 21 人，60 岁及以上 4 人。外出务工 312 人，其中县内务工 51 人，县外务工 261 人；6 个月以内的短期工 232 人，6 个月以上的长期工 80 人。

1999 年之前乡境内不通公路，物资运输全靠人背马驮。2000 年修通至洛哈、米市公路，同时发动群众在政府的扶持下修建通村公路。2000～2006 年，年均修建村道 6.8 公里。2005 年，喜德县启动米市—西昌公路建设工程，额尼段公路得以维修，交通条件有所改善。目前，乡政府通往 L 村集中安置点的村级硬化道路已经修通，但是从安置点通往各组的毛坯路十分难行，大部分入组路和入户路尚未硬化，有些道路只能靠步行前往，

① 课题组 2018 年 11 月进入该村实地调研时情形。

当地居民的生产生活不便。

L 村的主要家支是麦吉和阿牛，其中麦吉家支人数最多。另外，还有阿海、阿加和罗洪等家支。目前 L 村有一处集中安置点，已建成并入住的农户共 34 户，包括易地移民搬迁户、彝家新寨户和随迁户。

L 村主要有以下几个致贫因素。一是自然条件恶劣。额尼乡平均海拔 2800 米，气候条件恶劣，全年雪覆盖期可达半年，土地贫瘠，大部分耕地坡度在 25 度以上，农户居住分散，公共基础服务难以全覆盖，生产生活条件差。二是交通基础设施薄弱，公共服务设施严重滞后。目前各村虽已通硬化路，所有组也已通毛坯路，但由于道路建设等级低，自然灾害频繁，容易损毁，加之连接外部的交通网络不完善、农业技术推广等方面比较薄弱、网络信息不畅，农产品交换和对外开放程度低、物流成本高等，严重制约社会经济发展，也限制扶贫项目的落地实施。三是贫困人口文化素质普遍偏低，自我发展能力弱。大多数贫困户受教育程度较低，文盲、半文盲比较多，汉语交流存在障碍，思想闭塞，对扶贫认识浅显，缺乏主动"闯、拼"意识，更缺乏主动脱贫能力，是贫困代际相传的主要原因。四是经济发展严重滞后，产业发展薄弱、缓慢。自身发展能力不足，加之无企业带动、无技术支撑、无市场营销体系，致使主导产业薄弱，农户缺乏稳定收入。

三　布拖县及样本村基本情况

（一）布拖县的基本情况

布拖县位于凉山州东南部，北与昭觉县交接，西与普格县毗邻，东与金阳县相邻，与云南省巧家县隔金沙江相望，南与宁南县接壤，西距州府西昌市 114 公里，北距成都市 556 公里。布拖县地处大小凉山过渡区，是一个彝族聚居的高寒山区半农半牧县，其地貌和气候可概括为"三个坝子四片坡，两条江河绕县过，九分高山一分沟，立体气候灾害多"。布拖县境内以山地为主，89% 以上的地区在海拔 2000 米以上。布拖县域内最高点阿布测鲁峰，海拔 3891 米，最低点西溪河入金沙江河口处，海拔 535 米，高差达 3356 米。县城驻地特木里镇，海拔 2385 米。

布拖为彝语"布特"之音译，是指"有刺猬和松树的地方"，是彝族火把节的发源地，素有"中国彝族火把文化之乡"的美称。

布拖县面积1685平方公里，下辖3个镇、27个乡、190个行政村、2个社区。据布拖县2017年国民经济与社会发展统计报告，2016年末全县户籍人口达18.4万人（公安部门统计数据），其中彝族占96.3%，农业人口占92.5%。人均GDP为13526元。① 布拖县共有各类学校33所，其中普通中学5所，在校生4192人；小学28所，在校生31067人。布拖县拥有各类医疗机构36个，医务人员535人，有村级卫生室115个。

布拖县水能、矿产、林木和生物资源丰富。2016年地区生产总值为24.6亿元，按可比价格计算，同比增长6.6%。其中第一产业增加值为73007万元，第二产业增加值109218万元，第三产业增加值63543万元。大牲畜（牛、马、骡、驴）存栏55321头，羊存栏255436只，猪存栏123035头。2017年全县旅游人数达到24.66万人次，旅游总收入0.8亿元。②

（二）布拖县样本村的基本情况

1. 布拖县包谷坪乡基本情况

本研究实地调研③的样本村地处包谷坪乡④，位于布拖县西南部，距县城52公里。包谷坪乡下辖老碾子、洛觉、四菲戈洛、宪次机乃、跃进、团结6个村委会，乡政府所在地为宪次机乃村。全乡面积92.2平方公里。有5万亩草地、6万亩林地、1万多亩耕地（2000年之前已退耕还林2万多亩，2000年又退耕还林1万亩）。海拔1700~1800米的地方有几十亩田地，主要种水稻。农业生产以土豆、荞麦、玉米为主，其中玉米、土豆产量较高；经济作物主要是青花椒、核桃；养殖业方面，主要是养羊、牛，全乡牦牛存栏约200头；乡内有采矿业。农民以农业、畜牧业、务工为主要生计方式。2016年，全乡居民人均年收入5300元。全乡常年外出务工人员约550人，务工地主要为新疆、成都。他们主要从事体力劳动，技术工不多，收入波动性较高。

---

① 同期全国人均GDP为59660元，凉山州人均GDP为30669元。由此可见布拖县贫困程度极深。
② 数据来源：布拖县2016年国民经济和社会发展统计公报。
③ 2017年10月课题组进入布拖县开展实地调研。
④ 2021年1月撤销包谷坪乡，划归龙潭镇。本书保留调查时的叙述。

全乡总人口 1130 户、5217 人，彝族占 100%，是一个纯彝族乡。劳动人口约 3600 人，60 岁及以上的老年人 100 多人。2014 年建档立卡贫困户 478 户、2050 人，贫困发生率为 39.3%，主要致贫原因是疾病、教育等。建档立卡贫困户中，与子代同住的老年贫困人口占 50%～60%，原因是子女分家后形成的债务、老人生病、劳动力丧失等；空巢老年贫困人口约占 10%。刚成家的贫困人口占比较小，约 1%。多子女家庭贫困人口占 10%～20%。贫困户中，生育数量最多的家庭生育 7～8 个孩子。多数人的初婚年龄为 16～17 岁，也有少部分 14～15 岁的订婚后就一起生活。该乡男性"光棍"少，当地村干部介绍，按彝族习俗，多数人出生后不久就定娃娃亲。2017 年彩礼最高的有 10 万元，最低的有 6 万～7 万元，彩礼金额近年来水涨船高。2013 年政府推行"移风易俗"后，对高彩礼进行了干预，规定彩礼不得超过 10 万元。贫困户支付的彩礼来源于变卖家产、借钱，或采取先付首付、后付尾款的方式。该乡共有艾滋病病毒感染者 90 余人，近 5 年来有 10 多名感染者已经死亡。

2014～2017 年，政府扶贫总投入超过 8000 万元，用于彝家新寨、易地扶贫搬迁等项目。其中住房安全项目的投入力度最大。一般按照住房建设面积给予补贴，户均建房投入约 10 万元。

包谷坪乡扶贫中主要有以下几个问题。一是基础设施薄弱。道路等级低，运输成本高，交通不便，缺乏把产品变成商品的必要条件，劳动生产几乎没有剩余，只能自给自足。二是没有支柱产业。由于技术缺乏、品种不优、管理缺位等，青花椒产量低，核桃树的成活率低。三是缺少本土精英。缺少有市场远见、经商观念、企业家精神的经济带头人。

2. 宪次机乃村及案例贫困户

宪次机乃村是包谷坪乡的乡政府所在地，是全乡最大的村。宪次机乃是彝语音译，原意是"剪羊毛的地方"。该村有 234 户、1184 人。建档立卡贫困户 83 户、360 人。在这些贫困户中，全村文盲 148 人，约占 41.1%；读过小学的有 110 人，约占 30.6%；读过初中的有 23 人，约占 6.4%。2017 年村里组织了农民夜校，主题是新型农民素质提升培训，主要针对青年劳动力的建筑技术和自我权益维护开展培训。办这样的培训班，缘于之前村里实施彝家新寨和易地搬迁项目时，本村劳动力技术差，达到建房用工所要求的技术标准，项目负责人基本不用本地工。

为降低贫困户生产经营管理风险，村里以两种形式组织成立了合作社，一种是以 2017 年投入该村的 50 万元扶贫产业发展基金，用入股分红的形式投入龙头公司，贫困户参与年底分红；另一种是养牛合作社，用扶贫项目资金支持的 10 万元打造圈舍，20 万元用于采购本地黑牛，养殖成功后卖给布拖县的其他合作社。参与扶贫的龙头公司的分红分为三部分：贫困户占三成，非贫困户占两成，集体经济约占五成。该分红型合作社，2017 年投入建设，2018 年分红，村干部预计到年底村里人均能分到 3 元。该村距离最近的商品交易市场约有 10 公里，村民每 10 天去赶一次场，由此可见当地生产力水平和商品经济的落后程度。在宪次机乃村，我们对随机抽查的 3 户建档立卡贫困户进行了案例解剖。

阿力么 RZ，女，现年（2017 年）76 岁，丈夫已经去世多年，家里户口本上共 7 口人，其中 3 个劳动力分别是她的儿子、儿媳和大孙子。儿子、儿媳带着三个孙子孙女长年在新疆打工采棉花，逢彝族年的时候回家。她一个人带着二孙子在村里生活。2017 年我们进村调研时，正逢彝族年前，儿子、儿媳一家五口刚从新疆回到村里，家里除了儿子和大孙子外出，其余 5 口人都在家。屋内面积很大，采光不好，有几个简单的柜子，一张床，一个火塘。屋外的院子较大，地面没有硬化，村里安装的自来水一直在流水，垃圾遍地。大孙子名义上是初中毕业生，实际上只读过四年书。二孙子在乡中心小学上五年级，喜欢读书，喜欢数学，能够计算两位数加法，但是不会做减法和乘除法。基本上能认识五年级语文课本上的汉字，但是不能完整成句读出来。三孙女 7 岁，尚未上学读书（见表 2-3）。除了二孙子可以用四川话和普通话简单交流外，其他受访者均不懂四川话和普通话。

表 2-3　案例 1：贫困户阿力么 RZ 家基本信息

姓名	与户主关系	受教育程度	类型	年龄
阿力么 RZ	户主	文盲或半文盲	未脱贫	76
期沙 RR	之子	文盲或半文盲	未脱贫	39
阿什么 ZZ	之儿媳	文盲或半文盲	未脱贫	39
期沙 XH	大孙子	初中	未脱贫	16
期沙 RC	二孙子	小学	未脱贫	10
期沙 XC	四孙子	学龄前儿童	未脱贫	1
期沙么 SZ	三孙女	学龄前儿童	未脱贫	7

注：本表为 2017 年调查资料。

约则 HR，女，现年（2017 年）59 岁，这一家的主要劳动力。常住人口还有其 5 岁的孙子，孙子在村里的幼儿园学习。幼儿园中午管一顿午饭，一般是米饭、炒肉、汤。其丈夫长期失联。女儿 17 岁，未婚，在外打工（见表 2 - 4）。儿子 31 岁，进戒毒所戒毒已有一年多。其子进戒毒所之前，吸毒已有 3~4 年的历史。儿媳在其丈夫进戒毒所后离家出走，不知去向，至今未归。村干部认为她的儿媳不会改嫁，如果改嫁，家支会来干预。在凉山彝族聚居区，在婚姻关系还没有解除时，改嫁是很麻烦的事情。人们不会轻易离婚，因为离婚要有各种各样的手续和条件，尤其是彩礼的赔付。村委会主任表示自己没听说过有谁家离婚。前几年村里约有 20 人吸毒，都是 30~40 岁的中年男性，这些人手里只要有零钱就去买毒品。近几年凉山加大强制戒毒力度，村里已没有吸毒人员。

表 2 - 4　案例 2：贫困户约则 HR 家基本信息

姓名	与户主关系	受教育程度	类型	年龄
约则 HR	户主	小学	未脱贫	59
阿尔么 RZ	配偶	文盲或半文盲	未脱贫	58
约则莫 SZ	之女	初中	未脱贫	17
阿苦么 SN	之儿媳	小学	未脱贫	23
约则 FL	之孙子	学龄前儿童	未脱贫	5

注：本表是 2017 年调查资料。

吉牛木 YG 一家 4 口人，非低保户。我们入户时，户主的儿子莫什 CE 在家，他的母亲（户主）出门看牛去了，他的老婆带着女儿出去赶集买东西去了。莫什 CE 懂八九成的日常四川话和普通话，他父亲 2007 年因肝腹水去世。莫什 CE 小学毕业，由于家里条件不好，没有继续读初中。莫什 CE 在新疆和浙江打过工，打工时每个月能赚 2000~3000 元。2016 年 4 月之后，由于要照顾母亲，莫什 CE 就没有再外出。莫什 CE 2012 年结婚，老婆是本县拖觉镇的人，2017 年 20 岁，小学读了两三年，没有出去打过工。夫妻俩已有一个孩子，还打算至少再生两个孩子（见表 2 - 5）。

表 2 - 5　案例 3：贫困户吉牛木 YG 基本信息

姓名	与户主关系	受教育程度	类型	年龄
吉牛木 YG	户主	文盲或半文盲	未脱贫	65
莫什 CE	之子	小学	未脱贫	28
比布木 LZ	之儿媳	文盲或半文盲	未脱贫	20
莫什么 ZZ	之孙女	学龄前儿童	未脱贫	1

注：本表是 2017 年调查资料。

莫什 CE 的母亲身体不错，平时能做些家务事，负责种地、喂猪，帮忙带娃娃。家里的收入来源是卖猪、卖鸡、卖土豆，但是收入很少。家里也种菜，但没有林地。2017 年地里收了可以用于售卖的土豆五六千斤，能卖 3500 元左右；另外，用于喂猪的质量较差的土豆有 2000 多斤；还收获了苦荞两三百斤。家里有两头黄牛，在村里天然林集中放牧。家里日常主食是土豆和酸菜汤，上一次吃猪肉是一个月前。家里买肉主要用来招待客人，所以吃肉不固定。

莫什 CE 基础汉字的识字率大约 50%，相当于小学三年级水平，但莫什 CE 的学习能力强，现场测试发现，教过一次的汉字他能够举一反三地读出来，若能进一步系统学习，相信其识字水平会很快提高。我们认为，青年学习知识的能力提升要从普及基本知识开始，青壮年劳动力不应成为"睁眼瞎"，农民夜校最好教一些常用的汉字。扶贫扶智的第一步是认字扫盲。

第二节　云南省楚雄州武定县和昭通市镇雄县的贫困村

一　云南楚雄彝族和昭通彝族概况

（一）云南楚雄彝族概况

云南楚雄彝族自治州地处云南省中部、云贵高原西部、滇中高原的主体部位。东靠昆明市，西接大理白族自治州，南连普洱市和玉溪市，北邻四川省攀枝花市和凉山州。楚雄州辖 1 市 9 县，州人民政府驻楚雄市，距

昆明市 160 公里，总面积约为 2.9 万平方公里。2016 年末楚雄州户籍人口
2636799 人，其中：乡村人口 1885044 人，城镇人口 751735 人。在总人口
中，少数民族人口 945470 人，约占总人口的 35.9%，其中彝族人口
762446 人，约占总人口的 28.9%，约占全州少数民族人口的 80.6%。万
人以上少数民族有彝族（762446 人）、傈僳族（58119 人）、苗族（47612
人）、傣族（23560 人）、回族（21603 人）和白族（17900 人）。2016 年
城镇居民人均可支配收入 29200 元，比上年增长 9.1%；农村居民人均纯
收入 9181 元，同比增长 10.3%。全州 989 个村民委员会，其中 989 个村通
电话、通公路、通电，985 个村通自来水。

楚雄州境内地势大致由西北向东南倾斜，东西最大横距 175 公里，南
北最大纵距 247.5 公里。境内多山，山地面积占总面积的 90% 以上，其间
重峦叠嶂，诸峰环拱，谷地错落，溪河纵横，素有"九分山水一分坝"之
称。州境最高点为大姚县白草岭主峰帽台山，海拔 3657 米；最低点在双柏
县南端的三江口，海拔 556 米。州府所在地鹿城海拔 1773 米，大致为楚雄
州坝区的一般海拔高度。在群山环抱之间，有 104 个面积在 1 平方公里以
上的盆地（坝子）星罗棋布，在楚雄州内形成一个个规模不同、独具特色
的经济、文化区域。

楚雄州土地总面积 4388.7 万亩，其中耕地 238.36 万亩，水田 123.95
万亩。土壤共有 19 个类，其中耕作土壤类 14 个，自然土壤类 5 个，以紫
色土分布最广，红壤次之。紫色土上层不厚，蓄水能力差、抗蚀能力弱，
但富含磷、钾，适宜种植各种经济作物，尤其是烤烟。红壤土层一般较
厚，结构较好，呈酸性，适合种植茶叶、薯类、豆类等作物。此外，水稻
土是最主要的耕作土壤，楚雄州有 128 万亩水稻田，主要分布在平坝地区。
水稻土保水保肥性能好，栽种粮食产量高。

由于所处的地理环境与历史条件，楚雄州文化发展呈现丰富性、开放
性与单一性、封闭性的双重特征。在坝区和交通沿线，由于邻区文化的影
响与历代中原王朝的开发，楚雄州形成了以汉文化为主要特征的地方文
化；在山区各少数民族地区，因与外界相对隔绝，保留了彝族等少数民族
传统文化。但两种文化又长期相互交融、相互影响、相互吸收，形成了楚
雄州多元一体的民族地方传统文化。

（二）云南昭通彝族概况

云南省昭通市位于云南东北部，金沙江下游，地处云、贵、川三省的交界处，与四川、贵州两省接壤。昭通历史上是云南省通向四川、贵州两省的重要门户，是中原文化进入云南的重要通道，同时也是云南文化三大发源地（大理、昭通、昆明）之一。昭通市素有"小昆明"之称，又是中国著名的"南丝绸之路"的要冲，素有"锁钥南滇，咽喉西蜀"之称。昭通市东部毗邻贵州省毕节市，南侧紧邻云南省曲靖市，西侧与四川省凉山州隔金沙江相望，北部与四川省宜宾市以金沙江为界相邻。

昭通市面积为 2.3 万平方公里，辖 1 区 10 县，属温带季风气候，2017年末常住人口为 521.35 万人。在昭通市的常住人口中，汉族人口为4683478 人，约占总人口的 89.8%；各少数民族人口为 530055 人，约占总人口的 10.2%。其中，回族人口为 180962 人，苗族人口为 172622 人，彝族人口为 161302 人，其他少数民族人口为 15169 人。

昭通市所处的地理位置正是四川盆地向云贵高原抬升的过渡地段，市辖区内地势起伏较大，市内平均海拔 1685 米，其中市政府驻地海拔 1920米，最高海拔在巧家县药山，为 4040 米；最低海拔在水富县的滚坎坝，为267 米。昭通由于受金沙江、牛栏江等江河的纵横切割，境内悬崖峭壁耸立。昭通属亚热带、暖温带共存的高原季风立体气候，四季不明显，具有冬无严寒、夏无酷暑、雨热同季、干湿分明等特点。

由于历史上长期的民族融合，昭通市内坝区以汉族文化为主，山区以各少数民族文化为主。但是，由于昭通市上千年来受到中原文化的影响，山区中的少数民族文化氛围并不浓厚。在镇雄、彝良等彝族聚居区，在坝区居住的彝族汉化十分明显，山区中生活的彝族虽然少部分仍旧保留有传统文化，但是主要存留于少数老年群体当中，年轻的彝族群体对其自身民族传统文化的知晓度逐渐降低。

二 武定县及样本村基本情况

（一）武定县的基本情况

武定县位于滇中高原北部、云贵高原西侧、楚雄州东北部。全境东西宽 52 公里，南北长 94 公里，县域面积 3322 平方公里。东邻禄劝县，南与禄丰县、富民县毗邻，西与元谋县接壤，北与四川省会理县隔金沙江相望，是出滇入川的必经之地，素有"省会之藩篱，滇西之右臂"之称。武定县辖 3 个镇、8 个乡（其中 1 个民族乡）：狮山镇、高桥镇、猫街镇、插甸乡、田心乡、发窝乡、白路乡、万德乡、己衣乡、环州乡、东坡傣族乡，133 个村委会（社区）、1569 个村民（社区居民）小组。

武定县境地表崎岖，群山连绵。山地、丘陵、谷地、河谷平原和山间盆地（当地人称坝子）相互交错，山区面积占武定县总面积的 97%，坝子及水面占 3%，在脱贫摘帽前，是一个"山区、民族、宗教、贫困"四位一体的国家扶贫开发工作重点县。武定县平均海拔 1910 米，地势东西两侧及西南部高，北部低，东南部较开阔。县城海拔 1710 米，海拔在 2500 米以上的山峰有 36 座，乌蒙山余脉贯穿全境，组成一系列南北走向的高山重叠的地形，立体气候明显。气候总特征为冬暖夏凉，气温年差小、日差大；降水丰沛，干湿季分明；气候垂直变化显著，类型多样；雨热同季，大陆性强。

（二）武定县样本村的基本情况

1. 插甸乡的基本情况

"插甸"系彝语，意为"产稻坝"。该乡位于武定县境中部偏东，距县城 27 公里，距 108 国道 4 公里。辖区总面积 320 平方公里。乡政府所在地海拔 2050 米，最高海拔 2887 米，最低海拔 1570 米。山区面积占总面积的 97%。耕地 23931 亩，水田 9695 亩，旱地 14236 亩，人均耕地 1.18 亩。年平均气温 13.9℃。年降水量 900~1100 毫米，日照时数 2292.4 小时。霜期较长，一般年份达 120 天。属高海拔冷凉地区，呈典型冷凉气候。

全乡辖插甸、安德、古普、哪吐、增益、和尚庄、老木坝、康照、水城、上沾良、安拉、乐茂河 12 个村委会，127 个自然村，142 个村民小组。当地是以彝、苗、傈僳、哈尼族为主的少数民族聚居地，少数民族人口占 54.4%。

目前插甸乡农业生产以水稻、小麦、烤烟、苹果、板栗等为主，工业生产涉及酒糟、铁农具、建材等。全乡的特色产业包括以武定壮鸡、黑山羊、生猪为主的特色养殖业，粮烟产业，木纹石产业及旅游产业。

2. K 村的基本情况

K 村位于插甸乡，距离乡政府所在地 4 公里，面积 22.21 平方公里，海拔 2060 米，年平均气温 13.90℃，年降水量 1100 毫米，霜期较长。K 村为平坝地形，地势平缓，周边有河流流经，适宜种植水稻、烤烟、绿色蔬菜等农作物。K 村村委会辖 10 个自然村，彝族主要聚居在其中的大古普村与小古普村，其他自然村也有散居。

根据 2015 年 K 村村委会的统计数据①，K 村共计 406 户、1625 人，其中男性 811 人、女性 814 人，65 岁及以上人口有 155 人。全村共有劳动力 969 人，其中外出务工者 325 人。另外，残疾人 91 人，低保户 34 户，五保户 1 户。K 村耕地面积为 1988 亩，其中水田 1234 亩，旱地 754 亩。林地面积 31140 亩。全村经济产业以种植业和养殖业为主，农产品销往武定县及其周边地区，粮食作物主要有水稻、玉米、大麦、小麦等，经济作物主要涉及核桃等林果作物以及烟叶、绿色蔬菜等，大牲畜养殖以猪、牛为主，小家禽养殖以鸡、鸭为主。村内有村干部带头成立的 1 家农家乐、1 家养殖场、2 个村级合作社，另有 1 家外地私人开办的农业公司。

社会事业方面，目前 K 村有 1 所幼儿园和 1 所完全小学，均位于大古普村，该村小学生就读到 K 村小学，中学生就读到插甸中学，该中学距 K 村约 4 公里；K 村内有 1 个村卫生所，距镇卫生院 4 公里，配有 2 名村医、1 名兽医。K 村在乡政府的支持下，建起了集党员活动中心、村民文化活动室、农家书屋、餐厅、民族文化活动广场、停车场、篮球场为一体的村级活动场所，充分发挥"一室多用"的功能，使农村基层组织活动场所成为群众学习活动的基本阵地、村民议事办事的重要场所、先进文化的传播中心和文化娱乐的重要平台。②

民族宗教方面，K 村彝族与凉山地区彝族在姓名、服饰、住房及习俗方面都有较大差异，村内彝族居民已全部改为汉姓，房屋都已经过人畜分离改造。在日常的节庆方面，彝族村民对火把节、彝族年等彝族节日的重视程度正在下降。K 村彝族居民在"文革"时期仍保留着部分旧的习俗，实行族外婚、等级内婚与家支外婚，直至 20 世纪 90 年代末 21 世纪初，这

---

① 2016 年 8 月课题组进入 K 村实地调研，K 村村委会提供了 2015 年的统计数据。

② 邵诚梅：《武定大古普村：用好文化阵地　促进基层党建》，《党的生活》2012 年第 5 期。

种状况才开始改变。时至 2016 年，村内彝族女性虽能与汉族男性通婚，但与傈僳族、苗族通婚仍然会受到家庭长辈的干涉。与此不同的是，彝族男性娶亲则仍以彝族女性为主。作为一种宗教信仰，毕摩在 K 村的丧事活动中仍然占据着重要的地位，毕摩及彝族传统丧葬仪式仍被继续沿袭与传承下来，但在日常生活中毕摩对彝族村民的影响已经逐渐弱化。同时，毕摩也为适应现代化进行了相应的调整。除此之外，K 村还有约 20 名基督教徒，他们在村内的教堂里开展教会活动。

新中国成立以来，K 村的整体面貌发生了翻天覆地的变化。尤其受 20 世纪 80 年代初家庭联产承包责任制推行及 90 年代初农业机械化的影响，全村农业经济大为好转，村民的生活条件也得到了极大的提升。进入 21 世纪，政府加大了对 K 村基础设施改造的投入力度，如沟渠水利建设改造、自来水改造、电路改造等一系列工程。在此基础之上，2008 年社会主义新农村建设在 K 村的推进，标志着当地的扶贫行动正式与新农村建设相结合，K 村的扶贫工作也由此迈入了一个更加系统的阶段。这一阶段伴随村道新修、房屋改造及村容村貌改造等工程的开展，村民的生产生活条件得到了进一步的提升。2013 年以来新一轮扶贫攻坚战的开展，K 村被确定为州级重点扶持贫困村。截至 2016 年，负责对口帮扶的中共武定县委党史研究室已经完成了对建档立卡贫困户的信息收集与评选工作，为每户贫困户送去了食用油、大米等扶贫慰问品，并以贫困户为单位进行了脱贫规划；由云南省委组织部帮扶的进村公路及河道整治工程已经完工，云南省扶贫移民局还为每户贫困户下拨了 5000 元的慰问金。

政府多年的扶贫资源投入，让 K 村的生产生活条件得到了极大的改善。2015 年全村经济总收入 2027 万元，其中：农业收入 929 万元，林业收入 27 万元，畜牧业收入 887 万元，工业收入 22 万元，建筑业收入 55 万元，运输业收入 15 万元，商业收入 16 万元，其他收入 76 万元。2015 年农民人均纯收入 6392 元。

总体来说，尽管 K 村人均纯收入已远远高于 2015 年国家贫困线 2800 元，且无村级债务，但村经济基础仍较弱，农牧业收入占全村经济总收入的大半，二、三产业发展比较滞后。种植业方面，K 村的粮食作物以水稻、玉米、大麦为主，其中玉米和大麦主要用于牲畜饲养；经济作物主要是核桃和烟叶，受政府产业帮扶影响，全村核桃种植比较普遍，但受制于气候和生长周期，暂未产生相应的经济收入，烟叶种植在全村范围内未成规模，但也有个别村干部和村民通过土地流转进行规模化种植。畜牧业方面，K 村的大牲畜养殖以猪、牛为主，多为个体散养，在满足家庭消费的基础之上，根据实际情况进行牲畜交易；家禽养殖以鸡为主，村内有 1 个外村承包的鸡鸭养殖场。就村民而言，除了农牧产业之外，外出务工所得是他们的另一项主要收入。截至 2015 年，K 村共有劳动力 969 人，其中外出务工者达 325 人，这些务工者主要流向昆明和楚雄，从事低水平的生产和服务性质的工作，如建筑工人、生产线工人、保安、家政、服务员、保洁员等，大多数年轻务工者以全职为主，中年务工者则多具兼业性质，根据农业生产调整务工计划。此外，K 村有部分二、三产业收入，如建筑业收入、运输业收入及商业收入等，但多为个体经营，比较零散。

从贫困的特点来看，首先，K 村的贫困在很大程度上是彝族的贫困，尽管彝族人口仅占全村人口的 1/3，并在居住上比较分散，但彝族贫困户数占 K 村贫困户总数一半以上。其次，K 村的贫困人口相对分散，贫困程度较深。从贫困的程度来看，按照 2015 年国家贫困线标准，K 村大部分贫困户的人均收入都高于这一标准，但是，由于部分家庭缺乏劳动力，家庭住房条件较差，或是难以负担起户内的医疗、教育支出等，因此在建档立卡贫困户的评选中，多维的贫困标准被纳入评选机制中。最后，K 村减贫难度大、返贫问题突出。总体来讲，K 村的地理环境较差，其所在的插甸乡教育、卫生、文化等社会事业发展比较滞后，村民文化素质普遍较低，劳动力转移困难，存在贫困代际传递现象，因病、因意外事故返贫的现象屡见不鲜。

从贫困的成因来看，K 村贫困的直接原因是区位劣势，根本原因是因病致贫、人口素质低下；间接原因是政府反贫困工作的缺位和存在的误区。从地理环境来看，尽管 K 村属于平坝地形，但其海拔高达 2000米，每年霜期近 6 个月（10 月至次年 3 月），其所隶属的插甸乡也由于霜期较长被当地人戏称为"冷插甸"，这种气候条件对于农作物尤其是水稻及部分经济作物的生长是很不利的，在一定程度上制约了当地的农业发展。

从贫困户的人力资源特点来看，当地老、弱、病、残类非劳动力人口较多，就劳动力而言，人口素质普遍低下，40 岁及以上人口以小学及以下学历为主，40 岁以下的青年人接受过高中及以上学历教育的不多；贫困家庭劳动力的身体健康状况堪忧，过度劳累、不合理的生活习惯导致的胃病、食道疾病和各部位劳损，以及各种突发性疾病、地方病，不仅影响到正常劳作，更加重医疗支出。

从政府扶贫行动来看，精准扶贫方式未能得到切实的把握，表现在精准扶贫对象的识别上中存在一定的偏误，部分帮扶措施也有待完善，如针对建档立卡贫困户的建房补贴迟迟未能到位，建房补贴客观上引起了村民的过度建房消费，使许多家庭花掉了大部分存款，甚至有家庭因为建房而返贫。就贫困户的整体情况来看，因病致贫、无劳动力、缺乏劳动力、因学致贫是最主要的致贫成因。缺乏发展资金、缺乏发展技能以及因意外事故引起的家庭重要财产损失也是致贫的重要原因。

三　镇雄县及样本村基本情况

（一）镇雄县的基本情况

镇雄县位于云南省东北部，地处云贵川三省交界处，隶属于云南省昭通市。镇雄县县域面积为 36396 平方公里，东与四川叙永县隔赤水河相望，南与贵州毕节、赫章接壤，西毗彝良，北抵威信。镇雄县下辖 3 个街道办事处、27 个乡镇。镇雄县位于云贵高原北端，平均海拔高、地势起伏较大，地势由西南向东北逐渐降低，最高海拔 2416 米，最低海拔 630 米。全县无坝区，只有半山区、山区和高寒山区。除少数河谷地带属亚热带气候外，多数地方属暖温带季风气候，全年平均气温为 11.3℃，无霜期为 218.6 天。2018 年，镇雄县是国家级贫困县，全县建档立卡彝族贫困人口共有 35992 人，其中已脱贫户 16573 人，未脱贫和返贫 19419 人。[①] 镇雄县的彝族贫困户主要集中分布在坡头彝族苗族白族镇、果珠彝族乡、林口彝族苗族乡、以古彝族苗族乡以及芒部镇，另外，在花山乡、五德镇、塘房镇、泼机镇的彝族贫困人口分布也较多，其余彝族贫困人口则分散在镇雄县的其他乡镇，人数不多且居住分散。

---

① 课题组 2018 年 8 月在镇雄县调研时，镇雄县扶贫办提供的数据。

（二）镇雄县样本村的基本情况

1. 花山乡的基本情况

花山乡是镇雄县彝族主要聚居区之一，全乡共有彝族人口 2000 多人。彝族是花山乡人口数量最多的少数民族，其次是苗族。花山乡是镇雄的"西大门"，距镇雄县城约 100 公里。花山乡全乡共辖 6 个行政村、100 个村民小组，乡政府驻地海拔 2000 米，年平均气温 9.6℃，年降水量 1200 毫米。

花山乡面积 187.6 平方公里，有耕地 21 万亩。花山乡海拔高、气温低，适合生长灌木草甸，因而素有镇雄"小西藏"之称。由于其地理资源的独特性，花山乡境内拥有非常丰富的林业、矿产、畜牧业和旅游资源。全乡共有森林面积 10 万亩，森林覆盖率为 36%，同时还拥有袁家湾珙桐自然保护区旅游资源。

2. H 村的基本情况

H 村位于花山乡的中心位置，距离乡政府所在地约 1 公里，距镇雄县城约 95 公里。H 村有到乡政府的直通水泥路，交通相对方便。H 村北面与大河村相邻，南面与大火地村相邻，西面是彝良县的广坝，东面是放马坝村。H 村占地面积为 52500 亩，其中耕地面积 13913 亩，林地面积 13400 亩，人均耕地面积为 1.9 亩，共有经济林果地 1200 亩。H 村下辖 22 个村民小组。H 村现有农户 1558 户，共 7228 人，其中农业人口 6948 人，劳动力 3921 人。H 村平均海拔 2010 米，年平均气温 9.6℃。

根据 H 村独特的自然禀赋，村内以畜牧业和采矿业为支柱产业。然而，由于矿产资源有限与环境保护工作的推进，采矿业已逐渐沦为夕阳产业。除此之外，作为 H 村另一大支柱产业的畜牧业，也并不能带来长期稳定的收入。原因主要是 H 村海拔高、无霜期较短。H 村草地每年 11 月至次年 3 月将会被大雪覆盖，在此期间畜牧业便很难发展。目前来看，当地可替代的支柱产业仍旧未发展起来。由于海拔高、气温低，H 村的土地上只能种植土豆、玉米、荞麦等农作物，其中又以土豆为主要粮食作物。在春夏两季可种植零星蔬菜。由于当地农田缺乏灌溉设施，农民仍旧延续着粗放型农业生产方式，依旧只能广种薄收与"靠天吃饭"。H 村的农业耕作制度为一年一次，冬季基本不产粮。由于 H 村土壤贫瘠、粮食种植品种落后，当地的土豆只比鹌鹑蛋稍大些，田中的玉米秆大部分也仅有手指粗细，粮食作物产量很低。加上该地基本只施农家肥，几乎不用农药，庄稼病虫害严重，这又进一步地降低了当地农作物的产量。

在社会事业方面，H村由于距离花山乡较近，村子里的适龄儿童均前往乡上读书，村内没有幼儿园和小学。在距离H村一公里左右的乡政府附近，有一所幼儿园，一所小学，一所初中和一所高中。H村的适龄儿童除部分随父母在外地就读外，均就读于乡上的学校。村内有一个卫生室，配有一名村医。我们在H村调研时，据村支书介绍，村里正筹划修建村文化活动室和文化坝子供村民办事和进行娱乐活动。从整体上来看，由于H村计划脱贫时间为2019年，在我们进入社区调研时，很多脱贫工程才刚刚起步。

在民族宗教方面，H村的彝族与大凉山腹地的彝族在姓氏、着装、居住习惯及民族风俗方面存在较大的差异。H村彝族居民已全部改为汉姓；除个别老年人仍喜着民族传统服饰外，其余着装已与汉族无异；房屋高度较凉山彝族要高很多，房屋都已经过人畜分离改造；在民族风俗方面，H村的彝族汉化程度非常高。当地彝族村民对火把节、彝族年等彝族传统节日的重视程度较低。近年来，政府为了保护当地的彝族传统风俗文化，开始负责操办民间的火把节、彝族年等文化活动。毕摩文化在H村已几近消失，以前世代为毕摩的家族已经不再从事这一职业，当地人生病或婚丧嫁娶也不再找毕摩。据当地政府官员介绍，当地举办火把节时要去邻省的毕节市请毕摩。H村彝族与各个民族之间都可以自由通婚，家族长辈不会对其强行干涉。H村很多村民信仰基督教，当地有一所教堂，信奉基督教的村民每周都会去教堂做礼拜和祷告，开展一些教会活动。

H村最新统计的建档立卡贫困户有206户、741人，贫困发生率约为10.3%。从致贫原因来看，地理因素、人口素质、不良生活习惯等是最主要的致贫原因。从地理因素方面看，H村所在的花山乡位于镇雄县的西南部，距离县城较远，再加上镇雄县域内沟壑纵横、地势起伏较大，因而道路通达率不高，从县城通往花山乡的盘山公路也是近十几年才通车的。由于地理区位限制，当地经济并没有较好地发展起来，这是当地整体上十分贫困落后的一大原因。除此之外，H村所在的花山乡是镇雄县海拔最高的地方，全年无霜期较短，庄稼一年一熟，导致当地粮食产量较少。再加上当地种植的作物品种落后、病虫害多，因而当地的粮食产量就更低了。从人口素质方面看，H 村贫困户的受教育程度普遍较低。该村贫困户的平均受教育程度为小学，个别贫困户读过一两年初中，但大部分年龄在 45 岁及以上的贫困户不曾小学毕业。不难看出，受教育程度低导致的能力不足，是 H 村的一大致贫原因。而不良生活习惯是 H 村另一个主要的致贫原因。当地在外务工的彝族农户一般 40 岁左右便返乡了，之后便不再选择外出务工。在外务工的彝族人比较崇尚安逸，好饮酒，也有很多因酒误事的情况。除自身不良生活习惯外，逢年过节、婚丧嫁娶的铺张浪费也是导致 H 村彝族普遍贫穷的原因之一。

第三节　彝族贫困村落的结构性因素

社会学家滕尼斯在《共同体与社会》中将社区定义为"是通过血缘、邻里和朋友关系建立起的人群组合"①。社区是在一定地域内发生各种社会关系和社会活动，有特定的生活方式，并具有成员归属感的人群所组成的一个相对独立的社会实体。社区主要由以下基本要素构成：（1）以一定的社会关系为基础组织起来的进行共同生活的人群。（2）人们赖以从事社会活动的具有一定界限的地域。（3）一整套相对完备的生活服务设施。（4）自己特有的文化。（5）居民对自己所属的社区在感情和心理上产生了一种认同感。彝族社会经济发展虽然滞后，但其符合现代社区的若干构成要素。

本节从社区的基本构成要素入手，重点分析彝族村落的历史、传统文化、家庭生计和社区治理等内容。传统彝族村落的地理环境等受到其自身发展和历史上长期迁徙的影响，见第五章第六节"彝族深度贫困解析"，本节不赘述。

一　彝族贫困村落的历史回溯

历史是一个民族记忆最深处的烙印，它深刻地影响着一个民族的现在

① 〔德〕斐迪南·滕尼斯：《共同体与社会》，林荣远译，北京大学出版社，2010。

与未来。本书采用了大事件研究方法对典型村落的关键人进行深度访谈，尝试对村落历史进行简要梳理。大事件研究方法发端于经济统计领域的事件研究，早期主要以计量某一事件所引起的在某一期间内公司股价变化，来评估和反映市场对该事件可能对公司经营活动和盈利能力造成的影响。1933 年 Dolley 首创该方法，Brown 从 1968 年开始将其运用于证券市场的相关研究，此后该方法使用于旅游、城市规划、社会学等研究领域。20 世纪90 年代中期，该方法随农村参与式快速评估（PRA）方法进入中国。四川凉山州喜德县 J 村村委会主任记忆中的大事件如表 2－6 所示。

表 2－6 四川凉山州喜德县 J 村大事件（2016 年 8 月）

年份	四川 J 村大事件
1950 年前后	一条省道经过，村里开始通路
1993 年	J 村从团结公社分出来，合并进贺波洛乡
2000 年	某部队征用了省级公路，开始翻新路面
2003 年	村里开始实施退耕还林
2012 年 8 月	喜德县下了一个月的暴雨，村里下冰雹，房屋受损严重，当年粮食歉收
2014 年	喜德县税务局支持扶贫项目，村里通了自来水
2014 年	凉山的彝家新寨项目开始实施，村里翻修了一些房屋

在田野调查期间，四川 J 村村支书和村委会主任认为，这些事件影响到了村民的生活，所以这些事件对村民来说是"重大事件"。

W（访问员，下同）：我想了解村里近几十年来的事情，可不可以回忆一下，您认为村里发生的非常重要的事件有哪些？哪些事件对全村村民影响比较大？

A（四川 J 村村委会主任，男性，下同）：1993 年我们村从团结公社分出来合并进贺波洛乡。2012 年 8 月，喜德县下了一个月的暴雨，河流决堤，使周边的居民受到损害，洪灾导致了泥石流。村里还下冰雹，主要影响了粮食收成，23 户房屋受损，我们村无人员伤亡。这些都是影响比较大的事。

云南 K 村村委会主任记忆中的大事件有以下这些，如表 2－7 所示。

表 2-7　云南楚雄州武定县 K 村大事件（2016 年 8 月）

年份	云南 K 村大事件
1985 年前后	开始包产到户，村民开始吃饱饭
1988 年前后	开始计划生育，如果违反了就罚款；一直实施了三年才基本控制住了。现在一般生两个
1995 年	政府进行节能灶改造，村里人开始上桌子吃饭（以前是在地上围着火塘吃饭）
2000 年	政府进行基础设施建设，包括沟渠水利建设改造、自来水接入、电路改造，挖水窖
2008 年	村里面的泥巴路变成村村通的公路
2013 年	开始进行脱贫工作

云南 K 村村委会主任意识到影响村民的"大事件"，不仅包含改善村民的生产生活条件，而且包含着乡风和村民观念意识的转变。

虽然两个彝族村落都处于同一个时代，有着同样的民族认同和文化认同，但在观念上的差异是明显的。

W（访问员，下同）：您提到 2000 年 K 村开始通路通水，你觉得最大的变化是什么？

F（云南 K 村村委会主任，女性，下同）：村里的道路（建好了），人畜居住分离，村里的环境改变，危房改造。

W：当时有很多人批评粉刷工程是面子工程？

F：当时说粉刷工程是虚假的工程。其实，在农村，要想改变农民的思想，就得要从环境（粉刷墙）做起，好的环境肯定会对村民有影响的。我有一次带了我们村 40 多个妇女，到昆明、楚雄去看。有些妇女从出生到老（到死）的时候才洗第二次澡，出去看才知道人家是天天都要洗澡的。我们彝区比较保守，都是男的当家做主，在我们这一代已经有所改变。在我们老婆婆那一代，女人即使是坐月子都要下地劳动、喂猪等，所以她们的寿命很短，后来慢慢地改变了，（尤其是）到了（20 世纪）90 年代之后有所改变。我们少数民族都是依靠国家的政策来（带动）改变。我们村子是少数民族（村），很团结。如果有一个人被（外人）打，全村都可以调动（起来去打架）。

二　彝族贫困村落的传统文化

民族风俗与传统被视为族群的精神内核，构成族群的文化认同，并维系和强化着文化认同和民族认同。本节重点从宗教、家支、传统节庆等维度对彝族村落的传统文化展开分析。

（一）彝族村落的宗教

从宗教方面来看，四川 J 村的传统宗教依然为当地居民所认同和遵循，云南 K 村的传统宗教逐渐被现代化进程解构，与此同时，基督教、佛教等呈现自由生长的状态。

四川 J 村居民在每年的播种、收获，学生开学、劳动力外出务工等关键节点上，都会请村里的毕摩做宗教仪式，以此来祈求丰收、求学上进和外出平安。在家人身体出现疾病以及病危时，也会请毕摩到家中做宗教仪式，以此驱除病魔纠缠、安慰患者心灵。我们在四川 J 村调研时，恰逢村中一户人家男主人从武汉务工赶回来，为自己患有严重胃病、生命垂危的老父亲举行宗教仪式。我们询问他"为何不送医院进行治疗？"男主人回答说："老父亲相信这个（毕摩），不愿意去医院，我们只能照他的意思做。"

在宗教仪式中，祈求内容和灾祸大小决定仪式的规模与时间，以及支付给主事毕摩的酬劳。[①] 四川 J 村居民几乎每家每户都饲养多少不等的鸡，一方面用于改善生活，另一方面是备用于宗教仪式，因为鸡是一些小规模宗教仪式的必需牺牲品。由此可见，彝族传统宗教在四川 J 村的流行程度。因为能预测吉凶、消灾祈福，对自然和灵魂现象进行解释，以及对医疗诊治等地方知识乃至巫术的掌握，毕摩在四川 J 村仍然被广泛信任和认同。虽然一些有外出务工经历的年轻人和村干部强调他们现在相信科学，但是这并不妨碍他们在遇到疾病和忧患的时候，求助于毕摩以及宗教仪式。在四川 J 村这个高山彝族聚居的社区中，传统宗教乃至迷信依然是本地居民处理形而上事务的主要依据。

然而，在云南 K 村情况却有很大的不同。传统彝族宗教仪式、毕摩等

---

① 李静玮、王卓：《论原始宗教的经济理性》，《宗教学研究》2016 年第 4 期。

几乎难觅踪迹，取而代之的是对医疗、农业生产技术以及政策的重视和依赖。在云南 K 村，只能在村中一些老人的口中以及少数几户人家门楣上贴的符咒，还可以耳闻和看到一些宗教符号的遗存，而这些宗教符号并非彝族传统宗教所独有，也被杂居在 K 村的汉族和其他少数民族共同认知和部分使用。从这个意义上讲，云南 K 村彝族汉族之分乃至民族之分已经微乎其微，多民族在 K 村似乎已经融为一体。值得注意的是，在云南 K 村建造了一座基督教堂，其信众主要是一些中老年妇女。

W（访问员，下同）：我们注意到村里有教堂。

Y（云南 K 村大剌棚村组长）：我们村里有基督教会。我周围参加的有一两个吧。

W：您怎么看基督教呢？

Y：晓不得，我们也不信。

王：他们有聚集的场所吗？

Y：有的，做礼拜，做善事，就是一些道德方面的事。

W：他们劝其他村民信教吗？

Y：都是自愿，不劝。

W：牧师是村里的还是外面来的？

Y：那个教头就是 K 村的。

W：是谁盖的教堂？

Y：当时政府可能也出了一些钱，他们自己也出了一点力盖的。

W：这个基督教在村里传教多少年了？

Y：有个七八年了吧。

在实地调研中，云南 K 村村委会主任表示，近些年来云南 K 村信仰基督教的村民日益增多，村委会正在逐步加大思想教育和政策宣传力度，希望带动更多的积极分子学习国家政策、相信科学。除此之外，我们也发现云南 K 村部分居民信仰佛教。

（二）彝族村落的家支

家支是彝族在奴隶社会时期用于阶级统治和管理的分层系统。在奴隶社会，黑彝被视为统治阶级，白彝中部分被视为自由阶级、部分被视为被统治阶级，而奴隶（娃子）被视为奴隶主财产，没有人身自由。家支是区分彝族社会阶层和地位的重要依据。家支评价影响彝族社会的权力、声望和财富的分配和再分配，并形成社会行为规范，协调不同家支之间的关系、冲突及重要社会活动。彝族人从出生时就被决定所隶属的家支，家支对其婚丧嫁娶、生老病死等有着重要的影响。

1949 年之后，尤其是经过土地革命和民主改革，彝族整体从奴隶社会直接跨越到了社会主义社会（这种民族被称为"直过民族"），废除了奴隶制度。但是彝族的家支系统作为维系族群运行的制度，在彝族社区仍然有十分强大的潜功能。

在四川 J 村，通过姓氏很容易辨识家支。村民依然保留着对每个家支"好坏"进行评价的习惯。这些评价也会在婚丧嫁娶过程中被作为标准使用。评价家支"好坏"的标准随着时代的发展产生变化，逐渐被个人能力、性格及受教育程度等新标准取代。在社会支持方面，家支依然发挥着重要作用。四川 J 村大部分受访者表示，在遇到矛盾冲突的时候会选择借助家支力量解决。

而在云南 K 村调研过程中，我们发现彝族居民的姓氏与汉族姓氏已经没有差异，外人很难依据姓氏来判断 K 村村民的民族属性和家支属性，彝族和汉族的生产方式、生活习惯也没有明显差异。云南 K 村彝区受访者在调研过程中表示，邻里关系有时候比亲戚关系更为重要，对传统的家支观念并不十分认同。在处理矛盾纠纷的过程中，云南 K 村大部分受访者选择通过村委会调解，而并不会诉诸家支力量。

云南 K 村的经济社会发展水平整体高于四川 J 村，前者现代乡村治理的元素也明显多于后者。可以认为市场和国家力量的介入是导致云南 K 村和四川 J 村家支观念差异的主要原因。彝族以家支观念和体系为整合古老村落进而达成机械团结的运转模式与治理机制，已经受到市场法则的冲击和国家政权的解构，具有"等级制"性质的家支正在一步一步被现代家庭取代，家庭已成为村落组织生产、社区治理的基本单位。

（三）彝族村落的传统节庆

彝族传统节庆活动多、内容丰富、规模大小不一，这些节庆在传承彝族传统文化、强化民族认同等方面有着十分重要的作用和意义。

调研发现，四川 J 村仍然保留着对彝族年、火把节等彝族重大节日的重视与热情，但一些彝族传统习俗已经淡出人们的生活，大多数受访者表示彝族节日规模和百姓的参与程度已经不如从前。与此同时，四川 J 村很少有人重视和参与国家法定节假日和汉族节庆活动。

而在云南 K 村，彝族家庭只对火把节有较多的参与热情和较高的参与程度，许多彝族家庭已经淡忘了传统的彝族年，一些彝族传统节日和习俗基本不被提及，而国家法定节假日和汉族节日风俗在云南 K 村受到普遍重视，人们也积极参与。

将四川 J 村和云南 K 村放置于同一个时间背景下，两个彝族村落的文化差异是如此的明显。城市化带来的人口流动和多元文化的交流交融，以及社会经济发展对民族文化的扬弃是造成彝族传统节庆发展与重塑、衰落与消亡的主要原因。国家力量在彝族传统节日风俗中的作用呈现两面性，一方面以国家法定节假日、工作日规定与移风易俗政策规制①和削弱彝族一些风俗习惯的影响力和吸引力；另一方面国家通过政策宣传、舆论引导、招商引资等方式等强化和扩大彝族重大节日的影响力和参与程度②。

当我们静态地感知彝族村落的文化与传统的时候，或许会以为云南 K 村就是四川 J 村的未来。然而，现代化的力量无处不在地形塑着四川 J 村和云南 K 村这样的彝族社区，精准扶贫的实践也在改变着彝族村落的文化。在现代化进程中，四川 J 村和云南 K 村的彝族传统文化，正经历着不同程度的扬弃过程，正经历着"多元一体中华文化"体系的影响，正经历着强大的市场经济力量的冲击。

三　彝族贫困村落的社会变迁

现代化是一个由传统社会向现代社会的转变过程，指工业革命以来人类社会所发生的一系列变化，包括 18 世纪 60 年代以来的工业化和 20 世纪 70 年代以来的信息化。现代化过程中所带来的社会转型，如农业向工业、服务业的转变，乡村向城市的转变，封闭落后向开放发展的转变，被认为

---

① 如禁止在节日、婚丧嫁娶等活动中大操大办、铺张浪费等规定。
② 如围绕彝族火把节形成的节庆旅游；2016 年春晚彝族火把节场外大型活动演出等。

是衡量一个国家和地区发展变化的外显指标。

尽管彝族村落的经济社会发展长期滞后于国家整体发展水平，但经历历次改革（尤其是改革开放）后，变化依然是深刻和巨大的。本小节将结合现代化理论涉及的经济、社会和个人现代化等指标，分析彝族村落的社会变迁。

（一）农业生产商品化

改革开放和商品经济的发展正在逐步改变着一个个地理位置偏僻、国家法定语言不流通、生产力落后的彝族村落。在市场经济大潮下，彝族乡村农业生产受到冲击，四川 J 村和云南 K 村在经济结构上正在经历由传统农业向商品农业和服务业的转变。

总体而言，云南 K 村农业生产的商品化程度较高，受商品文化的影响程度远远高于四川 J 村。

四川 J 村由于距离城镇较远，加上山高坡陡，四个村民小组中只有一个在道路附近，大多数村民进出村落较为不便。村中仅有一个磨面坊为村民打磨荞麦面，没有提供生产生活必需品的商店或杂货店，物品运输主要采用人背马驮或临时租用摩托车。调研期间，我们发现村中有外来小贩以三轮车穿梭于道路上售卖瓜果蔬菜，但是价格较高，受访村民表示村里出产的土豆、花椒、核桃等农作物出售基本是靠外面的商贩进村入户收购。一到 8 月，村里处处可见通村的公路两边搭建的简易仓库，里面堆满了土豆，等待有人前来收购。

尽管四川 J 村商品经济落后，但是近年来随着农村义务教育普及以及对教育投入的重视，加上乡镇上新鲜时尚消费对青年人的吸引力等，四川 J 村村民正一步步地被卷入市场经济浪潮中，商品观念和"金钱至上"的观念正在逐步深入四川 J 村村民脑海中，也迫使年轻一代，尤其是外出务工的年轻一代对家庭生计开始做一些稍微长远的计算和谋划。

改革开放与商品化对云南 K 村发挥了重要的影响作用。据云南 K 村村委会主任等人介绍，20 世纪 80 年代，云南 K 村村容脏乱、经济发展缓慢、温饱不足的问题严重，经过政府政策引导，K 村在农业生产上引进先进技术、改良作物品种、兴修水利等，农产品产量大幅增加。这些不仅彻底解决了云南 K 村居民的温饱问题，还使云南 K 村居民在农作物剩余产品的出售中获益丰厚,持续推进了云南 K 村农业商品化改造。

调研发现,云南 K 村近年来在调整农业生产结构过程中,正在通过流转土地、推广农业生产技术、引进农产品生产经营公司等方式,整合农村劳动力资源、土地资源、种子化肥农药等资源以实现农业规模化、集约化生产经营。在此过程中,云南 K 村少数精英、农业生产经营大户、部分参与其中的农户,正逐步转变传统的农业生产观念,主动与市场接轨,不再只是面朝黄土背朝天的农民。云南 K 村的变化与发展融合市场经济冲击、商品文化传播和农业生产商品化等诸多要素,农业生产的转型升级在云南 K 村正成为部分村民脱贫致富的有效方式。

比较四川 J 村和云南 K 村的农业生产变迁过程,可以发现,彝族村落传统农业生产方式转向农业生产集约化和商品化,改变彝族村民小农生产经营意识,使其建立商品意识是可行的。但是,处在同样的时代背景下,四川 J 村为什么没有更多的改变?这个问题值得进一步思考和研究。

(二) 从封闭到开放的转变

四川 J 村和云南 K 村正在经历从封闭到开放的转变。促成这种转变的有交通条件、生活水平等物质条件的变化,也有语言、生活习俗、思想观念的转变。

四川 J 村位于中山以上,距离乡政府所在地 13 公里左右,距离喜德县城 20 多公里,传统的依靠牲畜和人力运输的方式极大地限制了居民的互动范围。2016 年,途经村内的一条公路路面正在等待铺装,村中摩托车、小货车等代步和运输工具日渐增多,越来越多的彝族青年经由这条公路走出山村、走向喜德县城、走向凉山州州府西昌,有些还继续奔向全国各地打工讨生活。乡镇机关、青年一代也通过政策宣传引导和自身经历改变着彝区以往落后的生活习惯、思想观念。对于这些变革,四川 J 村不同年龄的居民反应不一,老年一代基本没有太多外出和改变现状的想法,中年群体呈现出较大的差异,一部分中年人因为没有外出务工经历或经历过外出务工失败,选择留守村庄消极应对;另一部分中年人在无处务工之后,虽然对外出务工的辛苦劳累略有抱怨,但是话语之间依然充满对村外世界和生活的向往与憧憬。四川 J 村大多数青年人,因为语言表达能力和受教育程度相对较高,且多数有外出务工学习的经历,对村外的生活与世界充满渴望，对现代化过程中的新鲜事物保持着开放的心态和乐于接纳的积极态度。

云南 K 村交通较为便利，各村民小组分布在公路两侧，距离乡政府所在地和县城不远，在现代化过程中一直紧跟时代发展的步伐。在语言交流、生活习惯、思想观念等诸多方面，云南 K 村与邻近汉族村落几乎没有太大差异。对于正在发生的变化，云南 K 村居民是一种适应并接纳的态度，不断有云南 K 村居民因为在城镇生活和工作而离开村落移居城市。

面对现代化所带来的巨变，以四川 J 村和云南 K 村为代表的彝族村落都面临适应过程。这一过程涉及生产生活方式的改变、思维方式的转变和多元文化的交流交融，应是一个漫长而复杂的转型过程。两个村落经历转型时间有长有短，积极适应与消极回避是转型过程中正常的反应。

（三）自然的城镇化进程

城市（镇）化过程不仅是农村人口向城市的迁徙和聚集，同时也体现为城市生活方式对农村生活方式的影响和渗入。全球城市化道路的主要动因是工业化，工业化带来城市化，城市化是工业化的结果。中国的城市化进程也主要归因于工业化的动力，政府政策的先导和影响也在很大程度上推进了一些地方的城市化进程。

地处中国西部四川凉山州喜德县的 J 村，属于典型的传统村落，工业化对贫困落后的彝族村落的影响是少量的外出务工人员，他们还没有足够的能力携家带口迁入城市。村内有屈指可数的几户家境比较殷实的人家在县城或州府拥有或租用住房，一是安置老人、方便就医；二是使小孩在县城学校接受教育。绝大多数村民仍习惯日出而作、日落而息、一日两餐，随着节气开展农业生产，土豆荞麦自产自食。长期以来，这种传统的农业生产方式和农村生活方式并没有发生显著变化。电视和手机是连接外部世界的另一种方式，部分地影响和改变着许多人，即使他们地处高山腹地、远离城市，也难屏蔽城市文化的渗入。

云南 K 村距离乡政府所在地 4 公里，道路交通比较便捷，一些中等收入以上的家庭拥有摩托车等交通工具，随时可以进出城镇和村庄。村里年轻一代在外务工学习与生活的比例很高，加上扶贫等移民搬迁工程，让很多新生代家庭有机会定居城镇。城市各方面的便利性以及距离城镇较近的特点，也吸引 K 村部分家庭选择在城镇买房，一方面居住在城镇，另一方面兼顾农业生产。集约化的农业生产推进以及网络信息的逐渐普及，使云南 K 村居民的生产生活方式已经融入越来越多的城市元素。

四 彝族贫困村落的家庭生计

生计（livelihood）在英文中是指维持生活的方式和手段，但在国内学界研究中生计内涵丰富，包括收入、职业、工作等内容。结合以往研究，本书将家庭生计定义为：建立在家庭能力、资源以及行动上的谋生方式，包括围绕这些谋生方式而展开的策略选择与实施。观察围绕生计而开展的经济、政治以及文化活动，是把握彝族社会发展变迁最便捷的方式之一。因此本小节将围绕生计从农业生产力、乡村治理和社区文化几个方面进行研究。

（一）农户生计与生产力

从生产力的发展水平来说，四川 J 村和云南 K 村同属于商品化时代的农业社区，只是二者的发展水平有着很大的差异。

四川 J 村位于平均海拔 2000 米左右的高山地区，土地面积狭小，也较为贫瘠，且灌溉条件十分差，荞麦和土豆为主要的粮食作物，除此之外还出产少量玉米、大麦及豆类作物，主要经济作物为花椒。四川 J 村的四个村民小组中，仅较低海拔的一个小组种植核桃。四川 J 村的养殖业主要是养猪、马、羊、牛，主要家禽为鸡、鹅，种类并不丰富。即便如此，很多家庭也无力饲养两种以上的家禽和牲畜。在牲畜和家禽饲养中，四川 J 村大多数家庭仅饲养鸡①，而猪、牛、羊、马等大型牲畜在村中寥寥无几。

与四川 J 村不同，云南 K 村地处丘陵坝区，地势平坦，灌溉水源充足且农田小水利工程建设较好，稻谷是主要的粮食作物，除此之外还生产玉米、小麦、大麦和各种豆类作物，烟叶、核桃等经济作物的产量较高。云南 K 村牲畜及家禽养殖较为普遍，且以大型牲畜为主。家家户户饲养猪和

---

① 四川 J 村村民说："我们这里的黄鼠狼凶得很，经常来吃鸡。养的鸡好多被它们吃了。"

羊，村中还有养殖羊、猪、牛的大户。

两个社区在农牧生产过程中最大的差别是商品化程度和机械化程度。四川 J 村产量较大的粮食作物是荞麦和土豆，主要用来确保家庭的粮食供应。只有在粮食供应充足的前提下，村民才会出售部分土豆，用以换购大米或作为收入补贴家用。其饲养的鸡、猪等家禽和牲畜数量较少，除节庆及宗教活动使用外，偶尔有富余家庭出售数只鸡或猪，收入微乎其微。云南 K 村农业生产的商品化程度很高，每家每户只留足一定量的粮食（如大米等）与牲畜自食，其余各种谷物、经济作物以及牲畜全部用来出售。

值得注意的是，云南 K 村目前的土地、劳动力正在逐步进入市场化的过程，一些农户依靠出租土地以及为村里的农业大户和农林公司打工挣钱，收入稳定。除此之外，云南 K 村在农业生产过程中的化肥、水利、农业科技以及机械投入量明显高于四川 J 村。

调研期间，喜德县农业科技人员正在四川 J 村进行关于土豆、荞麦病虫害防治的技术推广服务，农技人员抱怨 J 村村民对农业生产技术不重视，数次农技推广效果均不佳，其生产方式依然是靠天吃饭、广种薄收的模式。而在云南 K 村，大棚蔬菜、良种水稻、大型养殖场随处可见。两个同为贫困村的彝族社区，在农业生产上展现的生产力差距毫无疑问是巨大的，其中不仅仅有两地地理环境差异的原因，更与两个村落居民科学文化水平和市场观念有关系。

（二）农户生计与乡村治理

将乡村治理纳入彝族村落的生计描述中，主要是因为近年来在扶贫过程中，随着政府力量的介入，各种资源直接或间接地进入贫困村，并通过乡村治理进行再次分配。此外，在农村社区内部，不同程度的贫富分化引发了乡村自治过程中的资源重新分配，资源的重新分配无疑是乡村治理的重要内容。

在四川 J 村，村支书及村委会主任分别是村里面的大户人家和家支身份最高的人，两家的经济状况在村中也是最好的几户之一。以村支书为例，村支书与儿子分户居住，家中虽然只有夫妻两个劳动力，但是土豆年产量在 2 万斤左右，远远超出 J 村户均 5000 斤土豆的年产量。深入调研发现，四川 J 村土地确权、分配及流转相当复杂，大量自垦地、确权土地通过购买、抵押在流转过程中逐步集中，村中几个大户以及各村民小组组长农作物产量远高于普通家庭，并不完全是这些家庭农事生产资料投入多，而是该村土地流转集中的结果。与土地流转同步的是按照土地面积计算和得到的各种政府农业补贴。正因为如此，J村村支书和村委会主任等职务，也是J村换届选举过程中村民激烈追逐和竞争的对象。在调研过程中，村中一名老妇人习惯性地在村中公路上拦截进村调研的车辆，不断为其儿子在换届选举中花费数万元，非但没有当选，反而受到"打压"一事诉苦叫屈伸冤。由此可见村治对村民生计的影响。

四川J村的家支观念浓厚，在涉及资源分配的决议中，高等级的家支占据着主动权。依托家支以及个人财富积累，四川J村通过村民自治这一合法途径，实现了对包括土地、农业补贴、贫困户补贴等资源的再分配，实实在在地影响着四川J村居民的生产与生活。

云南K村的家支观念和管理体系已经被解构，村民抱团意识不强，村中虽然亦有涉及村民生计的土地流转、贫困指标划分以及各种资源、补贴分配等现象，但基本依据民主协商和市场经济原则实施。以该村村支书为例，他是村中农业大户和能人，租种村民土地及雇佣劳动力均按照市场价格交易，村内各村民小组组长对此有微词，但无J村那样的公开"申冤叫屈"的行为出现。云南K村在贫困户认定过程中，基本上是按照村民商议推选并公示，村民对政策较为关注并且有一定的自治意识。云南K村村治之所以如此，与该村邻近乡政府，政策法制意识、市场经济意识较强有一定的关系。

（三）农户生计与社区文化

社区文化是一种亚文化，根植于社区，是社区居民思维方式的集中体现，它在很大程度上受到生产方式和生活方式的形塑，反过来对生产方式和生活方式产生极大的影响。这种社区文化以贫困文化的形态弥漫在一些彝族贫困村落，挥之不去。

调研发现，四川J村多数居民，尤其是贫困户居民，在农事生产上是一种消极的靠天吃饭的心态。在外出务工方面，很多受访者认为外出"不自由"并且"很累"，宁愿待在家里，即使无所事事也不愿意外出务工。在访谈中，J村众多居民对于扶贫的认识也是简单的"等、靠、要"，并没有很强的摆脱贫困、改变现状的意愿。愿望匮乏、动机缺失、缺少规划是很多受访者对"未来"思考的现状，仅有少数有外出务工经历的人，表现出对金钱的渴望，基本谈不上对"成功""自我实现"这样的抽象人生价值的追求。面对阴暗潮湿、蚊蝇乱飞的居住环境和勉强温饱并不体面的生活，J 村多数居民认为自己的父辈祖辈就是如此生活，自己对现在的生活没有什么不满意的。本书认为，J 村贫瘠的土地、极低的劳动生产力、扶贫作用的异化和长期的封闭，是形成贫困文化的根本原因。

云南 K 村的社区文化则是一种追求富裕、追求社区认同、崇尚知识文化和道德的类型。虽然云南 K 村是贫困村，与四川 J 村视贫困状态为正常、不以为然的社区文化不同，贫困在云南 K 村被认为是"不光彩"的。在这种社区文化中，勤恳于农事劳作、积极外出务工、学习技术和知识受到村民的认同，尽管其中不乏"功利"的成分，但是不可否认，其具有带动村民积极向上、改变现状的作用。

除此之外，乡村治理中的伦理道德评价依然在云南 K 村的社区文化中占据着重要的位置。在调研过程中，众多村民对于村干部人选、他人评价等事件的认识和看法包含着朴素的乡村伦理道德标准。在云南 K 村，农业生产经营大户、脱贫致富的家庭是受到人们尊敬的，该村村支书作为 K 村的种植与经营大户受到村民的信任就是一个典型的例子。很多贫困家庭在受访过程中对未来抱有美好的想法与期待，并且对未来生产生活也有一定的计划。

四川 J 村和云南 K 村在围绕家庭生计的农业生产、乡村治理与社区文化等方面存在显著差异。不同村落的生计发展模式，既是以自然环境为基础，也是延续以往的生计模式，同时也经历着政策变化、经济环境和社会变迁的影响。

第三章　暂时贫困、长期贫困
与代际传递

本章重点建构本书的理论基础和分析框架。21 世纪中国政府以"精准扶贫"为指向的新一轮扶贫攻坚战绝非易事，注定是一场与贫困的"鏖战"。科学分析和准确把握贫困内涵、外延及其类型，是中国扶贫攻坚战略部署和调整的重要基础和前提。

第一节　贫困及其测量

贫困像癌症一样，种类繁多、程度不同。关于贫困的定义和说法很多。中国古代的荀子讲"多有之者富，少有之者贫，至无有者穷"（《荀子·大略》）。很显然，荀子是从唯物的角度并以财产货物的多少来划分贫富的。贫、穷都表现为缺乏财产货物，但是在程度上荀子认为穷比贫要更加深刻。从字面上解读，"穷"是屋檐下只有"力"，再无他物，也就是"家徒四壁"。最极端的是居无定所、没有安身之处的那些人。"贫"是指财产货物的分割，"贫"不仅是缺乏财产货物的积累，而且将已有的财产货物不断分割、分散。在西方，最早对贫困进行科学研究的是朗特里（Benjamin Seebohm Rowntree），20 世纪初他通过在英国约克郡对居民家计的实地调查和长期观察，发现一些家庭因为收入微薄，不足以换取生活所需要的基本资料，一日三餐就是"早餐：面包加肉汤；午餐：

肉汤加面包；晚餐：面包加肉汤"。① 他认为如果一个家庭的总收入不足以取得维持体能所需要的最低数量的生活必需品，那么这个家庭就是贫困的。这些生活必需品包括食品、住房、衣着和其他必需的项目。这实际上是以生物学的思想和方法来界定的贫困（primary poverty），称为"绝对贫困"，也成为后来许多国家和地区用于制定贫困线的出发点。

在之后 100 多年的时间里，关于贫困的科学研究不断深入，归纳起来大致经历了四个阶段。一是 20 世纪初以朗特里为代表的科学家从生物学方法认识和界定绝对贫困；二是 20 世纪三四十年代以彼得·汤森（Peter Townsend）为代表的经济学家在质疑绝对贫困的存在性和可测量的同时，用收入不平等方法来测量相对贫困；三是进入 20 世纪六七十年代，对贫困问题的研究更加多元，维度也有所增加，有人以伦理学视角认为贫困是一种价值判断，有人以公共政策视角认为贫困就是一种政策定义（比如确定贫困线就是公共政策的体现），有人认为贫困是一种亚文化现象等；四是到了 20 世纪八九十年代，学界和一些国际组织对贫困更加关注，以阿马蒂亚·森（Amartya Sen）为代表的经济学家从资源禀赋和交换映射对贫困内核（饥饿）开展深入研究，取得丰硕的成果。阿马蒂亚·森因为在福利经济的贡献获得 1998 年诺贝尔经济学奖。

阿马蒂亚·森对孟加拉国等国家和地区在 20 世纪六七十年代发生的大饥荒进行深入观察、分析和研究，以福利经济学理论和方法为基础，结合哲学工具建构了"权利方法"② 来分析贫困，直指贫困的内核——饥饿基本上是人类关于食物所有权的反映。他认为，"饥饿是指一些人未能得到足够的食物，而非现实世界中不存在足够的食物"③，并对美国食品药品管理局的观点"饥荒是由粮食供给下降引起的"提出质疑。除此之外，阿马蒂亚·森对贫困研究的另一个重大贡献是将贫困发生率和贫困程度的分析

---

① 2016 年我们在彝族农村调研发现，部分家庭每日食两餐。上午餐：土豆、荞麦馍、酸菜汤；下午兼晚餐：酸菜汤、土豆。偶尔有肉食。

② 权利方法：阿马蒂亚·森认为无论何种贫困状态其本质都是一样的，饥饿与饥荒产生的根源在于权利的剥夺。贫困不仅仅是收入低下的外在表现，更是由权利的缺乏或者其他条件的不足造成的。阿马蒂亚·森将贫困概念从收入贫困扩展到权利贫困、可行能力贫困和人类贫困，将贫困的原因分析从经济领域扩展到政治、法律、文化、制度等领域，将传统的经济发展观扩展到人与社会的自由发展观，认为只有让人们享有更大限度的行动自由，拥有更多的机会，做出更多的选择，才能从本质上消除贫困。

③ 〔印度〕阿马蒂亚·森：《贫困与饥荒》，王宇、王文玉译，商务印书馆，2001，第 5 页。

进行了科学的结合，创立了"森指数"[1]。

$$Ps = q/n\pi \{\pi - y^* (1-G)\}$$
$$= PH \{1 - y^* (1-G) /\pi\}$$

其中，q 表示贫困人口数量，n 表示总人口，π 表示贫困线，y^* 在收入分配完全均匀的简化情况下，表示贫困者的收入水平，G 表示贫困人口收入分配的基尼系数，PH 表示贫困人口占总人口的比例。

毋庸置疑，森指数从两个方面弥补了既有贫困测量指标的不足，一方面弥补了贫困发生率[2]不能测量贫困程度的不足，另一方面弥补了贫困深度指数[3]不能测量贫困发生的不足，从而显著提升了贫困测量的科学性。在此过程中，人类对贫困的认识越来越清晰，对贫困的分类也越来越细致。

第二节　贫困的类型

如前所述，贫困作用于人类社会的现象，晚近才被发现和科学认识。贫困的类型也是在不同的分类体系中逐渐呈现的。

第一种贫困类型是以家庭和个人为对象的绝对贫困、相对贫困、能力贫困和权利贫困。这一类型在西方贫困问题研究中是主流。在贫困作用于社群的分类体系里，最早被识别出来的贫困类型是绝对贫困，其次是相对贫困，再次是能力贫困和权利贫困。这几种贫困类型主要是从贫困作用于个人、家庭和社群角度进行的分类，贫困归因更多地倾向于社会制度以及个人与家庭的资源禀赋差异。[4] 20 世纪后期中国政府扶贫工作的目标是缓

---

① 阿马蒂亚·森于 1973～1976 年提出了一个综合的测量贫困的方法。这种方法是贫困发生率与贫困程度测量方法的综合，使贫困人口分布和收入分配都得到很好的体现。森指数在 0～1 之间变动，当每个人的收入都在贫困线以上时，森指数为 0，因为 q 为 0。当所有人都没有收入时，或社会分配极度不平等时，y^* 为 0，q = n，森指数为 1。

② 贫困发生率的测量方法，也叫人头法，就是贫困人口数除以人口总数。该测量简单易操作。PH = q/n，其中 PH 表示贫困发生率，q 表示贫困线以下的人口数，n 表示人口总数。

③ 贫困深度指数 PI，是测量低于贫困线以下人口的收入与贫困线的平均距离，PI = gΔ/π，PI 为贫困深度指数，gΔ 为平均缺口，π 为贫困线。

④ 王卓：《中国现阶段的贫困特征》，《经济学家》2000 年第 2 期。

解绝对贫困，简称"温饱"目标。进入 21 世纪，政府扶贫工作的目标描述为"两不愁三保障"①。这个目标下的贫困实际上是游离于绝对贫困与相对贫困之间的一个政策定义，在操作层面上的具体体现就是以农民年人均纯收入 2300 元为贫困线（2010 年不变价②），并据此通过多种方式③识别出全国 7000 多万农村贫困人口，这 7000 多万农村贫困人口中既有需要民政部门兜底④的绝对贫困人口，也有需要多种方式扶持的相对贫困人口，以相对贫困人口为主要构成。

第二种贫困类型是以地理空间加行政空间为对象的贫困地区，包括落后国家、落后地区，贫困地区、贫困县等。在贫困作用于社群居住的地理空间的分类体系里，最初被识别出来的贫困类型是低收入国家或贫困地区。世界银行运用人均国民收入指标将不同的国家划分为三种类型：低收入国家、中等收入国家和高收入国家。

美国经济学家 M. P. 托达罗在《第三世界的经济发展（上）》中写道："几乎所有的第三世界国家都位于热带或亚热带地区，而历史事实是，现代经济增长一切成功的范例几乎都发生在温带国家。这样一种分歧不能简单地归之于巧合，它必然与不同的气候环境直接或间接引起的某些特殊困难有关。"⑤ 他明确指出了落后国家或地区与自然地理环境的相关性。

地理环境决定论是一种经典的贫困理论，属于发展经济学范畴，理论的核心是把贫困归因为地理环境不利。在贫困发生率高的国家或区域，人们统称其为贫穷落后国家或贫困地区。在 20 世纪 80 年代之前，中国农村的贫困发生率接近 1/3，是贫困较为普遍发生的落后国家。20 世纪 80 年代

---

① 不愁吃、不愁穿，保障其义务教育、基本医疗和住房安全。

② 2011 年中国政府提高了扶贫标准，从 2010 年的农民人均纯收入 1274 元提高到 2300 元（2010 年不变价），提高了 80.5%。此举为中国扶贫标准与国际接轨。

③ 这些方式，在乡镇以上政府主要按前期匡算的指标层层分配，分到乡镇的贫困人口指标按比例分配到贫困村，分到贫困村的贫困人口指标再按比例分配到村民小组。在村民小组内，大多数的情况是以无记名投票选举的方式选举出可以"享受"扶贫政策的贫困户和相应的贫困人口个数。在实地调查中，发现多数地区将制作精美的贫困户牌子挂在当选贫困户的家门口公示于众，牌子上面有贫困户户主的姓名、性别、出生年月以及家庭生产生活的基本信息、认定的贫困原因、确定的帮扶措施、帮扶责任人以及计划脱贫的时间等。

④ 所谓兜底就是从最低生活保障入手，全面建立社会安全支持体系，包括医疗保障体系、教育保障体系等。

⑤ 〔美〕M. P. 托达罗：《第三世界的经济发展（上）》，于同申等译，中国人民大学出版社，1988。

中后期中国政府组织实施的扶贫开发基本遵从地理环境决定论，并从划定18 片贫困地区开始大规模的扶贫工作。到 20 世纪末，扶贫工作重心下移到县，[①] 并实施了"一体两翼"的扶贫战略。尽管如此，进入 21 世纪，我国仍然还有 14 个集中连片贫困地区[②]。这种集中连片的贫困现象说明了贫困在地理空间上广泛作用于分布其内的社群。

不难看出，世界银行划分的"低收入国家"或中国政府划定的"贫困地区"是从公共政策角度出发，认定这些低收入国家或贫困地区总体上比其他国家或地区发展落后，贫困的归因倾向于地理环境不利和宏观政策上的失利。研究发现，"贫困地区"的确具有相似的自然环境条件：气候多变、灾害频繁，地形多种多样、开发利用艰难复杂，生物资源丰富、保护利用较差，矿产资源不少、开发利用问题较多，等等。为此，政府承担了绝大多数帮扶责任和义务，并采取了区域综合开发的扶贫方式加社会政策的福利方式。

随着扶贫开发工作持续推进，集中连片贫困地区的贫困状况有所缓解。与此同时，各方面也要求进一步提高扶贫效率，[③] 期望发展成果惠及弱势群体。于是以地理空间加行政空间为主的贫困类型开始调整并转向以政治社会属性为主的贫困类型。例如，四川省"四大贫困片区"中的大小凉山彝族聚居区和高寒藏族居住区。这种贫困类型，看起来也是区域性贫困的"贫困地区"，但实际上已经是在原地理空间范畴下的贫困类型基础上进一步强调了社会属性，比如"少数民族"。

这种调整和转向与 20 世纪末期扶贫工作重点下沉到乡村是有区别的。后者沿袭的仍然是地理环境决定论，而前者已经不是地理环境决定论的逻辑了，更多带有"中心—边缘"的社会进化论思想，潜在的假设是少数民族地区比主流的汉民族地区落后。

---

① 王卓：《关于下一阶段扶贫工作的建议》，《财经科学》1999 年第 2 期。

② 《中国农村扶贫开发纲要（2011—2020 年）》第十条明确指出：六盘山区、秦巴山区、武陵山区、乌蒙山区、滇桂黔石漠化区、滇西边境山区、大兴安岭南麓山区、燕山—太行山区、吕梁山区、大别山区、罗霄山区等区域的连片特困地区和已明确实施特殊政策的西藏、四川藏区、新疆南疆三州是扶贫攻坚主战场。集中连片贫困地区就是这 14 个区域。

③ 王卓：《扶贫陷阱与扶贫资金政府管理效率》，《四川大学学报》（哲学社会科学版）2008年第 6 期。

第三种贫困类型是以社区为对象的农村贫困、城市贫困。与地理空间加行政空间类型的贫困区域识别不同，以社区为对象的贫困类型主要是以乡村和城市两种人群聚落的形态区分为农村贫困和城市贫困。由于城市和农村在生产方式上的差异，城乡居民的生活方式也有所不同，农村居民生产生活更多依靠自然，以土地维生和谋生，城市居民生产生活更多地依靠社会分工形成的交换维生和谋生。尤其是城乡差别较大的国家或地区。一般意义上讲，城乡差别主要源于工业化与城市化所带来的生产方式与生活方式的差别。城市化是全球浪潮，绝大多数国家经历过或者正在经历城市化的进程。中国特色的城乡分割甚至二元对立的社会形态，使城乡差别体现在诸多方面，最明显的是公共服务和基础设施。20 世纪 80 年代以前中国贫困的总体特征是普遍性的大众贫困，农村相对而言更为落后、凋敝和贫困。1984 年中国政府开始大规模扶贫时，工作重点全部放在农村。随着经济体制改革和人口大规模流动，城市贫困成为事实。但是，城市贫困问题一直未被纳入政府扶贫议程。

尽管贫困近百年才得以被认识，但贫困是一种长期存在的现象。这种"长期存在"不仅仅是指贫困长期伴随人类社会，也指贫困长期作用于某些群体，使其难以脱离贫困。传统的贫困研究多为静态分析范式。不断变化的政治经济社会环境及其对贫困家庭的影响以及贫困家庭的代际传递现象要求对贫困进行动态研究。近 30 年来，国内外贫困研究逐渐从静态转向动态，并取得系列成果。在贫困动态性的理论预设下，最基本的研究分类是长期贫困[①]和暂时贫困，尤其以长期贫困为研究重点和治理难点。

第三节　长期贫困与暂时贫困

长期贫困研究是 20 世纪末兴起于西方经济发展研究领域中贫困问题研究的一个重要分支。世界银行在《1990 年世界发展报告》中指出，长期贫困是指有些人口长期处于贫困、虽经扶持仍然难以摆脱贫困的状态。长期贫困的概念产生较早，但始终未形成统一术语。直到 Baulch 和 Hoddinot 借

---

① Chronic Poverty，有些文献翻译为慢性贫困，本书统一称为长期贫困。

鉴了持久性收入理论，研究经济发展动力和贫困动态之间的联系，将贫困动态划分为短期和长期两类，形成了研究动态贫困的理论框架，长期贫困这一术语方得以广泛应用。①

21 世纪初期，以英国曼彻斯特大学、谢菲尔德大学、伯明翰大学等专家学者为主，联合国际上十几所大学和科研机构共同组建的长期贫困研究中心②（Chronic Poverty Research Centre，CPRC）在 2004 年发布了第一份长期贫困研究报告，报告指出：长期贫困是指一个个体经历了 5 年或 5 年以上的确切的能力剥夺。2007 年该中心从长期贫困与一般贫困的差异角度重新定义了长期贫困的概念。简单来讲，长期贫困就是持续相当长时期的贫困。长期贫困群体指总是或长期处于绝对贫困线之下的人群，是那些重要能力遭受剥夺达 5 年或者更长一段时间的人。③ 处于长期贫困中的穷人始终或者通常生活在贫困线以下，对他们来说，贫困往往要持续很多年甚至于全部生命周期并跨代传递。

长期贫困研究中心在定义长期贫困时，主要以货币指标定义贫困线（例如：消费水平、收入水平④）。更广泛的定义包括某些主观方面所遭受的剥夺。长期贫困分析采用了动态贫困分析范式，包括两个方面，一是贫困人群在贫困与脱离贫困之间的波动，二是贫困的长期性。⑤

根据个体或家庭经历贫困的程度和持续时间，长期贫困研究中心界定了贫困的五种类型：始终贫困，即生命各时期的平均支出都低于贫困线；经常贫困，即平均开支在贫困线以下，偶尔高于贫困线；波动贫困，即平均开支在贫困线上下徘徊；偶尔贫困，即平均开支在贫困线以上，偶尔低于贫困线；从不贫困，即平均开支在贫困线以上。长期贫困主要指前面两种。暂时

---

① B. Baulch, J. Hoddinott, *Economic Mobility and Poverty Dynamics in Developing Countries*, Frank Cass, 2000.

② CPRC, http: //www. chronicpoverty. org. /page/about – chronic – poverty。长期贫困研究中心（CPRC）是一个高校科研机构，其顾问主要来自孟加拉国、印度、南非、斯里兰卡和英国等国家，他们致力于帮助全球的贫困人口，这些贫困人口多数生活在撒哈拉沙漠以南的非洲和南亚，大部分处于长期贫困。

③ Hulme 和 Shepherd 也将长期贫困者定义为那些重要能力遭受剥夺达 5 年或者更长一段时间的人。

④ 以收入水平和消费水平来定义贫困，是两种不同的理念。

⑤ 钱琨：《大兴安岭南麓山区少数民族长期贫困问题研究》，硕士学位论文，内蒙古财经大学，2014。

贫困主要指波动贫困和偶尔贫困。波动贫困介于长期贫困和偶尔贫困之间。波动时间过长，暂时贫困转为长期贫困的概率提高。如图 3 - 1 所示。

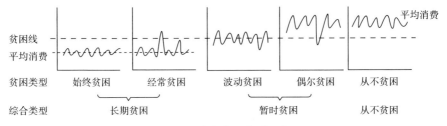

图 3 - 1　动态贫困类型及表现

注：图中"平均消费"英文原文是"Mean Score"。根据数据的可获得性，参考家庭支出、收入、消费、营养水平、贫困指数等计算。

资料来源：J. Jalan, and M. Ravallion, "Is Transient Poverty Different? Evidence from Rural China", *The Journal of Development Studies*, 36, 6（2000）：82 - 99。

暂时贫困也就是短期贫困[①]，是指个体或家庭在其生命周期内的绝大多数时间里其平均支出在贫困线以上，只是在某个阶段因为突发性的偶然因素其平均支出处于贫困线以下而陷入贫困的状态。这些突发的偶然性因素包括但不限于自然灾害（比如地震、洪灾等）所带来的财产损失，致使个体或家庭陷入暂时的入不敷出的状态，或者收成不好、生病、失业、物价上涨、子女学费昂贵等因素使其平均支出在一段时间内处于贫困线以下。通过自身努力或者外部扶持，处于暂时贫困的个体或家庭在短期内可以脱离贫困状态。但是也会有部分暂时贫困因为种种原因转化成长期贫困。比如重大自然灾害、经济危机或重大疾病造成个体及其家庭支出大幅度增加，在无新的收入来源且现金支出流难以逆转的情况下，这样的暂时贫困转化成长期贫困的概率是很大的。

暂时贫困可能转化成长期贫困，但长期贫困不完全是由暂时贫困转化而来。有些长期贫困是经由代际传递致使子辈从人生之初即陷入贫困境地。也就是说，部分长期贫困是由代际传递而来，部分长期贫困是由暂时贫困转化而来。相对而言，暂时贫困的不利影响要小于长期贫困。缓解长期贫困的难度大于缓解暂时贫困的难度。

---

① 世界银行定义暂时贫困，是指某些人群贫困状态持续不超过 5 年，经过救助或帮扶可以脱贫的现象。

第四节　长期贫困与代际传递

长期贫困的显著特征主要有三个，一是贫困的持续时间长，二是贫困的代际传递，三是偶尔脱离贫困。

长期贫困首先强调的是贫困持续的时间。长期贫困关注的是那些持续时间达到一定程度的贫困者及其经历。世界银行以贫困持续时间 5 年作为暂时贫困和长期贫困的分界线，长期贫困研究中心也将该时间定为 5 年。Hulme、Shepherd 和 Moore 认为，之所以以 5 年来识别或界定长期贫困，主要基于以下三个原因：（1）从个人寿命的角度来看，5 年在很多国家是一个较长的时期；（2）在创建面板数据的过程中，5 年是收集数据的常用时间间隔；（3）经验显示，经历贫困的时间达到或超过 5 年的人，其余生持续处于贫困中的可能性非常大。① Corcoran 和 Adams 实证研究结果表明，持续经历 5 年贫困的个体，在以后的生命历程中，经历贫困的概率非常高。②

长期贫困的极端形式是贫困代际传递。贫困代际传递是指私域和公域的资产与资源的赤字从父辈传递到子辈，也意味着贫困阶层流动从"代内"演变为"代际"。贫困代际传递与个体生命周期的初始阶段密切相关，与社会制度、阶层结构、经济流动和亚文化也有直接关系。跨代贫穷中的"一代"间隔一般为 15 年。换言之，贫困以及导致贫困的相关条件和因素，在家庭内部由父母传递给子女，使子女成年后重复父母的境遇，这个传递过程一般在 15 年内完成。因此，长期贫困家庭孩子的早期社会化对形成贫困代际传递产生非常重要的影响。对下一代来说，代际传递既是长期贫困产生的原因，也是长期贫困的结果。

20 世纪 70 年代，国外代际流动研究逐渐兴起。美国社会学家布劳和

---

① David Hulme, Andrew Shepherd, "Conceptualizing Chronic Poverty," *World Development*, 31, 3 (2003); K. Moore, "Frameworks for Understanding the Intergenerational Transmission of Poverty and Well - being in Developing Countries," CPRC Working Paper, 2001, 8.

② M. Corcoran, T. Adams, "Family and Neighborhood Welfare Dependency and Sons' Labor Supply," *Journal of Family & Economic Issues*, 16 (1995): 239 - 264.

邓肯研究提出"地位获得模型"①，认为在封闭性社会里个人地位获得主要来自先赋性因素，在开放性社会里个人地位获得主要来自后致性因素。长期贫困研究中心的摩尔认为，贫困代际传递的焦点应该是在代际转移的各种形式的资本，包括人力资本、社会资本、政治资本、金融资本、物质资本、自然与环境资本等。② 这些资本在代际的转移状况直接作用于贫困，债务也可以传递。父母的性格特点会影响孩子，形成一种贫困文化。刘易斯认为，贫困通过固有的社会心理导致穷人的延续。③ 相比于富裕家庭的孩子，来自低收入家庭的孩子在许多方面处于不利地位。受教育水平低下、在劳动力市场处于劣势等因素与个体成年后的收入较低密切相关。④ 由于家长总是面临在生存和子女教育投资间分配资源，贝克尔提出"资源受限"理论框架，认为由于贫困父母始终处于经济危机的状态，他们难以有足够的金钱和精力，用于开发孩子的人力资本。⑤ 家庭结构也会影响贫困代际传递，未婚母亲和单身母亲培育的孩子，成年后都有较高贫困率，单身母亲的孩子成为穷人的可能性约为双亲家庭孩子的 5 倍（38%：7%）。⑥ 生长在不完整的家庭中，孩子得到家庭经济资源、非经济资源（如家长监督、关注）和社区资源的机会较少。⑦ 由于领取生活保障变成了一种贫困陷阱，福利制度被认为是贫困问题的根源。⑧ 穷人对社会帮助

---

① P. M. Blau, O. D. Duncan, *The American Occupational Structure*, The Free Press, 1978.

② K. Moore, "Frameworks for Understanding the Intergenerational Transmission of Poverty and Well - being in Developing Countries," CPRC Working Paper, 2001, 8.

③ O. Lewis, "Five Families: Mexican Case Studies in the Culture of Poverty," *Social Service Review*, 34, 1 (1960): 99 - 100.

④ R. Haveman, & B. Wolfe, "The Determinants of Children's Attainments: A review of Methods and Findings," *Journal of Economic Literature*, 33, 4 (1995). Paul Gregg & Stephen Machin, "Child Development and Success or Failure in the Youth Labor Market", National Bureau of Economic Research, Inc., 2000, pp. 247 - 288.

⑤ G. S. Becker, "The Economic Way of Looking at Behavior," *Journal of Political Economy*, 101, 3 (1993): 385 - 409.

⑥ C. Brown, M. Corcoran, "Sex - based Differences in School Content and Male - female Wage Gap," *Journal of Labor Economics*, 15 (1997): 431 - 465.

⑦ M. Corcoran, "Rags to Rags: Poverty and Mobility in the United States," *Review of Sociology*, 21, 1 (1995): 237 - 267.

⑧ Lawrence M. Mead, *The Social Obligations of Citizenship*, The Free Press, 1986, p. 318; S. Boggess, M. Corcoran, and S. P. Jenkins, "Cycles of Disadvantage?," Institute of Policy Studies, 1999.

的依赖发展并复制了下层群体，随着父母和社区居民的贫困烙印消失，孩子成年后会产生对福利本身的依赖。

长期贫困人群的脆弱性特征明显，其经济资本、文化资本、社会资本及政治资本都十分薄弱，缺乏固定财产和人力资本积累等相应的防御能力，难以面对自然灾害的风险、宏观政策调整的冲击、家庭成员伤亡的压力等，一旦遇到"风吹草动"，暂时脱贫的长期贫困群体会很快返贫。除此之外，长期贫困更容易发生在农村地区，一些自然环境恶劣的边远山区和社会发育程度较低的少数民族地区长期贫困现象更为严重。

长期贫困人群中既有长期处于绝对贫困状态的，也有长期处于相对贫困状态的。个人或家庭一旦陷入长期的相对贫困，在社会阶层流动中基本上就处于稳定状态，很难向上流动来改变其所处的社会阶层。长期持续的绝对贫困几乎没有可能依靠其自身力量跳出贫困陷阱，必须依靠社会福利。比较而言，消除长期的相对贫困比消除长期的绝对贫困难度大。

第五节　长期贫困的测量

虽然学界习惯将贫困状态持续 5 年或 5 年以上作为长期贫困的度量标准，事实上这主要是从经验角度和研究便利考虑的。尽管如此，按此标准将贫困者分为不同组群，研究其特征和长期贫困的原因，对制定和实施有针对性的反贫困战略是有重要意义的。

长期贫困的测量主要有两个方法。一是定量方法。定量面板数据（也就是时间序列）分析是研究长期贫困的主流方法。通过对受访者进行多轮追踪调查，或者使用大型调查数据库，分析长期贫困与其他变量的回归关系，以发现长期贫困的影响因素。二是定性方法。定性研究以民族志为主要方法，以半结构式访谈、家族谱系图为主要研究工具，以"最大差异的信息饱和法"确定样本量，对贫困家庭进行深度调查，分析判断长期贫困发生率及其影响因素。家庭是定性研究的重要分析单位，通常被定义为"住在同一屋檐下"。Miller 认识到家庭内部存在分层，尤其是性别、年龄和健康状况所带来的差异。[①] 在许多地区，贫困家庭的女孩难以获得足够的教育和医疗保健。

　　长期贫困的测量至少有以下几点值得注意：第一，西方发展经济学家认为，除了关注贫困人群的收入指标外，应更多地关注贫困的多维指标。他们认为，从古典经济学的收入和消费的角度来研究贫困还不足以说明贫困为什么会长期而顽固地存在。将非货币变量如能力不足、社会排斥等概念引入长期贫困的分析当中，对于把握长期贫困的实质以及政策制定是重要的。第二，对个体贫困的测定和跟踪十分困难，贫困人群的长期数据更难获得。因此长期贫困研究一般是采集家庭的数据。第三，和传统的贫困研究一样，长期贫困也区分了绝对贫困和相对贫困，但大多数研究者事实上研究的是长期绝对贫困。

　　对长期贫困进行精确的测量存在诸多困难。目前主要有三种方法：一是直接根据个人或家庭在一段时间内经历贫困的时间长短来判断其属于长期贫困或暂时贫困；二是对一定时间段内的贫困进行纵向加总；三是在纵向加总长期贫困时，使用贫困线及持续时间两条标准线。也就是说，先将贫困家庭区分为长期贫困和暂时贫困，再对长期贫困家庭所遭受的贫困进行纵向加总。[②]

　　国外近期研究揭示中国农村绝对贫困人口中有 20% ~25% 的人处于长期贫困。McCulloch 和 Calandrino 应用从四川农村采集的数据分析后，显示 44% 的农村人口至少经历过 1 年的贫困，从消费贫困（Consumption Poverty）意义上讲，有 6% 的农村人口经历过持续 5 年以上的贫困。[③] Jalan 和 Ravallion 通过分析中国西部云南、广西、贵州三个省份的面板数据发现，大约有 60% 的农村贫困人口处于长期贫困状态。[④] Gustafsson 和 Ding 的分析强调中国少数民族人口中，有 6.2% 的人经历了 3 年时间的贫困，相比

①　E. I. Miller, "Parent's Views on the Value of a College Education and How They will Pay for It", *Journal of Student Financial Aid*, 27, 1 (1997).

②　章元、万广华、史清华：《暂时性贫困与慢性贫困的度量、分解和决定因素分析》，《经济研究》2013 年第 4 期。

③　N. McCulloch, M. Calandrino, "Vulnerability and Chronic Poverty in Rural Sichuan," *World Development*, 31, 3 (2003): 611 – 628.

④　J. Jalan, M. Ravallion, "Determinants of Transient and Chronic Poverty: Evidence from Rural China," Policy Research Working Paper, 1998.

较中国汉族地区人口持续经历 3 年贫困时间的比例为 3.3%。① 更进一步的分析显示：少数民族贫困户中经历长期贫困的比例为 20%，而汉族贫困户中经历长期贫困的比例为 23%。② 由此可见，西方学者对中国农村长期贫困的研究结论出入较大，只能说明中国农村存在长期贫困这一个现象。

进入 21 世纪，长期贫困作为事实业已得到国内学者的重视。相关研究发现，中国长期贫困所占的比例远远高于暂时贫困，个别时段内呈现微弱的上升趋势；③ 贫困群体中结构性贫困家庭多于偶然性贫困家庭；④ 在长期贫困初期，教育不足导致长期贫困，且两者存在线性关系。⑤ 还有研究在回顾人力资本、先天缺陷、疾病和健康等对长期贫困的影响的基础上，提出家庭负担系数、房屋所有权、与县城的距离、医疗保障、自然灾害、社会资本或政治资本对长期贫困存在影响。⑥

对于贫困代际传递的实证研究也存在定性与定量两种取向。定量研究主要利用国内数据库资料，通过统计分析面板数据等计量方法，探究父辈与子辈在经济收入等方面的统计学意义。相关学者利用 CHNS 数据，对 1988 ~ 2008 年中国农村贫困代际传递展开研究，发现我国农村存在非常显著的贫困代际传递现象，虽然在 2003 年以后贫困代际传递有所下降，但是相对贫困层面的代际传递依然突出。⑦ 相关学者围绕农村贫困家庭的代际传递问题进行测算和分析表明，与农村非贫困家庭比较，贫困家庭的代际

① Bjorn Gustafsson, Ding Sai, "Temporary and Persistent Poverty Among Ethnic Minorities And The Majority In Rural China," *Review of Income and Wealth*, Series 55, Special Issue 1, July 2009.

② Thomas Glauben, Thomas Herzfeld, Scott Rozelle, XiaoBing Wang, "Persistent Poverty in Rural China Where, Why, and How to Escape," *World Development*, 40, 4 (2012): 784 – 795.

③ 章元、万广华、史清华：《暂时性贫困与慢性贫困的度量、分解和决定因素分析》，《经济研究》2013 年第 4 期。

④ 汪三贵、殷浩栋：《资产与长期贫困——基于面板数据的 2SLS 估计》，《贵州社会科学》2013 年第 9 期。

⑤ 陈全功、程蹊：《长期贫困为什么难以消除？——来自扶贫重点县教育发展的证据》，《西北人口》2006 年第 3 期。

⑥ 王生云：《中国农村长期贫困程度、特征与影响因素》，《经济问题》2011 年第 11 期。

⑦ 张立冬、李岳云、潘辉：《收入流动性与贫困的动态发展：基于中国农村的经验分析》，《农业经济问题》2009 年第 6 期。

收入弹性大，收入流动性较低。① 有研究发现贫困群体的代际收入流动性较低，父代贫困导致子代贫困的概率达 60%。② 定性研究以深度访谈为主，有学者运用质性研究的方法探讨了西部农村贫困代际传递的主要影响因素，包括受教育程度、职业地位和社会关系网等自致性因素；父亲的经济地位、社会关系网以及子代儿时的家庭结构等先赋性因素。③ 还有学者以大小凉山为例研究发现父辈贫困的家庭，陷入长期贫困的概率提升；父辈不贫困时，即使家庭现在已经陷入贫困，这些贫困往往属于暂时贫困或者短期贫困。④

按照 2015 年的扶贫标准，静态估计 2015 年中国农村贫困人口为 7000 多万人，相当于一个中等国家的人口总量，其中大部分分布在中西部及少数民族地区。近 30 年来，中国政府对贫困线做了三次大的调整，总的趋势是提高了扶贫标准并逐渐与国际贫困标准线接轨。无论如何调整贫困线以及操作层面如何识别穷人，始终有一些贫困家庭没有脱离贫困。长期贫困形成的贫困陷阱，叠加上扶贫效率不高形成的扶贫陷阱，两者将对中国全面建成小康社会形成严重制约。

国外长期贫困和贫困代际传递研究已经基本形成理论体系和分析框架。但是基于以下原因，我们很难简单将其运用于研究中国长期贫困问题：一是西方（尤其是欧洲）社会福利制度导致贫困群体形成福利依赖，进而形成贫困代际传递的结论，不适合解释中国现行社会福利制度下的长期贫困及代际传递现象；二是西方后现代社会形成的单亲家庭现象及家庭教育结构对贫困代际传递的重要影响，与中国现阶段家庭结构及家庭教育结构对贫困代际传递的影响是不同的；三是西方社会公域和私域里的资产和资源在代际传递的制度背景与中国存在巨大差异。

长期贫困及其代际传递的形成原因是复杂的。马克思主义无产阶级贫困化理论认为，在资本主义私有制条件下，工人阶级及其子女与后代无法

---

① 林闽钢、张瑞利：《农村贫困家庭代际传递研究——基于 CHNS 数据的分析》，《农业技术经济》2012 年第 1 期。

② 黄潇：《如何预防贫困的马太效应——代际收入流动视角》，《经济管理》2014 年第 5 期。

③ 陈文江、杨延娜：《西部农村地区贫困代际传递的社会学研究——以甘肃 M 县四个村为例》，《甘肃社会科学》2010 年第 4 期。

④ 蓝红星：《民族地区慢性贫困问题研究——基于四川大小凉山彝区的实证分析》，《软科学》2013 年第 6 期。

摆脱受压迫、受剥削、受奴役、受贫穷困扰的命运，贫困将在工人阶级及其家庭中代代相传。新自由主义者认为持续贫困的原因是资本主义的障碍及其引起的地区、国家、全球市场扭曲。更激进者认为贫困形成的内在原因是资本主义的扩张。国家水平理论（National Level Theory）认为长期贫困的主要原因是落后国家低下的管理水平和缓慢的经济发展，这些国家往往政局不稳、冲突不断，政府治理能力不足影响储蓄、投资和就业等，进而造成贫困人群的收入和消费水平无法提高。

早期的贫困测量考虑了贫困的三个方面，即贫困人口的数量、贫困人口收入与贫困线的差距、收入的不平等程度。阿马蒂亚·森在对贫困加总问题进行分析时发现，贫困发生率的测量方法简单易计算，但是不能认识贫困的程度；贫困深度指数可以测量贫困程度以及计算缓解贫困所需要的转移支付，但是不能评估贫困发生率。在此基础上，阿马蒂亚·森构建了加总贫困的森指数，该指数综合了贫困发生率和贫困深度指数，从广度和深度上对贫困进行了测量。但是对于动态贫困的测量以及加总问题，对于多维度贫困的测量以及加总问题，森指数是无能为力的。

第四章 彝族长期贫困及其影响因素

第一节 彝族长期贫困的历史与现状

一 彝族长期贫困的历史

多数学者认为，彝族是"旄牛徼外"南下的古羌人后裔，其南下至金沙江南北两岸后逐渐与当地土著部落融合，繁衍生息。[①] 据早期文字史料记载，西汉时期四川安宁河流域一带分布着以"邛都"为首的数十个部落；滇池与滇东北地带分布着以"滇"为首的数十个"劳浸""靡莫"部落；另有众多"嶲""昆明"部落，游牧于滇西洱海及其周围的地区。从诸部落分布状况来看，大概今四川安宁河流域、滇池及滇东北地区、云南洱海周围及其以东广大地区，都是彝族先民最早分布的区域。

彝族先民何时进入凉山腹地，无直接史料记载。但可推测，在彝族先民进入安宁河流域时，即已开始进入凉山腹地。据《新唐书·两爨蛮传》、《勒俄特依》及《蛮书》等记载，唐代活跃于凉山一带的勿邓部，"就族属而言与乌蒙山区乌蛮六部相同，统称'东爨乌蛮'"[②]。该部分彝族先民

---

① 《彝族简史》编写组、《彝族简史》修订本编写组编《彝族简史》，民族出版社，2009，第10页；李绍明：《关于凉山彝族来源问题》，《思想战线》1978年第5期。
② 李绍明：《关于凉山彝族来源问题》，《思想战线》1978年第5期。

则由昭通北上渡江抵达凉山。据曲涅、古候二系谱牒推测，约在唐初时，滇东北彝族逐渐迁入凉山。[①] 除此之外，南诏统治时期，武力迫使云南部分彝族先民北迁凉山；明末清初，水西部抗清失败被迫迁入凉山躲避战乱。由此可见，凉山腹地彝族先民多系不同时期分批迁入。

史上滇池与邛都[②]等彝族地区由于物产丰盛，又地处我国古代通往印度、缅甸等地的交通要道之上，故而社会发展先进；乌蒙、茫部和凉山等山区的彝族民众的生产生活水平与其他彝族地区相比贫困落后得多，尤其是凉山腹地最为贫穷。

（一）云南东西二爨地区[③]之间发展不平衡

古代滇池和洱海地区生产力水平发展较高，农耕技术先进。至迟到公元前 2 世纪，滇池地区已使用青铜器，"楚顷襄王时，滇池及其周围地区已是'肥饶数十里'，生产有了相当的发展"[④]。到两晋爨氏统治时期，彝族地区经济发展的不平衡性已经凸显，包括滇东北地区在内的东爨经济发展远落后于西爨，而东爨地区的边远山区更是穷苦。

滇池、曲靖等彝族分布的西爨地区，由于自西汉以来便是西南地区的政治、经济、文化中心，再加上屯田制度的推行，该地区生产技术较为先进。隋唐时期，"其地沃壤"，"唯业水田"，"土多骏马、犀象、明珠"。[⑤]可见，在当时该地区农业经济已经相当发达，物产丰盛，民殷富饶。除农业外，滇池的"安宁雄镇"系当地著名的产盐之地，贸易活跃发达，"城邑绵延"，"闾阎栉比"。[⑥]南诏时期（公元 8~10 世纪），西爨经济发展水平进一步提升，农田已分旱地与水田两种，"耦犁"已经开始使用，农田

---

① 《彝族简史》编写组、《彝族简史》修订本编写组编《彝族简史》，民族出版社，2009，第 11~31 页；李绍明：《关于凉山彝族来源问题》，《思想战线》1978 年第 5 期。

② 邛都，系今四川凉山彝族自治州首府西昌市及其周围地区。

③ 据唐代樊绰《蛮书》记载，爨氏统治地区有"西爨"和"东爨"之分。西爨居住的主要是"白蛮"，其地区约为今曲靖、昆明以西，洱海以东，北抵金沙江，南至建水；东爨地区约为今昭通、东川、寻甸以东至滇黔交界，北抵四川凉山东部，南至红河地区。

④ 《彝族简史》编写组、《彝族简史》修订本编写组编《彝族简史》，民族出版社，2009，第 70~71 页。

⑤ 《彝族简史》编写组、《彝族简史》修订本编写组编《彝族简史》，民族出版社，2009，第 70 页。

⑥ 《彝族简史》编写组、《彝族简史》修订本编写组编《彝族简史》，民族出版社，2009，第 70 页。

水利设施在当时也非常先进。已知复种，每年两熟；耕作技术"殊为精好"，可见农业生产技术已相当高。除农耕外，纺织业也有长足发展，据《蛮书》记载，当时该地已饲养柘蚕，"织为锦及绢"。元代，滇池及其周围地区经济进一步发展，《元史·张立道传》载："泄其（滇池）水，得壤地千万顷，皆为良田。"① 在如此的经济发展基础之上，15 世纪中叶以后，"滇东和滇中的彝族地区，在基本上没有引起战争和破坏的情况下实行了改土归流"②。《明史·沐英传》载："广西土官虐，所部为乱，琼请更设流官，民大便。"③ 这在一定程度上激发了当地农户的生产积极性，促使地区经济持续发展。

相比之下，两晋时期居于东爨的"乌蛮"仍以畜牧业为主，"土多牛马，无布帛"，不论男女"皆衣牛马皮"。④ 东爨地区与中原联系不甚密切，由于离中心城市较远，生产技术较为落后，社会发展水平也不及西爨。据史书记载，"乌蛮散于林谷，牛马遍野，无布帛。"⑤ 元代，李京任乌撒、乌蒙宣慰使，在其《云南志略》"罗罗条"中，对当时乌蒙、茫部一带彝族先民的社会经济生活进行了详细记述，这一时期当地经济发展水平仍不及云南其他地区。

原东爨地区乌蒙、茫部等地生产发展相对落后与该地区的社会制度有关。元代，乌蒙、茫部等地的社会生活形态仍以奴隶制为主，奴隶主阶级骄奢且剥削严重。相关资料记载：妇女"贵者锦缘，贱者被羊皮"，"酋长死，以豹皮裹尸而焚……，祭祀时……杀牛羊动以千数，少者不下数百"。⑥ 大量的社会财富聚集在少数奴隶主阶级手中，以致大部分百姓饥寒交迫。而各奴隶主之间不断的"冤家仇杀"更是对当地的生产起到了破坏

---

① 转引自《彝族简史》编写组、《彝族简史》修订本编写组编《彝族简史》，民族出版社，2009，第 111 页。

② 《彝族简史》编写组、《彝族简史》修订本编写组编《彝族简史》，民族出版社，2009，第 119 页。

③ 转引自《彝族简史》编写组、《彝族简史》修订本编写组编《彝族简史》，民族出版社，2009，第 124 页。

④ 《彝族简史》编写组、《彝族简史》修订本编写组编《彝族简史》，民族出版社，2009，第 71 页。

⑤ 《彝族简史》编写组、《彝族简史》修订本编写组编《彝族简史》，民族出版社，2009，第 71 页。

⑥ 《彝族简史》编写组、《彝族简史》修订本编写组编《彝族简史》，民族出版社，2009，第 113 页。

作用。乌蛮部落之间还有一习俗，即"酋长死，盗取邻境贵人之首以祭，如不得，则不能祭"①，由此便引发了部落之间的冤家仇杀，数世仇恨不得解、斗争不断，阻碍了当地的社会进步。奴隶主阶级为了进行冤家仇杀，为了抵御来自外族或本族敌对家支头人的进攻，就要"多养义士，名苴可，厚赡之，遇战斗，视死如归"②。由此便不难看出，滇东北乌蒙、茫部一带的社会发展水平在历史上便不及滇池、洱海等云南中部地区，以致近代以来该地区经济发展基础薄弱。

（二）四川凉山腹地社会经济发展落后于其周围坝区

四川凉山地区社会发展水平二元分化较为严重，以安宁河谷为代表的凉山周围坝区经济发展水平高于凉山腹心地带。自两汉时期，邛都便是彝族先民聚居区的政治、经济及文化中心，由于该地良田沃土、物产丰富，经济发展水平高，百姓生活富足。宋代，凉山地区"邛部""两林""丰琶"三部均先后接受宋朝的封号，同宋朝有着官方商品贸易的往来，当地经济贸易已发展到一定水平。③ 此后，凉山周围坝区同中原贸易往来日趋密切，农业生产技术也得到显著提升。据史书记载，该地区农业生产及百姓生活状况表现为：凉山东部马湖地区"多沃壤，宜耕稼，其民被毡椎髻，而此屋皆覆瓦，如华人之居，饮食种艺多与华人同"④。除农业外，凉山周围坝区纺织技术也很高，当地"莎罗毡"已远供宋廷。而相比之下，凉山腹地生产力水平在宋朝时仍非常落后，此地彝族先民仍过着游牧生活。据《宋史·叙州三路蛮传》记载，当地彝族先民仍"俗椎髻、披毡、佩刀，居必栏栅，不喜耕稼、多畜牧"，与此相对应，当地居民的居住环境也非常恶劣，"无城郭，散在山洞，不常其居"。⑤ 此后，凉山腹地社会

---

① 《彝族简史》编写组、《彝族简史》修订本编写组编《彝族简史》，民族出版社，2009，第80页。

② 《彝族简史》编写组、《彝族简史》修订本编写组编《彝族简史》，民族出版社，2009，第114页。

③ 《彝族简史》编写组、《彝族简史》修订本编写组编《彝族简史》，民族出版社，2009，第103页。

④ 《彝族简史》编写组、《彝族简史》修订本编写组编《彝族简史》，民族出版社，2009，第104页。

⑤ 《彝族简史》编写组、《彝族简史》修订本编写组编《彝族简史》，民族出版社，2009，第104页。

经济发展水平迟迟没有显著提升，总结起来，这与凉山腹地土司的剥削压迫，以及由此引发的黑彝奴隶主之间冤家械斗不断，持续时间久的奴隶制以及近代以来该地区鸦片与枪支交易有着直接关系。

1. 土司的剥削与压迫

区别于传统流官，凉山腹地的土司实则是从奴隶主阶级中分化出来的一个阶层，在奉行中央王朝旨意的同时还代表着大奴隶主阶级的利益，对其所管辖区域内的小土司、黑彝、白彝及其他百姓进行贡赋与劳役剥削。至今在凉山美姑县利穆甲谷，还流传着利利土司对其统治区域内人民进行剥削与压迫的传说：

> 海烈家、莫色家给土司家推磨，
> 阿侯家给他家酿酒，
> 苏呷家给他家制毡衣，
> 恩札家给他家放牛放羊，
> 甘家毕摩给他家作帛送鬼，
> 舍坡家被喊来住在他家的周围，
> 乌抛家每年贡十条牛，十套弓箭；
> 普陀马家七兄弟给他家剪羊毛，
> 阿尔马家为他家撑矮屋里的柱，
> 阿尔家负责调解纠纷；
> 海烈土司贡马十二匹；
> 阿着土司贡马七匹；
> 莫色土司贡马十匹；
> 阿都土司贡马十四匹。[①]

不难看出，土司在当时对其辖属范围内百姓的压迫和剥削状况。由此，土司管辖时期，凉山腹地除奴隶主阶级之外的其他人生活都非常穷困。由于土司对黑彝的横征暴敛，土司与黑彝奴隶主之间的矛盾愈发激烈。这种斗争在元末便时有发生，到了明朝时期，二者之间的斗争更加白

---

① 《彝族简史》编写组、《彝族简史》修订本编写组编《彝族简史》，民族出版社，2009，第138～139页。

热化。于是，土司便在黑彝奴隶主的联合进攻之下退出了凉山腹地。

土司与黑彝奴隶主之间的斗争对凉山腹地的社会经济发展产生了很大影响。凉山腹地陷入了土地与奴隶瓜分的热潮之中，土地被不断地分配、再分配；与此相伴随的，是黑彝奴隶主各家支之间因分配不均而导致的经久不息和不断扩大的冤家械斗，这在很长一段时间里严重影响了凉山腹地的生产和发展。"例如，阿尔家各家支和马家各支，即因争夺沙马土司和姐觉土目的土地，斗争了一两百年，直到新中国成立后在人民政府的调解下，才把这一旷日持久的纠纷解决了。"①

2. 奴隶制度严重阻碍了凉山腹地的社会经济发展

凉山腹地直至近代仍然保留着较为完整的奴隶制度，其社会内部存在土司、黑彝、曲诺、阿加、呷西五个等级。其中，土司与黑彝居统治地位，占有大量的生产资料并在不同程度上占有曲诺、阿加和呷西的人身；曲诺居于中间等级，经济上较为独立，占有少量土地及生产资料；阿加为居住在主子屋旁的奴隶，随时供主子驱使；呷西是住在主子家的奴隶，终生为主子调配，无人身自由。

在奴隶制度下，占人口少数的奴隶主阶级压迫着占人口绝大多数的被统治阶级。黑彝奴隶主将其部分土地租给曲诺或少部分阿加耕种，租额一般为其产量的一半左右。同时，每逢奴隶主家婚丧嫁娶时，曲诺和阿加还必须向主子赠送牛羊、粮食或银子。除此之外，奴隶主还享有"吃绝业"等权力，对阿加的财物可以随意侵占。在此种社会形态之下，一方面，广大奴隶群众的身心健康遭到了极大的摧残，其生产情绪也很低。多数彝族人民生活十分悲惨，他们虽辛苦劳作，但仍不得温饱。在此种情况下，更谈不上对农业生产技术的改进，彝族地区广泛流传着"种一坡坡，收一箩箩"的谚语，由此可知其粮食产量很低。另一方面，奴隶主对先进的生产技术存在严重的抵触情绪，例如19世纪中叶，曾有人将农田水利技术传到凉山腹地，但兴建起来的水磨、水碾不久即被奴隶主摧毁。② 加之，凉山腹地医疗卫生水平很低，疫病蔓延，对当地彝族人民的身体进行着摧残；

---

① 《彝族简史》编写组、《彝族简史》修订本编写组编《彝族简史》，民族出版社，2009，第173页。

② 《彝族简史》编写组、《彝族简史》修订本编写组编《彝族简史》，民族出版社，2009，第156页。

"贫困农民更是被剥夺了受教育的权利，长期处于缺乏知识的状态"①。

不难看出，长时间存续在凉山腹地的奴隶制度给大多数劳动人民的身心带来了严重摧残，同时也在很大程度上阻碍了当地生产力的发展，这是导致凉山腹地彝族较为贫穷的主要历史原因之一。

3. 鸦片战争时期：鸦片与枪支传入凉山腹地

鸦片战争时期，鸦片与新式枪支从我国西南边境传入大小凉山地区。鸦片传入凉山腹地后，在一定程度上挤压了当地农作物的种植面积，使凉山腹地的粮食产量一度下降。许多良田被用来种植鸦片，凉山腹地曾多次发生缺粮现象。

与此同时，新式枪支也不断传入凉山腹地。大批枪支的传入使凉山腹地各家支之间的冤家械斗更加频繁，规模也较之前扩大了。例如布拖县比补家内部，因为两个家支头人的纠纷，双方发动了 20 多个曲诺家支参战，械斗 9 年，结果曲诺家支死于械斗的青年男子即达到 200 多人。②

由此可见，鸦片战争时期鸦片与枪支传入凉山腹地，在一定程度上破坏了当地的生产力发展，使本就贫穷的凉山腹地山区更加贫困。

二　彝族长期贫困的现状

彝族长期贫困人口集中分布于我国云南、四川、贵州、广西四个省份的交界地带，其中又以云南、四川两省居多，贵州、广西彝族贫困人口较少（以下简称川滇彝族聚居区）。川滇彝族聚居区共有贫困县 33 个③，其中 21 个在云南省内、12 个在四川省内。

在云南，大抵以昆明为界，向西直至边境地区彝族贫困人口数量逐渐

---

① 《彝族简史》编写组、《彝族简史》修订本编写组编《彝族简史》，民族出版社，2009，第176页。

② 《彝族简史》编写组、《彝族简史》修订本编写组编《彝族简史》，民族出版社，2009，第156页。

③ 分布在云南省的有：镇雄县、威信县、彝良县、禄劝彝族苗族自治县、寻甸回族彝族自治县、宁蒗彝族自治县、宁洱县、景东彝族自治县、镇沅彝族哈尼族拉祜族自治县、江城哈尼族彝族自治县、红河县、漾濞彝族自治县、南涧彝族自治县、巍山彝族回族自治县、双柏县、南华县、姚安县、大姚县、永仁县、武定县、泸西县。分布在四川省的有：盐源县、普格县、布拖县、金阳县、昭觉县、喜德县、越西县、甘洛县、美姑县、雷波县、马边彝族自治县、峨边彝族自治县。

减少但贫困程度逐渐加深，至怒江和迪庆"三江并流"区域彝族贫困程度最深；由昆明向东直至省边界线附近，彝族贫困人口数量逐步增多且贫困程度逐渐加深，至滇东北昭通等地贫困程度最深。滇西南地区由于直过民族人口多，该区域分布的彝族贫困程度较深；滇西北"三江并流"区域由于地势沟壑纵横、天然分界线清晰，因而贫困程度最深；楚雄是云南最大的彝族自治州，该地地势起伏大，文化发展滞后等致贫因素较为复杂；在昆明以东的彝族"六祖分支"之地的昭通，彝族文化底蕴浓厚、长期贫困人口较多。

除云南外，四川凉山州是全国最大的彝族聚居区，长期贫困人口占比高。凉山州内贫富分化比较严重，安宁河谷流域与大凉山腹地贫富差距较为明显。安宁河谷地带是早期彝族的发祥地之一，由于其地势平坦、土壤肥沃、交通便利，该地带的市（县、区）经济发展水平较高、长期贫困人口相对较少。大凉山腹地贫困程度较深，其中以美姑、昭觉为代表的地区由于地理环境封闭、彝族风俗保留最为完整、家支情况复杂，是凉山州贫困程度最深、贫困范围最广的地区。相较于凉山州，乐山市的马边彝族自治县、峨边彝族自治县等小凉山地区的经济发展状况相对较好，彝族长期贫困人口相对较少。

自精准扶贫以来，彝族长期贫困问题已得到缓解，但由于受独特的生存环境、民族风俗及生产生活习惯的影响，彝族长期贫困仍呈现贫困面广且整体贫困现象严重、贫困程度深且贫困人口素质较低以及贫困时间长且对政策有高度依赖性等三个特点。

（一）贫困面广且整体贫困现象严重

较之于中东部地区贫困户"插花式"的零散分布状态，彝族聚居区呈现贫困面广且呈"连片式"分布的特点，整体贫困现象严重。具体表现为：一是彝族贫困人口多且分布面广，在云南、四川、贵州、广西四省份均有分布。从贫困人口规模来看，截至2015年，仅凉山州彝族贫困人口规模就高达50.58万人，贫困发生率为13.5%。[①] 二是呈现区域性

---

① 中共凉山州委：《关于集中力量打赢扶贫开发攻坚战确保同步全面建成小康社会的决定》，http://www.lsz.gov.cn/lszrmzf_new/zcfz/3884319/index.shtml。

整体贫困的特征。整体来看，彝族贫困村落中农户之间贫富差距并不明显，家庭人均年收入整体差距不大，多徘徊于贫困线上下。相应的，贫困村内各农户家庭的经济条件也较为接近，其所面临的脱贫与发展困境比较相似。彝族贫困村落仍旧存在整体发展滞后、普遍贫困未得到有效改观等问题。

（二）贫困程度深且贫困人口素质较低

贫困程度深体现为彝族贫困户人均年收入普遍较低且与贫困线相去甚远、深度贫困人口占比较高。在川滇彝族聚居区33个国家级贫困县中，共有12个深度贫困县，主要分布在四川凉山州内，多为个体禀赋差、发展能力弱、脱贫难度大的深度贫困户。其居住环境恶劣，生活质量低下，仅靠农作物产出勉强维持生计，同时肩负赡养老人、抚养子女等重担。近年来，精准扶贫虽在一定程度上提升了彝族贫困人口的整体生活水平，但并未彻底改变贫困人口综合素质低下的状况，具体表现在彝族贫困人口生活习惯差、受教育水平低、思想贫困现象严重以及脱贫内生动力不足等多个维度。

（三）贫困时间长且对政策有高度依赖性

彝族贫困问题存在已久，在新中国成立之前就普遍存在。改革开放后，彝族地区的生产生活水平得到了极大的改善，但仍存在生产力水平低、基础设施薄弱和市场化水平低等问题。加之其相对封闭的自然地理环境、独特的民族文化传统等多重因素相互交织形成的"贫困陷阱"困扰了彝族很多年，这使贫困代际传递的现象在彝族地区表现得尤为突出和严重。2018年7~8月，课题组赴四川凉山和云南昭通调查发现：凉山州被调查贫困户年人均纯收入为2840.15元，低于贫困线；云南昭通被调查贫困户年人均纯收入为7104.60元，约高于贫困线。从收入结构来看，被调查贫困户收入构成排前三位的依次为工资性收入（45.5%）、农业经营性收入（28.3%）与转移性收入（23.5%），且存在较多依赖转移性收入支撑越过贫困线的贫困户，彝族脱贫对扶贫政策具有较高的依赖性。

第二节　数据来源与样本特征

一　数据来源

笔者于 2016 年 8 月在川滇两地以面对面入户深度访问的方式，收集了彝族贫困乡村 95 个家庭样本。后期通过整理问卷，用 SPSS 18.0 建立数据库，共获得关于彝族长期贫困相关问题的变量 290 个，约 27550 个数据。通过整理录音，获得深度访谈的个案原始资料 6 万余字。本节将以此数据库和个案资料实证分析彝族长期贫困的现状及影响因素。

二　样本特征

（一）样本的个体特征

下面重点从 8 个方面描述彝族贫困村受访者的个体特征，这 8 个方面是性别、出生年代[①]、民族属性、身体状况、受教育程度、政治属性、宗教信仰、是否户主。由此形成样本个体的人口学特征，如表 4-1 所示。

表 4-1　样本个体的人口学特征（n=95）

单位：%

项目	类别	频数	占比	四川 J 村	云南 K 村
性别	男	67	70.5	72.7	68.6
	女	28	29.5	27.3	31.4
出生年代	1949 年以前	8	8.4	9.1	7.8
	20 世纪 50 年代	15	15.8	13.6	17.6
	20 世纪 60 年代	29	30.5	25.0	35.3
	20 世纪 70 年代	19	20	15.9	23.5
	20 世纪 80 年代	18	18.9	27.3	11.8
	20 世纪 90 年代	5	5.3	9.1	2.0
	2000 年	1	1.1	0	2.0

[①] 本研究设定出生年代以 10 年为区间进行划分；在第六章的回归分析时，出生年代以三个年代为区间进行了划分。在此说明。

项目	类别	频数	占比	四川 J 村	云南 K 村
民族属性	汉族	14	14.7	0	27.5
	彝族	80	84.2	100	70.5
	其他	1	1.1	0	2.0
身体状况	良好	48	50.5	75.0	29.4
	一般	32	33.7	18.2	47.1
	差	15	15.8	6.8	23.5
受教育程度	0 年	19	20.0	36.4	5.9
	1~3 年	12	12.6	15.9	9.8
	4~6 年	29	30.5	27.3	33.3
	7~9 年	30	31.6	13.6	47.1
	10~12 年	4	4.2	4.5	4.0
	13 年及以上	1	1.1	2.3	0
政治属性	中共党员	25	26.3	29.5	23.5
	普通群众	70	73.7	70.5	76.5
宗教信仰	相信毕摩	33	34.7	70.5	3.9
	相信德古	22	23.2	38.6	9.8
是否户主	是	62	65.3	75.0	56.9
	否	33	34.7	25.0	43.1

资料来源：课题组 2016 年问卷调查数据，以下同。95 户来自四川 J 村和云南 K 村。

由样本个体的人口学特征可见本书研究的彝族贫困群体有如下特点。（1）彝族贫困乡村接受调查的男性比女性多。凉山彝族农村外出打工现象少于汉族农村，所以调查中男性受访者较多。（2）本次调查的样本有多个年代的人，受访者出生时间跨度从 1938 年到 2000 年，20 世纪 60 年代和 20 世纪 80 年代出生的受访者之和占比为 50% 左右。（3）受访者以彝族为主。其中，四川凉山 J 村全部受访者为彝族，云南楚雄 K 村有少部分汉族和其他民族受访者。（4）受访者自评身体状况"良好"者占比为 50.5%。其中，四川凉山 J 村自评身体状况"良好"者占比为 75.0%，远高于云南楚雄 K 村。而课题组在田野调查时发现，四川凉山 J 村的胃病患者比较多，云南楚雄 K 村因车祸等人为事故伤残者不少。（5）受访者受教育程度低，小学及文盲（0~6 年）占比为 63.1%。其中，四川凉山 J 村的受访者小学及文盲占比接近 80%，65.9% 的 J 村受访者不会用彝文书写自己的名字，38.6% 的 J 村受访者不会用汉文书写自己的名字。云南楚雄 K 村的受访者小学及文盲占比为 49.0%，100% 的 K 村受访者不会用彝文书写自己的名字，9.8% 的 K 村受访者不会用汉文书写自己的名字。由此可见，云南 K 村的彝族从文字上看汉化程度比较高。（6）政治属性和宗教信仰。受访者中，中共党员占比为 26.3%，受访的 25 个中共党员中，有 21 个是贫困户，4 个是非贫困户。受访者中，相信毕摩的占 34.7%，其中四川凉山 J 村受访者中相信毕摩的占 70.5%，云南楚雄 K 村受访者中相信毕摩的占比较少，只有 3.9%。实地调研发现，在云南楚雄 K 村有村民自发集资修建的基督教堂，还有本地村民担任牧师。受访者中相信德古的占 23.2%，主要出现在四川凉山 J 村。（7）受访者中户主多，占 65.3%。

（二）样本家庭的特征

本书以家庭作为分析对象，并从以下 9 个方面描述彝族贫困村受访家庭的主要特征，这 9 个方面分别是户主性别、家庭户籍人口、家庭常住人口、家庭承包土地面积、住房结构、人均住房面积、年人均纯收入、家支地位、是否建档立卡贫困户。由此形成彝族贫困家庭的基本特征，如表 4 - 2 所示。

表 4 - 2 样本家庭的基本特征 （n = 95）

单位：%

项目	类别	频数	有效百分比	四川 J 村	云南 K 村
户主性别	男	67	70.5	72.7	68.6
	女	28	29.5	27.3	31.4
家庭户籍人口（人）	1	8	8.5	18.2	0
	2	13	13.8	22.7	6.0
	3	14	14.9	11.4	18.0
	4	25	26.6	13.6	38.0
	5	14	14.9	20.5	10.0
	6	17	18.1	11.4	24.0
	8	3	3.2	2.3	4.0

项目	类别	频数	有效百分比	四川 J 村	云南 K 村
家庭常住人口（人）	1	10	10.6	18.2	4.0
	2	20	21.3	22.7	20.0
	3	13	13.8	11.4	16.0
	4	26	27.7	18.2	36.0
	5	13	13.8	18.2	10.0
	6	9	9.6	11.4	8.0
	7	1	1.1	0	2.0
	8	2	2.1	0	4.0
家庭承包土地面积（亩）	0~2	7	7.8	14	2.1
	3~5	29	32.2	25.6	38.3
	6~9	31	34.4	34.9	34.0
	10~15	13	14.4	16.3	12.8
	16~20	7	7.8	7.0	8.5
	21 及以上	3	3.3	2.3	4.3
住房结构	土坯	71	74.7	97.3	58.0
	砖木	16	16.8	0	32.0
	砖混	8	8.4	2.3	10.0
人均住房面积（平方米）	5 及以下	3	3.3	4.5	2.0
	6~10	10	10.8	4.6	6.1
	11~15	13	14.0	31.8	8.2
	16~20	15	16.1	13.6	18.4
	21~25	9	9.7	13.6	6.1
	26~30	12	12.9	9.1	16.3
	31 及以上	31	33.3	22.7	40.8
人均纯收入（元）	1000 及以下	13	14.4	18.2	10.9
	1001~1500	16	17.8	22.7	13.0
	1501~2000	9	10.0	11.4	8.7
	2001~3000	8	8.9	13.6	4.3
	3001 及以上	44	48.9	34.1	63.0

续表

项目	类别	频数	有效百分比	四川 J 村	云南 K 村
家支地位	很好	2	2.9	4.5	0
	好	16	23.5	20.5	29.2
	一般	37	54.4	52.3	58.5
	差	9	13.2	15.9	8.3
	很差	4	5.9	6.8	4.2
是否建档立卡贫困户	是	82	86.3	77.3	94.1
	否	13	13.7	22.7	5.9

注：2015 年国家扶贫标准为农民人均纯收入为 2800 元。表内有些项统计缺失。

由表 4 - 2 可见，样本家庭具有一定集中趋势的特点有：（1）七成以上的彝族家庭以男性为户主；（2）七成以上的家庭住房为土坯房；（3）七成以上的家庭家支地位一般或差或很差。

第三节　彝族长期贫困的测量与估算

一　彝族长期贫困的测量

本书采用学界通用的关于长期贫困的定义，即长期贫困就是一个家庭/个人持续贫困时间在 5 年以上的现象。如前所述，本研究以彝族家庭（户）为分析单位，与国家实施扶贫政策时以贫困户为单位保持一致。

贫困的广度分析，也就是贫困发生率的测量。传统贫困发生率是静态地测量贫困的影响面，以人头法进行计算。分母为总人口数，分子为贫困人口数。以 2015 年为例，我国农村贫困人口 7000 万人，当年总人口 137462 万人，其中农村人口 60346 万人，农村贫困发生率约为 11.6%。

长期贫困的广度分析，是长期贫困发生率的测量，也就是测量持续贫困 5 年时间以上的家庭占比，是贫困的结构性分析。分母为贫困家庭（户）数，分子为长期贫困家庭（户）数。

本研究的假设是：陷入贫困的家庭，其家庭成员（常住人口）绝大多数情况下也处于贫困当中。

　　长期贫困发生率的测量是一项极具挑战性的研究工作。为了较为全面地了解贫困的结构性，相对准确地把握彝族农村长期贫困发生的现象，本书尝试从四个方面分别对两个样本村的长期贫困进行估算。这四个方面是贫困线①、家庭食品消费支出占比、受访者主观评价、所在社区贫困标准。在此基础上，用简单加权平均数法进行加总，计算得出彝族长期贫困发生率。

二　彝族长期贫困发生率估算

　　学界关于长期贫困的测量主要有两种方法，一是定量方法，采用既有的面板数据进行统计分析；二是定性方法，采用深度访谈，确定长期贫困家庭并进行研究。

　　本书尝试将定量方法与定性方法结合起来，在实地研究的基础上，通过对贫困家庭的深度访谈和社区考察，根据个人及其家庭在一段时间内经历贫困的时间长短，分析其属于长期贫困还是暂时贫困。在纵向加总长期贫困的时候，同时采用贫困线和持续时间两条标准，判断并计算长期贫困发生率。

　　在具体操作的时候，本书从两个维度来测量彝族长期贫困：一是国家制定的扶贫标准和低于贫困线持续时间 5 年及以上；二是从受访者在一段时间内经历贫困的感受，以及在评定建档立卡贫困户时其对国家扶贫标准的认识。

　　测试 1（问卷 **Q3.1.4**）：与国家扶贫标准比较，您家的收入是什么情况？

贫困标准 ＿＿＿＿＿＿　＿＿＿＿＿＿　＿＿＿＿＿＿　＿＿＿＿＿＿　＿＿＿＿＿＿

家庭收入	始终在下面	经常在下面	有时候多点 有时候少点	经常在上面	始终在上面
	1	2	3	4	5

---

① 贫困线，即国家扶贫标准。

测试 1.1（问卷 Q3.1.4.1） 在选择 1 或 2 的情况下，这种状态持续时间有多久？

1.1 年及以下　　2.2~4 年　　3.5~10 年　　4.11 年及以上

调查发现，在有效回答上述问题的 81 户①（其中凉山彝族 34 户，楚雄彝族 47 户）受访贫困家庭中，有 14 户（占 17.3%）家庭收入始终在贫困线下，有 27 户（占 33.3%）家庭收入经常在贫困线以下，有 22 户（占27.2%）家庭收入处于波动状态，有 13 户（占 16.0%）家庭收入经常高于贫困线，有 5 户（占 6.2%）家庭收入始终高于贫困线。如表 4-3 所示。

表 4-3　彝族建档立卡贫困家庭近年来收入变化情况（n = 81）

	始终在下面（始终贫困）	经常在下面（经常贫困）	波动不定（波动贫困）	经常在上面（偶尔贫困）	始终在上面（从不贫困）	合计
四川凉山 J 村（户）	12	14	4	2	2	34
云南楚雄 K 村（户）	2	13	18	11	3	47
合计（户）	14	27	22	13	5	81
占比（%）	17.3	33.3	27.2	16.0	6.2	100

注：表中有 5 户建档立卡贫困户在受访时认为自己"从不贫困"。波动不定指的是"有时候多点，有时候少点"。

长期贫困主要表现为前面两种类型，即始终贫困和经常贫困。暂时贫困主要指波动贫困和偶尔贫困。

分析表 4-3 数据，可以发现：在 81 户建档立卡贫困户中，处于长期贫困的有 41 户（占 50.6%），处于暂时贫困的有 35 户（占 43.2%），不

---

① 在有效填答该部分问题的 93 户入户问卷中，有 12 户非建档立卡贫困户。在这 12 户非建档立卡贫困户中，有 1 户认为自己的收入始终低于国家贫困线。基于田野经验，这 1 户可能是在评定建档立卡贫困户时因为种种原因被漏掉了。考虑到分析计算的方便，本部分计算长期贫困发生率时，剔除了这 12 户非建档立卡贫困户。重点分析 81 户建档立卡贫困户中处于长期贫困的家庭。由此产生的误差，可以忽略。

贫困的有 5 户（占 6.2%）[1]。但是，长期贫困的测量不是如此简单。如前所述，在加总长期贫困的时候，需要使用贫困线及持续时间两条标准。[2]

进一步分析"始终贫困"和"经常贫困"的持续时间，调查结果显示，在有效回答问卷的 39 户两类贫困家庭中，持续贫困 5~10 年的有 18 户，占 46.2%；持续贫困 11 年及以上的有 19 户，占 48.7%。两类合计 37 户，占 94.9%。如表 4 - 4 所示。

表 4 - 4 　彝族长期贫困家庭持续贫困时间分布 （n = 39）

长期贫困结构		贫困持续时间				合计
		1 年及以下	2~4 年	5~10 年	11 年及以上	
始终贫困	频数（户）	0	0	4	10	14
	占比（%）	0	0	28.6	71.4	100
经常贫困	频数（户）	0	2	14	9	25
	占比（%）	0	8.0	56.0	36.0	100
合　计	频数（户）	0	2	18	19	39
	占比（%）	0	5.1	46.2	48.7	100

注：表中"始终贫困""经常贫困"是受访者对自己家庭贫困状况的评价，为更精准地判断其是否长期贫困，笔者继续追问其"始终贫困"和"经常贫困"的持续时间。其中有 2 户受访者回答"经常贫困"的持续时间为 2~4 年。

以本次抽样调查中有效回答问题的 81 户受访贫困家庭为基数，"始终贫困"和"经常贫困"且持续时间 5 年及以上的家庭户合计有 37 户，以收入法推断估计彝族长期贫困发生率为 45.7%（37/81）。5% 的置信水平下，彝族长期贫困发生率的置信区间为（56.48%，34.92%）。其中，持续贫困 11 年及以上的长期贫困家庭有 19 户，长期贫困发生率为 23.5%（19/81）。这部分家庭发生贫困代际传递的概率很高。

比较而言，四川凉山彝族 J 村的长期贫困发生率为 70.6%（24/34），云南楚雄彝族 K 村的长期贫困发生率为 27.7%（13/47）。四川凉山彝族长期贫困的广度比云南楚雄彝族长期贫困的广度要大 1.5 倍多。同时，两地

---

[1]　建档立卡贫困户中出现非贫困家庭的现象，如同非贫困户中有贫困家庭一样。这是扶贫工作中出现的失误，也是乡村熟人社会在面对有限资源的情况下大概率会出现的现象。

[2]　王卓：《论暂时贫困、长期贫困与代际传递》，《社会科学研究》2017 年第 2 期。

持续 11 年及以上的长期贫困家庭分布也有明显差异，四川凉山彝族 J 村持续 11 年及以上的长期贫困家庭占比为 41.2%（14/34），云南楚雄彝族 K 村持续 11 年及以上的长期贫困家庭占比为 10.6%（5/47）。由此可见，四川凉山彝族的长期贫困发生代际传递的概率远高于云南楚雄彝族。如表 4-5 和表 4-6 所示。

表 4-5 四川凉山彝族 J 村长期贫困家庭持续贫困时间分布（n = 25）

		持续时间				合计
		1 年及以下	2~4 年	5~10 年	11 年及以上	
始终贫困	频数（户）	0	0	4	8	12
	占比（%）	0	0	33.3	66.7	100
经常贫困	频数（户）	0	1	6	6	13
	占比（%）	0	7.7	46.2	46.2	100
合 计	频数（户）	0	1	10	14	25
	占比（%）	0	4.0	40.0	56.0	100

注：表中，J 村处于"始终贫困"和"经常贫困"的有 25 户，其中有 1 户"经常贫困"的持续时间为 2~4 年，按照长期贫困的概念界定，这 1 户不属于长期贫困，余下的 24 户属于长期贫困。

表 4-6 云南楚雄彝族 K 村长期贫困家庭持续贫困时间分布（n = 14）

		持续时间				合计
		1 年及以下	2~4 年	5~10 年	11 年及以上	
始终贫困	频数（户）	0	0	0	2	2
	占比（%）	0	0	0	100	100
长期贫困	频数（户）	0	1	8	3	12
	占比（%）	0	7.7	61.5	23.1	92.3
合 计	频数（户）	0	1	8	5	14
	占比（%）	0	7.1	57.1	35.7	100.0

注：表中，K 村处于"始终贫困"和"经常贫困"的有 14 户，其中有 1 户"经常贫困"的持续时间为 2~4 年，按照长期贫困的概念界定，这 1 户不属于长期贫困，余下的 13 户属于长期贫困。

以上分析表明，我国彝族农村存在长期贫困现象。四川凉山彝族 J 村的长期贫困现象比云南楚雄彝族 K 村严重。

三　彝族长期贫困的贫困深度分析

（一）彝族贫困深度指数测算

长期贫困包括长期绝对贫困和长期相对贫困。考虑到技术标准和政策标准划分绝对贫困与相对贫困的难度,[①] 以及我国在 20 世纪 80 年代到 20 世纪末,以"温饱"为农村扶贫基本标准,2020 年前精准扶贫以"两不愁、三保障"为主要扶贫目标,故本书以 2020 年前国家确定的农村贫困线为准分析长期贫困,对绝对贫困和相关贫困不做截然区分。

贫困深度分析采用的是个人收入与贫困线的距离。收入距离贫困线越远,贫困程度越深,脱离贫困的难度越大,脱贫以后返贫的概率也越高;收入距离贫困线越近,贫困程度越浅,脱离贫困的难度越小,返贫的概率也越低。

本书采用的方法是:受访者在接受深度访谈的过程中,研究人员与其逐一核算家庭资产、生产活动及收成、农产品产量及市场价格、各有关转移支付之后,在没有帮助其进行加总和其他探讨的情景下,由受访者自己估算家庭年总收入。相对而言,这个数据是依据深度访谈时,对受访者家庭生计的盘点和问卷调查时的详细记录,具有一定的信度。在缺乏更清晰和完整的家计调查资料可以采用的情况下,本书采用田野收集的第一手资料用于贫困深度的分析,并大致判断样本村的长期贫困深度。

为此,本书采用总收入除以常住人口得到受访家庭的年人均收入,以 2015 年国家扶贫标准——农民年人均纯收入 2800 元为基准,计算样本村贫困深度指数。如表 4 - 7 所示。

表 4 - 7　彝族贫困村贫困深度计算

人均纯收入（元）	频数（户）	与国家扶贫标准的缺口（元）	缺口小计（元）
100	1	- 2700	- 2700
250	2	- 2550	- 5100

[①]　王卓:《中国现阶段的贫困特征》,《经济学家》2000 年第 2 期。

续表

人均纯收入（元）	频数（户）	与国家扶贫标准的缺口（元）	缺口小计（元）
400	1	−2400	−2400
500	2	−2300	−4600
733.33	1	−2066.67	−2066.67
900	2	−1900	−3800
1000	3	−1800	−5400
1166.67	2	−1633.33	−3266.66
1200	2	−1600	−3200
1250	7	−1550	−10850
1428.57	1	−1371.43	−1371.43
1500	4	−1300	−5200
1666.67	2	−1133.33	−2266.66
1750	2	−1050	−2100
1800	1	−1000	−1000
1833.33	1	−966.67	−966.67
2000	3	−800	−2400
2500	8	−300	−2400
合　计	45		−61088.09

调查显示：样本中，家庭人均纯收入低于 2015 年贫困线（农民年人均纯收入 2800 元）的有 45 户，占受访户总数的比例为 47.4%，人均收入与贫困线缺口的总和为 61088.09 元，平均缺口为 1357.51 元。

按照贫困深度指数计算方法：

$$PI = g\Delta / \pi$$

其中 PI 为贫困深度指数，$g\Delta$ 为平均缺口，π 为贫困线。贫困深度指数为 0~1，指数越大，贫困程度越深，距离贫困线越远。

由此推演得到彝族抽样调查村的贫困深度指数为：0.485。

其中，四川凉山 J 村的平均缺口为 1308.62 元，贫困深度指数为 0.467。云南楚雄 K 村的平均缺口为 1446.13 元，贫困深度指数为 0.516。通过贫困深度指数，结合贫困人口数量，可以推演国家财政扶贫资金的投入量与填补贫困缺口之间的关系。

（二）彝族消费性长期贫困发生率分析

为了进一步论证彝族长期贫困及其深度，本书在入户深度访谈问卷中设置了有关消费支出和对"温饱"感知的测量。

众所周知，恩格尔系数是指居民家庭支出中食物支出占消费总支出的比重，是用来衡量家庭富足程度的重要指标。一个家庭收入越少，家庭支出中用来购买食物的支出占比就越大。随着家庭收入的增加，家庭支出中用来购买食物的支出将会下降。根据联合国粮农组织提出的标准，恩格尔系数在 60% 及以上为贫困，50% ～59% 为温饱，40% ～49% 为小康，30% ～39% 为富裕，低于 30% 为最富裕。本书参考恩格尔系数进行贫困的结构性分析。

本书首先分析评估受访者家庭日常生活消费中食物支出占比，其次分析这种消费状态的持续时间。考虑到受访者家庭没有家庭收支明细的记录，本书将食物支出占总支出的比例在"60% 左右"及持续时间为 5 年以上视为长期贫困。

测试（问卷 Q3. 2. 1）：您的家庭日常消费支出中，用于吃（包括购买食物）的开支，占比多少？

1. 不够吃　　2. 80% 左右　　3. 60% 左右　　4. 50% 左右　　5. 40% 左右

测试（问卷 Q3. 2. 2） 在选择 1 或 2 或 3 的情况下，这种状态持续时间有多久？

1. 1 年及以下　　2. 2～4 年　　3. 5～10 年　　4. 11 年及以上

调查结果显示：在 54 份有效填答本问题的问卷中，日常消费支出"用于吃"的开支占比选择"60% 左右""80% 左右""不够吃"的有 28 户。在这 28 户受访家庭中，持续这种消费状态选择"5～10 年""11 年及以上"的有 22 户，占 78.6%（如表 4 - 8 所示）。

由此，以恩格尔系数推断估计彝族长期贫困（绝对贫困）发生率为 40.7%（22/54）。其中，四川凉山 J 村长期贫困发生率为 69.7%（16/23），云南楚雄 K 村长期贫困发生率为 19.4%（6/31）。

表 4 - 8　恩格尔系数下彝族长期贫困的深度分析

		状态的持续时间				合计
		1 年及以下	2 ~ 4 年	5 ~ 10 年	11 年及以上	
不够吃	计数（户）	0	0	1	3	4
	占比（%）	0	0	25.0	75.0	100.0
80% 左右	计数（户）	0	1	5	3	9
	占比（%）	0	11.1	55.6	33.3	100.0
60% 左右	计数（户）	0	5	9	1	15
	占比（%）	0	33.3	60.0	6.7	100.0
50% 左右	计数（户）	0	3	12	1	16
	占比（%）	0	18.8	75.0	6.3	100.0
40% 左右	计数（户）	1	2	6	1	10
	占比（%）	10.0	20.0	60.0	10.0	100.0
合　计	计数（户）	1	11	33	9	54
	占比（%）	1.9	20.4	61.1	16.7	100

"温饱"是中国特色的倾向于形象划分贫困界限的标准，并在政策层面以"不愁吃、不愁穿"写进各级文件中。从科学研究上讲，这种文字表述属于较难准确测量的内容。问卷调查时，本书将其纳入"态度"（也就是意识或主观感觉）进行测量。这种"态度"（或者主观感觉）既包括受访者与"前后左右"邻居比较之后的自我认识，也有来自受访者切实的生活体验与感受。本书认为，在中国全面建成小康社会的背景下，在现代社会经济条件下，部分家庭"不得温饱"不是相对贫困，而是接近绝对贫困语境下的深度贫困状态。为此，本研究进行了如下测试。

测试（问卷 Q3.1）：您家里人为吃饭发愁吗？

1. 始终发愁　　2. 经常发愁　　3. 一般　　4. 不发愁　　5. 完全不愁

● 在选择 1 或 2 的情况下，追问这种状态的持续时间有多久？根据回答，访问员选择。

1.1 年及以下　　2.2 ~ 4 年　　3.5 ~ 10 年　　4.11 年及以上

测试（问卷 Q3.2）：您家里人为穿衣发愁吗？

1. 始终发愁　　2. 经常发愁　　3. 一般　　4. 不发愁　　5. 完全

不愁

● 在选择 1 或 2 的情况下，追问这种状态的持续时间有多久？根据回答，访问员选择。

1.1 年及以下　　2.2 ~ 4 年　　3.5 ~ 10 年　　4.11 年及以上

调查发现：受访者中有 5 户（占 5.4%）贫困家庭为吃饭"始终发愁"或"经常发愁"，并且持续时间均在 11 年及以上。有 21 户（占 22.6%）受访家庭在"吃饭"问题上处于"一般"状态，有 67 户（72.0%）受访家庭解决了"吃饭"问题，不再"发愁"。

受访者中有 11 户（占 11.8%）贫困家庭为穿衣"始终发愁"和"经常发愁"，并且持续时间在 5 年及以上。有 28 户（占 30.1%）受访家庭在"穿衣"问题上处于"一般"状态，有 54 户（占 58.0%）受访家庭解决了"穿衣"问题，不再"发愁"。如表 4 - 9 所示。

表 4 - 9　彝族农村家庭在吃饭穿衣问题上的状态（n = 93）

农户视角的温饱评价			家里人为吃饭发愁吗					合计
			始终发愁	经常发愁	一般	不发愁	完全不愁吃	
受访者类型	非贫困户	计数（户）	0	0	3	4	5	12
		占比（%）	0	0	25.0	33.3	41.7	100.0
	贫困户	计数（户）	1	4	18	56	2	81
		占比（%）	1.2	4.9	22.2	69.1	2.5	100.0
合计		计数（户）	1	4	21	60	7	93
		占比（%）	1.1	4.3	22.6	64.5	7.5	100.0
农户视角的温饱评价			家里人为穿衣发愁吗					合计
			始终发愁	经常发愁	一般	不发愁	完全不愁	
受访者类型	非贫困户	计数（户）	0	0	2	8	2	12
		占比（%）	0	0	16.6	66.7	16.6	100.0
	贫困户	计数（户）	2	9	26	43	1	81
		占比（%）	2.5	11.1	32.1	53.1	1.2	100.0
合计		计数（户）	2	9	28	51	3	93
		占比（%）	2.2	9.7	30.1	54.8	3.2	100.0

由此可见，彝族农村 60% 左右的家庭解决了"温饱问题"，不再为吃穿发愁。还有 40% 左右的彝族农村家庭没有解决或未稳定解决"温饱问

题"。这个结论与前述有关彝族长期贫困深度的分析是基本一致的。

不仅如此，本研究持续的田野调查发现，在彝族农村无论是否贫困家庭，长期以来每天都只吃两顿饭，少见肉食，多以土豆、荞麦、大米、少量蔬菜为主食。可见其生活水平是很低下的。

综上可见，以收入法估算彝族长期贫困发生率为45.7%。其中，四川凉山彝族J村的长期贫困发生率为70.6%，云南楚雄K村的长期贫困发生率为27.7%。以支出法估算彝族长期贫困发生率为40.7%。其中，四川凉山J村长期贫困发生率为69.7%，云南楚雄K村长期贫困发生率为19.4%。以简单加总方法估算，彝族长期贫困发生率约43.2%。其中四川凉山彝族J村长期贫困发生率约70.2%，云南楚雄彝族K村长期贫困发生率约23.6%。

第四节　彝族长期贫困影响因素的回归分析

本节将在前述分析的基础上，以2016年8月彝族长期贫困问卷调查建立的数据库为基准，以彝族长期贫困为因变量，通过回归分析方法定量研究影响长期贫困的主要因素。

一　变量准备

（一）　因变量

在调查问卷分析中，我们所要研究的问题是受访者①家庭的贫困户类型。由于这一因变量Y为定类变量，在进行数据分析时，需要将其转化成数字，所以以对家庭的贫困户类型的不同类别水平进行赋值来表示。

受访者家庭的贫困户类型为"非贫困家庭"，对此类别赋值为数字"1"。受访者家庭的贫困户类型为"暂时贫困家庭"，对此类别赋值为数字"2"。受访者家庭的贫困户类型为"长期贫困家庭"，对此类别赋值为数字"3"。

---

① 在本研究中，受访者基本上是户主。因此若无特别说明之处，受访者提供的信息就是其家庭的信息。

（二）自变量

1. 受访者的性别（X1）

受访者的性别为女性，对此类别赋值为数字"0"。受访者的性别为男性，对此类别赋值为数字"1"。

2. 受访者的年龄（X2）

从问卷收集的数据可知，受访者的年龄数据为数值型的定距数据，其极差较大。为了顺利完成接下来的独立性卡方检验，需要将其离散化，避免其自由度过大的问题。在这里使用的离散化方法为对年龄数据进行分组。

受访者年龄在18～29岁，对其赋值为"1"，在这一区间的受访者属于青年阶段，面临的状况基本是还未组建家庭或者组建家庭时间不久；年龄在30～39岁，赋值为"2"，在这一区间的受访者，基本已经组建家庭，孩子处于成长时期而且需要承担起赡养父母的责任；年龄在40～49岁，赋值为"3"，在这一区间的受访者，孩子基本独立；年龄在50～59岁，赋值为"4"，此区间的受访者开始步入老年阶段；年龄在60～69岁，赋值为"5"；年龄在70～79岁，赋值为"6"。

3. 受访者的受教育程度（X3）

以受访者受教育年限为衡量标准，此变量为定距变量。

4. 受访者的身体状况（X4）

身体状况为良好的类别，赋值为"1"；身体状况为一般的类别，赋值为"2"；身体状况为差的类别，赋值为"3"。

5. 受访者家庭的人均土地面积（X5）

人均土地面积＝家里承包土地面积/户籍人口。此变量为数值变量，需要根据问卷收集的数据进行计算得出。

6. 受访者家庭抚养比（X6）

受访者的家庭抚养比＝劳动力/总人口。此变量为数值变量，需要根据问卷收集的数据进行计算得出。

7. 受访者家庭所处的生命周期（X7）

生命周期可以分为六个阶段，将结婚、刚刚组建家庭即"形成"阶段赋值为"1"；将第一个孩子的出生即"扩展"阶段赋值为"2"；将最后一个孩子的出生即"稳定"阶段赋值为"3";将第一个孩子离开父母家即"收缩"阶段赋值为"4";将最后一个孩子离开父母即"空巢"阶段赋值为"5";将配偶一方死亡即"解体"阶段赋值为"6"。

8. 受访者的精神力（X8）

对于受访者的专注力、理解力及交流力三个指标，进行如下赋值："很差"赋值为"1";"差"赋值为"2";"一般"赋值为"3";"好"赋值为"4";"很好"赋值为"5"。

本研究先对这三个指标进行相关性分析，此处使用 Kendall 等级相关系数来进行测度。

表 4 - 10　受访样本专注力、理解力和交流力的相关性

	专注力	理解力	交流力
专注力	1	0.682	0.679
理解力	0.682	1	0.855
交流力	0.679	0.855	1

由表 4 - 10 可知，三者的相关系数均大于 0.6，说明三个指标具有相关性。为了在接下来的回归分析中不引入过多指标，也为了消除这三个指标之间相关性的影响，本研究将专注力、理解力、交流力这三个衡量受访者的"精神"的指标综合成为一个指标即"精神力"。在进行下述指标处理时，希望体现出指标值越高户主的"精神力"越好。

所以给出如下定义：将"很差"赋值为"- 2"，"差"赋值为"- 1"，"一般"赋值为"0"，"好"赋值为"1"，"很好"赋值为"2"。对于度量"精神力"的三个指标，将它们的重要性等同看待，对每个指标赋予权重 1/3。

9. 受访者的精神信仰（X9）

为了衡量受访者是否持有信仰，在问卷中设计了如下两个问题：一是受访者是不是共产党员;二是受访者是否相信毕摩。对于问题一，将"不是共产党员"赋值为"0"，"是共产党员"赋值为"1"。对于问题二，将"不相信毕摩"赋值为"1"，"相信毕摩"赋值为"2"，"没有想过这个问题"赋值为"3"。为了综合考量受访者是否持有信仰，将这两个问题进行综合，进行如下处理：对于"既是共产党员，也相信毕摩"的情况赋值为

"1";"是共产党员，不相信毕摩"的情况赋值为"2";"是共产党员，但没有想过毕摩这个问题"的情况赋值为"3";"不是共产党员，但相信毕摩"的情况赋值为"4";"不是共产党员，也不相信毕摩"的情况赋值为"5";"不是共产党员，没有想过毕摩这个问题"的情况赋值为"6"。

10. 受访者的文化程度（X10）

为了衡量受访者的文化程度，问卷中设计了三个问题，第一个问题是受访者是否懂汉语，一共有五个类别选项可供选择，分别为"很流利""流利""一般流利""不流利""完全不会"，将其分别赋值为"1""2""3""4""5"。第二个问题是受访者是否会用汉语写自己的名字，将选项"不会"赋值"1"，"会"赋值为"2"。第三个问题是受访者是否会用彝语写自己的名字，将选项"不会"赋值"1"，"会"赋值为"2"。

第一步，数据删除。在对数据进行处理时，发现如下情况。

表4-11 受访样本的数据清理

是否懂汉语	是否会用汉语写名字	是否会用彝语写名字
1	1	1
1	1	1
1	1	1
2	1	1

由表4-11可知，数据中有三位受访者为汉语表达"很流利"，但是不会用汉语和彝语写自己的名字。从正常的逻辑角度而言，我们认为这种情况是不合理的，所以在文化程度方面，应将这三位受访者的数据删去，不进行使用。在数据库中，这三个人的数据排序为31、75、78。

第二步，接下来，本研究将这三个问卷指标进行综合，合成一个指标。

（1）"完全不会说汉语" =5或者"汉语表达很差" =4;"不会用汉语写名字" =1;"不会用彝语写名字" =1。上述情况的受访者属于文化程度很低的情况，将符合上述情况的受访者的类别赋值为"1"。

（2）"汉语表达较差" =4;"会用汉语写名字" =2。上述情况的受访者文化程度较低，将上述情况的受访者的类别赋值为"2"。

（3）"汉语表达一般" =3;"会用汉语写名字" =2。可认为受访者的文化程度稍低，将上述情况的受访者的类别赋值为"3"。

（4）"汉语表达一般" ＝3；"会用汉语写名字" ＝2。上述情况的受访者文化程度一般，将上述情况的受访者的类别赋值为"4"。

（5）"汉语表达很流利" ＝1；"汉语表达比较流利" ＝2；"会用汉语写名字" ＝2；"不会用彝语写名字" ＝1。符合上述情况的受访者文化程度较高，将符合上述情况的受访者的类别赋值为"5"。

（6）"汉语表达很流利" ＝1；"汉语表达比较流利" ＝2；"会用汉语写名字" ＝2；"会用彝语写名字" ＝2。符合上述情况的受访者文化程度很高，将符合上述情况的受访者的类别赋值为"6"。

二　数据分布情况

首先对可能影响家庭贫困类型的因变量进行一定程度的统计分析，重点包括受访者家庭的贫困户类型、年龄、受教育年限等主要变量的数据分布情况。

（一）受访者家庭贫困户类型分布

由表4－12可知，"暂时贫困家庭"有45户，所占比重最高；其次是"长期贫困家庭"，有39户；"非贫困家庭"有11户。可见所走访的地区有88.4%的家庭都是处在"贫困"阶段的，有41.1%的家庭处于"长期贫困"阶段①，比重接近所调查家庭户数的一半。

表 4 –12　受访者家庭的贫困户类型分布 （n ＝95）

贫困户类型	频数	百分比（%）	有效百分比（%）
1 ＝非贫困家庭	11	11.6	11.6
2 ＝暂时贫困家庭	45	47.4	47.4
3 ＝长期贫困家庭	39	41.1	41.1
合　计	95	100.1	100.1

注：因四舍五入，各项百分比之和不等于100%。

---

① 本次调查发现处于长期贫困的家庭有39户。此节回归分析以95户为总数进行分析，与上一节略有差异。

（二）受访者其他变量分布

1. 受访者年龄分布

由图 4 - 1 可知，受房者年龄数据基本符合正态分布，其极差较大且分布范围很广，尤其与其他变量相比数值偏大，为避免其自由度过大的问题，已将其离散化处理。

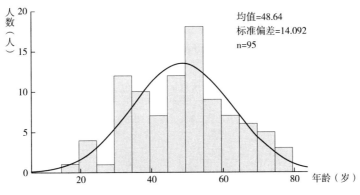

图 4 - 1　受访者年龄分布

2. 受访者受教育年限分布

由图 4 - 2 可知，受访者数据分布很不均匀。受教育年限为 0 ~ 3 年的受访者将近 35 人，受教育年限在 4 ~ 6 年、7 ~ 9 年的数据分布较为均匀，受教育年限在 10 年及以上的受访者在 5 人左右。所以，可以依据上述分析，将受教育年限分为 4 组，年限在 0 ~ 3 年的分为一组，年限在 4 ~ 6 年的分为一组，年限在 7 ~ 9 年的分为一组，年限在 10 年及以上的分为一组。后续分析时，可以控制住年龄变量，将受访者家庭的贫困户类型与其影响因素进行分析。

3. 受访者的身体状况

由表 4 - 13 可知，受访者身体状况为"良好"的占比为 50.5%，身体状况"一般"的占比为 33.7%，身体状况"差"的占比仅为 15.8%。说明所调查家庭的大部分户主身体状况良好。

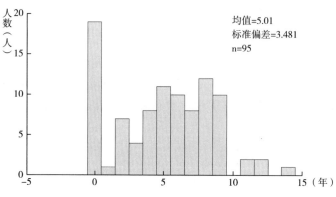

图 4 - 2　受访者受教育年限分布

表 4 - 13　受访者的身体状况分布

身体状况	频数	百分比（%）	有效百分比（%）
1 = 良好	48	50.5	50.5
2 = 一般	32	33.7	33.7
3 = 差	15	15.8	15.8
合　计	95	100	100

4. 受访者家庭劳动力以及抚养比分布情况

由图 4 - 3 可知，受访者家庭劳动力的分布主要集中在 2～4 人，其劳动力小于 2 人或者大于 4 人的家庭均较少。受访者家庭抚养比 = 劳动力/总人口，由图 4 - 4 可知，虽然其为数值型变量，但取值较为分散。

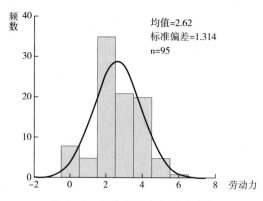

图 4 - 3　受访者家庭劳动力分布

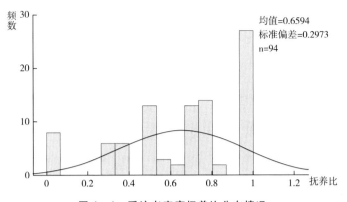

图 4 - 4　受访者家庭抚养比分布情况

5. 受访者家庭生命周期分布情况

由表 4 - 14 可知，处于刚刚组建家庭即"形成"阶段的家庭户数为 0，处于其他 5 个阶段的家庭户数分布较为均匀。

表 4 - 14　受访者家庭生命周期分布（n = 95）

家庭生命周期阶段	频数	百分比（%）	有效百分比（%）
1 = 形成	0	0	0
2 = 扩展	22	23.2	23.2
3 = 稳定	25	26.3	26.3
4 = 收缩	14	14.7	14.7
5 = 空巢	25	26.3	26.3
6 = 解体	9	9.5	9.5
合　计	95	100	100

三　卡方独立性检验

（一）卡方独立性检验概述

卡方检验（Chi - square test）是非参数检验的一种。卡方检验是通过比较两项或多项频数，检测在一定显著性水平上实际频数与以某种理论模型或分布特征假设为基础的期望频数的差异度。卡方检验的步骤如下。

第一步：建立原假设和备择假设。

H_0：两变量相互不独立；H_1：两变量相互独立。

第二步：计算自由度与期望频数。

自由度：df =（r-1）（c-1），r 表示列联表的行数，c 表示列联表的列数。

期望频数：$e_{ij} = F_{Y_i} \cdot F_{X_j}/n$，其中 F_{Y_i} 表示 Y 变量在 i 水平的计数汇总，F_{X_j} 表示 X 变量在 j 水平的计数汇总，n 表示样本总量。

第三步：计算统计量。

$$\chi^2 = \sum_{i=1}^{r} \sum_{j=1}^{c} \frac{(f_{ij} - e_{ij})^2}{e_{ij}} \sim \chi^2_{df}$$

其中 f_{ij} 表示实际频数，e_{ij} 表示期望频数，χ^2 表示卡方值。

第四步：根据自由度和显著性水平 α 在卡方分布表中查找出对应卡方临界值。如果运算出的卡方值大于卡方临界值，接受原假设，反之，接受备择假设。

其拒绝域为：$\chi^2 < \chi^2_{1-\alpha/2(df)}$ 或者 $\chi^2_{\alpha/2(df)} < \chi^2$。

卡方检验就是研究统计样本的实际观测值与理论值之间的偏离程度。如果计算出的 χ^2 数值大于其显著性水平所对应的临界值，就可以论证该变量会对受访者家庭的贫困户类型产生影响。

（二）卡方独立性检验

1. 定性分析

在对问卷进行分析时，本研究选取了课题组认为会对因变量造成影响的十个指标。

第一个指标是受访者的性别。一个家庭中户主的性别对于家庭的结构、相处模式甚至未来发展有着重要的影响。本研究认为受访者的性别会对其家庭的贫困户类型存在一定程度的影响。

第二个指标是受访者的年龄。一个家庭中户主的年龄会影响家庭所处的生命周期，而在不同的生命周期，家庭的成员构成是不同的，家庭的财富积累速度和水平也存在差异。有理由认为受访者的年龄会对其家庭的贫困户类型存在影响。

第三个指标是受访者的受教育程度。家庭户主的受教育程度在某种程度上决定着其所从事的工作性质和收入水平，以及孩子的培养方式。

可以认受访者的受教育程度是影响其家庭的贫困户类型的一个很重要的因素。

第四个指标是受访者的身体状况。身体状况的不同在某种程度上会影响一个家庭的消费支出结构以及家庭获取收入的方式。有理由认为受访者的身体状况会对其家庭的贫困户类型产生影响。

第五个指标是受访者家庭的人均土地面积。对于依靠种植耕地为生的家庭而言，人均土地面积的大小会直接影响到家庭收入水平。某种程度上可以认为受访者家庭的人均土地面积会对其家庭的贫困户类型产生一定程度的影响。

第六个指标是受访者家庭抚养比。如果一个家庭的劳动力很少，但同时又需要抚养较多的人口，那么其经济压力程度会较大，生活水平也会较低。本研究认为受访者家庭抚养比与其家庭的贫困户类型之间具有一定的相关性。

第七个指标是受访者家庭所处的生命周期。家庭处在不同的生命周期时，家庭成员构成不同，家庭获取收入的来源和方式也不同，家庭的财富积累速度和水平也都存在差异。有理由认为受访者家庭所处的生命周期会影响其家庭的贫困户类型。

第八个指标是受访者的精神力。由上述变量准备部分可知，精神力指标是对受访者的专注力、理解力和交流力的一个衡量。这三种能力较高的人，在学习过程中，获取知识的速度也会越快，学习思考以及适应环境的能力也会越强，其收入水平越高的可能性越大。本研究认为受访者的精神力与其家庭的贫困户类型之间存在相关性。

第九个指标是受访者的精神信仰。受访者是否持有精神信仰会对其行事准则、生活态度以及看待财富的观念有一定影响。本研究认为受访者的精神信仰与其家庭的贫困户类型之间存在一定程度的相关性。

第十个指标是受访者的文化程度。由上述变量准备部分可知，受访者的文化程度代表着其语言能力，即对于汉语和彝语的掌握程度。语言能力越强的受访者，在生活中与人沟通交流会越通畅，也会有效地降低其沟通成本。本研究认为受访者的文化程度在一定程度上会影响受访者家庭的贫困户类型。

2. 定量分析

基于上述分析，本书提出如下假设并分别进行卡方独立性检验。

假设一：受访者的性别不会影响其家庭的贫困户类型。

假设二：受访者的年龄不会影响其家庭的贫困户类型。

假设三：受访者的受教育程度不会影响其家庭的贫困户类型。

假设四：受访者的身体状况不会影响其家庭的贫困户类型。

假设五：受访者家庭的人均土地面积不会影响其家庭的贫困户类型。

假设六：受访者家庭抚养比不会影响其家庭的贫困户类型。

假设七：受访者家庭所处的生命周期不会影响其家庭的贫困户类型。

假设八：受访者的精神力不会影响其家庭的贫困户类型。

假设九：受访者的精神信仰不会影响其家庭的贫困户类型。

假设十：受访者的文化程度不会影响其家庭的贫困户类型。

在 SPSS 中将变量 X1 ~ X10 分别与因变量 Y 进行列联表卡方独立性检验，其结果汇总如下。

表 4 - 15　自变量与因变量的列联表卡方独立性检验

	Pearson Chi - Square	Df	p 值
X1	8.040	2	0.018
X2	25.868	12	0.011
X3	34.519	24	0.076
X4	6.684	4	0.154
X5	15.516	10	0.114
X6	46.786	24	0.004
X7	11.526	8	0.174
X8	32.669	20	0.037
X9	12.570	10	0.249
X10	26.131	10	0.004

在对实际问题进行考虑时，不应该仅局限于理论意义上的 p 值检验，我们认为其 p 值在 0.2 以下的，均可认为对因变量 Y 有一定的影响，因为在讨论自变量与因变量的相关性时，其与因变量之间的真实关系可能会被其他变量所掩盖，可以放宽要求认为这些变量与因变量之间存在一定的相关性，可以通过后续将其加入回归模型，检验其是否对因变量及模型有显著影响。由表 4 - 15 可知：

（1）变量 X1 的 Pearson 卡方检验的 p 值为 0.018，在 0.05 的显著性水平下，受访者的性别与其家庭的贫困户类型之间具有一定的相关性。

（2）变量 X2 的 Pearson 卡方检验的 p 值为 0.011，在 0.05 的显著性水平下，受访者的年龄与其家庭的贫困户类型之间存在某种程度的相关性。

（3）变量 X3 的 Pearson 卡方检验的 p 值为 0.076，在 0.1 的显著性水平下，受访者的受教育程度会对其家庭的贫困户类型有一定影响。

（4）变量 X4 的 Pearson 卡方检验的 p 值为 0.154，虽然 p 值大于 0.1，但是不能断然接受其原假设，在接下来的回归过程中需要进一步加以验证。

（5）变量 X5 的 Pearson 卡方检验的 p 值为 0.114，仍需要在接下来的回归过程中进一步验证受访者家庭的人均土地面积是否对于其家庭的贫困户类型有一定的影响。

（6）变量 X6 的 Pearson 卡方检验的 p 值为 0.004，在 0.01 的显著性水平下，可认为受访者家庭抚养比对其家庭的贫困户类型有一定的影响。

（7）同上述 4、5 点，虽然变量 X7 的 Pearson 卡方检验的 p 值为 0.174，在接下来的回归过程中需要进一步加以验证受访者家庭所处生命周期与其家庭的贫困户类型之间的相关性。

（8）变量 X8 的 Pearson 卡方检验的 p 值为 0.037，在 0.05 的显著性水平下，受访者的精神力与其家庭的贫困户类型之间具有一定相关性。

（9）变量 X9 的 Pearson 卡方检验的 p 值为 0.249。为了进一步验证它与因变量的相关性，可检验其偏相关系数，即把其他变量控制住，仅仅讨论它与因变量的相关性。

表 4-16 受访者的精神信仰与其家庭的贫困户类型的相关性

	Y	X9
Y	1	-0.162
X9	-0.162	1

由表 4-16 可以看出其相关系数为 -0.162，可见其几乎不存在相关性，可以认为变量 X9 对因变量 Y 没有影响。

（10）变量 X10 的 Pearson 卡方检验的 p 值为 0.004，在 0.01 的显著性水平下，受访者的文化程度与其家庭的贫困户类型之间具有显著相关性。

综上对 X1～X10 十个自变量分别与受访者家庭的贫困户类型进行卡方独立性检验可知，在 0.1 的显著性水平下，可以确定以下六个变量：X1（受访者的性别）、X2（受访者的年龄）、X3（受访者的受教育程度）、X6（受访者家庭抚养比）、X8（受访者的精神力）、X10（受访者的文化程度）与受访者家庭的贫困户类型有一定相关性影响，下述部分再对这六个变量进行有序多分类逻辑回归，进一步检验其是否会对受访者家庭的贫困户类型有所影响。

变量 X4（受访者的身体状况）、X5（受访者家庭的人均土地面积）、X7（受访者家庭所处的生命周期）对于受访者家庭的贫困户类型的影响，有待在下述回归模型中进一步检验。

四 有序多分类逻辑回归

（一）有序多分类逻辑回归模型介绍

逻辑回归研究当因变量是二分类变量时的情况。但当因变量是多分类，且这些分类之间存在等级或者差异程度时，可以通过拟合 $(k-1)$ 个逻辑回归模型（其中 k 为因变量中的分类个数）即累积逻辑模型来进行，这种方式实际上是依次将因变量按照不同点取值水平分割成若干个二分类变量，然后再依次拟合二分类逻辑回归模型。

设有序反应变量 y 有 k 个水平：1，2，$\cdots$，k；X（x_1，x_2，$x_3\cdots$，x_m）为自变量的向量，y 取 j 水平的概率 $\pi_j = P$（$y = j \mid X$），$j = 1$，2，$\cdots$，k，$\pi_1 + \pi_2 + \cdots$，$+ \pi_k = 1$，将 k 个水平分为两类：$\{1, 2, \cdots, j\}$ 与 $\{j+1, j+2, \cdots, k\}$，$j = 1$，2，$\cdots$，$k-1$，按照二分类反应变量逻辑回归模型，对多分类有序反应变量进行逻辑回归时，x_i 为二分类、多分类有序或连续自变量时，需要拟合如下 $k-1$ 个二分类逻辑回归方程：

$$\ln \left[\sum_{i-1}^{j} p_j / \left(1 - \sum_{i-1}^{j} p_j \right) \right] = \alpha_j + \sum_{i-1}^{m} b_i x_i \, , \, j = 1, \, 2, \, \cdots, \, k-1$$

这里的 p_j 为 π_j 的估计值，α_j 为截距参数的估计值，b_i 为偏回归系数 β_i 的估计值。当某个 x_i 为 r（$r \geqslant 3$ 分类自变量时，只需要在回归方程中设立 $r-1$ 个仅为 0，1 两水平的虚拟自变量。这里上式中的 m 包括了虚拟自变量的个数。求解参数采用极大似然估计的思想。以上模型的假设条件是：β_i（$i = 1，2，\cdots，m$）的大小与 j（$j = 1，2，\cdots，k-1$）无关。

（二）建立有序多分类的逻辑模型

1. 模型构建

由上述卡方独立性检验可知，在 0.1 的显著性水平下，提取出了几个与因变量有相关性影响的变量，分别为 X1（受访者的性别）、X2（受访者的年龄）、X3（受访者的受教育程度）、X6（受访者家庭抚养比）、X8（受访者的精神力）、X10（受访者的文化程度）。首先对上述变量建立回归模型。其因变量贫困户类型的三个类别水平满足：$p1 + p2 + p3 = 1$

$$\text{logit}_{(p1)} = \text{In} \left(\frac{p1}{p2 + p3} \right) = \gamma_1 + \beta_1 x_1 + \beta_2 x_2 + \beta_3 x_3 + \beta_8 x_8 + \beta_{10} x_{10}$$

$$\text{logit}_{(p1 + p2)} = \text{In} \left(\frac{p1 + p2}{p3} \right) = \gamma_2 + \beta_1 x_1 + \beta_2 x_2 + \beta_3 x_3 + \beta_8 x_8 + \beta_{10} x_{10}$$

可以简略表示成如下形式：

$$Y \sim X1 + X2 + X3 + X6 + X8 + X10\text{dum}$$

由于变量 X10 为多分类变量，在 R 中进行回归时，需要将其转变为哑变量进行回归，所以变量 X10dum 即为其转变为哑变量后的变量。

表 4 - 17　受访者家庭的贫困户类型的回归模型

	Value	t value	p value
X1	− 0.36839032	− 0.6926579	0.48852429
X2	0.03664206	1.9455449	0.05170943
X3	− 0.13797027	− 1.4759444	0.13995882
X6	− 0.01211779	− 1.4117922	0.15801117
X8	− 0.20247564	− 0.6465830	0.51790187
X10dum1	0.94680705	0.8346450	0.40391759
X10dum2	1.74186008	1.1175201	0.26377200
X10dum3	1.77819322	1.4660226	0.14264214
X10dum4	2.28444998	2.2381081	0.02521401
X10dum5	0.78173582	0.9456340	0.34433529
1 ｜ 2	− 1.50908673	− 1.1453781	0.25205256
2 ｜ 3	1.55624217	1.1788110	0.23847344

由表 4 – 17 可知，模型整体显著，在 0.1 的显著性水平下只有变量 X2（p 值小于 0.1）以及 X10dum4（p 值小于 0.1）的系数显著。

2. 相关性检验

通常人们认为一个人的受教育程度会影响其文化水平（即语言水平），受教育程度越高的人，其语言水平越有可能更好。下面对变量 X3 和变量 X10 的相关性进行检验。

表 4 – 18   受访者的受教育程度与文化程度的相关性

		X3	X10
X3	Pearson Correlation	1	0. 524 **
X10	Pearson Correlation	0. 524 **	1

由表 4 – 18 相关系数可知，变量 X3（受访者的受教育程度）、X10（受访者的文化程度）两变量之间存在一定程度的相关性，为了避免多重共线性，再将变量 X10 从模型中去掉进行回归，可以简略表示成如下形式：

$$Y \sim X1 + X2 + X3 + + X6 + X8$$

表 4 – 19   受访者家庭的贫困户类型的回归模型

	Value	t value	p value
X1	− 0. 17611857	− 0. 3654375	0. 71478482
X2	0. 03737768	2. 0588787	0. 03950586
X3	− 0. 13458109	− 1. 7454385	0. 08090858
X6	− 0. 01110508	− 1. 3266465	0. 18462564
X8	− 0. 42528896	− 1. 5364179	0. 12443593
1 ∣ 2	− 2. 25979496	− 1. 9967350	0. 04585397
2 ∣ 3	0. 61595839	0. 5564123	0. 57792905

由表 4 – 19 可知，模型整体显著，其中变量 X2（受访者的年龄）、X3（受访者的受教育程度）的系数显著。

3. 有序多分类的逻辑回归

在实际问题的考虑中，对于卡方独立性检验的要求可以适当放宽，直接检验变量与因变量的相关性不显著，而在模型中可能会通过其他变量对因变量产生影响。所以对于在 0.2 的显著性水平下显著的变量，进行有序多分类的逻辑回归，看其加入模型是否会有显著的正向影响。

（1）由于变量 X4（受访者的身体状况）是多分类的变量，所以为其设置哑变量加入模型，进行回归结果如下。

表 4 - 20　受访者家庭的贫困户类型的回归模型

	Value	t value	p value
X1	− 0.11302666	− 0.2259415	0.82124691
X2	0.02915878	1.3371914	0.18116018
X3	− 0.13889055	− 1.7793438	0.07518342
X6	− 0.01199848	− 1.4500058	0.14705689
X8	− 0.40596871	− 1.4564110	0.14527904
X4dum1	− 0.84152359	− 1.1741648	0.24032902
X4dum2	− 0.74058507	− 1.1231664	0.26136682
1 | 2	− 3.39388059	− 2.2141953	0.02681534
2 | 3	− 0.46769026	− 0.3168764	0.75133737

由表 4 - 20 可知，模型整体显著，只有变量 X3 的系数显著，所以加入新变量 X4 后，模型整体效果下降，所以可认为变量 X4 对于回归模型没有任何正向效应的影响。

（2）在模型中加入变量 X5（受访者家庭的人均土地面积），进行回归，结果如下。

表 4 - 21　受访者家庭的贫困户类型的回归模型

	Value	t value	p value
X1	− 0.11888749	− 0.2443631	0.80694964
X2	0.04100327	2.2256495	0.02603767
X3	− 0.13758616	− 1.7632768	0.07785381
X6	− 0.01065767	− 1.2866456	0.19821784
X8	− 0.44875296	− 1.6029513	0.10894540
X5	− 0.25595009	− 1.4964359	0.13454010
1 | 2	− 2.60222722	− 2.2213479	0.02632741
2 | 3	0.35061780	0.3102671	0.75635781

由表 4 - 21 可知，模型整体显著，变量 X2 和变量 X3 的系数显著，所以加入新变量 X5 后，模型整体效果未发生显著改变，所以可认为变量 X5 对于回归模型没有正向效应的影响。

（3）由于变量 X7（受访者家庭所处的生命周期）是多分类的变量，所以为其设置哑变量加入模型，进行回归结果如下。

表 4 - 22　受访者家庭的贫困户类型的回归模型

	Value	t value	p value
X1	- 0. 23461920	- 0. 46317216	0. 64324097
X2	0. 04034253	1. 73607919	0. 08254983
X3	- 0. 12465418	- 1. 49624803	0. 13458903
X6	- 0. 01349566	- 1. 55669400	0. 11954315
X8	- 0. 46371901	- 1. 60697547	0. 10805975
X7dum2	- 0. 64093101	- 0. 61576543	0. 53804934
X7dum3	- 0. 08675288	- 0. 08624992	0. 93126775
X7dum4	0. 40693166	0. 36905112	0. 71208962
X7dum5	- 0. 98529452	- 0. 95760571	0. 33826162
1 ∣ 2	- 2. 74154381	- 1. 76259652	0. 07796856
2 ∣ 3	0. 25648117	0. 16899447	0. 86580099

由表 4 - 22 可知，模型整体显著，只有变量 X2 的系数显著，加入新变量 X7 后，模型整体效果下降，所以可认为变量 X7 对于回归模型没有任何正向效应的影响。

综上所述，对于显著性水平在 0. 2 以下的变量不加入回归模型。

4. 交互效应分析

下面主要来研究自变量之间的交互效应。交互效应是两个或两个以上自变量相互依赖、相互制约，共同对因变量的变化发生影响。换句话说，如果一个自变量对因变量的影响效应会因另一个自变量的水平不同而有所不同，则说明这两个自变量之间具有交互效应。

下面来考虑变量之间交互效应的影响。首先对变量之间可能存在交互效应的变量进行定性分析。

本研究认为变量 X3（受访者的受教育程度）与变量 X8（受访者的精神力）之间会有一定的交互效应，单变量对于因变量会有影响，两个因素结合在一起对于因变量也会有一定的复合影响。

变量 X3（受访者的受教育程度）和变量 X2（受访者的年龄）之间也会存在一定的交互效应。

变量 X2（受访者的年龄）和变量 X4（受访者的身体状况）之间也会存在一定的交互效应。

（1）变量 X3 × X8 的交互效应

本研究将 X3 × X8 变量项引入回归模型，可以简略表示成如下形式：

$$Y \sim X1 + X2 + X3 + X6 + X8 + X3 \times X8$$

结果如下。

表 4 - 23　受访者家庭的贫困户类型的回归模型

	Value	t value	p value
X1	− 0.009099849	− 0.01820978	0.98547150
X2	0.045175239	2.38827940	0.01692747
X3	− 0.232794546	− 2.45053355	0.01426447
X6	− 0.009731667	− 1.15638899	0.24752208
X8	− 1.211108916	− 2.37726425	0.01744159
X5	− 0.257726529	− 1.47557675	0.14005755
X3 × X8	0.156493637	1.89231970	0.05844840
1	2	− 2.599047536	− 2.18197535	0.02911135
2	3	0.393602455	0.34014181	0.73374973

由表 4 - 23 可知，模型整体显著，变量 X2、X3、X8、X3 × X8 系数显著。模型效果有所提升，所以加入变量 X3 和变量 X8 对模型产生了一定程度的正向效应。

（2）变量 X2 × X3 的交互效应

本研究将 X2 × X3 变量项引入回归模型，可以简略表示成如下形式：

$$Y \sim X1 + X2 + X3 + X6 + X8 + X2 \times X3$$

结果如下。

表 4 - 24　受访者家庭的贫困户类型的回归模型

	Value	t value	p value
X1	- 0. 152939060	- 0. 3070070	0. 758838055
X2	0. 101720626	2. 8080594	0. 004984103
X3	0. 371246598	1. 4424808	0. 149166791
X6	- 0. 008312118	- 0. 9538732	0. 340147809
X8	- 0. 522653099	- 1. 8214828	0. 068533494
X5	- 0. 240081713	- 1. 3529271	0. 176078936
X2 × X3	- 0. 010892676	- 2. 0362694	0. 041723310
1 ∣ 2	0. 485427844	0. 2546943	0. 798959220
2 ∣ 3	3. 486396492	1. 8203567	0. 068704704

由表 4 - 24 可知，模型整体显著，变量 X2、X8、X2 × X3 系数显著。但 X3 的系数不显著，说明模型效果有所下降。

（3）变量 X2 × X4 的交互效应

本研究将 X2 × X4 变量项引入回归模型，可以简略表示成如下形式：

$$Y \sim X1 + X2 + X3 + X6 + X8 + X2 \times X4$$

结果如下。

表 4 - 25　受访者家庭的贫困户类型的回归模型

	Value	t value	p value
X1	- 0. 21160041	- 0. 4054647	0. 68513596
X2	0. 16277483	1. 4241961	0. 15438970
X3	- 0. 12907328	- 1. 5993795	0. 10973631
X6	- 0. 01002592	- 1. 1924778	0. 23307396
X8	- 0. 50157866	- 1. 7125274	0. 08679953
X5	- 0. 23651475	- 1. 3709999	0. 17037499
X4dum1	7. 02777241	1. 0736466	0. 28298110
X4dum2	6. 13780516	0. 9312335	0. 35173281
X2 × X4dum1	- 0. 14083630	- 1. 2080171	0. 22704070
X2 × X4dum2	- 0. 12127193	- 1. 0417122	0. 29754513
1 ∣ 2	3. 73605404	0. 5724232	0. 56703529
2 ∣ 3	6. 72783503	1. 0331364	0. 30154009

由表 4 - 25 可知，加入交互项后，模型整体效果下降。

5. 交互效应的回归模型

综上分析，本研究考虑加入变量 X3 × X8 的交互效应模型，其回归系数如下。

表 4 - 26 受访者家庭的贫困户类型的回归模型

	Value	t value	p value
X1	- 0. 06038635	- 0. 1218011	0. 90305654
X2	0. 04183708	2. 2275341	0. 02591160
X3	- 0. 22829159	- 2. 4407529	0. 01465668
X6	- 0. 01042118	- 1. 2176469	0. 22335817
X8	- 1. 18264647	- 2. 3533515	0. 01860504
X3 × X8	0. 15583218	1. 9085646	0. 05631828
1	2	- 2. 24173350	- 1. 9460005	0. 05165468
2	3	0. 66843857	0. 5881557	0. 55642781

由表 4 - 26 可知，模型整体显著，但是变量 X1、X6 的系数不显著，本研究先对变量 X1 进行剔除。可以简略表示成如下形式：

$$Y \sim X2 + X3 + X6 + X8 + X3 \times X8$$

表 4 - 27 受访者家庭的贫困户类型的回归模型

	Value	t value	p value
X2	0. 04125253	2. 2737406	0. 02298159
X3	- 0. 23072303	- 2. 5251374	0. 01156531
X6	- 0. 01022098	- 1. 2165247	0. 22378511
X8	- 1. 18991085	- 2. 3829403	0. 01717498
X3 × X8	0. 15700710	1. 9363920	0. 05281971
1	2	- 2. 22691479	- 1. 9443790	0. 05184977
2	3	0. 68146179	0. 6024089	0. 54690201

由表 4 - 27 可知，模型整体显著，只有变量 X6 的系数不显著，本研究再对变量 X6 进行剔除。

可以简略表示成如下形式：

$$Y \sim X2 + X3 + X8 + X3 \times X8$$

表 4 – 28　受访者家庭的贫困户类型的回归模型

	Value	t value	p value
X2	0.03760238	2.157889	0.030936466
X3	− 0.23731387	− 2.613151	0.008971172
X8	− 1.20962209	− 2.451028	0.014244891
X3：X8	0.16076120	1.981883	0.047492296
1 | 2	− 1.74003469	− 1.632552	0.102563155
2 | 3	1.15005458	1.077642	0.281193539

由表 4 – 28 可知，模型整体显著，除截距项外，所有变量系数 p 值在 0.05 的显著性水平下均显著，模型拟合效果良好。可以得到如下的回归方程：

$$logit\ (p1)\ = In\ (\frac{p1}{p2 + p3})\ = 0.0376x_2 - 0.237x_3 - 1.209x_8 + 0.161x_8 \times x_3$$

$$logit\ (p1 + p2)\ = In\ (\frac{p1 + p2}{p3})\ = 0.0376x_2 - 0.237x_3 - 1.209x_8 + 0.161x_8 \times x_3$$

本研究可以对上述方程做出如下解释。

假定对于模型中的其他变量保持不变，变量 X2 每增加一个单位，即受访者的年龄增长一岁，其家庭所属的贫困户类型，从"非贫困家庭"类变为"暂时贫困家庭"类（或者是从"暂时贫困家庭"类变为"长期贫困家庭"类）累计概率之比的对数值会增加 0.037 个单位。变量 X3 每增加一个单位，即受访者的受教育程度增加一年，其家庭所属的贫困户类型，从"非贫困家庭"类变为"贫困家庭"类（或者是从"暂时贫困家庭"类变为"长期贫困家庭"类）累计概率之比的对数值会减少 0.237 个单位。变量 X8 每增加一个单位，即受访者的精神力指标增加一个值，其家庭所属的贫困户类型，从"非贫困家庭"类变为"贫困家庭"（或者是从"暂时贫困家庭"类变为"长期贫困家庭"类）累计概率之比的对数值会减少 1.209 个单位。交互项 X3 × X8 反映的是 X3 对 Y 的影响随着 X8 的变化而调节（反之即可），其系数值为 0.16，表示的是 X3 对于 Y 的影响会随着 X8 的增加而增加。即受访者的受教育程度每增加一年，其家庭所属的贫困户类型，从"非贫困家庭"类变为"贫困家庭"类（或者是从"暂时贫困家庭"类变为"长期贫困家庭"类）累计概率之比的对数值会减少 0.237 + 0.16 个单位。

五 控制年龄变量后的逻辑回归模型

考虑到年龄和多个变量有显著相关关系，所以本研究将样本按照年龄分组后进行逻辑回归，也就是控制年龄变量后，分析有关因变量对家庭的贫困户类型的影响。

根据实地调查和社会经济的重要阶段性特征，以及代际分析的考虑，本研究将受访者按出生年份划分为三组，第一组为 1962 年及之前出生的受访者（2016 年接受入户调查时年份 54 岁及以上老年群体），第二组为 1963 年至 1977 年出生的受访者（2016 年接受入户调查时为 39 岁至 53 岁的中年群体），第三组为 1978 年及以后出生的受访者（2016 年接受入户调查时为 38 岁及以下的中青年群体）。

（一）第一组样本回归结果

第一组受访者共 30 个样本。逻辑回归模型包括了精神力、抚养比、年龄、受教育程度、身体状况、汉语水平、家庭生命周期，模型拟合的似然比检验显著水平小于 0.001，伪 R^2（Cox 和 Snell）值为 0.889，变量拟合似然比检验的显著水平如表 4 - 29 所示。

表 4 - 29 受访老年群体贫困影响的回归结果

变量	模型拟合标准	似然比检验		
	简化后的模型的 - 2 倍对数似然值	卡方	df	显著水平
抚养比	12.421	12.421	2	0.002
精神力	12.651	12.651	2	0.002
年龄	12.356	12.356	2	0.002
身体状况	12.290	12.290	2	0.002
受教育程度	14.477	14.477	4	0.006
汉语水平	20.315	20.314	8	0.009
家庭生命周期	14.711	14.711	6	0.023

变量拟合结果说明对 1962 年及之前出生的受访者，这七个变量都显著影响到其家庭的贫困户类型，其中受访者的精神力指标值越大、汉语越流利、身体越健康、受教育年限越长，其家庭越不容易陷入贫困；受访者年龄越大、家庭抚养比越高、家庭生命周期指标值越大，其家庭越容易陷入贫困。

（二）第二组样本回归结果

第二组受访者共 37 个样本，分析精神力、汉语水平、对毕摩的相信程度、家庭生命周期四个变量得到逻辑回归模型。模型拟合的似然比检验显著水平小于 0.001，伪 R^2 值为 0.793，变量拟合似然比检验的显著水平如表 4-30 所示。

表 4-30　受访中年群体贫困影响的回归结果

变量	模型拟合标准	似然比检验		
	简化后的模型的 -2 倍对数似然值	卡方	df	显著水平
精神力	30.263	7.214	2	0.027
汉语水平	47.403	24.354	8	0.002
家庭生命周期	38.410	15.362	8	0.052
对毕摩的相信程度	51.382	28.333	4	0

这说明对 1963~1977 年出生的受访者，在 0.1 的显著性水平下，这四个变量的 p 值都较为显著，即这四个变量对其家庭的贫困户类型都产生显著的影响。其中受访者的精神力指标值越大、汉语水平越好，其家庭越不容易陷入贫困；相信毕摩程度越深、家庭生命周期越靠后，其家庭越容易陷入贫困。

（三）第三组样本回归结果

第三组受访者共 28 个样本。对抚养比、汉语水平、家庭生命周期三个变量进行逻辑回归，模型拟合似然比检验的显著水平小于 0.001，伪 R^2 值为 0.851，模型整体效果较为显著。变量拟合似然比检验的显著水平如表 4-31 所示。

表 4 - 31 受访中青年群体贫困影响的回归结果

变量	模型拟合标准	似然比检验		
	简化后的模型的 - 2 倍对数似然值	卡方	df	显著水平
抚养比	26. 206	24. 818	2	0
汉语水平	33. 944	32. 557	8	0
家庭生命周期	34. 088	32. 701	8	0

这说明对 1978 年及以后出生的受访者，在 0.01 的显著性水平下，变量抚养比、汉语水平和家庭生命周期对 p 值影响很显著，即这三个变量会对其家庭的贫困户类型产生显著影响。其中受访者家庭抚养比越大、家庭生命周期越靠后越容易陷入贫困；而汉语水平越高，家庭越不容易陷入贫困。

综上可知，对于年龄变量分组之后，本研究认为不同的年龄阶段对其家庭的贫困户类型影响因素有所不同。以年龄为控制变量来对因变量进行回归，对此问题有一定的分析意义。

第五章 彝族贫困代际传递
及其影响因素

党的十八大以来，中国在反贫困方面取得了令人瞩目的成就。从 2012 年末至 2018 年末，全国农村贫困人口累计减少 8239 万人，贫困发生率累计下降 8.5 个百分点。[①] 但由于城乡二元格局、区域发展格局的失衡，自然因素与社会因素的交织作用，我国深度贫困地区的贫困代际传递问题在相当范围和程度上仍然存在。贫困代际传递使贫困人口失去阶层向上流动的物质基础和精神动力，随之而来的就是阶层流动性小，社会开放程度降低，贫富差距加大，社会不公平现象愈加严重。2018 年 3 月 5 日习近平总书记指出："打好脱贫攻坚战，关键是打好深度贫困地区脱贫攻坚战。"[②]深度贫困地区是脱贫攻坚战的重点，特别是一些少数民族贫困地区，社会发育程度低，贫困代际传递现象突出，是我国 2020 年实现现行标准下农村贫困人口全部脱贫的短板，是"十三五"期间全面建成小康社会的难点。国家"十一五"规划中，首次提出要将"防止贫困代际传递"作为反贫困的新目标，要注重对贫困家庭子女的帮扶。国务院总理李克强在十二届全国人大二次会议上指出，决不让贫困代代相传。《中共中央 国务院关于打赢脱贫攻坚战的决定》（以下简称《决定》）是中共中央、国务院于 2015 年 11 月 29 日颁布的有关脱贫攻坚的纲要性文件。《决定》提出的目标是：

[①] 《农村贫困人口减少 1386 万人》，中央人民政府网站，http：//www. gov. cn/xinwen/2019 - 02/16/content_5366149. htm。

[②] 《习近平在参加内蒙古代表团审议时强调：扎实推动经济高质量发展 扎实推进脱贫攻坚》，人民网，http：//cpc. people. com. cn/n1/2018/0306/c64094 - 29849635. html。

到 2020 年确保我国现行标准下农村贫困人口实现脱贫，贫困县全部摘帽，解决区域性整体贫困。《决定》强调要加强教育脱贫，加快实施教育扶贫工程，让贫困家庭子女都能接受公平有质量的教育，阻断贫困代际传递。总之，贫困代际传递带来严重的社会安全和稳定问题，是脱贫攻坚的"硬骨头"，是"贫中之贫""困中之困"，是反贫困面临的重大挑战，我们必须研究贫困代际传递的根源，把握贫困代际传递的机理，才能持续有效地攻坚克难，控制大规模返贫，实现稳定脱贫。

　　彝族是我国第六大少数民族，在滇、川、桂、黔等地呈现大分散、小聚居的居住模式，其聚居人数众多的乌蒙山区是我国 14 个集中连片特困地区之一。美国经济学家 M. P. 托达罗在《第三世界的经济发展（上）》中明确指出，落后国家或地区与自然地理环境的相关性。[①] 地理环境决定论是一种经典的贫困理论，其核心是把贫困归因为地理环境不利。20 世纪 80 年代中后期，中国政府从划定 18 片贫困地区开始大规模的扶贫工作。到 21 世纪的第二个 10 年，以地理空间加行政空间为主的贫困类型，开始调整并转向以政治社会属性为主的贫困类型。乌蒙山区中的四川省凉山彝族自治州、云南省昭通市和楚雄彝族自治州也是区域性贫困的"贫困地区"，但实际上已经是在原地理空间范畴下的贫困类型基础上，进一步强调了社会属性，比如"少数民族"。这已经不是地理环境决定论的逻辑，更多带有"中心—边缘"的社会进化论思想，潜在的假设是少数民族地区比汉民族地区落后。[②] 从动态贫困的视角来看，长期贫困是指一个个体经历了 5 年或以上确切时间的能力剥夺。彝族地区的贫困现状，可追溯到唐代和元代两次社会非均衡发展时期，尤其昭通作为彝族的发源地，凉山州和楚雄州作为彝族自治州，其贫困是具有长期性的。长期贫困的极端形式就是贫困代际传递。

第一节　贫困代际传递的理论研究

　　贫困代际传递理论于 21 世纪初在西方反贫困界盛行，主要研究贫困在

---

① 〔美〕M. P. 托达罗：《第三世界的经济发展（上）》，于同申等译，中国人民大学出版社，1988。

② 王卓：《论暂时贫困、长期贫困与代际传递》，《社会科学研究》2017 年第 2 期。

亲代与子代之间延续的现象及原因。联合国秘书处发布的《2005 年世界青年报告》明确定义贫困代际传递是贫困在几代人之间的转移，既包括个人也包含公共范围。① 国内对于贫困代际传递的研究也已开展十余年，近几年来，随着反贫困任务的不断推进，相关研究更是致力于为反贫困提供理论支撑和现实基础，研究内容更为丰富，研究结构也更为清晰。

一 贫困代际传递的含义

国外学者对于贫困代际传递概念的解释，主要分为三种。第一种强调文化行为。认为贫困代际传递具有文化传递性，子代可以从父代那里继承价值观、态度和心理特征。第二种强调社会政策。认为贫困代际传递具有福利依赖性，长期依赖福利的贫困家庭已经陷入福利贫困陷阱，并改变了价值观。第三种强调人力资本的关键影响。认为经济资本的缺乏阻碍了儿童人力资本的发展，从而影响了儿童的职业发展。儿童贫困在贫困代际传递中是一个核心概念。

社会学主要从社会分层和社会流动视角看待贫困代际传递的现象。目前，国内外学者对于贫困代际传递的概念也已基本达成共识。贫困代际传递是指私域和公域的资产和资源的赤字从父代传递到子代，即贫困以及导致贫困的相关条件和因素，在家庭内部由父母传递给子女，使子女成年后重复父母的境遇，这个传递过程一般在 15 年内完成。② 也指在一定的社区或阶层范围内，贫困以及导致贫困的相关条件和因素在代际延续，使后代重复前代的贫困境遇。③ 也有国内学者从贫困文化的角度来阐释贫困代际传递的含义，认为贫困文化就是满足贫困群体生存和发展的一种有别于主流文化的亚文化，是相对贫困的小部分人群在长期贫困生活中所创造的物质产品及行为方式、习惯、风俗、心理定式、生活态度和价值观等非物质形式的总和。贫困文化的群体性决定贫困文化将以既有的文化特性培养传承贫困生产方式、行为和思维模式及价值观念的载体，通过代际传递方式

---

① 王爱君、肖晓荣：《家庭贫困与增长：基于代际传递的视角》，《中南财经政法大学学报》2009 年第 4 期。
② 王卓：《论暂时贫困、长期贫困与代际传递》，《社会科学研究》2017 年第 2 期。
③ 李晓明：《贫困代际传递理论述评》，《广西青年干部学院学报》2006 年第 2 期。

使自身的延续具有持久性和稳定性。①

二　贫困代际传递的相关理论

贫困代际传递的相关理论以国外文献为主，最早可以追溯到马克思的无产阶级贫困化理论，另外，还有社会流动理论、布劳·邓肯的地位获得模型、贫困恶性循环理论、贫困亚文化理论以及社会资本的相关理论等。以下仅梳理与本研究密切相关的理论。

（一）社会流动理论

社会流动理论认为，如果社会成员获得社会地位主要是通过阶级继承的方式，那么这个社会的开放度比较低，是封闭型社会；如果社会成员获得社会地位主要是通过后天的努力，那么这个社会的开放程度比较高，是开放型社会。社会流动理论中的代际流动是指在封闭型社会中，穷人的子女成为穷人的可能性较大；而在开放型社会中，个人拥有较多向上流动的可能性，穷人的子女摆脱贫困的可能性也会大大提高。

（二）地位获得模型

20 世纪 60 年代的地位获得模型，是最早反映父母的教育和职业地位如何影响子女获取社会地位的模型。该模型的基本结论是：20 世纪五六十年代的美国，个人成就的后致性因素（本人受教育程度、初职和现职）比归因的先赋性因素（父亲职业地位、父亲受教育程度）在决定职业地位获得中扮演更重要的角色，其中教育在社会再生产和社会流动中起主导作用。②

在地位获得模型的基础上发展起来的社会资源理论，将家庭以外的各种社会关系也纳入分析框架，从而进一步丰富了对地位获取机制

---

① 方清云：《贫困文化理论对文化扶贫的启示及对策建议》，《广西民族研究》2012 年第 4 期。
② 周怡：《布劳—邓肯模型之后：改造抑或挑战》，《社会学研究》2009 年第 6 期；H. B. G. Ganzeboom, R. Luijkx, P. Robert, "Intergenerational Occupational Mobility in Hungary Between 1930 and 1986: A Loglinear Analysis with Logmultiplicative Scaled Association Model," University of Tilburg, Department of Sociology, Working Paper 3, 1989。

的研究。①

（三）贫困亚文化理论

贫困亚文化理论的提出，源于纯粹经济学理论解释贫困现象失败后引发的反贫困研究者的反思。② 最早从文化角度讨论贫困代际传递的是美国著名人类学家奥斯卡·刘易斯 1959 年在《五个家庭：关于贫困文化的墨西哥人实例研究》一书中，首先提出了"贫困亚文化"的概念，并从社会、社区、家庭、个人等层面对其做了系统分析。刘易斯在对贫困家庭和社区的实际比较研究中发现，贫困是一种自我维持的文化体系，穷人与其他收入阶层成员在社会文化方面是相互隔离的。刘易斯把这称为一种脱离社会主流文化的贫困亚文化，它使生活在其中的人逐渐脱离主流社会生活，在封闭状态下世代复制着父代的贫穷和落后。③

（四）社会资本理论

皮埃尔·布迪厄对社会资本理论进行了第一个系统表达，他认为，"社会资本是现实或潜在的资源的集合体，这些资源与拥有或多或少制度化的共同熟识和认可的关系网络有关，即与一个群体中的成员身份有关"④。布迪厄认为资本对社会结构的代际再生产提供了条件，并强调教育是社会再生产的一个重要而隐秘的渠道，社会资本、经济资本和文化资本一起在资本的教育中扮演了重要角色。⑤ 起初，布迪厄认为资本包括三种主要形式：经济资本、社会资本、文化资本。每一种资本类型下面还可以再进一步细分出层次更低的类型。后来，他又补充了象征资本或符号资本。特纳曾经根据布迪厄的解释，对这四类资本给出简明易懂的定义：经济资本是指可以

---

① 王爱君、肖晓荣：《家庭贫困与增长：基于代际传递的视角》，《中南财经政法大学学报》2009 年第 4 期。

② 方清云：《贫困文化理论对文化扶贫的启示及对策建议》，《广西民族研究》2012 年第 4 期。

③ 王爱君、肖晓荣：《家庭贫困与增长：基于代际传递的视角》，《中南财经政法大学学报》2009 年第 4 期。

④ Pierre Bourdieu, "The Forms of Social Capital," in John G. Richardson（ed.）, *Handbook of Theory and Research for the Sociology of Education*, Westport, CT.：Greenwood Press, 1986；张文宏：《社会资本：理论争辩与经验研究》，《社会学研究》2003 年第 4 期。

⑤ 赵延东、洪岩璧：《社会资本与教育获得——网络资源与社会闭合的视角》，《社会学研究》2012 年第 5 期。

用来获得商品和服务的金钱和物质性财富；社会资本是指在群体或社会网络
中的位置和联系；文化资本是指那些非正式的人际交往技巧、习惯、态度、
语言风格、教育素质、品位和生活方式；象征资本是指运用符号使各种层次
上的占有合法化，使其他三种形式的资本合法化。至此资本概念的内涵得以
丰富，外延得以扩展，形成了布迪厄的广义资本概念。[①] 詹姆斯·科尔曼对
于社会资本的研究在理论界影响巨大。不同于布迪厄微观层次的社会资本研
究，科尔曼认为群体中的网络、规范、信任等群体特征是一种宏观层次的社
会资本。科尔曼指出，在人力资本的再生产中，社会资本担当了重要的中介
角色，当家庭内部代际关系紧密、社区范围内代际闭合形成支持性社区时，
有利于子代获得丰富的社会资本。[②]

三 贫困代际传递研究的现状

对于中国贫困代际传递的宏观现状，不少学者利用已有数据库 CHNS
（中国营养与健康调查）、CFPS（中国家庭追踪调查）、CGSS（中国综合社
会调查）以及 CHIP（中国居民收入调查）等展开研究，他们的研究内容包
括贫困代际传递的整体趋势、城乡二元结构下的贫困代际传递差异，以及少
数民族地区或者特定群体的贫困代际传递现象。

（一）贫困代际传递的整体趋势

国外大量的研究表明，与富裕家庭的子女比较而言，贫困家庭的子女在
教育、就业及健康等方面都处于相对弱势。[③] 而上述因素进一步影响了其
未来的收入，并使其陷入贫困的可能性大大提高。Rodgers 发现美国在
1970～1990 年的经济社会条件下，16%～28% 的"贫二代"成年后仍然

---

① 〔美〕乔纳森·特纳：《社会学理论的结构》（上册），邱泽奇等译，华夏出版社，2001，第
192 页。

② 赵延东、洪岩璧：《社会资本与教育获得——网络资源与社会闭合的视角》，《社会学研究》
2012 年第 5 期。

③ Joanne Blanden, P. Gregg , " Family Income and Educational Attainment: A Review of Approaches
and Evidence for Britain," *LSE Research Online Documents on Economics*, Vol. 101, Issue 4,
2004, pp. 1 – 33; A. Currie, M. A. Shields, S. W. Price, " The Child Health/family Income Gra-
dient: Evidence from England," *Journal of Health Economics*, Vol. 26, Issue 2, 2007, pp. 213 –
232.

贫困。[①] Musick 和 Mare 对美国 1960 年代和 1970 年代的对比分析，发现两个时段贫困的代际传递程度没有显著的差别。[②] Blanden 和 Gibbons 考察了英国的贫困代际传递，发现 16 岁时经历过贫困的人中有 19% 会在成年后仍处于贫困。[③] Airio 等发现，成长于家境贫寒的芬兰人在成年后，贫困的概率是成长于非贫困家庭的 2 倍。[④]

国内研究方面，不少学者研究了 20 世纪 90 年代到 21 世纪初期中国的贫困代际传递现象。卢盛峰和潘星宇发现中国贫困代际传承严重，但是传递概率在时间上有减弱趋势；在空间分布上，贫困代际传递分布相对集中；父母对子女的贫困代际传递性状况基本一致。[⑤] 张立冬、林闽钢和张瑞利发现该阶段中国农村存在非常显著的贫困代际传递现象，虽然在 2003 年后贫困代际传递程度有所降低，但是相对贫困层面的代际传递依然较为突出。[⑥] 与农村非贫困家庭比较，贫困家庭的代际收入弹性大[⑦]，收入流动性较差。不少学者发现我国中西部地区的贫困代际传递比东部地区具有更加明显的区域特点。徐慧认为这一特点的出现，以及农村贫困代际转移的演化与我国体制转型推进带来的社会变迁具有关联性和同步性。[⑧] 关于中国城乡贫困代际传递的差异性，李长健和胡月明发现，从发生率来看，农村贫困代际传递

---

① J. R. Rodgers, "An Empirical Study of Intergenerational Transmission of Poverty in the United States," *Social Science Quarterly*, 76, 1 (1995): 178 – 194.

② K. Musick, R. D. Mare, "Recent Trends in the Inheritance of Poverty and Family Structure," *Social Science Research*, 35, 2 (2006): 471 – 499；张立冬：《中国农村贫困代际传递实证研究》，《中国人口·资源与环境》2013 年第 6 期。

③ J. Blanden, S. Gibbons, *The Persistence of Poverty Across Generations: A View from Two British Cohorts*, Policy Press, 2006.

④ I. Airio, P. Moisio, M. Niemel, "Intergenerational Transmission of Poverty in Finland in the 1990s," *European Journal of Social Security*, 7, 3 (2005): 253 – 269.

⑤ 卢盛峰、潘星宇：《中国居民贫困代际传递：空间分布、动态趋势与经验测度》，《经济科学》2016 年第 6 期。

⑥ 张立冬：《中国农村贫困代际传递实证研究》，《中国人口·资源与环境》2013 年第 6 期；林闽钢、张瑞利：《农村贫困家庭代际传递研究——基于 CHNS 数据的分析》，《农业技术经济》2012 年第 1 期。

⑦ 收入弹性的数据验证了农村贫困家庭的子女收入对父母收入的依赖性更强，而经济社会的地区发展不平衡也在一定程度上影响了收入的代际收入依赖性。

⑧ 徐慧：《转型期农村贫困代际转移、影响因素及对策研究》，《经济体制改革》2016 年第 3 期。

发生率远高于城市；从职业的分布情况来看，农村子辈大多缺乏向上流动的机会；从双系对于贫困代际传递的作用来看，母亲的受教育程度对农村子辈的影响特别明显。[1] 徐晓红发现 2002～2012 年中国城乡居民收入差距代际传递呈下降趋势。其中，城镇居民收入下层和收入上层的代际不流动现象明显改善，是收入差距代际传递下降的来源；收入下层的农村居民容易陷入低收入代际传递陷阱。[2]

（二）特定群体的贫困代际传递

Corcoran 利用有关数据库对美国贫困的代际传递进行了分析，发现有 30% 出生在贫困家庭的美国黑人在成年后仍然处于贫困之中，而美国白人的贫困代际传递比重（大约 7%）则显著降低。[3] 同时，Corcoran 和 Adams 还发现出生于贫困家庭的黑人成年后处于持久性贫困的比重也较高，大约是出生于非贫困家庭黑人的 2.5 倍。[4]

杨阿维和张建伟发现，与中国其他地区比较而言，西藏农牧区贫困代际传递发生率很高，达到 60.03%。各地区又存在很大的差异：相对较发达的区域，贫困代际传递发生率较低，传递的周期相对也比较长；而不发达的区域，贫困代际传递发生率高，而且传递的周期短。[5] 李晓明认为我国山区少数民族农民贫困代际传递的基本特征包括路径的双向性、过程的长期性、内容的广泛性、方式的隐蔽性、成因的复杂性、结果的负面性和消解的艰巨性等七个方面。[6] 张焕明发现目前农民工家庭的人均收入水平较高，贫困线下农民工家庭所占比重不小但贫困程度不高。农民工家庭收入不存在代际传递性，但贫困农民工家庭因收

---

① 李长健、胡月明：《城乡贫困代际传递的比较研究》，《财经问题研究》2017 年第 3 期。

② 徐晓红：《中国城乡居民收入差距代际传递变动趋势：2002—2012》，《中国工业经济》2015 年第 3 期。

③ M. Corcoran, *Mobility, Persistence, and the Consequences of Poverty for Children: Child and Adult Outcomes*, Cambridge, MA: Harvard University Press, 2011.

④ 转引自张立冬《中国农村贫困代际传递实证研究》，《中国人口·资源与环境》2013 年第 6 期。

⑤ 杨阿维、张建伟：《西藏农牧区贫困代际传递问题研究》，《西藏大学学报》（社会科学版）2016 年第 1 期。

⑥ 李晓明：《我国山区少数民族农民贫困代际传递的基本特征》，《内蒙古社会科学》（汉文版）2005 年第 6 期。

入代际传递性导致相对贫困程度加剧。[①]

(三) 贫困代际传递的影响因素研究

贫困代际传递与社会制度、阶层结构、经济流动和亚文化有直接关系，也与儿童的早期社会化水平联系紧密。对于下一代来说，贫困代际传递既是长期贫困产生的原因，也是长期贫困的结果。[②] 对于贫困代际传递影响因素的研究最深入，文献也最多，大部分研究采用了定量研究方法，也有少部分研究使用访谈等定性研究方法来分析贫困代际传递的结构性因素。由于贫困代际传递研究的交叉视野属性，学界分别从社会学、经济学和教育学等学科背景入手构建贫困代际传递影响因素的分析框架。

国外对于贫困代际传递原因的研究起步较早，社会学界认为，影响贫困代际传递的家庭内部原因主要包括家庭收入、父母受教育程度、家庭人口数量、营养投入、基因遗传与疾病、子辈受教育程度等方面；外部原因主要包括社会等级制度、族群、物价水平、劳动力市场、家族意识、机会、性别地位、宗教信仰、邻里劣势和意外事件等。Boggess 等发现，与小康家庭相比，贫困家庭的后代更缺乏物质资源（食物、住所和药物等）和社交资源（名校、好邻居和公共服务等）。[③] 关于教育对贫困代际传递的影响，父母受教育程度是影响贫困代际传递的关键因素。Christiaensen 和 Alderman 认为，未受过教育的父母，给子女增加了卫生和营养不良带来的健康问题，子女在完成学业时面临的困难也会增加。[④] 此外，Horii 和 Sasaki 认为，如果儿童发现同伴没有接受教育，其辍学的可能性会进一步提高，这些代际和代际内的机制相互加强，会造成严重的贫困陷阱。[⑤]

国内研究方面，王志章和刘天元认为，经济资本、人力资本、社会资

[①] 张焕明：《农民工家庭贫困水平：模糊收入线测度及代际传递性原因》，《中国经济问题》2011 年第 6 期。

[②] 王卓：《论暂时贫困、长期贫困与代际传递》，《社会科学研究》2017 年第 2 期。

[③] S. Boggess, M. Corcoran, S. P. Jenkins, *Cycles of Disadvantage*? Wellington：Institute of Policy Studies, 1999, pp. 187 – 189.

[④] L. Christiaensen, H. Alderman, "Child Malnutrition in Ethiopia：Can Maternal Knowledge Augment the Role of Income?" *Economic Development and Cultural Change*, 52, 2 (2004)：287 –312.

[⑤] R. Horii, M. Sasaki, "Dual Poverty Trap：Intra – and Intergenerational Linkages in Frictional Labor Markets," *Journal of Public Economic Theory*, 14, 1 (2012)：131 – 160. 李长健、胡月明：《城乡贫困代际传递的比较研究》，《财经问题研究》2017 年第 3 期。

本、心理资本是影响农村贫困代际传递的重要因素，其中家庭收入、父辈对子辈教育投入和家庭结构对贫困代际传递的影响最显著。① 徐慧认为，贫困代际转移现象是社会流动机制被破坏、社会流动滞涩的一种表现。影响因素包括家庭因素，即物质资本转移、人力资本转移、人际关系资本转移；外部因素，即社会政治资本、外部制度环境（户籍制度、社会保障制度、土地制度）、贫困文化的影响。② 陈文江和杨延娜认为，西部农村贫困代际传递的主要影响因素包括受教育程度、职业地位及社会关系网等自致性因素，父亲的经济地位、社会关系网及子代儿时的家庭结构等先赋性因素，以及社会支持与社会流动等社会性因素。③ 毕瑨和高灵芝基于社会流动理论视角的研究，发现影响城市贫困代际传递的主要因素有家庭成员的职业收入、子女的受教育程度和职业技能状况、家庭拥有的社会资源以及家庭成员的生活态度等，这几方面的因素相互影响，具有连锁性效应。④ 邢成举提出贫困人口具有社会资本、经济资本、政治资本和人力资本等四方面的结构性贫困特征。⑤ 张望从能力视角看家庭贫困，认为贫困是一个家庭占有和使用资本的能力、抵御风险的能力的函数。国家的体制机制、宏观政策，以及自然资本和生存环境条件等都是影响家庭贫困的外在因素。一个家庭占有和使用自然资本、物质资本、人力资本和社会资本的能力与抵御疾病和意外伤害风险、自然风险和市场风险的能力才是贫困代际传递的内在决定性因素。⑥ 尹海洁和关士续认为，城市贫困人口与其父母或子女的教育和职业阶层的同质性是导致他们贫困状况代际传递的重要因素。⑦

国内已有很多学者针对教育视角下的贫困代际传递展开过相关研究。

---

① 王志章、刘天元：《连片特困地区农村贫困代际传递的内生原因与破解路径》，《农村经济》2016 年第 5 期。

② 徐慧：《转型期农村贫困代际转移、影响因素及对策研究》，《经济体制改革》2016 年第 3 期。

③ 陈文江、杨延娜：《西部农村地区贫困代际传递的社会学研究——以甘肃 M 县四个村为例》，《甘肃社会科学》2010 年第 4 期。

④ 毕瑨、高灵芝：《城市贫困代际传递的影响因素分析——基于社会流动理论的视角》，《甘肃社会科学》2009 年第 2 期。

⑤ 邢成举：《结构性贫困对贫困代际传递的影响及其破解——基于豫西元村的研究》，《中州学刊》2017 年第 2 期。

⑥ 张望：《能力视角下影响家庭贫困及其代际传递的主要因素剖析》，《农村经济》2016 年第 3 期。

⑦ 尹海洁、关士续：《城市贫困人口贫困状况的代际比较研究》，《统计研究》2004 年第 8 期。

郭熙保和周强认为，教育贫困是代际多维贫困的关键贡献因素，教育扩大了代内的能力不平等，致使贫困子代无法享有与非贫困子代同等的发展权利或机会；不同地区教育回报率的代际差异是多维贫困代际传递及流动性差异的主要致因。这种自我循环和强化的内生关联性，增强了贫困家庭多维代际传递的倾向，扩大了不平等差距。① 郭晓娜从"贫困的恶性循环"的教育研究视角中指出，一方面，经济贫困导致受教育水平不高；另一方面，受教育水平不高导致经济收入不高。② 祝建华认为，家庭中父母的受教育程度及整个家庭的教育投资与子女的教育发展和职业状况存在代际传递性。③ 邹薇和郑浩通过构建人力资本代际传递的模型，认为教育投资风险阻碍人力资本投入。④

国内学者还关注了贫困代际传递的传导机制。周铮毅等认为，农村家庭贫困的代际传导路径分为直接路径和间接路径：贫困的父辈无法给予子辈直接资金支持，这种经济贫困的直接影响是传导路径之一；子辈经济贫困受到子辈人力资本和家庭社会资本的影响，贫困的父辈往往对子辈人力资本和家庭社会资本投资不足，父辈的经济贫困借由这两条路径也间接传递给子辈。⑤ 谢婷婷和司登奎发现贫困代际传递的影响因素与贫困的动态关系是：其一，收入流动性、贫困代际传递和农村反贫困之间具有长期稳定的关系，且收入流动性对农村反贫困具有促进作用，贫困代际传递对农村反贫困效果具有绝对的抑制性。其二，三者之间的稳定关系对收入流动性、贫困代际传递和农村反贫困存在短期的调节作用。⑥

综上所述，本书认为贫困代际传递是指贫困以及导致贫困的相关条件和因素，在家庭内部由父母传递给子女，使子女成年后重复父母的境遇，

---

① 郭熙保、周强：《中国农村代际多维贫困实证研究》，《中国人口科学》2017 年第 4 期。

② 郭晓娜：《教育阻隔代际贫困传递的价值和机制研究——基于可行能力理论的分析框架》，《西南民族大学学报》（人文社科版）2017 年第 3 期。

③ 祝建华：《贫困代际传递过程中的教育因素分析》，《教育发展研究》2016 年第 3 期。

④ 邹薇、郑浩：《贫困家庭的孩子为什么不读书：风险、人力资本代际传递和贫困陷阱》，《经济学动态》2014 年第 6 期。

⑤ 周铮毅、应瑞瑶、徐志刚、孙顶强：《农村家庭贫困的代际传导路径：来自江苏省的经验证据》，《人口与发展》2015 年第 3 期。

⑥ 谢婷婷、司登奎：《收入流动性、代际传递与农村反贫困——异质性视角下新疆 30 个贫困县的实证分析》，《上海财经大学学报》2014 年第 1 期。

这个传递过程一般在 15 年内完成。[①] 进入 21 世纪，中国政府扶贫工作的目标是"两不愁、三保障"。这个目标下的贫困实际上是介于绝对贫困与相对贫困之间的一个政策定义，可操作化之后的贫困是指 2014 年精准扶贫确定的贫困标准。

多数学者使用既有数据库进行研究，这些数据库资料完整，问卷设计严谨，对于宏观趋势研究具有极大的便利性和可操作性。社会学的相关文献也有部分采用了已有数据库的面板数据。另外，使用较多的是分层抽样、整群抽样或等距抽样的方式开展问卷调查，还有部分学者使用定性研究方法系统收集个案资料开展研究。这些研究方法无优劣之分，但有适合与否之别。本书认为现阶段我们应从贫困作用于人、家庭和社群的角度进行分类研究，贫困归因也更多倾向于社会制度以及个人与家庭的资源禀赋差异。因此，在探究贫困代际传递的成因及阻断方法的时候，应该以家庭为单位开展研究。而农村地区的家庭普遍呈现结构复杂的特点，不论是面板数据的配对样本，还是个案访谈，已经不足以呈现农村家庭贫困代际传递的复杂面貌。因此，本书采用调查问卷、深度访谈及家庭谱系图的方法系统分析彝族家庭贫困代际传递的现象。

已有研究关注中国整体的贫困代际传递现象、中国农村贫困代际传递的趋势，以及城乡二元结构下的贫困代际传递差异表现，对中国整体的贫困代际传递走向做出了科学判断；对于贫困代际传递的影响因素及阻断方法的研究，除了对于教育因素的关注之外，其他研究提供了宏观分析框架，如社会制度、贫困亚文化、家庭收入、社会资本等。已有研究也关注了西藏农牧区、新疆贫困县、农民工以及连片特困地区的贫困代际传递问题。本书以彝族地区的贫困家庭为研究对象，分析其贫困代际传递的成因，构建分析贫困代际传递的理论分析框架和分解贫困代际传递的影响因素的方法，希望找到彝族贫困代际传递的原因及解决办法。

既有研究对贫困代际传递的影响因素阐释较多，本书以资本的四个方面为研究维度，通过深度访谈和参与观察的方法分解贫困代际传递的过程，以解析贫困代际传递的机制。

---

① 王卓：《论暂时贫困、长期贫困与代际传递》，《社会科学研究》2017 年第 2 期。

第二节　数据来源与样本特征

一　数据采集原则及过程

本书以陷入长期贫困的彝族家庭为研究对象，以研究对象中的户主为分析对象；质性研究中以贫困父代为第一研究对象，以其子代为第二研究对象。识别长期贫困以国家精准扶贫政策实施以来彝族家庭是否纳入建档立卡贫困户为依据。

2016 年 6~7 月，我们以四川省凉山州喜德县贺波洛乡 J 村和云南省武定县插甸乡 K 村的所有彝族建档立卡贫困户为研究对象，以面访的方式开展了半结构式访谈，获得了约 100 个贫困代际传递家庭个案。2017 年 11 月，我们到凉山州布拖县包谷坪乡 X 村调研，获得了 5 个深度访谈个案。2018 年 8 月，我们在凉山州普格县、盐源县、喜德县和云南省威信县、镇雄县以建档立卡贫困户为抽样框，采用系统抽样的方法抽取了620 户建档立卡贫困户进行《彝族地区贫困代际传递与精准扶贫政策效果评估问卷》的调查。问卷包括两个部分的内容，一是对贫困代际传递的调查，二是对精准扶贫政策的影响评价。此次调查回收有效问卷 598份，问卷回收率为 96.45%。在发放问卷时，我们对凉山州喜德县贺波洛乡 J 村、额尼乡 L 村和 E 村的彝族贫困家庭以面访的方式开展了"彝族贫困代际传递"半结构式访谈，获得了 59 个贫困代际传递家庭个案。① 2018 年 11 月，我们到凉山州西昌市和喜德县调研，与州级、县级、乡级扶贫工作相关部门负责人座谈，获得了焦点小组深度访谈资料。

所有接受调查的父代或子代家庭，至少有一代是 2014 年精准扶贫以来建档立卡的贫困户。由于此次调查的对象是两代配对家庭，考虑到当前中国彝族社会以父系制为依托的财产分配和居住原则，在收集个人信息时，

---

① 本章对这些个案进行整理后，以 XD01~XD59 编码。未注明之处，均为 2018 年采集的深度访谈个案。本章对涉及的个案受访者均作匿名处理，第一部分为受访者姓氏，第二部分为受访者名字的拼音首字母大写。

按照父系原则收集两代家庭中的男子（或户主）的信息。

本章量化研究部分的资料，主要采用 2018 年 8 月的样本数据，并将在凉山州西昌市、喜德县和楚雄州武定县收集的访谈材料作为质性研究的重点分析对象。研究使用"最大差异的信息饱和法"确定了样本量。

二　样本的人口学特征

本节关于样本的人口学特征包括受访者的人口学特征、受访家庭及其户主的人口学特征、受访者父辈的人口学特征。分述如下。如表 5－1 所示。

（一）受访者的人口学特征

（1）两省受访者比例相当。受访者中来自四川省的占比为 52.5%，来自云南省的占比为 47.5%。其中来自普格县、盐源县和喜德县的占比分别为 30.3%、17.1% 和 4.9%，来自威信县和镇雄县的占比分别为 27.1% 和 20.5%。

（2）受访者以男性居多。男性占比为 69.1%，女性占比为 30.9%。

（3）受访者大部分为彝族。彝族占比为 82.3%，汉族占比为 14.7%，其他少数民族占比 3.0%。

（4）受访者年龄分布均衡。受访者平均年龄为 44.46 岁，中位数为 45 岁，最小年龄为 12 岁，最大年龄为 81 岁。将所有受访者按年代划分，出生于 20 世纪 30 年代、40 年代、50 年代、60 年代、70 年代、80 年代、90 年代、21 世纪第一个 10 年的占比分别为 1.0%、6.7%、14.0%、17.7%、25.1%、13.1%、15.5%、6.9%。

（5）受访者受教育程度偏低。文盲占 38.1%，上过小学的占 36.7%，上过初中的占 14.8%，上过高中或职高的占 7.9%，上过大专及以上的占 2.6%。

（6）受访者以户主本人居多。60.4% 的受访者是户主本人，12.6% 的受访者是户主子女，17.4% 的受访者是户主的配偶，7.0% 的受访者是户主父母。仅有 2.5% 的受访者并非户主本人或其直系亲属。

表 5 - 1　彝族贫困代际传递受访者的人口学特征

指标	指标值	频数	有效百分比（%）
省份	四川省	314	52.5
	云南省	284	47.5
县	普格县	181	30.3
	盐源县	102	17.1
	喜德县	29	4.9
	威信县	161	27.1
	镇雄县	122	20.5
性别	男	413	69.1
	女	185	30.9
民族	彝族	492	82.3
	汉族	88	14.7
	其他少数民族	18	3.0
出生年代	21 世纪第一个 10 年	41	6.9
	20 世纪 90 年代	92	15.5
	20 世纪 80 年代	78	13.1
	20 世纪 70 年代	149	25.1
	20 世纪 60 年代	105	17.7
	20 世纪 50 年代	83	14.0
	20 世纪 40 年代	40	6.7
	20 世纪 30 年代	6	1.0
受教育程度	文盲	222	38.1
	小学	214	36.7
	初中	86	14.8
	高中/职高	46	7.9
	大专及以上	15	2.6
与户主关系	本人	360	60.4
	配偶	75	12.6
	子女	104	17.4
	父母	42	7.0
	其他	15	2.5

注：受访者在部分题项上未填答，故有缺失。以下同。

（二）户主的人口学特征

（1）受访家庭的户主以男性为主。男性占比为 88.5%，女性占比为 11.5%。

（2）户主以彝族为主。彝族户主占比为 82.2%，其他民族户主占比为 17.8%。

（3）户主年龄分布均衡，以 20 世纪 60 年代占比最大。户主平均年龄为 47.78 岁，中位数 46 岁，最小年龄为 18 岁，最大年龄为 87 岁。将所有户主按年代划分，出生于 20 世纪 30 年代、40 年代、50 年代、60 年代、70 年代、80 年代、90 年代、21 世纪第一个 10 年的占比分别为 0.5%、5.0%、18.1%、34.0%、21.6%、14.6%、4.7%、1.5%。

（4）户主健康状况较好。身体素质按差、中、良、优分类，分别占比 22.1%、17.1%、31.6%、29.3%。

（5）户主受教育程度偏低。文盲占比为 33.8%，上过小学的占比为 48.2%，上过初中的占比为 15.1%，上过高中或职高的占比为 2.3%，上过大专及以上的占比为 0.7%。

（6）户主婚姻状态以已婚为主。已婚户主占比为 75.6%，离异的占比为 6.7%，丧偶的占比为 10.5%，未婚的占比为 7.2%。

（7）户主职业以务农为主，打工为辅，兼业化明显，就业技能缺失。职业为务农的户主占比为 66.5%，打工的占比为 42.4%，经商的占比为 7.2%，养殖的占比为 6.9%，运输的占比为 1.3%，无业的占比为 10.4%，兼业户主占比 26.9%。考虑到目前农村劳动力兼业化明显，故户主职业以多重响应测量。有技能的户主仅占比为 14.9%。如表 5 - 2 所示。

表 5 - 2　彝族贫困代际传递受访户户主的人口学特征

指标	指标值	频数	有效百分比（%）
性别	男	529	88.5
	女	69	11.5
民族	彝族	490	82.2
	其他民族	106	17.8

指标	指标值	频数	有效百分比（%）
出生年代	21 世纪第一个 10 年	9	1.5
	20 世纪 90 年代	28	4.7
	20 世纪 80 年代	87	14.6
	20 世纪 70 年代	129	21.6
	20 世纪 60 年代	203	34.0
	20 世纪 50 年代	108	18.1
	20 世纪 40 年代	30	5.0
	20 世纪 30 年代	3	0.5
健康状况	差	132	22.1
	中	102	17.1
	良	189	31.6
	优	175	29.3
受教育程度	文盲	202	33.8
	小学	288	48.2
	初中	90	15.1
	高中/职高	14	2.3
	大专及以上	4	0.7
婚姻状况	已婚	452	75.6
	离异	40	6.7
	丧偶	63	10.5
	未婚	43	7.2
职业	务农	397	66.5
	打工	253	42.4
	养殖	41	6.9
	运输	8	1.3
	经商	43	7.2
	无业	62	10.4
是否有技能	无	504	85.1
	有	88	14.9
是否兼业	无	437	73.1
	有	161	26.9

（三）受访父代的人口学特征

（1）父代健康状况一般。健康状况按差、中、良、优分类，占比分别为 24.4%、26.4%、29.0%、20.2%。

（2）父代受教育程度很低。文盲占比为 75.6%，上过小学的占比为 18.8%，上过初中的占比为 4.4%，上过高中或职高的占比为 1.0%，上过大专及以上的占比为 0.2%。

（3）父代职业以务农为主。职业为务农的父代占比为 81.6%，打工的占比为 11.0%，养殖的占比为 0.7%，运输的占比为 0.2%，无业的占比为 6.6%，兼业化不明显。

（4）父代生育数量较多。父代平均生育 3.76 个孩子，中位数为 4，众数为 3，呈右偏分布，最小值和最大值分别是 0 和 8。生育 0 ~ 8 个孩子的占比分别为 0.8%、5.4%、11.4%、31.6%、24.5%、13.2%、5.4%、4.9%、2.9%。如表 5 - 3 所示。

表 5 - 3　彝族贫困代际传递受访户父代的人口学特征

指标	指标值	频数	有效百分比（%）
健康状况	差	142	24.4
	中	154	26.4
	良	169	29.0
	优	118	20.2
受教育程度	文盲	450	75.6
	小学	112	18.8
	初中	26	4.4
	高中/职高	6	1.0
	大专及以上	1	0.2
职业	无业	39	6.6
	务农	484	81.6
	打工	65	11.0
	养殖	4	0.7
	运输	1	0.2
	经商	0	0.0

指标	指标值	频数	有效百分比（%）
生育数量	0	5	0.8
	1	32	5.4
	2	67	11.4
	3	186	31.6
	4	145	24.5
	5	78	13.2
	6	32	5.4
	7	29	4.9
	8	14	2.9

（四）受访家庭特征

（1）受访家庭以5人户居多。受访家庭平均户籍人口数为4.39，中位数和众数为5人，最小值和最大值分别为1和10，呈右偏分布。

（2）受访家庭的平均年收入为18628.57元，中位数为13000元，最小值为600元，最大值为115200元。

（3）受访家庭收入来源以务农收入为主，以打工收入为辅。59.6%的受访家庭主要收入来源为务农，47.0%为打工，6.9%为政府补助，3.2%为畜牧养殖收入，1.9%为其他收入，0.5%为经济作物收入。

（4）受访家庭支出项目以教育为主。38.4%的受访家庭主要支出项目为子女上学，29.3%的家庭的主要支出为日常生活消费，25.1%的家庭的主要支出为看病，17.6%的家庭的主要支出为修房子，1.3%、1.3%、0.9%的家庭的主要支出分别为娶媳妇、生产性支出、人情开销。

（5）将家庭经济状况分为五等，即下、中下、中、中上、上，童年家庭经济状况占比分别为51.6%、33.6%、12.1%、2.0%、0.7%；目前家庭经济状况占比分别为21.9%、37.7%、24.1%、15.1%、1.2%。如表5-4所示。

表 5 – 4 彝族贫困代际传递受访家庭特征

指标	指标值	频数	有效百分比（%）
户籍人口数	1	36	6.0
	2	56	9.4
	3	73	12.2
	4	123	20.6
	5	175	29.3
	6	87	14.5
	7	23	3.8
	8	17	2.8
	9	7	1.2
	10	1	0.2
主要收入来源	打工	278	47.0
	务农	352	59.6
	政府补助	41	6.9
	经济作物	3	0.5
	畜牧养殖	19	3.2
	其他	11	1.9
主要支出	子女上学	211	38.4
	日常生活消费	161	29.3
	看病	138	25.1
	修房子	97	17.6
	娶媳妇	7	1.3
	生产性支出	7	1.3
	人情开销	5	0.9
童年家庭经济状况	下	307	51.6
	中下	200	33.6
	中	72	12.1
	中上	12	2.0
	上	4	0.7

指标	指标值	频数	有效百分比（%）
	下	131	21.9
	中下	225	37.7
目前家庭经济状况	中	144	24.1
	中上	90	15.1
	上	7	1.2

三 配对样本的描述性分析

每一组配对家庭都是一个可以对"贫困"进行详尽描述的个案，此处将个案描述分为两部分，第一部分是个案的基本印象，以表格形式直观呈现受访家庭贫困代际传递的基本信息。第二部分是较为典型的贫困代际传递个案，其中包含"贫—贫""贫—非贫"的配对传递，即拥有同一父代的几个子代的家庭样态，既包含了贫困的代际传递，也包含了贫困的代际阻断。

（二）贫困代际传递典型个案素描

1. 典型个案：吉日 LL

父亲吉日 LL 是五保户，1944 年出生，中共党员，J 村村委会原主任，小学毕业，丧偶。他有 4 个儿子，二儿子是贫困户，其他儿子是非贫困户。他现在享受养老保险 900 元/年、党员组织补助 400/月和低保 1200 元/年，年收入约 6900 元。他平时没有什么支出，不需要儿子们给钱帮助，反而经常拿钱贴补自己贫困的儿子。

二儿子吉日 SG，贫困户，1968 年出生，高中毕业，丧偶。他身体不好，患肺结核。家里有三个孩子，其中大儿子在北京建筑大学读一年级，大女儿读凉山州民族高中二年级，小女儿读喜德县民族小学五年级。由于女儿在县里读小学，他在他四弟的动员下，借钱买了县城的一处房子。他的主要职业是务农，另外照顾小女儿在县里读书。目前家庭的主要收入来源是花椒种植，年收入约 10000 元，精准扶贫兜底保障约 2000 元/年，另外，国家还有贫困大学生补贴 4000 元/年，解决了部分教育开支问题。

（一）贫困代际传递配对样本信息总览

表5-5　彝族贫困代际传递受访配对样本信息一览（2018年）

个案	民族	年龄	健康状况	排行	受教育程度	婚姻状况	生育子女数	职业	技能	收入	支出	年龄	健康状况	受教育程度	职业	生育子女数	童年	目前
				子代										父代			家庭经济状况	
XD25	彝族	41	优	7	小学	已婚	4	兼业	有	打工	教育	75	优	文盲	务农	7	中下	中上
XD26	彝族	51	优	2	初中	已婚	4	兼业	无	务农	教育	74	优	文盲	去世	5	中	中上
XD27	彝族	26	优	2	小学	已婚	2	兼业	有	务农	教育	51	优	初中	养殖	5	中上	中
XD28	彝族	54	残疾	2	小学	已婚	3	兼业	有	务农	娶妻	78	去世	文盲	务农	2	中下	中下
XD29	彝族	42	优	3	大专	已婚	2	公务员	无	工资	生活	68	差	文盲	务农	3	中下	上
XD30	彝族	36	优	3	文盲	已婚	4	经商	无	经商	教育	72	中	小学	务农	4	中下	中上
XD31	彝族	35	优	3	初中	已婚	4	务农	无	务农	教育	35	优	文盲	务农	4	中	中
XD32	彝族	46	优	1	文盲	已婚	4	务农	无	务农	教育	77	中	文盲	务农	4	中下	中下
XD33	彝族	40	优	4	小学	已婚	3	兼业	无	打工	教育	73	去世	文盲	务农	5	中下	上
XD34	彝族	34	优	1	文盲	未婚	0	务农	无	打工	看病	52	残疾	文盲	无业	3	下	下
XD35	彝族	30	优	3	初中	已婚	3	兼业	有	务农	生活	56	差	小学	务农	3	中下	中下
XD36	彝族	26	优	3	小学	已婚	1	兼业	无	务农	生活	56	优	文盲	务农	3	中下	中上
XD37	彝族	27	优	2	小学	已婚	3	兼业	无	打工	—	50	优	小学	务农	6	中	中
XD38	彝族	40	优	6	小学	已婚	4	兼业	有	务农	教育	75	良	文盲	务农	6	中下	中下
XD39	彝族	46	优	4	文盲	已婚	3	兼业	有	务农	教育	—	去世	文盲	务农	6	中	中上
XD40	彝族	35	残疾	2	小学	已婚	4	兼业	有	打工	教育	58	中	文盲	务农	2	中	中

续表

个案	子代											父代					家庭经济状况	
	民族	年龄	健康状况	排行	受教育程度	婚姻状况	生育子女数	职业	技能	收入	支出	年龄	健康状况	受教育程度	职业	生育子女数	童年	目前
XD41	彝族	50	优	一	小学	已婚	2	兼业	有	务农	娶妻	—	去世	文盲	务农	一	中	中上
XD42	彝族	29	优	1	初中	已婚	2	打工	无	打工	教育	53	优	小学	打工	3	中	上
XD43	彝族	42	优	1	初中	已婚	3	运输	有	打工	生活	80	优	文盲	无业	2	中	中上
XD44	彝族	41	优	2	小学	已婚	3	兼业	无	养殖	教育	—	优	文盲	务农	4	中	中上
X045	彝族	43	中	3	初中	已婚	4	兼业	无	打工	教育	—	优	小学	无业	5	中上	中
XD46	彝族	26	优	3	初中	已婚	1	务农	有	运输	生活	—	优	小学	务农	3	中上	中上
XD47	彝族	46	优	1	文盲	已婚	4	务农	无	务农	生活	70	优	文盲	务农	5	中下	中下
XD48	彝族	42	优	3	大专	已婚	2	其他	有	工资	娶妻	84	优	小学	务农	4	中	上
XD49	彝族	24	优	3	小学	未婚	—	打工	无	打工	生活	—	优	小学	务农	3	中	中上
XD50	彝族	37	优	1	文盲	已婚	4	兼业	无	打工	生产	—	优	文盲	务农	4	中	中
XD51	彝族	36	优	1	文盲	已婚	5	务农	无	务农	生活	—	优	文盲	务农	3	中	中下
XD52	彝族	23	优	1	初中	已婚	1	兼业	无	打工	生活	47	优	文盲	务农	4	中下	中
XD53	彝族	30	优	—	文盲	已婚	3	打工	无	打工	教育	50	优	文盲	务农	—	中	中
XD54	彝族	27	差	1	小学	已婚	3	兼业	有	打工	看病	—	差	文盲	务农	3	中	中
XD55	彝族	38	差	4	小学	已婚	4	务农	无	务农	看病	—	优	文盲	务农	4	下	下
XD56	彝族	35	优	6	小学	已婚	3	劳改	无	无	教育	77	优	文盲	务农	6	中下	中下
XD57	彝族	18	优	1	初中	未婚	0	兼业	有	打工	娶妻	45	优	小学	务农	4	中	上
XD58	彝族	36	良	1	小学	已婚	3	务农	无	务农	教育	61	良	文盲	务农	3	中	中上
XD59	彝族	33	优	1	小学	已婚	4	兼业	无	打工	—	—	优	文盲	务农	3	中	中

小儿子吉日 YZ，非贫困户，1977 年出生，大学专科毕业，在县审计局上班。目前家里收入来源于夫妇二人工资约每月 7000 元。家里有两个孩子，一个读城关小学，另一个读幼儿园。大部分生活开支是还房贷，家庭结构和开支比例与城市家庭比较相似。他将自觉、勤奋视为人生信条。

两个儿子本是同根同源，年幼时所接触的微观环境和宏观场域都是相同的，现在的境遇却不同。分析其原因如下。

第一，经济资本的传递主要通过父代职业和家庭收入。父亲虽然是村干部，但是收入较低，母亲在家抚育子代、务农，基本自给自足，并无产品剩余。研究显示，农村家庭中，父代从事非农职业有助于子女实现职业的向上流动。[①] 父代的家庭收入一方面直接通过资金和实物的形式转移给子代；另一方面通过间接影响社会资本、人力资本和文化资本的形式传递给子代。吉日家父代的职业对于子代的正面影响较大，而家庭收入低影响了子代资金的直接获取，子代的生计发展几乎没有经济基础。案例中，二儿子出于身体原因和照顾女儿的初衷，选择在家务农，小作坊式的农业产出比不高，当地人认为"种地一年的收入还赶不上打工两个月的工资"；而小儿子大专毕业后在国家机关工作，夫妻二人都有正式工作，工资收入在当地处于中上游水平。

第二，人力资本的传递。父代受教育程度为小学，在 20 世纪 50 年代已属于较高的学历水平。另外，父代对于子代的生养、教育投入比较大。根据地位获得模型，在结构较为封闭的社会中，个人地位的获得主要来自先赋性因素（父亲职业地位和父亲的受教育程度）。凉山彝族是直过民族，在新中国成立初期还处于比较封闭的农业社会。因此，父代的受教育程度和职业地位对于子代地位的获得有着决定性的影响。父代的几个儿子受教育水平都是高中及以上，但是二儿子身体素质差，早年丧偶导致家庭劳动力数量少，生育数量多以及教育开支大导致家庭经济压力大，使二儿子家陷入贫困，短时间内无法脱贫。而小儿子家的家庭劳动力素质高，生育数量合理，其生活相对来说已经步入快速发展的轨道。

---

① 周兴、张鹏：《代际间的职业流动与收入流动——来自中国城乡家庭的经验研究》，《经济学（季刊）》2015 年第 1 期。

第三，社会资本方面，精准扶贫政策中的"彝家新寨"政策为吉日家提供了搬迁的部分资金支持，贫困的父代和子代都已从 J 村原址搬入县城附近，远离了原本村中的近亲、邻里和家支。但是子代的四兄弟非常团结，另外三个兄弟为了二儿子子女的就学和家庭选址出资又出力。他们的社会资本体现为格兰诺维特提出的"强关系"形成的社会支持。

第四，文化资本方面，吉日家的文化资本传递对比尤为明显。根据布迪厄的理论，可将文化资本划分为身体化、客观化和制度化文化资本。父亲是中共党员，曾在村里工作，这是制度化文化资本的体现。小儿子回忆："小时候父亲经常带我们到乡上开会，家里也有很多工作资料和图书，家里有电视之后，就经常放映战争片。"这些是重要的文化熏陶，是身体化文化资本的组成部分。家中存有的图书和工作资料也是客观化文化资本的佐证。另外，对于子代的价值观的教育体现在管教严格，懒惰会挨打，成绩好要鼓励，勤劳、踏实被认为是最重要的品性。尤其小儿子对这种家风的继承最为明显，他回忆自己年幼时是以荣誉为导向的学习，勤奋、自觉一直是其人生信仰。

第五，该案例中的资本发挥了促进代际向上流动的功能。子代的经济资本、人力资本、社会资本和文化资本等接受了父代的传递，相对于父代来说，整体上是进步的。当今的凉山彝族社会封闭性大大降低，尤其是县城附近的居民，其视野的开阔度、信息的易获性与城市居民相近，先赋性因素对子代发展的影响逐渐式微，社会流动的机会迅速增加。因此，家庭内部条件对于代际流动的制约作用减少。在当代社会变迁的进程中，有许多后致性因素和社会制度性因素促进代际向上流动。

2. 典型个案：麦吉 ZY

麦吉 ZY 是贫困户，1934 年出生，文盲，独居，住在凉山州喜德县额尼乡 L 村，其妻 20 年前因肺结核去世。他有 3 个儿子，大儿子和二儿子是村里的贫困户，小儿子常年在湖南打工，是非贫困户。麦吉 ZY 身体较好，年收入约 5000 元，来源包括养老保险、务农和养殖收入。他是易地扶贫搬迁户，2018 年已经搬迁到村里的集中安置点居住。麦吉 ZY 没有喝酒的习惯，每天大约消费一包烟，月支出 50～60 元。

大儿子麦吉 QD，1977 年出生，小学毕业。家里 3 口人，有一个 2 岁的女儿，其妻是西昌人，当年结婚彩礼花了约 15 万元。有耕地 5 亩，住房面积 60 平方米，也是村里的易地扶贫搬迁户，2018 年已经搬迁到集中安置点居住。麦吉 QD 属于兼业农户，家庭年收入大约 12000 元，主要种土豆和荞麦。麦吉 QD 以前外出打工，村里修房子的时候需要工人，他就回村做建房工人，不修房子的时候帮工做绿化、种果树。麦吉 QD 的汉语说得很好，这与常年外出务工有关。他打算再生两个小孩，但是又觉得养育负担太重，恐怕自己承担不起。他奉行节俭，认为被评为贫困户是一件好事，能够获得补贴帮助家庭发展。他不相信毕摩，认为生病应该去医院，如果周围有别人做毕摩，他会阻拦。

二儿子麦吉 GE，1978 年出生，小学毕业，家里 5 口人，有 6 亩田地，居住在易地扶贫搬迁集中安置点。其妻小学毕业，31 岁，当年他们结婚彩礼花了 5000 元。他和妻子结婚是大嫂介绍的。麦吉 GE 家属于兼业农户，麦吉 GE 现在在玩具厂打工，妻子因为要带孩子（2 岁）所以留在家里。麦吉 GE 小学毕业后在秦皇岛当了三年义务兵。麦吉 GE 以前吸过毒，如今已经戒了毒。现在他们的家庭年收入 36000 元，目前借钱买牛负债 1 万元。

2018 年 5 月，我们第一次进村访问麦吉 QD 时，他十分健谈，能够用汉语和我们深入交流。访问他的时候，他的小女儿（约 2 岁）在他旁边玩耍。三个月后，我们再次进村，希望回访他，并为他的女儿带来了玩具和衣服。遗憾的是，麦吉 QD 去世了，他的妻子不知去向。村干部说，麦吉 QD 由于吸毒感染了艾滋病，不治身亡。我们回访了麦吉 ZY，见到他时，他背着一个孩子，牵着一个孩子。背着的孩子是麦吉 QD 的女儿，牵着的孩子是麦吉 GE 的儿子。吸食毒品毁了麦吉 QD 的家庭，也曾使麦吉 GE 陷入困境。幸运的是，麦吉 ZY 的两个孙子女经过凉山州相关部门全面健康体检，证实身体健康。但是麦吉 QD 的小女儿未来的生活、教育等问题，若无有效干预措施，贫困将在两代甚至三代间传递。

第三节 彝族贫困代际传递现状及影响因素

本节利用 2018 年"彝族地区贫困代际传递与精准扶贫政策效果评估问卷"考察彝族贫困代际传递的现状及影响因素。该调查以陷入长期贫困的彝族家庭为研究对象，以研究对象中的户主及其父代为分析对象；以我国彝族农村地区为调研地，选择了四川省凉山州彝族聚居贫困村和云南省昭通市彝族聚居贫困村为具有代表性的样本贫困村。

一 变量准备

（一）因变量

因变量为"子代贫困是否来源于父代"，即子代家庭是否发生贫困代际传递。本书采用受访建档立卡贫困户户主对目前及童年家庭经济状况的主观判断作为经济变量的参考，以计算出子代发生贫困代际传递的概率。

问卷要求被访者回答问题："户主15岁时家庭经济情况如何？"以及"您家目前的家庭经济情况如何？"，问题选项从"下"到"上"，依次赋值为1到5。得分越高，家庭经济状况越好；得分越低，则家庭经济状况越差。由于被访子代全部为建档立卡贫困户，因此将童年家庭经济状况与目前家庭经济状况相比，凡是童年家庭经济状况差于或等于目前的，则认为发生了贫困代际传递。若是童年家庭经济状况好于目前，则认为可能并未发生贫困代际传递，子代是由于偶发原因落入贫困。未发生贫困代际传递赋值为0，发生贫困代际传递赋值为1。

（二）自变量

自变量为父代与子代的经济资本、人力资本、社会资本和文化资本。受采集资料的难度限制，本书的定量研究部分仅呈现部分相关变量对贫困代际传递的作用。在人力资本方面，两代的健康状况分别由"差"至"优"，依次赋值为1到4，得分越高，健康状况越好；两代的受教育程度从"文盲"至"大专及以上"，依次赋值为1到5，得分越高，受教育程度越高。在经济资本方面，测量了子代的职业类型、兼业、技能和家庭人均纯收入；根据陆学艺《当代中国社会阶层研究报告》中划分的十大阶层，结合调查中的实际情况，将父代职业从"无业"至"经商"，依次赋值为1到6，得分越高，职业地位越高。另外，研究还测度父代的生育数量。

（三）控制变量

研究加入的控制变量包括调查省份、户主民族等。上述变量的描述性统计结果见表 5 - 6。

表 5 - 6 模型变量的解释说明

变量名称	定义变量	均值	标准差
因变量			
是否发生贫困代际传递	否 = 0，是 = 1	0.91	0.280
自变量			
子代健康状况	差 = 1；中 = 2；良 = 3；优 = 4	2.68	1.116
子代受教育程度	文盲 = 1；小学 = 2；初中 = 3；高中/职高 = 4；大专及以上 = 5	1.88	0.793
子代是否有技能	否 = 1；是 = 2	1.15	0.356
子代是否兼业	否 = 1；是 = 2	1.27	0.444
子代家庭人均纯收入	0 ~ 1999 元 = 1；2000 ~ 3999 元 = 2；4000 ~ 5999 元 = 3；6000 ~ 7999 元 = 4；8000 ~ 9999 元 = 5；10000 元及以上 = 6	2.74	1.588
父代健康状况	差 = 1；中 = 2；良 = 3；优 = 4	1.46	1.261
父代受教育程度	文盲 = 1；小学 = 2；初中 = 3；高中/职高 = 4；大专及以上 = 5	2.45	1.068
父代职业	无业 = 1；务农 = 2；打工 = 3；养殖 = 4；运输 = 5；经商 = 6；	2.06	0.463
父代生育数量	0 ~ 8	3.76	1.609
控制变量			
调查省份	四川省 = 1；云南省 = 2	1.47	0.500
户主民族	彝族 = 1；其他民族 = 2	1.18	0.383

二 彝族贫困代际传递的现状分析

（一）九成以上家庭发生贫困代际传递

受访子代全部为建档立卡贫困户。分析发现：受访农户贫困源于父代贫困的概率，即贫困代际传递发生率为 91.5%。8.5% 的受访农户落入贫困是偶发原因所致，称为暂时性贫困。总体来讲，受访彝族聚居区的贫困代际传递发生率极高。

在第四章，我们对彝族地区的长期贫困现象进行了测量。调查结果显示，以收入法估算彝族地区长期贫困发生率约为 45.7%。其中，四川凉山彝族地区的长期贫困发生率高于云南彝族地区的长期贫困发生率。而贫困代际传递是长期贫困的极端形式。本节分析结果表明，在陷入长期贫困的家庭中，91.5% 的家庭出现了贫困代际传递（见表 5 - 7）。

表 5 - 7　受访家庭是否发生贫困代际传递

指标	指标值	频数	百分比（%）
贫困代际传递	未发生	51	8.5
	发生	547	91.5

从时间趋势上来看，受访地区的贫困具有长期性。1986 年国家第一次制定国家贫困县标准，凉山州有 11 个贫困县，其中包括 4 个国家级贫困县（昭觉、布拖、美姑、金阳）、6 个省级贫困县、1 个州级贫困县；到 2012 年国家扶贫开发工作重点县调整时，凉山州的 11 个县入选国家级贫困县的名单。云南昭通的 10 个区县，1992 年以来一直就是国家级贫困县。可见彝族地区贫困具有长期性，而区域性的长期贫困是导致贫困家庭代际传递的重要宏观背景。

（二）贫困代际传递具有地区差异

首先，在全国范围内，位于乌蒙山集中连片特困地区的彝族聚居区经历贫困的时间长、贫困发生率高、贫困程度深、贫困类型复杂。以四川、云南为代表的西南地区，凉山彝族聚居区和昭通彝族聚居区贫困程度相比其他地区更为严重。彝族聚居区的贫困具有明显的集中连片贫困特征。

其次，贫困代际传递现象存在显著省际差异。四川省彝族比云南省彝族的贫困程度更深，贫困代际传递现象更突出。利用列联表来判定调查省份与受访家庭发生贫困代际传递之间的关系，结果如表 5 - 8 所示。从调查省份这一变量看，四川省彝族聚居区受访家庭贫困代际传递发生率为 95.9%，云南省彝族聚居区受访家庭贫困代际传递发生率为 86.6%，四川彝族聚居区受访家庭发生贫困代际传递的概率较云南省彝族聚居区受访家庭发生贫困代际传递的概率高。这一结果通过了 1% 显著性检验（$\chi^2 = 16.321$，$p = 0.000$），表明四川省与云南省彝族贫困代际传递发生率差异显著。

表 5 – 8　省份与贫困代际传递的交互分析（n = 598）

变量	发生贫困代际传递		未发生贫困代际传递		合计	
	频数	百分比（%）	频数	百分比（%）	频数	百分比（%）
四川省	301	95.9	13	4.1	314	100.0
云南省	246	86.6	38	13.4	284	100.0
合　计	547	91.5	51	8.5	598	100.0

注：$\chi^2 = 16.321$，$p = 0.000$。

再次，地市州内部呈现程度不同的贫困。在凉山州境内，11 个国家扶贫工作重点县贫困发生率高、经历贫困时间长；而其他 6 个县市则贫困发生率较低。在昭通市境内，除水富市外，其余 10 个区县均为国家扶贫工作重点贫困县，呈现整体性贫困的特点。贫困时间长的地方，代际传递现象更为突出。利用列联表分析调查县与受访家庭发生贫困代际传递之间的关系，结果详见表 5 – 9。从调查县份这一变量看，普格县受访家庭贫困代际传递发生率最高，为 98.3%；盐源县次之，为 94.1%；威信县、喜德县、镇雄县受访家庭贫困代际传递的发生率基本相当，均显著低于普格县和盐源县。这一结果在 1% 统计水平下具有显著性。

表 5 – 9　调查省县与是否发生贫困代际传递的交互分析

	发生贫困代际传递		未发生贫困代际传递		合计	
	频数	有效百分比（%）	频数	有效百分比（%）	频数	有效百分比（%）
普格县	178	98.3	3	1.7	181	100.0
盐源县	96	94.1	6	5.9	102	100.0
威信县	141	87.6	20	12.4	161	100.0
喜德县	25	86.2	4	13.8	29	100.0
镇雄县	104	85.2	18	14.8	122	100.0
合　计	544	91.4	51	8.6	595	100.0

注：n = 595（有 3 个受访样本未填县名），$\chi^2 = 25.701$，$p = 0.000$。

最后，在贫困县域之间也存在贫困代际传递差异。有的贫困县在 2014～2018 年分批次整县脱贫摘帽；而有的贫困县要到 2020 年才有可能实现整县退出脱贫，而且这些地区的返贫率和新生贫困率也比较高。

（三）贫困代际传递呈现民族差异

利用列联表分析民族与家庭是否发生贫困代际传递之间的关系，结果见表 5－10。从民族这一变量看，彝族受访家庭的贫困代际传递发生率为 93.7%，其他民族受访家庭的贫困代际传递发生率为 81.1%。彝族家庭发生贫困代际传递的概率较其他民族家庭发生贫困代际传递的概率更高。这一结果通过了 1% 显著性检验（$\chi^2 = 17.518$，$p = 0.000$），表明户主是否彝族与贫困代际传递发生率显著相关。

表 5－10　民族与贫困代际传递的交互分析

变量	发生贫困代际传递		未发生贫困代际传递		合计	
	频数	百分比（%）	频数	百分比（%）	频数	百分比（%）
彝族	459	93.7	31	6.3	490	100.0
其他民族	86	81.1	20	18.9	106	100.0
合　计	545	91.4	51	8.6	596	100.0

注：n = 596（有 2 个受访样本未填民族），$\chi^2 = 17.518$，$p = 0.000$。

三　彝族贫困代际传递的影响因素分析

为深入分析影响贫困代际传递的要素，本书重点考察父代的资本对贫困代际传递的影响。是否发生贫困代际传递为二分类变量，采用二元逻辑回归进行分析。其分布函数形式如下：

$$\ln(P/1-P) = \beta_0 + \beta_1 X_1 + \cdots, + \beta_9 X_9 + \mu$$

公式中，$\ln(P/1-P)$ 是因变量，表示发生贫困代际传递与未发生贫困代际传递的概率之比；变量 $X_1 \sim X_9$ 为自变量，μ 为残差。表示父代资本的变量包括父代的健康状况、受教育程度、职业、生育数量等。将调查省份和户主民族作为控制变量，以了解不同地区和不同民族间贫困代际传递现象的变化情况。二元逻辑回归分析结果如表 5－11 所示（计量模型变量的解释说明见表 5－6）。

表 5 - 11　贫困代际传递的二元逻辑回归模型

变量	贫困代际传递			
	模型 1	模型 2	模型 3（彝族）	模型 4（其他民族）
子代健康状况	0.293 (0.164)	0.187 (0.173)	-0.078 (0.224)	0.752 (0.351)
子代受教育程度	-0.373* (0.215)	-0.335 (0.222)	0.098 (0.347)	-0.851** (0.375)
子代无技能[a]	-1.241* (0.671)	-0.874 (0.686)	-1.236 (0.810)	1.710 (1.761)
子代未兼业[b]	-1.601*** (0.579)	-1.261** (0.599)	-1.042 (0.672)	-19.848 (12188.272)
子代家庭人均纯收入	-0.039 (0.092)	0.032 (0.096)	-0.195 (0.122)	0.257 (0.184)
父代健康状况	-0.547*** (0.182)	-0.577*** (0.189)	-0.808*** (0.250)	-0.470 (0.411)
父代受教育程度	-0.035 (0.302)	-0.077 (0.301)	-0.426 (0.394)	0.186 (0.781)
父代职业	0.097 (0.414)	-0.211 (0.440)	0.079 (.539)	-1.133 (1.601)
父代生育数量	0.173* (0.098)	0.147 (0.098)	-0.110 (0.116)	0.717*** (0.231)
云南省[c]		-0.824* (0.491)	-0.937* (0.519)	
其他民族[d]		-0.604* (0.364)		
R^2	0.122	0.159	0.163	0.372
H&L	0.797	0.893	0.735	0.151
自由度	9	11	10	9
样本量	598	598	490	106

注：（1）括号中的数字为标准误。（2）*$p<0.1$，**$p<0.05$，***$p<0.01$（双尾检验）。（3）a 以有技能为参照组；b 以兼业为参照组；c 以四川省为参照组；d 以彝族为参照组。（4）模型中的 R^2 为虚拟 R^2。（5）由于兼业的非彝族户主频数极小，除务农外，从事其他职业的非彝族父代也较少，所以控制民族变量建立回归模型时出现了异常值。

表 5 - 11 报告了影响贫困代际传递的关键要素。从分析结果来看，4

个模型都通过了 Hosmer & Lemeshow 检验，较好地拟合了样本数据。其中，模型 1 和模型 2 报告了父代的资本要素对于受访家庭贫困代际传递的影响；模型 3 和模型 4 分别报告了彝族家庭和其他民族家庭贫困代际传递的影响因素。显著影响贫困代际传递的因素包括父代健康状况、父代生育数量、子代受教育程度、子代是否兼业、子代是否有技能；显著影响彝族贫困代际传递的因素是父代健康状况；显著影响其他民族贫困代际传递的因素包括子代受教育程度和父代生育数量。

经济学视角下的资本具有增值性特征，但贫困家庭中的资本并非都能带来正向收益，也并非所有资本都可以增值。若将资本以"是否可以增值"为标准进行划分，可以分为"正资本"和"负资本"。正资本可以实现资本积累、家庭增收，正资本的代际传递可以改善家庭经济状况，实现财富、权力、声望代际传递；负资本也可以积累并发生代际传递，传递的结果是家庭经济状况不断恶化，负资本持有者落入贫困陷阱，且短时间内难以逃出贫困陷阱。以下简要分析影响贫困代际传递家庭中的各类资本的属性，并阐释父代资本对子代的影响。

（一）贫困代际传递中的人力负资本

模型 1、模型 2、模型 3 中，父代健康状况都通过了显著性检验。父代健康状况在 1% 的显著性水平上，与发生贫困代际传递呈现显著的负相关关系，父代健康状况越差，发生贫困代际传递的可能性越高；父代健康状况越好，发生贫困代际传递的可能性越低。这一发现与现实情况一致：受访者健康状况总体较差（有 231 户），因病致贫的比例极高，约占受访户的 40.7%。凉山彝族地区是毒品集散地，"一病穷三代"，吸毒引发的艾滋病、肺结核、性病等重大疾病是健康负资本代代相传的重要原因。另外，彝族婚姻制度中的姑舅表优先婚①是该民族继承传统规范的普遍行为，深度访谈中就有 5 户姑舅表婚。近亲婚配对后代的影响，主要表现在提升隐性遗传病的发病率，先天畸形、早产和流产、幼儿夭折的风险也相应增大。

另外，父代健康状况与父代受教育程度显著正相关（0.296，$p < 0.01$），且模型 1、模型 4 显示，子代受教育程度越低，发生贫困代际传递

---

① 姑舅表婚是指姑与舅的子女互为婚配，这是一种近亲婚配方式。

的可能性越高。这一结果与事实相符：父代受教育程度低，导致缺乏对子代安全、健康、营养、教育、卫生等方面的科学意识和人力资本投资。子代人力资本存量低，导致资源获取能力不足，难以实现代际阶层向上流动，从而继续深陷贫困。

为深入了解父代资本对子代的影响，将贫困代际传递家庭中的父代人力资本与子代资本进行相关分析，相关系数及显著性检验结果见表 5 – 12。

表 5 – 12　贫困代际传递中父代人力资本与子代资本的相关分析

子代资本	父代人力资本	
	健康状况	受教育程度
健康状况	0. 420 ***	0. 262 ***
受教育程度	0. 101 ***	0. 428 ***
技能	0. 286 ***	0. 105 **
兼业	0. 105 **	0. 233 ***
家庭经济状况	0. 280 ***	0. 267 ***

注：（1）＊ $p < 0.1$，＊＊ $p < 0.05$，＊＊＊ $p < 0.01$（双尾检验）。（2）本研究讨论的是家庭负资本的代际传递，故对于同代各资本之间的互相作用不再显示。（3）一般认为，相关系数 0.0 ~ 0.2 为极弱相关或无相关，0.2 ~ 0.4 为弱相关，0.4 ~ 0.6 为中等程度相关，0.6 ~ 0.8 为强相关，0.8 ~ 1.0 为极强相关。本研究中重点分析相关系数 0.2 以上的相关关系。

贫困代际传递家庭中，父代健康状况为"差"和"中"的占比分别为24.4% 和 26.4%；父代受教育程度为"文盲"和"小学"的占比分别为75.6% 和 18.8%。子代健康状况为"差"和"中"的占比分别为 22.1%和 17.1%；子代受教育程度为"文盲"和"小学"的占比分别为 33.8%和 48.2%。这说明两代人力资本存量极低，虽然子代略高于父代，但依然不利于实现家庭增收。在此意义上，两代人力资本为负资本。如表 5 – 12所示，贫困代际传递中，父代的人力负资本发生了代际传递，并与子代各类资本显著正相关，对子代正资本的积累产生了较大负面影响。尤其是父代健康状况与子代健康状况，父代受教育程度与子代受教育程度之间都为中等程度正相关。这表明父代的人力负资本通过较差的健康状况和极低的受教育程度传递给子代，成为子代的负资本，并作用于贫困代际传递。

（二）贫困代际传递中的经济负资本

子代是否有技能通过了模型 1 的显著性检验，子代是否兼业通过了模型1和模型2中的显著性检验。结果表明：与无技能的子代相比，有技能的子代发生贫困代际传递的可能性更大；与非兼业的子代相比，兼业子代发生贫困代际传递的可能性更大。这个结果有违常识。可能的解释是，由于当前我国精准扶贫政策及相关资源面向贫困家庭的大力倾斜，出现了贫困户与非贫困户之间资源分配严重不均衡的现象。父代贫困的农户从扶贫政策中获益多，其子代获得职业技能的机会更多，增收渠道更广。相反，父代非贫困农户的家庭，由于扶贫资源的制度性安排，其子代获得资源的机会可能减少，甚至没有。

父代人力资本是回归模型中的核心变量，但是父代经济资本的作用在模型中并不显著。通过对贫困代际传递家庭中父代人力资本与父代经济资本各变量之间的相关分析，发现父代人力资本与父代经济资本显著正相关：父代健康状况与父代职业地位显著正相关（0.419，$p < 0.01$），父代健康状况与父代家庭经济状况显著正相关（0.082，$p < 0.1$）；父代受教育程度对职业（0.379，$p < 0.01$）、家庭经济状况（0.235，$p < 0.01$）也具有显著正向影响。舒尔茨认为，健康状况决定着劳动者在所有市场和非市场活动中所花费的时间。同时，健康状况不佳导致的医疗费用可能会挤占劳动者的投资支出，打消劳动积极性等。另外，受教育程度与职业地位的正相关关系在社会分层与流动的相关研究中已被多次证实。受教育程度越高的父代，职业地位越高，经济收入也与之正相关。

现将贫困代际传递家庭中的父代经济资本与子代资本进行相关分析，相关系数及显著性检验结果如表5-13所示。

表5-13　贫困代际传递中父代经济资本与子代资本的相关分析

子代资本	父代经济资本	
	职业	家庭经济状况
健康状况	0.339***	0.252***
受教育程度	0.081*	0.265***
技能	0.249***	
兼业	0.229***	0.330***
家庭经济状况	0.358***	0.631***

注：（1）*$p < 0.1$，**$p < 0.05$，***$p < 0.01$（双尾检验）。（2）表中剔除了不显著相关的变量。

贫困代际传递家庭中，父代"无业"和"务农"者占比分别为 6.6%
和 81.6%；父代家庭经济状况为"下"和"中下"的占比分别为 51.6%
和 33.6%。子代无技能者占比为 85.1%，子代无兼业者占比为 73.1%，
子代家庭经济状况为"下"和"中下"的占比分别为 21.9% 和 37.7%。
父代职业地位低，经济收入少，子代技能就业者少，短工化、低端化兼业
多，最多维持现有生计水平，难以实现家庭发展及阶层向上流动。在此意
义上，两代经济资本为负资本。如表 5 - 13 所示，贫困代际传递中，父代
的经济负资本发生了代际传递，对子代的正资本积累产生了较大负面影
响。尤其是父代家庭经济状况与子代家庭经济状况强正相关。这表明父代
的经济负资本通过较低的职业地位和较差的家庭经济状况传递给子代，成
为子代的负资本，并作用于贫困代际传递。

（三）贫困代际传递中的生育因素

模型 1 和模型 4 中，父代的生育数量分别在 10% 和 1% 的显著性水平
上，与发生贫困代际传递呈显著的正相关关系，生育数量越多，发生贫困
代际传递的可能性越大。将父代生育数量与子代资本进行相关分析，相关
系数及显著性检验结果如表 5 - 14 所示。

表 5 - 14　贫困代际传递中父代生育数量与子代资本的相关分析

	子代资本		
	健康状况	技能	家庭经济状况
父代生育数量	- 0.185 ***	- 0.157 ***	- 0.126 ***

注：（1） * p < 0.1， ** p < 0.05， *** p < 0.01 （双尾检验）。（2）表中剔除了不显著相关的
变量。

父代生育数量与子代健康状况、技能、家庭经济状况均显著负相关，
说明父代生育数量越多，子代健康状况越差，子代获得技能的可能性越
小，子代家庭经济状况也越差。这一结论与事实相符：受访家庭的父代生
育数量多，平均生育数量为 3.76 人。每个家庭能够为子女提供的资源是有
限的，父代生育数量多会导致子代从父代家庭中获得的平均资源量变少。
若与家庭资源量相当但父代生育数量较少的家庭相比，不论是物质资源还
是精神资源，父代生育数量多的家庭的子代通过代际继承获得的资源都会

相应减少。贫困家庭的子代原本就面临不利的外部发展环境，如果不能从家庭中获得足够的支持性资源，其未来的发展必将遭遇困境。

综合 4 个模型来看，彝族地区贫困代际传递的影响因素中，父代因素主要包括父代健康状况和父代生育数量。模型 2 加入控制变量之后，父代健康状况的回归系数的绝对值增加。这表明：控制了地区和民族属性之后，父代健康状况这一变量对贫困代际传递的作用更加突出。模型 3 是彝族家庭的贫困代际传递影响因素分析，仅有父代健康状况和调查省份变量通过了显著性检验，且两者的回归系数绝对值都增加了，表明父代健康状况是彝族贫困代际传递的核心影响因素。模型 4 是其他民族家庭贫困代际传递影响因素分析，父代生育数量的作用明显强于其他模型。

由回归模型可知，从个体禀赋和家庭禀赋分析，川滇彝族聚居区贫困家庭发生贫困代际传递主要受到父代健康状况和父代生育数量的影响。父代健康状况越差、生育子女数量越多，其子代发生贫困的概率越高。子代作为贫困代际传递的接受者，其个体禀赋与贫困代际传递的关系在模型 1 和模型 4 中均不同程度地表现为：受教育程度越低，发生贫困代际传递的可能性越大；受教育程度越高，发生贫困代际传递的可能性越小。另外，通过将父代人力资本、经济资本和生育数量分别与子代各类资本进行相关分析，研究发现：受访彝族地区贫困代际传递以负资本的代际传递为主。父代人力负资本和经济负资本首先在代内相互作用，再分别显著影响子代的各类资本，同时父代生育数量偏多的现实也对子代各类资本产生显著的负面作用。

第四节　彝族贫困代际传递的代际特征

受访彝族家庭和其他民族家庭发生贫困代际传递的概率有显著差异，彝族家庭发生贫困代际传递的概率更高。而父代与子代各项特征是影响贫困代际传递的重要因素。发生贫困代际传递的家庭与未发生贫困代际传递的家庭中，父代之间的各项特征有何差别？子代之间的各项特征有何差别？发生贫困代际传递的家庭中，父代和子代的各项特征有何区别？这是本节要回答的问题。

一 彝族贫困代际传递家庭与非贫困代际传递家庭父代和子代特征

(一)彝族贫困代际传递家庭与非贫困代际传递家庭父代差异性特征

彝族贫困代际传递家庭和非贫困代际传递家庭在部分父代特征方面具有明显的差异性,且通过了显著性检验。在健康状况方面,彝族贫困代际传递家庭父代健康状况为"差"的占25.3%,明显高于非贫困代际传递家庭(6.9%);贫困代际传递家庭父代健康状况为"良"的占25.1%,明显低于非贫困代际传递家庭(48.3%)(见表5-15)。

表5-15 彝族贫困代际传递家庭和非贫困代际传递家庭父代特征分析

变量	贫困代际传递家庭		非贫困代际传递家庭		显著性
	指标	百分比(%)	指标	百分比(%)	
健康状况	差	25.3	差	6.9	$\chi^2 = 10.525$
	中	26.7	中	17.2	$p = 0.015$
	良	25.1	良	48.3	
	优	22.9	优	27.6	
受教育程度	文盲	75.4	文盲	71.0	$\chi^2 = 1.817$
	小学	18.6	小学	19.4	$p = 0.769$
	初中	4.8	初中	9.7	
	高中/职高	0.9	高中/职高	0.0	
	大专及以上	0.2	大专及以上	0.0	
就业状况	务农	78.2	务农	90.3	$\chi^2 = 6.305$
	打工	13.7	打工	3.2	$p = 0.177$
	养殖	0.7	养殖	3.2	
	运输	0.2	运输	0.0	
	经商	0.0	经商	0.0	
	无业	7.3	无业	3.2	
生育数量	均值3.78		均值4.10		$t = 1.072$ $p = 0.284$

变量	贫困代际传递家庭		非贫困代际传递家庭		显著性
	指标	百分比（%）	指标	百分比（%）	
家庭经济状况	下	55.5	下	0.0	$\chi^2 = 51.501$
	中下	31.8	中下	58.1	$p = 0.000$
	中	10.5	中	29.0	
	中上	2.0	中上	9.7	
	上	0.2	上	3.2	

在家庭经济状况自我评价方面，彝族贫困代际传递家庭父代家庭经济状况为"下"的占比为55.5%，而非贫困代际传递家庭为"下"的占比为0.0%；彝族贫困代际传递家庭父代家庭经济状况为"中下"的占比为31.8%，而非贫困代际传递家庭父代经济状况为"中下"的占比为58.1%，在中等、中上等和上等家庭经济状况的分布上，非贫困代际传递家庭的占比均高于贫困代际传递家庭。

（二）彝族贫困代际传递家庭与非贫困代际传递家庭子代差异特征性

彝族贫困代际传递家庭和非贫困代际传递家庭在部分子代特征方面具有明显的差异性，且通过了显著性检验（见表5-16）。在兼业化方面，彝族贫困代际传递家庭子代兼业化明显强于非贫困代际传递家庭的子代。在职业技能方面也是如此，彝族贫困代际传递家庭子代拥有技能的比例高于非贫困代际传递家庭的子代。在家庭经济状况方面，除自我认同居于下等家庭之外，中下等、中等、中上等和上等的分布比例，彝族贫困代际传递家庭子代家庭经济状况均高于非贫困代际传递家庭。一个可能的解释是，近几年精准扶贫投入的各种资源，对贫困家庭子代的兼业、技能培训以及经济状况改善的作用显著，同处于一个社区的非贫困家庭因为缺乏外部支持，这些方面的改变不明显。事实上，类似问题在20世纪90年代扶贫时期是屡见不鲜的。一些得到大量扶贫资源的贫困县发展快于非贫困县，贫困乡发展快于非贫困乡，贫困村发展快于非贫困村，贫困户发展快于非贫困户。这就是静态扶贫所带来的新型贫困现象。

表 5 - 16　彝族贫困代际传递家庭和非贫困代际传递家庭子代特征分析

变量	贫困代际传递家庭		非贫困代际传递家庭		显著性
	指标	百分比（%）	指标	百分比（%）	
年龄（岁）	均值47.02		均值39.39		$t = 1.073$ $p = 0.284$
婚姻状况	已婚	76.0	已婚	83.9	$\chi^2 = 5.767$
	离异	7.4	离异	3.2	$p = 0.124$
	丧偶	9.4	丧偶	12.9	
	未婚	7.2	未婚	0.0	
健康状况	差	20.0	差	16.1	$\chi^2 = 3.519$
	中	15.3	中	29.0	$p = 0.318$
	良	31.4	良	25.9	
	优	33.3	优	29.0	
受教育程度	文盲	35.5	文盲	22.6	$\chi^2 = 4.176$
	小学	47.7	小学	64.5	$p = 0.383$
	初中	14.2	初中	9.7	
	高中/职高	2.0	高中/职高	3.2	
	大专及以上	0.7	大专及以上	0.0	
兼业状况	未兼业	68.2	未兼业	83.9	$\chi^2 = 3.348$
	兼业	31.8	兼业	16.1	$p = 0.067$
技能状况	无技能	81.5	无技能	93.5	$\chi^2 = 2.903$
	有技能	18.5	有技能	6.5	$p = 0.088$
家庭经济状况	下	15.1	下	71.0	$\chi^2 = 49.380$
	中下	39.3	中下	19.4	$p = 0.000$
	中	25.1	中	9.7	
	中上	19.4	中上	0.0	
	上	1.1	上	0.0	

二　彝族贫困代际传递家庭父代和子代特征

彝族贫困代际传递家庭父代和子代的特征具有明显的差异性，且都通过了显著性检验（见表5－17）。在健康状况方面，子代的健康状况明显优于父代。在受教育程度方面，子代中上过小学、初中、高中/职高和大专及以上的比例都高于父代，文盲比例低于父代。在就业状况方面，对父代的职业分类和子代的兼业进行卡方独立性检验，结果发现父代和子代的职业分布具有明显的差异性。在家庭经济状况方面，父代的家庭经济状况明显差于子代，大多数分布于下等和中下等，而子代的家庭经济状况大多数分布于中下等、中等和中上等。

表5－17　彝族贫困代际传递家庭父代和子代特征差异性

单位：%

项目	父代特征		子代特征		显著性
健康状况	差	25.3	差	20.0	$\chi^2 = 169.548$
	中	26.7	中	15.3	$p = 0.000$
	良	25.1	良	31.4	
	优	22.9	优	33.3	
受教育程度	文盲	75.4	文盲	35.5	$\chi^2 = 165.093$
	小学	18.6	小学	47.7	$p = 0.000$
	初中	4.8	初中	14.2	
	高中/职高	0.9	高中/职高	2.0	
	大专及以上	0.2	大专及以上	0.7	
就业状况	务农	78.2	未兼业	68.2	$\chi^2 = 30.111$
	打工	13.7	兼业	31.8	$p = 0.000$
	养殖	0.7			
	运输	0.2			
	经商	0.0			
	无业	7.3			
家庭经济状况	下	55.5	下	15.1	$\chi^2 = 280.599$
	中下	31.8	中下	39.3	$p = 0.000$
	中	10.5	中	25.1	
	中上	2.0	中上	19.4	
	上	0.2	上	1.1	

第五节　彝族贫困代际传递的机制

贫困代际传递在多数情况下表现为"资本"的代际传递。本书在分析框架上沿用了布迪厄和科尔曼对于社会资本的界定，并将贫困代际传递的传导路径分为代际经济资本传递、代际人力资本传递、代际文化资本传递和代际社会资本传递。各资本之间是相互影响的，表现为代际资本的跨界互传。另外，贫困代际传递的另一个重要原因在于场域的作用，两代生活的固定场域以及阶层流动缓慢等因素导致代际生活场景的凝固，从而为贫困的代际传递创造了客观环境。

在资本传递的分析框架中，本书认为资本的传递包括正资本的传递和负资本的传递两个方面。正资本是指有利于家庭实现社会阶层向上流动的各类社会资源；负资本是指可能导致家庭社会阶层向下流动的各类社会资源。彝族的贫困代际传递以负资本的传递为主。

一　经济资本的代际传递

本书将父代的经济资本界定为资金、职业、住房、土地、种养殖产品等方面。经济资本分为正资本和负资本，正资本包括父代的资金、住房、土地、种养殖产品，负资本包括负债、职业（低端）等。

（一）经济正资本的代际传递：日常赠予与析产分家

父代的经济正资本可以通过资金、住房、土地及种养殖产品的转移直接传递给子代。传递方式一般包括赠予、分家及继承。赠予，大多发生在日常生活中，主要表现为资金和种养殖产品的代际转移；继承，一般是在父代去世之后以遗产继承的方式实现。彝族以父系亲子继承为原则，多子则平分，幼子可多得父母生前的住房和家具等，在此不赘述。分家析产时，父代会将部分资金、住房、土地和种养殖产品传递给子代。也有部分资金和种养殖产品通过彩礼的形式外流，彩礼分配和传递的对象和方式各有不同。

日常赠予方面，经济正资本的传递主要以小额现金的流动、部分食品供给以及代种代养的方式实现。L 村 45.5% 的受访子代表示现在有代际资金或实物由父至子的转移，金额和频率都是浮动的，子代自述一年下来均不超过千元。一般是在子代表示需要的时候或者子代带着孙代回家时，父代以红包的方式赠予孙代。但由于被访父代全部为建档立卡贫困户，家庭收入低，资金以赠予方式实现的代际传递金额很少，子代能够得到的资金支持非常有限。反而子代在外出务工后，会在资金上反哺父代，彝族的"啃老"现象并不明显。另外，约有一半的家庭有代际种养殖产品的转移。子代外出务工率较高，年平均务工时间约为 4 个月，务工回家时的饮食除了需要到市场上购买的部分，其余种养殖产品基本由父代家庭负责供给。

住房、土地及种养殖产品一般是在子代结婚或婚后分家时，由父代传递给子代，直接作为子代的经济资本。L 村子代结婚或婚后分家平均获得土地约 5 亩，约有 64.5% 的子代能够获得父代赠予的房子，约有 74.2% 的子代能够获得父代赠予的荞麦、土豆等粮食作物以及猪、牛、羊等牲畜。分家时，户与户之间资本转移的差距十分显著。父代收入低的家庭，直接传递的这部分经济资本很少，不足以支持子代在分家后直接进行生产性投资和抚育下一代，使新家庭陷入新贫困。值得注意的是，此时家庭内部代际资金传递几乎没有发生，资金是以彩礼的方式在代际之外发生着特殊的传递：彩礼由父代直接转移给子代拟结婚对象的父代（也就是女方亲家）。子代结婚时，父代家庭的正资本——资金，通过彩礼的形式传递给儿媳的娘家，实现了代际外、亲家间的平行传递。彝族的彩礼基本上不会以女方嫁妆的形式回流男方，而是女方的娘家留作为自家儿子娶妻的彩礼。从这个意义上讲，彩礼具有"资本"功能，并成为彝族社会交换的习俗安排。[①]调查发现，当下凉山彝族彩礼金额的普通标准已达 30 万元，若女方受过高等教育或者其他条件出众，金额会成倍增长。L 村受访子代的彩礼金额异质性强，平均金额为 19631 元，其中最少的是 350 元，最多的是 14 万元。彩礼的差异性包含了诸多因素，故绝对金额在不同时间和空间维度仅具有参考价值。

---

① 王卓、李蔓莉：《凉山彝族婚姻习俗与贫困代际传递研究》，《社会科学研究》2019 年第 3 期。

（二）经济负资本的代际传递：负债、收入结构与反哺

1. 负债在代与式之间是间接传递的

10%的受访父代表示家中有负债，平均为37666元，主要源于看病、彩礼、赌博等。43.7%的子代表示目前有负债，平均为8781元，主要源于子女教育、买牲畜、盖房子等。在彝族传统中，父代的欠债一般是由父代自己承担，直到父代无法偿还，才有可能由子代帮助偿还。调研发现，所有有债务的受访父代都是自己还款，子代也表示当前及过去没有帮助父代偿还欠债的经历。另外，贫困家庭花费在看病求医、饲养牲畜等方面的费用，比较多的部分是家庭成员素质与能力低、缺乏基本常识、不懂得科学求证、不了解扶贫政策，造成一些非必要的支出。赌博、吸毒等违法犯罪行为更是徒增家庭负担。由此可见，负债并没有造成直接的代际负资本的传递，而是与人力负资本相互作用，通过间接、迂回的方式影响两代正资本的获得。

2. 经济负资本通过父代的职业与收入结构传递给子代

一是受访两代人的职业地位低。81.6%的受访父代职业为农民，66.4%的受访子代以务农为全职或兼职。根据陆学艺的社会分层理论，农业劳动者阶层在中国十大社会阶层中位列倒数第二，其后的阶层由城市无业、失业和半失业人员构成。

二是父代职业与贫困代际传递显著相关。利用列联表分析父代职业分布与家庭是否发生贫困代际传递之间的关系，结果见表5－18。父代职业变量通过5%统计水平下的显著性检验（$\chi^2 = 10.703$，$p = 0.030$），表明父代职业分布与贫困代际传递发生率显著相关。

表 5 – 18　父代职业与贫困代际传递的交互分析

变量	发生贫困代际传递		未发生贫困代际传递		合计	
	频数	百分比（%）	频数	百分比（%）	频数	百分比（%）
无业	38	97.4	1	2.6	39	100.0
务农	435	90.1	48	9.9	483	100.0
务工	64	98.5	1	1.5	65	100.0
养殖	3	75.0	1	25.0	4	100.0

续表

变量	发生贫困代际传递		未发生贫困代际传递		合计	
	频数	百分比（%）	频数	百分比（%）	频数	百分比（%）
运输	1	100.0	0	0.0	1	100.0
经商	0	0.0	0	0.0	0	100.0
合　计	542	91.4	51	8.6	592	100.0

注：$n = 592$，$\chi^2 = 10.703$，$p = 0.030$。

三是父代职业对子代职业具有显著影响。布劳·邓肯的地位获得模型指出，在较为封闭的社会中，先赋因素对子代的影响较大。父代的职业地位和职业收入是先赋因素中的重要指标。凉山彝族1956年民主改革后，"一步跨千年"进入了社会主义社会，社会发育层次低，不论是自然环境还是社会环境都比较封闭，属于布劳·邓肯所述的封闭型社会。从理论上讲，彝族子代家庭的先赋因素——父代职业，对于子代的职业产生重要影响。

根据在川滇两省彝族聚居区的调查，发现父代职业对子代职业选择具有显著影响：父代职业与子代是否无业显著相关（0.455，$p < 0.001$）；父代职业与子代是否务农显著相关（0.173，$p < 0.01$），父代务农的家庭中有69.6%的子代也以务农为职业；父代职业与子代是否务工显著相关（0.350，$p < 0.001$），父代务工的家庭中有90.8%的子代也以务工为职业；父代职业与子代是否从事养殖业显著相关（0.095，$p < 0.05$），父代养殖的家庭中有75.0%的子代从事养殖业；父代职业与子代是否经商显著相关（0.527，$p < 0.001$），父代务工的家庭中有1.5%的子代经商，父代养殖的家庭中有25.0%的子代经商。有67.3%的子代职业继承自父代，57.2%的子代继承父业在家务农。L村子代务农家庭人均年收入均值4682元，最低值1583元；子代务工家庭人均年收入均值7858元，最低值2857元；子承父业务农家庭人均年收入均值4815元，最低值1583元，与脱贫还有一定距离；子承父业务工家庭人均年收入均值10750元，最低值9000元，已远超国家贫困线，实现脱贫。

L村62.1%的受访者表示目前收入比建档立卡时增加了。问及增加最多的是哪一部分时，其中53.8%的受访者回答是工资性收入，即务工收入。根据陆学艺社会分层理论，商业服务人员阶层和产业工人阶层的职业阶层均高于农业劳动者阶层，子代脱离父代职业，即实现了职业地位的向上流动，无论是家庭收入还是社会地位均有利于阻断贫困代际传递。

四是父子两代的收入来源单一，收入水平低。受访川滇彝族聚居区家庭收入来源单一，以务农、务工收入为主，以政府补贴、养殖收入为辅。涉农产业深受传统耕作、养殖条件和生产习惯的影响，外出打工又受限于自身素质低下，致使家庭收入水平低。在种植业方面，彝族聚居区地域广阔，农民人均耕地面积高于全国及全省平均水平。但是绝大部分区域地处高寒山区，抵抗自然灾害能力差，适合种植的作物种类有限，季节性品种短缺；耕地碎片化严重，独特的地势特征使生产经营不具备规模化条件，种植零星分散，标准化、规范化、集约化水平低，普遍耕作粗放，广种薄收，生产成本高、单产水平低，产品竞争力差；彝族农村老龄化水平逐步升高，土地撂荒现象也日益严重；农民外出务工导致其土地代内流动停滞，土地资本的产出效应被消解。畜牧业方面，2017 年凉山州生猪年出栏500 头以上的规模养殖比重仅为 6%，远低于四川省（35.7%）、全国（45.0%）的平均水平。① 牲畜小规模散养，生产设备设施差，科学养猪意识不强，规模化程度、产出水平低，养殖效益不高。特别是中高山少数民族贫困地区，基本处于自然放牧和自给自足的小农经济生产方式，没有扩大再生产的能力，发展后劲不足，经济效益不高。农民组织化方面，受传统种植习惯的影响，绝大部分种植农户单打独斗，没有统一的良种繁育和推广体系，农民多数是自留种，品种杂乱。加之由于土豆、荞麦等传统作物价格低，核桃、花椒、中药材等经济作物产量低，农民的积极性不能充分调动起来。贫困农户生产是一种自发的、传统的自种自收，没有长远打算。另外，高海拔的彝族聚居区气候寒冷，基础设施差，公共服务欠账多，导致环境封闭，交通不便，外出务工的交通成本高。同时，由于劳动力受教育程度不高，缺乏职业技能，劳动力素质偏低，即使外出务工也以做苦力的短期工为主，收入低、不稳定且流动性极强。总之，受访彝族家庭的收入结构同质性强，以务农收入和季节性外出务工为主。在此结构下，各个家庭的总体收入水平低、贫富差距小。因此，受限于经济负资本的父代无法为子代提供好的社会条件，也无法实现代际正资本的传递。

---

① 农业部：《全国生猪生产发展规划（2016 - 2020 年）》，2016。

3. 子代对父代的反哺，使子代生活雪上加霜

首先，中国乡土社会的养老模式是费孝通所阐述的"反哺模式"，并非西方的"接力模式"。所谓反哺模式，即子代像当初父代抚育自己一样反向哺育父代。彝族社会也同样遵循这样的反哺模式，而且受家支、传统文化的约束，彝族家庭中不赡养父母的事件很少发生。其次，彝族社会传统的养老方式是，赡养由儿子负责，父母跟随最小的儿子一同生活；当今的彝族贫困家庭依然是儿子负责反哺，但父代与已婚子代的户籍基本是分开的。在精准扶贫政策优惠刺激下，大多数人分家的目的是获取贫困户名额。最后，除了完全丧失劳动能力的老人，父代一般不与子代同住。父代只要能够劳动，就不会坐等儿子来赡养。60岁及以上的老年人可以领取养老金，部分独居的贫困老人可以获得低保贫困户、五保贫困户的补贴。因此，彝族贫困家庭子代的赡养负担主要集中在那些完全丧失生活自理能力的老人身上。这部分老人的赡养占据子代劳动力的大部分精力，妨碍其正资本的积累，同时加重其生活负担。

二 人力资本的代际传递

（一）身体负资本的传递：近亲婚配、生活陋习与生养投入

身体素质对于择业、择偶等人生大事件具有决定性作用。贫困家庭子代的择业、择偶是获得家庭经济来源和阻断代际贫困的关键因素。

根据表5-11所示贫困代际传递的回归模型，父代健康状况是影响贫困代际传递的重要因素。父代健康状况在模型1、模型2、模型3中均为1%统计水平下显著负相关。利用列联表分析父代健康状况与家庭是否发生贫困代际传递之间的关系，结果如表5-19所示。在583户受访贫困家庭中，91.6%的家庭发生了贫困代际传递，8.4%的家庭未发生贫困代际传递。从父代健康状况这一变量方向看，健康状况越差的父代发生贫困代际传递的概率一般来说越高。这一结果通过了1%统计水平下的显著性检验（$\chi^2 = 13.316$，$p = 0.004$），Spearman相关系数为 -0.077，表明父代健康状况与贫困代际传递发生率显著负相关。

模型2为加入调查省份和民族的回归模型，模型3为加入彝族贫困

代际传递回归模型，通过比较三个模型中父代健康状况变量的回归系数，发现系数随着限制条件的加入不断增加，可见父代健康状况变量在受访四川省彝族家庭中作用于贫困代际传递的影响力更强。彝族代际贫困传递家庭和非贫困代际传递家庭之间，父代健康状况也具有显著差异性（ -0.113 ， $p < 0.05$ ），彝族父代健康状况越差，贫困代际传递的发生率越高。

表 5 – 19　父代健康状况与贫困代际传递的交互分析

变量	发生贫困代际传递		未发生贫困代际传递		合计	
	频数	百分比（%）	频数	百分比（%）	频数	百分比（%）
差	136	95.8	6	4.2	142	100.0
中	144	93.5	10	6.5	154	100.0
良	144	85.2	25	14.8	169	100.0
优	110	93.2	8	6.8	118	100.0
合　计	534	91.6	49	8.4	583	100.0

注： $n = 583$ ， $\chi^2 = 13.316$ ， $p = 0.004$ 。

子代的身体素质受到两方面的影响，一是父代家庭的遗传因素，即先赋因素；二是父代家庭对子代生养方面的投入等后致因素。受访家庭中父代健康状况和子代健康状况显著中等正相关（ 0.420 ， $p < 0.001$ ），说明子代健康状况受到父代健康状况的影响，父代健康状况越差，子代健康状况也越差。

1. 身体负资本源于近亲结婚和吸毒

姑舅表婚是指姑与舅的子女互为婚配，这是一种近亲婚配方式。在旧凉山彝族的习惯法中，这种婚配被视为合乎传统道德规范的普遍行为。我们在 L 村和 E 村深访的 35 户贫困户中，有 5 户的户主是姑舅表婚，即姑姑家的儿子与舅舅家的女儿婚配。他们在幼年时定下"娃娃亲"，18 岁左右正式成婚。姑舅表婚与受教育程度显著相关（ 0.169 ， $p < 0.05$ ），受教育程度越低，姑舅表婚的占比越高。[1] 可见人力资本的两个关键部分——身体资本和教育资本也在内部形成了转化机制。

---

[1]　王卓、张伍呷：《凉山彝族婚姻制度的松动与走向研究——兼析彝族贫困代际传递的原因》，《西南民族大学学报》（人文社科版）2018 年第 3 期。

政府部门对近亲结婚的干预方法单一、收效甚微。在行政分工上，管控近亲结婚的责任主要落到民政部门，但是并无有效鉴别手段，只能以宣传、呼吁的软性干预在群众中普及正确的婚配观念。近亲婚配对后代的影响主要表现在可能提高隐性遗传病的发病率，而且先天畸形、早产和流产、幼儿夭折的风险也增加。①

问：这个老人家（XD47）②只有一个女儿吗？

村干部：以前他家里有五个小孩，后来一个一个地死了，只剩下她（女儿）一个，所以年年不断地，孩子都死了，在每个子女身上都花了很多钱，接连不断地，老伴也死掉了，所以剩下的他和他女儿生活很困难，就什么都没给。

问：前面几个孩子是为什么去世了？

村干部：有些是长到三四岁就死掉了，有些是几个月就死了，生病死了。所以只剩下这个独生女。很困难，就什么都没给。

根据凉山州卫计委提供的凉山州艾滋病疫情形势图，布拖县超过5%的人感染艾滋病病毒，甘洛县、越西县、美姑县、昭觉县、金阳县艾滋病病毒感染率在1%至5%，凉山州艾滋病形势不容乐观。凉山州的艾滋病病毒感染源头和其他地区有所不同。河南等地方的艾滋病病毒感染始于卖血，而凉山始于吸毒时的静脉注射。目前各地艾滋病传播以性传播为主。③凉山吸毒严重的地区，艾滋病的传播势头迅猛。21世纪初中国累计报告的1736例艾滋病病毒感染者中，有72%与吸毒有关。④

L村户籍人口共有1133人，我们进村调研时依然有28人吸毒。虽然在国家的严打严管下，吸毒、贩毒人数逐年减少，但是吸毒、贩毒现

① 在评价近亲婚配对群体的危害时，通常需在调查各类近亲结婚的基础上，计算出平均近婚系数（以a值表示）。a值越大，对群体的危害越大。一般以a值为0.1为高值。通常在发达、开放的社会中，a值较低；在封闭、隔离或有特殊风俗的社会中，a值较高。表亲之间婚配所患常染色体隐性遗传病的近婚系数为1/16。与非近亲结婚相比，姑舅表亲通婚的患常染色体隐性遗传病的风险增大31倍。
② XD47为表5-5所示的受访个案。下同。
③ 资料来源：课题组2018年在凉山州卫计委座谈记录。
④ 蔡立红：《积极开展对青少年禁毒的健康教育》，《广西政法管理干部学院学报》2002年第1期。

象短期内依然存在，其中不少人是以贩养吸，甚至不惜偷抢拐骗换取毒品。有4户受访户家中有吸毒人员，目前都已经进了强制戒毒所。吸毒不仅危害个人和家庭，还对下一代产生极恶劣的影响。首先，吸毒人员的免疫系统遭受破坏，易感染疾病，若此时吸毒人员或其配偶处于生殖阶段，有极大可能引起胎儿出生缺陷甚至死亡。其次，艾滋病病毒通过母婴传播，若吸毒人员感染艾滋病病毒，新生儿的身体状况不容乐观。最后，虽然政府目前"防艾"投入力度大，但是在干预过程中遇到的阻力也很大。以艾滋病病毒感染者怀孕为例，政府部门的干预措施一般包括三种：孕前动员育龄妇女不要生育；孕中动员产妇吃药控制母婴传播；产后动员产妇终止母乳，以防艾专用奶粉喂养，直到幼儿18个月检测阴性则母婴阻断成功。但是干预很难，难在妇女不配合，她们坚持认为家庭必须传宗接代，孕中不积极参与治疗，产后不科学喂养，知行严重分离。

　　"现在妇幼保健院成立了月子中心，生完娃娃后在医院住满42天，一个是断奶，教会她人工喂养；二是给她一些配套的措施。现在预算的是4200～6000元钱的经费，吃住都给她包下来，一年的喂养奶粉也是免费供应的。"（凉山州卫计委某科长）

　　"她知道啊，这种措施和方法可以生下一个健康娃娃。但是她就是做不到，还有她知道性传播。男性感染了后，夫妻之间不采取任何措施是要传染给她的。她依然接受不采取措施的性生活。"（凉山州卫计委某科长）

2. 身体负资本源于父代对子代的生养投入少

受访父代自述对子代的生养投入较少。生养投入分为三个方面。

第一，对子代的营养、健康等方面的科学意识不足，经济投入较少。首先是参加孕期检查的人数少。卫计委在残疾预防方面的一个重要工作就是孕期检查。所有在县域内通过计生部门进行的婚检、孕检都是免费的，但是产前检查与禁止近亲结婚一样，可以宣传、倡导，但是难以强制执行。参与孕期检查的人数少，主要原因：一是缺乏"优生"的意识，二是免费检查政策宣传不到位。其次，L村有2户受访家庭的成员脚有残疾，根据随行村医的诊断，2人都是脊髓灰质炎引起的。部分患者可发生迟缓性神经麻痹并留下瘫痪后遗症，一般多见于学龄前小儿，俗称"小儿麻痹症"。此病可防难治，一旦引起肢体麻痹易成为终身残疾，甚至危及生命。接种脊髓灰质炎疫苗是预防和消灭脊髓灰质炎的有效手段。我国于1978年开始实施计划免疫，儿童免疫的普及让我国脊髓灰质炎发病率迅速下降，2000年包括中国在内的世界卫生组织西太平洋区宣布证实无脊髓灰质炎。①2015年中国省、县、乡级国家免疫规划疫苗报告接种率较低的县、乡主要分布在西部地区，预防接种服务的及时供给在不同地区存在差异，西部地区相对差一些。②处于边远山区的凉山儿童，儿童免疫率与国家平均水平差距较大。父母对于儿童的健康并非不重视，而是不知如何重视，养育方式也是以经验为主。再次，合理均衡的营养摄入是保障儿童健康的根本。世界卫生组织的调查显示，营养相关因素对5岁以下儿童死亡的贡献率达到约45%。2015年，我国6岁以下儿童营养不良率为8.1%，中西部地区较为突出的儿童营养不良问题受到社会发展水平的制约。根据中国营养学会发布的《中国居民营养与慢性病状况报告（2015）》，我国6～17岁农村儿童生长迟缓率是城市儿童的3倍，我国6岁以下农村儿童生长迟缓率和低体重率是城市儿童的2～3倍，其中贫困地区儿童为农村地区儿童的1.5倍。农村等地区居民膳食营养学知识的匮乏更加剧了这一现象。在缺乏公共服务的状况下，仅仅依靠家庭力量无法解决农村地区儿童的营养不良状况。这也是国家在近年来启动农村义务教育学生营养改善计划、不断加大力度进行营养干预的缘由。③传统的彝族聚居区居民日常饮食品种单一，以土豆、荞麦、酸菜为主，偶尔食猪肉，青少年成长所必需的多种营养元素极度缺乏。2017年10月我们在布拖县包谷坪乡宪次机乃村调研时，一位上五年级的13岁少年，其身高和体重与一、二年级的孩子相当。

第二，父代对子代人身安全投入的精力较少。L村3岁以上至小学学龄儿童或是三五成群组团玩耍，或是孤身一人独自行动，几乎不见成年人

---

① 《糖丸退出历史舞台，新的脊灰疫苗该怎么打？》，https：//www. chunyuyisheng. com/pc/article/79344/。

② 崔健、曹雷、郑景山、曹玲生、段梦娟、肖奇友：《中国2015年国家免疫规划疫苗报告接种率分析》，《中国疫苗和免疫》2017年第6期。

③ 《中国农村儿童死亡率是城市2倍以上》，http：//mini. eastday. com/mobile/170601143335965. html。

从旁监管。村内有一处集中安置区，是按照彝族特色村寨风格打造的，每户门前都是 3 米以上的高台坝子，没有护栏等防护措施。常常可见小孩子故意沿着边缘走"独木桥"，在坝子上嬉戏打闹，没有成年人出面阻止。农村儿童的人身安全一直是社会重大隐患，我国农村 0～14 岁儿童意外伤害死亡率为 25.92/10 万，明显高于城市儿童。[1] 相对而言，农村儿童家庭居住环境较差、防护设施少，而且农村儿童的父母文化程度较低、安全意识不够。研究发现，父母文化程度越低、家里兄弟姐妹越多、家庭经济状况越差，儿童越容易发生意外伤害，且父母外出务工是儿童发生意外伤害的重要因素。[2] L 村村口的一户人家，2017 年有一辆装泥沙的大货车在乡政府门口倒车，其小儿子（9 岁）在路边看热闹，身边并无其他监护人。路面泥泞湿滑，货车倒车时油门失控，撞倒了他，所幸性命无忧，但造成腿部截肢的终身残疾。

第三，对家庭卫生环境的关注较少。凉山彝族人大部分生活在二半山区和高寒地区，这些地区经济发展水平相对较低，居住环境相对较差。L 村有一片 34 户集中安置房，卫生条件在贫困村中相对较好。但是，大部分村民仍选择居住在山上旧有的土坯房中，旧房内无厕所和污水处理设施，圈舍紧邻住所，潲水放于卧室中，遍布蚊虫苍蝇。除了内部卫生环境差，家庭成员对个人卫生也不在意。大人、小孩没有洗漱的习惯，特别是小孩，几乎不洗手、洗脸，用餐时习惯直接用手抓取食物。幽门螺杆菌（HP）于 1994 年被世界卫生组织国际癌症研究机构列为一类致癌物。一项对于凉山彝族 HP 的研究表明，与 HP 关联程度由强到弱排序依次为饮水习惯、接受过口嚼食、饮用不洁水源、经常食用腌制食物和熏制食物、吸烟。研究发现 HP 感染存在明显的家族聚集性。[3]

（二）教育负资本的传递：家庭教育

教育负资本是指彝族子代受父代影响，素质能力较为低下，包括受教

---

[1] G. Hu, S. P. Baker, T. D. Baker, "Urban – rural Disparities in Injury Mortality in China, 2006," *The Journal of Rural Health*, 26（2010）: 73 – 77.

[2] 石修权、祁永红、曹博玲：《0～14 岁农村儿童意外伤害死亡率的 Meta 分析》，《中国儿童保健杂志》2013 年第 2 期。

[3] 李杨健、殷朝丽、陈亚利：《凉山地区彝族人幽门螺杆菌感染调查分析》，《解放军预防医学杂志》2016 年第 S1 期。

育水平、学习能力、行为习惯等。根据教育的内容、主体、范围等，可以将教育分为家庭教育、学校教育和社会教育三大类型，本小节主要分析家庭教育。

家庭教育是学校教育和社会教育的起点，家庭是儿童立身处世的第一课堂。从教育观念来看，彝族农村家庭教育奉行"病要医生看，娃儿要老师教"[1]。彝族群众重视子女教育，但是囿于自身能力和文化水平，将教育的责任几乎全部寄托于学校和教师身上，家庭教育丧失其主体责任。从教育内容来看，父代过于看重子代的学习成绩，忽视对子女的心理状态和成长过程的关注。从教育方法来看，父代的教育方式简单、陈旧、粗暴。一位受访者谈到自己的教育方法时，很骄傲地说："（我的子女多），哪一个不听话了或者跟邻居的小孩打架了，我就把自己的孩子拉过来找个棍子打，不给饭吃。作业不完成，虽然我不认识字，但是我严肃地让他们必须做完。"从教育观念、内容、方式来看，早期家庭教育对于子代学习方式、行为习惯、性格品质的养成影响很大。受访家庭中父代受教育程度和子代受教育程度显著中等强度正相关（0.429，$p < 0.001$），表明子代受教育程度受到父代受教育程度的影响，父代受教育程度越高，子代受教育程度也越高。然而，受访父代的受教育程度严重偏低，文盲占75.6%，上过小学的占18.8%，上过初中的占4.4%，上过高中的占1.0%，上过大专及以上的占0.2%。由此可见，彝族贫困家庭教育对子代的负面影响。

表5-11的模型1、模型4报告了学校教育方面，子代受教育程度是家庭发生贫困代际传递的重要影响因素，子代受教育程度越高，发生贫困代际传递的可能性越低。根据两个模型子代受教育程度的回归系数，在加入调查省份和民族变量之后，子代受教育程度的回归系数略有降低。模型3中，子代受教育程度变量并不显著，而模型4其他民族贫困代际传递的回归模型中，子代受教育程度的影响力显著提高，说明子代受教育程度在彝族以外的民族中是影响贫困代际传递的关键变量。受访子代的受教育程度以小学及小学肄业为主，占全部受访者的48.1%，其次是文盲，占33.8%，两项累计达81.9%；上过初中、高中/职高、大专及以上的分别占15.1%、2.3%和0.7%。

---

① 陈世海、詹海玉：《凉山彝族留守儿童家庭教育研究》，《教育评论》2012年第2期。

　　当询问部分受访子代为何中断读书时，59.3%的受访者表示当时家里经济条件差，需要劳力；22.2%的受访者表示是因为读书成绩不好，所以放弃学习；11.1%的受访者表示是因为当时家里不重视教育，思想落后，所以中断读书；由于自身主观原因不想读书的占3.7%；另有1户自述家里成分高，当时是地主（黑彝），政策不让其子女读书。可见，除了个人主观愿望之外，影响子代受教育程度的主要因素包括家庭经济条件和父代的重视程度。家庭经济条件方面的归因与贝克尔提出的"资源受限"理论相符，该理论认为，由于贫困父母面临生存危机，他们难以有足够的金钱和精力用于提升孩子的人力资本。布劳·邓肯的研究表明，父母受教育程度是子女地位获得的重要影响因素。父母受教育程度越高，子女越容易获得高等教育入学机会，其就读高校的层次和水平也越高。本书也证实了这一观点。彝族中的优势地位群体占据了优质高等教育资源，而那些父母职业地位不高、文化程度较低、家庭经济状况不佳的彝族子女在高等教育机会获得的数量和质量上都明显不足。[①]

　　按照罗森塔尔效应，父代对于子代教育期望越高，就越能收到预期效果。本研究的受访对象全部为彝族建档立卡贫困户，处于彝族社会的最低阶层。一些父母受困于自身的文化素质水平和家庭经济条件，不重视子女教育。一些父母虽然认为读书很重要，但是由于忙于生计，无暇顾及子女教育。还有一些父母对子女教育投入的预期更是耐人寻味。L村的一户受访户，户主小学毕业，其同胞哥哥大学毕业。

　　问：为什么读到小学就没读书了呢？

　　答：没钱读了嘛，只能照顾一个人。

　　问：那谁读了？

　　答：我哥读了，读到大学，他当时成绩比我好一点。

　　问：你哥哥成绩怎么比你好呢？

　　答：我哥是残疾人嘛，眼睛看不见，怕他以后娶不上媳妇，所以努力赚钱让他读的嘛。

---

①　杨倩、谭敏：《社会阶层与彝族子女的高等教育入学机会》，《当代青年研究》2015年第4期。

三 文化资本的代际传递

(一) 家庭惯习的瓦解与传承：正资本存量增加

受访子代与父代相比进取心大大提高（见表 5 - 20）。家庭惯习的代际传递比较明显，两代的进取心及教育、性别意识认同度的分布分值类似。但是，相较于父代，子代不论是创新、风险、科学、计划意识，还是社会参与、艰苦奋斗、独立自主精神，都有很大进步。特别是关于教育脱贫和性别平等的观念已经达到相当的现代化程度。

表 5 - 20 凉山彝族家庭惯习资本的传递

单位：%

各类惯习	父代	子代
创新意识	39.53	81.25
风险意识	34.88	89.09
计划性	40.70	73.64
关心科学技术	37.21	70.00
独立自主	65.12	89.09
艰苦奋斗	74.42	94.55
参与公共事务	66.28	91.80
教育脱贫	91.86	100.00
男女平等	89.53	100.00
平均分	59.95	87.71

注：本部分的问卷内容参考了《富饶的贫困》中的"进取心量表"，即沿用了"贫困文化"的概念，同时测度了教育观点和性别观点。通过对量表中选项的赋值，计算出各项得分，在此将其称为家庭惯习量表

资料来源：王小强、白南风《富饶的贫困》，四川人民出版社，1986。

家庭惯习的顺序是按照子代较父代的进步程度由高到低排列的，前四项的结果显示了子代进取心的较大进步，表现在创新意识、风险意识、计划性及关心科技方面。由表 5 - 20 可见，子代的创新意识进步最大，绝大多数子代同意为了提高生产产量、个人收入和生产效率，打破传统和习惯，改行新的农作技术、生产品种或经营项目。父代风险意识得分最低，他们对风险的认知程度不足，不愿承担不可预知因素，子代愿意承担风险的比例远高于父代。父代的劳动计划性不足，他们不认为工作之前应该进

行合理的规划，子代对计划性的认可度高于父代。两代对于科学技术发展的关心程度并不高，并且子代此项得分最低，但是他们关心先进的科学技术能否为其带来收入水平的提高。

独立自主、艰苦奋斗、参与公共事务方面，父代的分值不低，子代分值更高。两代人都认同在生产和生活方面应该保持独立性和自主性，这是使生活维持效率的关键因素。同样，子代的认同程度较父代更强。两代都认同应通过自己的艰苦奋斗成为社区中的"佼佼者"，其中子代的认同度更高，对艰苦奋斗的认同程度更高。两代对公共事务都比较关心，绝大多数父代和子代同意应积极参与公共事务，如村里的公益事业或者涉及生产、生活方面重大问题的讨论和决策，其中子代对公共事务参与的积极性更高。教育脱贫与男女平等方面，两代观念已经具有相当的现代化水平。绝大多数父代和全部子代同意教育投资是摆脱贫困的方式，应鼓励孩子上学，男孩和女孩应拥有相同的受教育权利，应避免女孩失学。一些受访父代进取心相关变量得分较低的原因是自我认可度，认为自己上了年纪，有自动退出社会舞台的打算。有此想法的人却并非人口学意义上的"老年人"。

代际惯习传承负资本存量走低，即父代的负向观念通过代际传承到子代有逐渐瓦解趋势；代际惯习传承正资本存量走高，即父代的正向观念传递给子代后，子代的正向观念较父代更为显著。子代在彝族社会开放的过程中，逐渐接触到社会中的现代观念，在社会融合与家庭传承的双重作用下，摒弃传统中的糟粕，接受并内化了现代化观念，形成了当前彝族新生代的家庭惯习。

（二）身体化、客观化、制度化文化资本的培育极少

在布迪厄看来，文化资本有三种存在形式，即身体化文化资本、客观化文化资本和制度化文化资本。

身体化文化资本的培育很难衡量。我们根据子代15岁以前的相关文化经历（见表5－21），分析受访彝族父代对子代的文化培育。受访子代15岁以前参加文化演出（1.8%）、旅游（1.8%）、上兴趣班（1.8%）极少；听讲座（3.6%）、上补习班（3.6%）、进文化场馆（3.6%）、看父母写字（7.1%）很少；听音乐（16.1%）、看父母阅读（17.9%）、观看有益的电视

节目（19.6%）较少。28.6%的父代有意为孩子创造良好的学习环境，37.5%的父代鼓励孩子与"有文化"的人交流。问卷调查的数据表明，彝族父代以精神方式陶冶孩子情操的行为较少，对子代身体化文化资本的培育大多表现为生活场景下的顺便教养，而并未有意到专业地点进行专门培养。

表5-21　受访子代15岁以前的文化经历

单位：%

文化经历	是	否
文化演出	1.8	98.2
旅游	1.8	98.2
上兴趣班	1.8	98.2
听讲座	3.6	96.4
上补习班	3.6	96.4
进文化场馆	3.6	96.4
看父母写字	7.1	92.9
听音乐	16.1	83.9
看父母阅读	17.9	82.1
观看有益的电视节目	19.6	80.4
创造良好的学习环境	28.6	71.4
鼓励交流	37.5	62.5

资料来源：调查问卷数据分析。

我们用"家中藏书的数量"操作客观化文化资本这一概念。24.6%的父代表示家中没有藏书。有藏书的家庭平均藏书42本，最多的藏书量为300本。75%的有书父代家庭中的藏书是子女上学所用教科书，还有少部分为宗教文化类书籍和工作资料等。45.7%的受访子代表示家中有藏书，平均为72本，最多藏书量为500本。61.1%的有书子代家庭藏书类型是孩子的教科书，小说、政治类和技术类书籍也略有涉及。数据表明，彝族父代对子代的客观化文化资本传递极少，只有一少部分彝族贫困父代家庭中有藏书，其中绝大部分为被动购买的教科书，主动购书的父代家庭极少，其中购买知识文化类图书的更是罕见。子代家庭在客观化文化资本的积累方面相比父代略有进步。

我们用"受教育程度""职业技术资格证""职业技能"衡量制度化

文化资本。调查显示，父代中文盲占 64.3%，小学学历占 26.8%，初中学历占 8.9%，受访者中没有高中及以上学历的。100% 的父代没有职业技术资格证。有 5.4% 的父代有职业技能，如木工。父代的受教育程度以文盲及半文盲为主，拥有职业技术资格证的也是极少数，彝族贫困家庭中父代的制度化文化资本几乎为零。子代中文盲占 19%，小学学历占 46.6%，初中学历占 20.7%，高中或职高、大专及以上学历占比分别为 5.2% 和 8.6%。8.6% 的子代有职业技术资格证，且有职业技术资格证的与受过高等教育的子代几乎完全重叠；34.3% 的子代拥有职业技能，如开车、建筑、养殖等。子代的受教育程度、职业技术资格证获得率和职业技能均比父代有所提高。

总体来看，彝族贫困父代对子代身体化、客观化和制度化文化资本的有意培育极少，这不利于子代摆脱贫困。

四　社会资本的代际传递

社会资本又被称为社会支持网络，是指一个人可能获得的各种资源和帮助所构成的社会关系网络。[1] 社会资本可以分为正式和非正式两种类型，正式的社会资本来自政府和社会正式组织的各种制度性支持；非正式的社会资本主要是来自家庭、亲友及各种非正式组织的支持。本节讨论的是来自家庭、亲友的非正式社会资本。

（一）父代家庭结构影响贫困代际传递

研究表明，未婚母亲和单身母亲培育的孩子，成年后都有较高的贫困发生率，单身母亲的孩子成为穷人的可能性为双亲家庭孩子的 5 倍。[2] 成长在不完整的家庭中，孩子得到的各类家庭资源的机会都比较少。L 村受访家庭中出现了近一半的家庭（含父代和子代）子女成年前家庭陷入单亲

---

① 王卓、莫丽平、曹丽：《汶川地震灾区居民社会支持网——基于农村低保居民社会支持网的比较分析》，《四川大学学报》（哲学社会科学版）2014 年第 5 期。

② Mary Corcoran, Terry Adams, "Family and Neighborhood Welfare Dependency and Sons' Labor Supply," *Journal of Family and Economic Issues*, 16（1995）.

抚育结构①包括：外出务工夫妻长期分居的（14 户）、机构强制戒毒的（4户）、突发疾病早逝的（2 户）、伤心过度早逝的（2 户）、贩毒判刑的（1户）、偷盗判刑的（1 户）。

一方面，单亲家庭结构使家庭人口抚养比高，劳动力负担重，子代生活水平、经济资源、教育获得受限；另一方面，如果家庭结构失常归因于父代吸毒、偷盗等陋习，子代在家庭生活早期可能受到此种不良习惯的毒害，而且父代因此入狱或进入机构戒毒，子代可能被贴上"陋习"标签，在同辈群体、邻里乡间的污名化使子代面临结构化的困境。

但是也有极少数早年丧偶的贫困户表示自己特别受到家支、邻居的照顾。此时，非正式的社会资本对于单亲家庭恢复正常社会经济生活的支持显得尤为重要。

（二）非正式的社会资本给予经济及劳务支持

彝族家庭普遍有以家支互助为传统的非正式社会支持，在彝族贫困村几乎没有集体经济或者集体经济运行艰难的背景下，这种非正式社会支持替代了正式社会支持。但是，以家支为基础的社会资本规模较小，难以持续、有序调动贫困户的内生动力。

父代受访者认为家支提供了帮助的占 52.6%，子代受访者认为家支提供了帮助的占 56.6%，两代认同家支提供帮助的比例基本相当。家支的帮助以提供劳力和财力的方式为主，包括帮忙做农活、修建房屋、集资借款、赠送食物及生活用品等方式。父代中其他亲戚提供帮助的占77.8%，帮助的主要形式是借款、介绍工作、介绍对象等。子代邻居提供帮助的占 83.3%，主要的帮助方式是提供劳力、采购生活用品等，也有少部分提供资金支持。子代结婚对象的家支提供帮助的占 34.3%；31.9% 的子代有人介绍打工机会，大部分人是跟着包工头打工，少部分人是自己找工作。

问：阿加家族给你提供过帮助吗？

答（XD28）：以前有过，最近这几年没有，以前家里比较困难，

---

① 这里包括单亲母亲和单亲父亲，尤以单亲父亲为主。

需要用钱，儿子没有分家之前，亲戚借给他们钱，娶媳妇什么的，没有利息，这些算是帮忙的。

问：家族会给你们帮助吗？

答（XD52）：帮忙的，帮我们挖土豆啊，反正什么干不完他们都要帮忙。

问：麦吉家族会不会给你帮助？

答（XD26）：一般救济性是没有的。老年人去世了，比较亲的，会多给100块钱，买一些酒什么的。

在贫困家庭面临困境时，彝族团结互助的精神尤为凸显。一般社会支持网络不会提供日常的救济性援助，但是当一个家庭面临危难急困时，只要亲戚家稍微能够糊口度日，也会为其提供力所能及的帮助。

问：你的亲戚、邻居会互相帮助吗？

答（XD38）：有需要的时候互相吭一声，有钱的话都会互相借。邻居一般经济上不来往，就是有时候家里有好吃的，会分着一起吃。如果是干活，哪一家的活干到最后，他们都会互相一起去帮忙。

问：你的家族有没有给你提供帮助？

答（XD29）：外孙给我送过1000块钱，其他朋友遇见，两三百的给过，昨天遇到堂姐，（她）给了我200块钱让我买衣服。

问：其他亲戚有没有帮助你？

答（XD29）：老婆家亲戚，儿媳妇的妹妹，每年送苞谷给我，他们比较有钱。

问：朋友、邻居家有没有帮助你们？

答（XD29）：邻居帮了很多忙，小孩要交学费，问邻居借了1万元，有时候一百、二百的也给过，两个劳动力不够，邻居帮忙干农活，收粮食，义务劳动。

家支、亲戚是否提供帮助与族内成员的经济水平、居住地是否邻近等因素相关。

问：家族会给你帮助吗？

答（XD30）：没有，家门（情况）都差不多，就没有。

问：你的家族会不会帮助你？

答（XD32）：没有，他们住得很分散，一部分在西昌，一部分在昭觉，这里只有几户分散的，就基本没有什么帮助。

彝族贫困家庭获得的非正式社会资本主要来自家庭内部和家庭外部两方面。家庭内部，原生家庭的家庭结构影响子代的资源获得；家庭外部包括家支、亲戚、邻居提供的非正式社会支持。子代的社会资本存量总体来说高于父代。子代家庭获得的社会资本主要来源于家支内部的互助，亲戚、邻居的支援，提供帮助的方式以资金周转、换工、做媒、介绍工作为主。其中家支的帮助与血缘纽带密不可分，所以子代家庭所获得的社会资本中有很大一部分是继承自父代的，这部分资本为子代家庭的救急、解困发挥了不可替代的作用。另外，子代还有自身专属的社会资本，如子代的邻居、朋友以及婚姻关系网络等。

五 代际传递中的资本循环

（一）代际经济负资本和人力负资本的恶性循环

第一，经济资本的间接传递包括父代对子代出生、养育的投入。子代出生前，父代就开始对子代的健康进行投入，包括孕产妇的营养补充和早期疾病的筛查；子代出生后，父代对子代的经济投入不仅包括营养健康方面，还包括家庭教育、学校教育、社会教育等方面。几乎所有彝族贫困家庭的父代都表示当年并没有特意对子代生养投入，不仅没有关注健康方面，也没有特定的养育目标，本着"多子多福"的心态生孩子，不注重生养质量，缺乏现代教育观念。缺乏资金和精力进行生养投入导致子代早期教育不足、社会化程度不够，间接影响子代后期获得经济资本。

第二，早期家庭教育的缺失阻碍子代获得经济资本。从教育观念、内容、方式来看，父代的早期家庭教育对于子代的素质水平的负面影响很大，人力负资本的传递使子代在今后就业、社交时容易陷于不利处境。

第三，父代早逝加重子代经济负担。一是父代较早去世，使子代在年幼时即忙于生计，其成长过程伴随着经济压力和心理负担。二是父代较早去世，经济正资本没有代际传递，子代成家需要独自承担巨额的彩礼并由此形成债务。可见，父代身体素质差、抗风险弱会影响子代获得经济资本。

（二）代际经济负资本和社会负资本的恶性循环

父代经济负资本会通过代际传递成为子代的社会负资本。48.1%的父代表示自己家比较贫困的状态影响到了儿子结婚对象的选择，他们拿不出足够的彩礼，只能降低择偶标准。择偶标准既包括配偶本身的素质，也包括配偶的家庭条件。子代结婚对象中，女方家庭条件好的占16.3%，男方家庭条件好的占37.9%，双方家庭条件差不多的占45.8%。而女性倾向于找家庭条件比自己好的男性，或者家庭条件和自己家差不多的男性建立婚姻关系。事实上，贫困家庭子代的婚姻关系网络可以为子代提供的帮助较少，子代自身的社会正资本存量不足。有一户由于父代家庭条件差，子代3个儿子（分别是34岁、32岁、30岁）都没有娶妻。贫困家庭父代的经济资本影响到子代社会资本的获得。

问：你的父母身体好吗？

答（XD34）：爸爸是精神病，说话不清楚，精神错乱以后什么活都干不了，所以我不敢出去，一直在家照顾他。家里养了羊和牛，我在放，把羊和牛放到山上之后，再出来种一点地。妈妈平时没什么事，经过健康体检以后，医生说有一个原始性的脑肿瘤，怕有时候发作，准备下一步继续到大医院去检查，现在平时还是好一些，没什么问题。

（村干部插话：他三十几岁了，娶不到媳妇，经济条件不好，而且这个地方，女方都不愿意嫁过来。）

问：家里就你一个劳动力吗？

答（XD34）：3个人，我的两个弟弟都没结婚，他们两个都出去打工了。

问：你为什么没有读书呢？

答（XD34）：爸爸得了精神分裂症以后，我从 13 岁开始一直在家里干农活，放羊放牛，没去上学。

父代的社会负资本还会通过代际传递，转化为子代的经济负资本。父代的社会资本为子代的职业选择提供机会。34.3% 的子代工作来自家支、亲戚的介绍，还有一部分子代工作是跟着同家族中的项目负责人外出务工。这些社会资本来源于父代社会资本的继承。父代社会资本存量多，子代获得较好职业的可能性就大。父代社会资本存量低或者质量差，子代获得较好的工作机会的可能性就小。彝族贫困家庭的子代受教育程度不高，大部分人的工作依靠熟人介绍，而非自主择业，所以父代社会资本对子代职业选择的影响尤为明显，子代的务工资源链接受到父代社会资本的影响。

六　贫困亚文化对代际传递的影响

贫困亚文化理论认为，贫困通过固有的社会心理导致穷人的延续。[①]彝族地区的贫困亚文化表现在脱贫志气不足、生育观念落后、陈旧的价值观、重男轻女等因素，这些社会心理现象制约贫困家庭脱贫，并导致贫困代际延续。

（一）脱贫志气不足，依赖心理严重

"知足常乐""安于现状"是困扰彝族贫困家庭主动脱贫的重要因素。脱贫意愿方面，46.3% 的受访父代和 32.6% 的受访子代表示不想脱贫。其中大部分父代心态消极，认为受限于多种客观环境，自己不可能富起来，情愿一直接受国家扶持；而大部分子代不想脱贫的原因是希望继续享受政策。这一方面表明他们的依赖心理比较严重，脱贫的主动性不足，另一方面说明"脱贫不脱政策"的宣传尚未到位。

而想脱贫的人都打算靠自己的双手劳动致富，一部分受访者还把自己

---

① O. Lewis, "Five Families: Mexican Case Studies in the Culture of Poverty," *Social Service Review*, 34, 1（1960）: 99 – 100.

的家庭年收入仔仔细细算出来，认为自己已经符合脱贫退出的条件，自然应该退出。另外，对自己是贫困户这一事实的看法方面，72.7%的受访父代和86.1%的受访子代认为被评为贫困户是一件好事，他们普遍认为政府实施扶贫项目，投入扶贫资金是惠民之举，为自己的家庭提供了住房、产业、就业、就医等方面的便利和优惠。但是鲜有受访者从被动脱贫的视角看待"贫困户"这一身份，有些贫困户认为"我脱不了贫你脱不了钩"，甚至以"不脱贫"来威胁基层干部，不认为自己是脱贫的主体。还有一些受访者原本不符合贫困标准，纳入贫困户之后，反而觉得脸上有光。由此可见，彝族贫困群体中"要我脱贫"向"我要脱贫"转变的意识尚未形成。

问：被评为贫困户好吗？

答（XD39）：肯定是好啊，什么都发给我们了嘛，肯定是好啊，房子啊什么的都修好了。（村干部插话：我感觉不好，太穷了，靠国家来资助你。靠自己努力，自力更生，艰苦奋斗应该才是好。）

问：被评为贫困户好吗？

答（XD48）：好，感谢政府。本来之前，我没有被评为贫困户，因为我儿子在学校工作，小儿子又是村支书。后来省扶贫移民局领导来了以后，了解到我们比较困难，就给了我一个彝家新寨（项目），给了4万块钱，修了这个房子，剩下的不够自己添。

（二）生育观念落后，人口质量偏低

彝族家庭生育数量多，生育观念落后，人口总抚养比高，家庭扩展阶段周期长。凉山州卫健委提供的《凉山州人口形势分析报告》显示，凉山州2016年10月至2017年9月人口出生率为14.54‰，自然增长率为9.1‰，符合政策生育率为92.24%。受特殊的历史、地理、经济以及少数民族风俗习惯等影响，多年来凉山人口出生率、自然增长率高居全省之首。

表 5 – 22　凉山州 2017 年分县（市）民族构成和生育情况

县（市）	彝族人口占比（%）	人口出生率（‰）	符合政策生育率	一孩率（%）	二孩率（%）	多孩率（%）
美姑县	98.87	20.49	86.24	32.70	32.70	38.53
昭觉县	98.12	20.73	85.72	34.42	34.42	38.99
布拖县	96.29	16.92	85.60	40.75	40.75	40.60
喜德县	90.82	16.74	88.09	43.79	24.33	31.88
普格县	83.32	12.93	92.11	39.37	30.04	30.59
金阳县	81.18	17.99	86.65	44.79	22.97	32.24
越西县	77.46	18.52	88.64	39.74	28.45	31.81
甘洛县	74.89	17.00	88.90	46.36	26.17	27.48
雷波县	55.72	19.98	92.23	50.89	27.35	21.76
盐源县	53.30	10.85	97.16	49.43	35.04	15.54
冕宁县	40.22	14.24	93.86	46.41	34.57	19.02
木里县	30.80	9.67	98.36	44.31	39.33	16.36
德昌县	26.20	14.54	98.47	47.37	42.13	10.50
宁南县	25.19	11.72	96.07	47.36	41.07	11.58
西昌市	19.37	12.62	98.88	52.24	42.96	4.80
会理县	19.20	9.38	97.67	53.92	42.63	3.46
会东县	7.61	11.33	96.58	50.29	41.74	7.97

资料来源：凉山州卫健委：《2017 年凉山州人口形势分析报告》。

从表 5 – 22 中的数据来看，凉山州人口在县域上出现显著性差异，地区发展极不均衡，生育情况与彝族人口占比显著相关。具体表现为：第一，彝族人口占比与出生率显著强正相关（0.764，$p < 0.001$），彝族人口占比越高的县，出生率越高；第二，彝族人口占比与符合政策生育率显著极强负相关（－0.926，$p < 0.001$），与一孩率显著强负相关（－0.798，$p < 0.001$），与二孩率显著强负相关（－0.674，$p < 0.01$），即彝族人口占比越高的县，符合政策生育率、一孩率、二孩率越低；第三，彝族人口占比与多孩率显著高度正相关（0.972，$p < 0.001$），彝族人口占比越高的县，多孩率越高。

我们在实地的调查结果与彝区整体生育情势相符。受访父代平均生育 3.77 个孩子，中位数为 4，众数为 3，呈右偏分布，最大值为 9。由表 5 – 23

可以看出，受访父代生育数量多，生育4个孩子及以上的占50.9%。根据对子代的深度访谈，部分父代家庭原本的生育数量是多于这一数字的，但是受制于过去的医疗水平和生活条件，不少婴幼儿在年幼时即夭折，所以父代的实际生育数量比我们收集到的数字更多。由此可见，父代在生育期内对于少生优育的观念尚不十分认可。L村受访子代平均生育2.83个孩子，中位数和众数都是3，但是已生育4个孩子及以上的也不在少数，占35.3%。绝大部分受访子代打算要生3个孩子，但是也有已生育1个孩子的受访子代表示现在育儿成本剧增，只要再生一个就够了；还有一户已生育4个孩子的子代，表示打算直到生出儿子才会不生。生育意愿不代表生育事实，多数受访子代的生育意愿受限于民族地区的计划生育政策。一旦国家人口政策调整，彝族生育事实又将如何，是难以预料的。

表5－23　父代生育数量与贫困代际传递的交互分析

生育数量	发生贫困代际传递		未发生贫困代际传递		合计	
	频数	百分比（%）	频数	百分比（%）	频数	百分比（%）
0	3	60.0	2	40.0	5	100.0
1	25	78.1	7	21.9	32	100.0
2	62	92.5	5	7.5	67	100.0
3	174	93.5	12	6.5	186	100.0
4	135	93.1	10	6.9	145	100.0
5	69	88.5	9	11.5	78	100.0
6	30	93.8	2	6.3	32	100.0
7	29	100.0	0	0.0	29	100.0
8	14	82.4	3	17.6	17	100.0
合　计	541	91.5	50	8.5	591	100.0

注：n = 591，χ^2 = 18.342，p = 0.019。

利用列联表和卡方检验来分析父代生育数量和家庭发生贫困代际传递之间的关系，结果见表5－23。从父代生育数量这一变量方向看，一般来说，生育数量越多的父代发生贫困代际传递的概率越高。这一结果通过了5%统计水平下的显著性检验（χ^2 = 18.342，p = 0.019），Spearman相关系数为0.044，说明了父代生育数量与贫困代际传递发生率显著正相关。

凉山州政府一直在大力推进生育秩序整治工作，通过宣传教育的方式向群众普及计划生育的重要性和必要性，推进基层群众自治和社会协同治理，充分发挥计划生育协会的作用，试图扭转群众陈旧思想观念，释放"计划生育力度不减、惩处违法生育没有例外"的信号。与此同时，凉山州也不断加强组织领导、部门联动、联系帮扶，在计生数据、资金投入和提供服务方面推进优生优育，着力提高出生人口素质，并且严格奖惩机制，对 11 个生育秩序整治重点县实行末位排名，"一票否决"。可见，地方政府在控制人口规模方面，工作力度很大，工作重点以行政管控为主，目标是减少政策外多孩生育。

生育数量多导致人口总抚养比高，生育周期长造成家庭经济压力大，容易在家庭生命周期中的扩展阶段陷入贫困。截至 2017 年 9 月 30 日，凉山州人口年龄结构为：少儿人口系数为 23.92%，老年人口系数为 7.93%，少儿抚养比为 35.10%，老年抚养比为 11.63%，总抚养比为 46.73%，凉山州正逐渐由成年型社会进入老龄化社会。家庭生命周期是指家庭会依照一定的家庭生命事件序列而经历诞生、发展、消亡，最终被新的家庭所取代的过程。[①] 扩展阶段是家庭从第一个孩子出生到最后一个孩子出生之间的阶段。在家庭扩展阶段，妇女生育带来家庭劳动力减少，被抚养人口的数量增加导致劳动力人均承担的抚养人口增加，劳动力负担加重。在这一阶段生育数量过多，会使家庭劳动力负担过重，导致家庭陷入贫困。在受访的子代中，子代家庭平均 4.42 人，每户平均 1.91 个劳动力，有 14% 的家庭没有劳动力。在受访的父代中，父代家庭平均 2.26 人，每户平均 1.08 个劳动力，有 45.3% 的家庭没有劳动力。可见，受访彝族贫困家庭严重缺少劳动力，脱贫难度大。

（三）陈旧消费观念和行为成为脱贫的障碍

在彝族贫困乡村，"养猪过年、养羊御寒、养鸡换盐巴钱"的轻商观念，"以酒当茶、杀牲待客、好要面子"的传统习俗，"薄养厚葬、高额彩礼、互相攀比"等陈规陋习尚未消除。

消费观念方面，父代各项消费计划比较均衡，大部分选择存钱养老，而子代的教育消费和再生产消费意愿相对强一些。若赚到了钱，29.3% 的

---

① 潘允康：《社会变迁中的家庭：家庭社会学》，天津社会科学院出版社，2002。

父代会把钱存起来用于日常消费，28.6% 的父代计划投入再生产，26.2% 的父代会购买物品用于改善生活，26.2% 的父代会花钱在孩子教育上。48.1% 的子代会花钱在孩子教育上，32.7% 的子代会用于投入再生产，15.4% 的子代会把钱存起来用于日常消费，13.5% 的子代会购买物品用于改善生活。从各家庭自认的主要消费项目来看，家庭消费结构与家庭消费观念大致相当。受访家庭中，38.4% 的家庭自认主要开支是子女上学，29.3% 的家庭自认主要开支是日常生活消费，25.1% 的家庭自认主要开支是看病，17.6% 的家庭自认主要开支是修房子，1.3% 的家庭自认主要开支是娶媳妇，1.3% 的家庭自认主要开支是生产性支出（如买农药、化肥、种子），0.9% 的家庭自认主要开支是人情开销。

相对于过去的轻商观念，当今的凉山彝族已经大有好转，但是将所得资金用于再生产的人数仍然不多，以经商为职业的人仍然较少，自给自足的小农经济依然是当地的主要生产方式。

在消费偏好方面，受访者用于不良爱好的资金较多。绝大多数父代抽自家种的兰花烟，部分子代选择 5 元一包的烟，一个月最多花 150 元，平均花费在 50～100 元，抽烟的消费相对不高。但是相比之下，他们喝酒的费用就高多了。20.8% 的父代和 33.9% 的子代自认嗜酒。何为嗜酒？他们吃饭的时候要喝酒，聚会聊天要喝酒，欢迎客人要喝酒，做毕摩的时候要喝酒，无聊的时候要喝酒，吃夜宵的时候要喝酒，甚至两个人在路上遇到了都可以搬两件酒坐在路中间就喝起来。我们曾参加一次当地人的聚会，村支书召集村民开会，有些村民从外地赶来，常住村里的村民就杀猪宴请他们，外地的村民负责出酒钱。聚会从下午 5 点开始，一直持续到晚上 10 点，现场全部为男性壮年劳动力，约 40 人，人均 10 瓶啤酒，每瓶 5 元，仅酒钱消费就有 2000 元左右。事实上，村民吃过晚饭或者参加完聚会后还要另寻酒场，不到夜深不罢休。

另外，就是婚丧嫁娶时，操办者和受邀者双方的经济压力。从操办者的角度，姑娘出嫁时大多数有较高的彩礼要求，对男方和男方家庭造成相应的经济压力；仪式中大操大办的习俗，给贫困家庭带来沉重负担。从受邀者角度，在婚丧仪式中，礼金的多少视家庭的经济条件而定，但当地人对嫁娶婚丧的"体面"极为重视，因此不得不自加压力以全颜面。

（四）重男轻女、包办婚姻等旧思想依然残存

受访者纷纷表示自己没有重男轻女的思想，尤其是关于受教育权利方面，普遍认为男女都应平等地享有受教育的权利。但是，我们在喜德县冕山镇深沟小学调研时，发现该小学在校生中，64.3%是女生。追问原因时，校长略显尴尬地说，若经济条件允许，部分家庭会选择将女儿送到这所镇中心小学读书，而将儿子送到县城或者更好的地方读书，所以镇上的小学女孩子偏多。传统彝族社会有一句谚语："女儿是代养的畜，儿子才是家存的根。"可见，目前适龄儿童并不能平等享有受教育权利，教育资源在主观因素的作用下优先向男性倾斜。父母包办婚姻致使婚姻基础薄弱，婚姻关系脆弱。受访子代在婚姻选择上，一般无法免于受父母的影响。受访者马某17岁开始到安徽务工，父母不同意她远嫁，故经媒人介绍与同县男性相识仅6天即结婚。不料婚后发现男方吸毒，且不久后进了戒毒所。目前马某一人独自抚养孩子。受访者张某大学专科毕业后，父母为他物色了对象，且委托媒人提亲。但是由于女方是文盲，张某不同意这门亲事，父亲以断绝父子关系相威胁，张某才同意结婚。婚后二人关系恶劣，甚至无法同处一室。调查发现，仅有5.7%的受访子代是自由恋爱结婚，其余大都是媒人介绍、父母包办、娃娃亲等传统婚姻形式。包办婚姻是旧社会的产物，在农村地区，尤其是封闭、落后、社会发育较低的边远贫困地区，包办婚姻尚未绝迹，并影响参与者的家庭。

在较为封闭的场域内，资本在家庭内、代与代之间由上至下的流动构成了子代的部分生活经验；在家庭外、场域内，趋同的境遇使种种社会经济文化现实也被嵌入了子代的生命历程。彝族贫困家庭绝大部分生活在集中连片特困地区，始于地理空间的劣势已转化为社会空间的滞后，在"社会小世界"中生活的世代，受到代际资本的浸染，某些负面惯习生根发芽，另一些则逐渐消弭。深度贫困与愚、病、毒、弱等问题叠加交织，多因成一恶果。因教育投入严重不足，彝族农村青壮年中相当一部分人不懂汉语。受"以毒为药"旧习、地处"金三角"毒品运输通道等因素影响，毒品、艾滋病问题十分严重。受多子多福、重男轻女等观念影响，多生、超生问题突出，陷入越生越穷、越穷越生的恶性循环。因此，彝族旧有的社会制度和惯习是贫困阶层再生产的原生因素。

第六节　彝族深度贫困解析

自 2016 年 5 月开始，处于深度贫困的"悬崖村"进入了公众视野，并成为炙手可热的词语。在百度网站上，可以检索到 139 万多个有关"悬崖村"的新闻。

"悬崖村"位于四川省凉山彝族自治州昭觉县支尔莫乡，原名阿土勒尔村，是一个地处大凉山深处的彝族聚居的贫困村。200 多年前，阿土勒尔村的先民为躲避战乱，迁徙到此，发现此处地势险要，土地肥沃，小气候好，农作物产量高于大凉山其他地方，就把家安在了山坳里的缓坡（悬崖）上，过着自给自足的生活。200 多年来，村民进村出村，需要攀爬落差 800 米的悬崖、走过 12 级 218 步的藤梯，这藤梯是长居于此的彝族人与外界联系的唯一快捷的通道。外界就此称之为"悬崖村"。长久以来，"悬崖村"村民生病就医、孩子上学、生产交易等十分艰难，与现代社会的分离与断裂越来越大。在凉山彝族自治州，约有 10 万户、43.42 万人生活在 1350 多个类似于"悬崖村"的深度贫困村。在全国，约 2000 万类似的贫困人口集中分布在 14 个集中连片的农村贫困地区。

在声势浩大的精准扶贫攻坚战中，"悬崖村"成为习近平总书记最牵挂之地，是政府扶贫攻坚最痛之点。2016 年 8 月凉山州、县两级政府投入财政资金 100 多万元，为"悬崖村"修建了 767 级台阶的钢梯，替代了旧藤梯。同期，某旅游集团计划投资 3 亿元打造"悬崖村—古里大峡谷"景区，试图以旅游扶贫方式帮助"悬崖村"脱贫致富。

从国家扶贫标准和现代社会生活水平来看，"悬崖村"及其村民是十分贫困的。显而易见的是，其贫困与其所处地理位置和环境极其不利有关。问题是：除地理环境因素外，有无其他更为复杂的因素使其长期处于贫困？本研究以"悬崖村"为切入点，以地理学和社会学的想象力，从空间（space）维度探索贫困的原因。

一 早期的人地关系思想

地理环境决定论即地理环境整体决定人类发展的一种学说或者理论观点,[①] 是综合论述人地关系的学术理论。

地理环境决定论的萌芽、产生和发展有漫长的历史。古希腊的希罗多德(Herodotus,公元前 484 年—公元前 430/公元前 420 年)在其《历史》中用第 2 卷全部篇幅叙述了去埃及旅行的地理考察,系统论述了历史时期存在的人与地理环境的关系。他的著作被推崇为一个极古老的思想的创始,即全部历史都必须用地理观点来研究。[②] 这可以看作人地关系探究的萌芽。

古希腊的希波克拉底(Hippocrates,公元前 460 年—公元前 377 年)在《论空气、水和地方》中,提出了气候决定论。[③] 而古希腊的伟大哲学家亚里士多德在地理学方面的成就可以看作古希腊人地思想的一个高峰。他通过居住在不同地域的人具有不同的性格特点等方面的论述提出了气候决定论。

中国古代关于地理环境与人的关系的思想也不在少数,《管子》《礼记》《周礼》的有关记载被列为"协调人地关系的思想",并且作为先秦时"如何看待人地关系问题的一种重要态度"[④]。

如果说这一时期是地理环境决定论的萌芽时期,那么近代西方的思想发展则是该理论的产生、发展时期。

二 地理环境决定论

虽然"地理环境对人类历史命运的影响的思想在科学上远不是新东西。希腊和罗马的著作家早就不止一次谈到过"[⑤],但就它成为一种系统化

---

① 曹诗图:《孟德斯鸠并非地理环境决定论者——重读〈论法的精神〉一书》,《科学学研究》2000 年第 4 期。
② 〔美〕P. E. 詹姆斯:《地理学思想史》,李旭旦译,商务印书馆,1982,第 25~26 页。
③ 宋正海:《地理环境决定论的发生发展及其在近现代引起的误解》,《自然辩证法研究》1991 年第 9 期。
④ 唐锡仁:《论先秦时期的人地观》,《自然科学史研究》1988 年第 4 期。
⑤ 〔俄〕普列汉诺夫:《论一元论历史观的发展问题》,王荫庭译,商务印书馆,2012,第 1~2 页。

的理论而言，则与以孟德斯鸠为代表的一些法国 18 世纪唯物主义哲学家和俄国早期马克思主义者普列汉诺夫有关。[①] 孟德斯鸠（1689—1596 年）被后人公认为是地理环境决定论的先驱。例如，我国出版的数本地理学辞典、哲学辞典以及社会科学辞典对"地理环境决定论"词条的阐释，几乎都将孟德斯鸠列为首要代表人物。[②]

孟德斯鸠在《论法的精神》的第 14～19 章集中论述了地理环境决定论。孟德斯鸠从气候和土壤的角度集中论述地理环境对人类的影响，他认为气候、土壤等地理环境对人类的身体生物机能有直接的影响，并进而影响人的性格和感情等要素。孟德斯鸠在第 14 章第 1 节"概述"里论述道"如果人的性格和内心感情真正因不同的气候而产生极大差异的话，那么法律就应当与这些感情和性格的差异有联系"[③]，因为在不同的地理环境（气候、土壤等）情况下，人的生理、心理、性格等特点均出现差异，进而影响到每一地理环境中法律、政治的形成。

学者高尚把孟德斯鸠在《论法的精神》中的地理环境决定论概括为三个方面：第一，气候条件对法律的影响作用；第二，国家的地理条件对法律的影响和作用；第三，人们的谋生方式对法律的影响和作用。[④] 孟德斯鸠的继承者亨利·巴克尔（19 世纪）进一步将地理环境归结为气候、食物、土壤和地形四种要素。这些要素给民族的性格、心理、道德、科学、宗教、哲学乃至社会政治制度以决定性的影响。[⑤] 德国地理学家拉采尔（F. Ratzel）集前人研究之大成，建立了地理学的环境－精神－社会的决定论思想体系。[⑥] 1882 年，拉采尔发表了他的《人类地理学》（*Anthropogeography*）第一卷，探索了各种自然因素对历史发展的影响。1891 年他发表了《人类地理学》第二卷，主要论述了人类的分布与迁移。拉采尔的主要功绩在于把人的因素重新纳入地理学。他受当时达尔文进化论的启发，探

---

① 皮家胜、罗雪贞：《"为地理环境决定论"辩诬与正名》，《教学与研究》2016 年第 12 期。
② 刘延勃主编《哲学辞典》，吉林人民出版社，1983，第 214 页。
③ 〔法〕孟德斯鸠：《论法的精神》，孙立坚、孙丕强、樊瑞庆译，陕西人民出版社，2001，第 25 页。
④ 高尚编著《孟德斯鸠与〈论法的精神〉》，人民出版社，2010，第 9～10 页。
⑤ 北京大学哲学系外国哲学史教研室编译《十八世纪法国哲学》，商务印书馆，1963，第 51～52 页。
⑥ 尹以明：《评辛普尔〈地理环境的影响〉》，《地理科学》1986 年第 1 期。

讨了人类分布的共变因子，认识到由于有着人的因素，环境的控制是有限的。① 他还首次提出"生存空间"一词，意指"活的有机物在其范围内发展的地理区域"。此后，该概念被引申，认为人种与其生成的空间环境有关。

辛普尔②在批判拉采尔地理环境学说的基础上，继承和发展了地理环境决定论。其在代表作《地理环境的影响》中完全放弃了拉采尔思想中的社会达尔文主义，认为重要的是地理环境对人类经济活动和社会活动的影响，并非地理环境对种族的生理特点和气质的影响，并再由这种影响决定不同社会发展历史。③ 同时，他认为，在环境对人的生理和心理的直接影响下，人是被动的，而当环境通过经济和社会活动产生影响时，人就是主动的了。④ 鉴于人的生物属性，地理环境对人的身体机能具有决定性的影响；不同的地理环境对于造就不同人的气质也是有影响的，但是人的气质会因为人的力量而不会一成不变。地理环境通过其能提供的自然资源的丰沛程度而影响经济社会。总之，地理环境是通过经济生活和社会文化进而影响人类及人类历史的。

普列汉诺夫的地理环境决定论，是他在与俄国自由主义民粹派米海洛夫斯基的争论中，为了捍卫历史唯物主义基本思想而提出来的。⑤ 其他人认为给予人类制造和使用生产工具智慧的是地理环境，是自然界本身的力量。⑥ "自然界本身，亦即围绕着人的地理环境，是促进人类社会生产力发展的第一推动力。"⑦ "生产力的发展归根到底决定着一切社会关系的发展，而决定生产力发展的则是地理环境的性质"。⑧ 地理环境通过生产力间接影响生产关系和其他社会关系。"在迈入历史发展之途的那些社会里面的复杂的内在的关系不是受自然环境直接影响的结果。这些关系的前提，乃是

---

① 李旭旦：《论 K. 李特尔、F. 拉采尔和 H. J. 麦金德》，《南京师大学报》（自然科学版）1985 年第 1 期。

② 辛普尔师从拉采尔，他的许多学术思想均来自拉采尔，但是二者在很多基本观点方面有根本不同。

③ 尹以明：《评辛普尔〈地理环境的影响〉》，《地理科学》1986 年第 1 期。

④ 尹以明：《评辛普尔〈地理环境的影响〉》，《地理科学》1986 年第 1 期。

⑤ 皮家胜、罗雪贞：《"为地理环境决定论"辩诬与正名》，《教学与研究》2016 年第 12 期。

⑥ "悬崖村"村民通过藤梯进村出村，藤梯是所处地理环境与村民智慧匹配的交通工具。

⑦ 〔俄〕普列汉诺夫：《普列汉诺夫哲学著作选集》第 2 卷，三联书店，1961，第 227 页。

⑧ 〔俄〕普列汉诺夫：《普列汉诺夫哲学著作选集》第 2 卷，三联书店，1961，第 167 页。

某些劳动工具的发明，某些动物的驯养，提炼某些金属的能力，等等之类。"① 在普列汉诺夫看来，社会经济制度发展的主要决定力量是生产力，而不是地理环境；地理环境虽然不能决定社会经济制度的根本性质，却能够影响社会经济制度主要特点的形成。② 在马克思历史唯物主义的指导下，他还看到地理环境通过生产力和生产关系影响人，对人类社会的作用是一个依生产力发展而变化的变量。他指出："社会人和地理环境之间的相互关系，是出乎寻常地变化多端的。人的生产力在它的发展中每进一步，这个关系就变化一次。因此，地理环境对社会人的影响在不同的生产力发展阶段中产生不同的结果。"③

三　关于地理环境论的争论

地理环境决定论自孟德斯鸠明确提出以来，囿于孟德斯鸠论述的广博性、观点的新颖性，尤其是在论证方面囿于材料、自身所处时代的局限性，关于地理环境决定论的争论一直不断。

在国外，有批判性继承、发扬地理环境决定论的拉采尔、辛普尔、普列汉诺夫等人，也有地理环境决定论的反对派，诸如与孟德斯鸠同时代的伏尔泰（他认为政治制度的发展与地理环境无关）、霍尔巴赫（他认为过度强调自然环境是错误的）、法国年鉴学派布罗代尔（他认为单独的自然因素不能解释复杂的社会现象），后期还有斯大林和非地理环境决定论者，以及以 20 世纪初法国维达尔、白吕纳等地理环境或然论者或者协调论者（他们强调自然环境在人地关系中并不是单方面的作用，人类具有选择的主观能动性，人对社会发展具有自身的作用）。

以伏尔泰、斯大林等为代表的地理环境反对论者，其普遍继承并使用以下主要观点，即人类社会的历史发展十分迅速，一个国家或地区的社会制度的变迁和朝代的更替可以说转瞬即至而又倏忽而去，在它们发生这种迅速变化的同时，相应的，地理环境却根本不会发生任何变化。用一个长

---

① 〔俄〕普列汉诺夫：《普列汉诺夫哲学著作选集》第 2 卷，三联书店，1961，第 271 页。
② 毋德印：《全面评价普列汉诺夫关于地理环境作用的论述》，《吉林大学社会科学学报》1982 年第 3 期。
③ 〔俄〕普列汉诺夫：《普列汉诺夫哲学著作选集》第 2 卷，三联书店，1961，第 170 页。

期没有变化或变化十分缓慢的地理环境作为变化十分迅速的社会历史发展变迁的原因，这是不符合逻辑的，因而也是徒劳的。① "因为社会的变化和发展比地理环境的变化和发展快得不可比拟。欧洲在三千年内已经更换过三种不同的社会制度：原始公社制度、奴隶占有制度、封建制度；而在欧洲东部，即在苏联，甚至更换了四种社会制度。可是，在同一时期内，欧洲的地理条件不是完全没有变化，便是变化极小，连地理学也不会提到它。这是很明显的。地理环境的稍微重大一些的变化都需要几百万年，而人们的社会制度的变化，甚至是极其重大的变化，只需要几百年或一两千年也就够了。"②

斯大林关于地理环境对社会发展所起作用的见解，在很长时间被当作马克思主义的经典理论。在中国，20 世纪 50 年代以斯大林的见解为理论依据，将地理环境决定论视为资产阶级的理论，并对相关理论进行了一系列的批判，主张人定胜天，忽视了地理环境的作用及自然规律；③ 进入 20世纪 80 年代后，诸多学者对斯大林式的反对地理环境决定以及地理环境决定论进行了批判、反思和发展，产生了诸多学术思想。这些学术思想主要集中在对地理环境决定论本身的评析和理解上，以及对代表人物的地理环境决定论观点的评析和分析上。

在所有批判和论述中，主要分为两派，一是支持地理环境决定论者，二是反对地理环境决定论者。其中主张地理环境与社会发展不存在决定关系的人占大多数，但普遍认为地理环境决定社会生产力、社会存在，进而影响社会关系和社会制度。

例如杨琪、王兆林认为，"地理环境决定论与马克思的唯物史观有原则的区别。但是也应当看到，地理环境决定论与马克思的唯物史观也存在共同点：他们都是将历史的终极原因归结为物质因素"④。严钟奎则认为，"从博丁到巴克尔，这些早期的资产阶级思想家、哲学家和历史学家，都强调了地理环境对历史发展的巨大影响。但大多来自他们对事物现象的观

① 皮家胜、罗雪贞：《为"地理环境决定论"辩诬与正名》，《教学与研究》2016 年第 12 期。
② 《斯大林选集》下卷，人民出版社，1979，第 440 页。
③ 王守春：《地理环境在经济和社会发展中的作用的再认识——关于"地理环境决定论"批判的反思的反思》，《地理研究》1995 年第 1 期。
④ 杨琪、王兆林：《关于"地理环境决定论"的几个问题》，《社会科学战线》1985 年第 3期。

察和思辨的大脑，因此是片面的，还不能成为科学的学说"①。宁可认为，"历史上不少学者在探讨社会发展的原因时，把注意力集中到地理环境上，都在不同程度上提出了历史发展的进程可以用整个地理环境或其中的某些因素（气候、地理位置等）的作用来说明……但从根本上来说是错误的"②。曹诗图、黄昌富认为，孟德斯鸠论述的地理环境在人类社会发展中普遍起着决定性作用的"地理环境决定论"，总的来说是片面的和不正确的，特别是把地理环境的作用无限扩大，完全忽视生产方式的作用，是非常错误的。③

林娅认为地理环境对社会生产、社会存在起着决定性作用，而其与社会制度并不发生直接的关系。④ 宋正海认同地理环境决定论的批判性继承者的观点，地理环境决定中间环节，并通过中间环节影响上层建筑、意识形态，地理环境对社会发展所起的作用是非直接的。新时代产生的人地协调理论实质是地理环境决定论的新形态。⑤ 皮家胜、罗雪贞认为，普列汉诺夫的观点来自孟德斯鸠，他只不过把孟德斯鸠视为外因的地理环境变成了社会生产力这个内因，至于这个外因是如何成为内因的，他并没有说清楚。地理环境最初通过改变人类行为方式、身体、灵魂、情感和思想的方式影响人类，抓住地理环境社会化及身体在自然界与人类社会相互作用之间的"桥梁"作用，就能够挖掘出地理环境决定论所隐含的价值和意义。如果说地理环境决定论仍然有效，那也只意味着地理环境是由自然和人两种要素合成的一个动态的地理环境所决定的，也意味着人是由自然和人们自己的活动所决定的。⑥

综上，关于地理环境决定论的争论，核心都是围绕地理环境决定论的实质、内涵及范畴而进行的分析和梳理，并探讨地理环境与人类社会发展之间的关系，地理环境与人类社会之间的互动影响的动态过程和具体方式。

---

① 严钟奎：《论地理环境对历史发展的影响》，《暨南学报》（哲学社会科学）1985 年第 3期。
② 宁可：《地理环境在社会发展中的作用》，《历史研究》1986 年第 6 期。
③ 曹诗图、黄昌富：《"地理环境决定论"新析》，《经济地理》1989 年第 3 期。
④ 林娅：《如何认识传统的地理环境学说》，《教学与研究》1997 年第 12 期。
⑤ 宋正海：《地理环境决定论与历史唯物主义》，《华中师范大学学报》（自然科学版）1996年第 2 期。
⑥ 皮家胜、罗雪贞：《为"地理环境决定论"辩诬与正名》，《教学与研究》2016 年第 12期。

四　从地理空间到社会空间的转向

地理环境与哲学、地理学、历史学等学科的传统联系遮蔽了空间（space）的社会属性。历史决定论淹没了空间思维，而地理学的霸权进一步消解了空间的社会性。在时间和历史决定论占据主流话语的时代，空间长久缺席。事实上，空间的社会属性高于其自然属性。有些时候，空间甚至可以被视为人的心理效应，如"境随心转"所隐喻的。从社会学出发研究人地关系，首先要承认地理空间或地理环境具有多维性，而非单一的自然环境（如气候、土壤等）维度，或者说具体地理位置——地点（place）的维度。

自列斐伏尔提出空间的三元辩证法，即空间的实践、空间的表象和表象的空间分别对应感知的空间、构想的空间和生活的空间，[①] 并将空间社会学推上舞台以来，福柯、吉登斯、布迪厄等后现代社会学家纷纷对空间问题提出自己的看法。

福柯通过空间视角来铺陈其权力－知识建构身体的叙事，[②] 他认为"空间是任何公共生活形式的基础"，"是任何权力运作的基础"，他以"身体空间"为起点展开了对空间与权力、知识关系的探讨，他认为身体空间本身包含着权力、知识与实践活动。[③]

吉登斯在其社会时空思想中提到"在场"概念，他认为："场所指互动情境，它包括情境的物理维度及其'结构'，它是互动体系与社会关系的聚合所。"他将社会空间划分为三个方面，分别是形体的空间性、共同在场和区域化，三者都与行动在物理空间中定位有关，其中区域化还涉及空间的分化。他指出共同在场空间是我们与他人进行交往的最根本的空间结构形式，但在实际日常生活中，往往会出现要么是空间的缺场，要么是时间的缺场，在这种情况下我们的交往还能顺利进行的原因在于，日常生活出现了与各种常规化的社会实践紧密相连的时间－空间的区域分化，在

---

① 陈映芳等：《都市大开发——空间生产的政治社会学》，上海古籍出版社，2009。
② 郑震：《空间：一个社会学的概念》，《社会学研究》2010 年第 5 期。
③ 陈薇：《城市社区权力秩序：基于社会空间视角的研究》，中国社会科学出版社，2015，第 18～19 页。

这种区域化的环境中，交往的进行可以允许人们脱离短暂的时间缺场，或空间缺场的互动存在，① 这种时空分离的出现不仅造成了前现代社会与现代社会的巨大断裂，还进一步构成了现代化的动力机制和全球化过程的本质。②

布迪厄则将空间概念与场域统一起来，并使之与资本、惯习紧密结合，形成了空间化的场域理论。③ 一方面，他认为场域是一种"相对独立的社会空间"而不是"地理空间"，具体说来，场域就是现代社会世界高度分化后产生出来的一个个"社会小世界"，一个"社会小世界"就是一个场域，如经济场域、文学场域、学术场域、权力场域等。另一方面，他认为，场域是一个客观关系构成的系统，"从分析的角度看，一个场域可以定义为在各种位置之间存在的客观关系的一个网络，或者一个构型"。"一个场域的结构可以被看作不同位置之间的客观关系的空间，这些位置是根据他们在争夺各种权力或资本的分配中所处的地位决定的。"④

从中不难看出，"当代的空间理论家们无一例外地主张社会空间不仅是一种物理的存在，它更是一种基于物理存在的社会性构成，无论这一构成被如何具体的解读，总之它不外乎是一种观念性的建构"⑤。

空间具有多维性。"日常生活嵌入于空间之中，空间亦被日常生活所型构。"⑥从人的角度出发，可将空间二分为内部空间和外部空间；从空间性质出发，可将空间三分为物质空间、精神空间和社会空间。⑦ 而从人所要面临的外部空间背景来说，可将空间进一步细分为物质生活空间、社会网络空间、制度空间、文化空间和公共空间。

---

① 夏玉珍、姜利标：《社会学中的时空概念与类型范畴——评吉登斯的时空概念与类型》，《黑龙江社会科学》2010 年第 3 期。

② 牛俊伟、刘怀玉：《论吉登斯、哈维、卡斯特对现代社会的时空诊断》，《山东社会科学》2012 年第 3 期。

③ 许伟、罗玮：《空间社会学：理解与超越》，《学术探索》2014 年第 2 期。

④ 〔法〕皮埃尔·布迪厄、〔美〕华康德：《实践与反思——反思社会学导引》，李猛、李康译，中央编译出版社，1998，第 155 页。

⑤ 郑震：《时空社会学的基本问题——迈向当代中国社会的研究路径》，《人文杂志》2015 年第 7 期。

⑥ 江立华、王寓凡：《空间变动与"老漂族"的社会适应》，《中国特色社会主义研究》2016 年第 5 期。

⑦ 江立华、王寓凡：《空间变动与"老漂族"的社会适应》，《中国特色社会主义研究》2016 年第 5 期。

物质生活空间乃是列斐伏尔"空间实践"的基础，是空间"被感知"的维度，同时也是舒茨所说"生活世界"的日常实在，物质生活空间承载着人的功能性活动，"物质空间在日常生活中表现为现实的生活环境"①。这里，我们可以将地理环境部分地理解为物质生活空间，它是一种可见的日常实在。

社会网络空间因为人的互动将空间变为"场所"，在物理学上，场是一种力的作用空间，这种作用空间有着清晰可见的结构，而社会学意义上的"场"是主体间的。有的人"气场"很大，说的就是这个意思。吉登斯认为，"共同在场的社会特征以身体的空间性为基础"，"共同在场是以身体在感知和沟通方面的各种模态为基础的"。在布迪厄看来，"场域"是位置间客观关系的一个网络或一个形构。② 社会网络空间本质上是个体与其发生互动的其他个体间的社会关系网络，也可视作费孝通构造的"差序格局"。社会网络空间内流动着各种规制、权力和资源，个体根据自身惯习在社会网络空间场域内行动。可以说，社会网络空间不仅承载着个体的日常交往活动，还决定了个体的社会资本存量。我们的许多"关系"就存在于社会网络空间，包括强关系和弱关系。一般而言，"关系"多的人，其社会资本存量高，可以支配的社会资源多。

制度空间可以被视为列斐伏尔口中的"空间的表象"，制度空间是被构想的空间，"这是在任何社会（或生产方式）中的统治的空间"③，它体现了统治群体所掌握的知识和意识形态的表象化作用及其介入并改变空间构造的实践影响。④ 换句话说，制度空间规制人的日常生活秩序。它包括正式制度，如宪法；也包括非正式制度，比如习惯法和各种在民间社会管用的规定。中国城乡差别以及行政区划形成的空间差异，比较多的是在制度空间上的差异，比如高考录取分数线在不同省份划定上的不同。这与地理环境没有关系，是政策制定者介入空间的具体实践。

文化空间作为一种抽象空间，可被纳入列斐伏尔所构造的"表象的空间"范畴，它包含各种非语言的象征和符号系统，文化空间作为一种抽象

---

① 江立华、王寓凡：《空间变动与"老漂族"的社会适应》，《中国特色社会主义研究》2016年第5期。

② 侯钧生主编《西方社会学理论教程》，南开大学出版社，2004，第413～414页。

③ H. Lefebvre, *The Production of Space*, Malden, Oxford, Carlton: Blackwell Publishing Ltd., 1991.

④ 郑震：《时空社会学的基本问题——迈向当代中国社会的研究路径》，《人文杂志》2015年第7期。

空间丰富着人的精神世界。当人离开原有文化空间，进入另一个异文化的空间时，文化空间的边界才会呈现。我们称之为"文化震惊"。

公共空间的存在使个人的交往从私人（或家庭）领域拓展到具有共同性、邻里交往的社区公共空间，甚至可以拓展到容纳差异性、与陌生人交往的城乡公共空间。公共空间作为社会生活交往的场所，是"所有人能合法进入的城市的区域"，是"陌生人碰面的地方"。[1] 公共空间的"可达性"（无论是物质空间意义上的，还是社会意义上的可达性）大大拓展了人的社会网络空间。

由此可见，"悬崖村"不仅仅是彝族先民为逃避战乱而迁徙聚居于悬崖上的一个单一维度的地理空间，也是一种多维度的社会空间存在。

从地理学上看，"悬崖村"是一个地处深山峡谷、海拔从 800 米到 2000 米的悬崖斜坡上的一个村庄、一个地点。从人类学上看，"悬崖村"是一个有 200 多年历史的彝族聚居的村落，20 世纪 50 年代"民改"之后才直接从奴隶社会过渡到社会主义社会。从社会学上看，在 200 多年的日常生产生活中，"悬崖村"村民型构出来的社会空间已经成为一个"社会小世界"。在这个社会小世界里，有各种各样的场域存在，包括政治权力、经济利益、社会规定、文化惯习，甚至婚丧嫁娶等。也存在诸如物质生活空间、社会网络空间、制度空间、文化空间和公共空间等社会空间。已有研究发现，凉山彝族历史上形成的民族内婚、家支外婚、等级内婚等制度严格约束着彝族人的婚姻生活以及社会活动。"悬崖村"也不例外。处于彝族社会下层的贫困群体的社会流动性很弱，他们在传统婚姻制度的规定下囿于贫困陷阱而难以改变现状，并产生贫困代际传递。[2]

地理环境是人类社会赖以生存和发展的自然基础。在人地互动的场域中，地理环境对人类社会生产力发展具有决定性作用，随着人类认识自然、改造自然、顺应自然的主观能动性增强，地理环境将进一步推动社会关系乃至社会文明进步。习近平总书记提出的"绿水青山就是金山银山"，充分肯定了人地关系中（生态）环境之于经济发展的重要性。

---

① 陈竹、叶珉：《什么是真正的公共空间？——西方城市公共空间理论与空间公共性的判定》，《国际城市规划》2009 年第 3 期。

② 王卓、张伍呷：《凉山彝族婚姻制度的松动与走向研究——兼析彝族贫困代际传递的原因》，《西南民族大学学报》（人文社科版）2018 年第 3 期。

　　社会空间，着眼于人类社会主体间的关系构成，无论是内部空间、外部空间，还是物质生活空间、社会网络空间、制度空间、文化空间、公共空间，其实质是人与自然环境和社会环境交互关系的映射，它可以反映不同环境下的社会关系、社会结构、社会制度的面貌，其总体构成了多维度的人地关系。

　　在贫困溯源上，我们很难简单地将"悬崖村"及其村民的贫困归因于其所处地理位置的不利，或者归因于其在社会空间上与现代社会的脱嵌。"悬崖村"村民在 200 多年的时间里，其日常生活的交往局限在与外界交流的藤梯，并形成与其落后生产力相适应的社会小生态，生活在这个社会小生态的人们与现代社会不仅在时间上缺场（落后），在空间上也是缺场的（贫困）。长久的时空分离和断裂，使"悬崖村"村民既难融入现代化，更难参与现代化。即使政府投入扶贫资金修建好钢梯，替换下藤梯，方便"悬崖村"村民和村外面的人进出，但是短时间内，这钢梯也难以有效助力较长时间处于前现代社会的"悬崖村"村民与现代社会的多维度空间接轨而快速脱贫。

　　因此，"悬崖村"及其村民生活上的贫困，既有地理位置（自然因素）上的不利影响，也有社会空间转换（社会因素）上的各种限制，更有来自彝族先民躲避战乱的初心（历史因素）的延宕。因此，要真正缓解"悬崖村"及其村民的贫困，首先需要消除彝族同胞对历史上"战乱"的恐惧，建立起中华民族共同繁荣发展的信心；其次是弥合彝族贫困村落与现代城乡社区在社会空间上的差距，从制度空间、社会网络空间、文化空间、公共空间等多维度促进凉山彝族经济发展和社会文明进步；在此基础上，加快基础设施建设、提升公共服务水平，着力消除其地理环境上的不利因素，只有这样，相关的扶贫措施，比如易地搬迁、旅游开发、产业扶持等，才可能取得较为显著的扶贫成效。

第六章 彝族婚姻制度、社会流动与长期贫困

  婚姻制度在任何社会里都是衡量文明与进步的标尺。它通过文化习俗和法律规定反映了包括经济基础和上层建筑在内的人与人之间的相互关系。著名人类学家本尼迪克特在分析文化模式时强调世界文化的多样性，指出每一种文化内部都具有一定的区别于其他文化的特点，并形成民族文化。作为彝族文化的重要表现，凉山彝族婚姻制度与其他民族婚姻制度有共性，也有其特殊性，这种特殊性与其传统社会的等级划分关系密切，并形成以家支外婚、民族内婚、等级内婚为主的彝族婚姻文化。民族内婚强化了彝族内部的凝聚与整合，弱化了族际交往。等级内婚巩固和强化了彝族上层群体的政治经济社会地位，同时抑制了下层群体的流动。凉山解放、民主改革、婚姻法、市场经济以及劳动力自由流动等重大变革性因素，在一定程度上松动了彝族的民族内婚和等级内婚制，促进了彝族的族际交往和社会流动。从 19 世纪开始，人类学就把婚姻作为自己的研究对象。巴霍芬在《母权论》中认为原始社会曾经存在一个母权制家庭时期，群婚制是这个时期的主要婚姻形态。摩尔根将婚姻研究带入了学术界，他在《古代社会》中划分了五种婚姻制度：血婚制、伙婚制、偶婚制、父权制和专偶制。摩尔根在推演婚姻制度的过程中，将父权制和母权制进行对比，把亲属制度和婚姻制度定位为社会的主要构成要素，构建了婚姻的解释体系。恩格斯在《家庭、私有制和国家的起源》中指出人类社会经历了群婚制、对偶婚制和一夫一妻制三种主要的婚姻形式。在家庭领域内，男性对女性进行直接控制和剥削，视女性为私人财产，父权制是私有制的产

物。在结构主义盛行的 20 世纪，列维－斯特劳斯提出的"联姻理论"① 成为后来解释外婚制的主流。

在中国学者中，费孝通对婚姻的论述堪称经典。他认为种族的绵续不仅仅依靠单纯的生理行为，更是一套传统的规则和相关的物质文化活动的结果。婚姻不是一件私事，其社会意义在于双系抚育，用社会的力量保障继嗣。在婚姻关系确定过程中，受到广泛关注的是带有经济性质的相互服务和相互赠送。② 费孝通也谈到了内婚和外婚。他认为外婚对社会的功能性贡献是积极的，比如财产的累积、政治联盟的缔结等。内婚则会造成完全相反的效果，比如团体的相互婚姻、生物性上的优劣等。

自 20 世纪中叶开始，学术界对彝族婚姻的研究成果逐步涌现。林耀华通过《凉山夷家》，深入细致地考察和分析了凉山社会组织、亲属制度、家庭婚姻等诸多方面。严汝娴主编的《中国少数民族婚姻家庭》从择偶、缔结程序、嫁娶仪式、生育和通婚范围等方面勾勒了彝族的婚姻习俗画面。袁亚愚主编的《当代凉山彝族的社会和家庭》运用"同类匹配"理论重点分析了凉山彝族家支制度对家庭婚姻的重要影响。此外，对凉山彝族婚姻习俗进行介绍和描述的论著还有岭光电的《忆往昔——一个彝族土司的自述》、巴莫阿依嫫等编著的《彝族风俗志》、潘先林的《民国云南彝族统治集团研究》等。这些论著集中研究了彝族家支制度、等级制度和毕摩文化等内容，是彝族婚姻制度研究的坚实基础。

近年来学界对彝族婚姻伦理方面的研究也颇有进展，主要观点有：凉山彝族婚姻家庭中的两性权利渐趋平等，自由恋爱成为主流趋势；③ 西南彝族传统婚姻具有集族权、父权、夫权为一体的宗法性特点；④ 彝族婚姻家庭习惯法实质上体现的是等级、血缘和家支约束力；⑤ 彝族家庭结构以核心家庭和直系扩大家庭为主，青年男女在婚姻中获得了自主权，家庭关

---

① 横向的联姻关系构成了所有亲属制度的基础。该理论对解释建立在交换原理之上的、在集团之间的亲属制度具有普遍性。

② 彝族婚姻习俗中的"身价钱"，是公众视野下双方维系婚姻的必要条件，也是保障婚姻的一笔押款。

③ 彭逢铭：《当代凉山彝族婚姻家庭的特点和趋势》，《重庆交通学院学报》（社会科学版）2003 年第 3 期。

④ 颜小华、李林凤：《西南彝族传统婚姻形态的宗法性探究》，《贵州社会科学》2005 年第 2 期。

⑤ 张晓蓓：《彝族婚姻家庭习惯法特征》，《贵州民族学院学报》（哲学社会科学版）2006 年第 3 期。

系呈民主化趋势;① 彝族地区婚姻立法要充分考虑到法律与宗教的关系,才能避免国家制定法与民族习惯法的冲突;② 由于国家政权、法律和市场经济等现代因素的存在,现在等级内婚制度的形式和实质以及对违反等级内婚制的处罚都已发生变迁;③ 彝族妇女传统婚育观念正在经历从族内婚到族外婚、从早婚到适时结婚、从"多子多福"到适量生育、从重男轻女到男女平等的变迁;等等。④

综上可见,近一个世纪以来彝族婚姻制度已发生许多变化。这些变化的具体内容在代际是如何递进产生的? 这些变化是否松动了彝族婚姻文化的本质? 彝族婚姻文化的未来变化趋势如何? 本章以凉山彝族 ADI 家三代人的婚姻形态为研究样本,通过民族志与家族谱系图⑤,以历时和共时性的代际变迁为主线,辅以问卷调查和定量分析,尝试回答上述问题,研究国家经济转轨和社会转型过程中彝族婚姻文化变迁的历程和趋势,进而探究彝族贫困与其婚姻文化的关系。

第一节 凉山彝族社会的传统婚姻文化

凉山彝族自治州位于四川省西南部川滇交界处,总面积6.01万平方公里,辖 17 个县市,现有总人口 512.36 万人,其中彝族 265.73 万人,占总人口的51.9%,⑥ 是全国最大的彝族聚居区。凉山居民大多生活在二半山区、高原及高寒山区,依靠耕种和畜牧为生,长居于此的彝族人有自己的语言文字和传统文化。直至 1956 年民主改革前,凉山州一直处于奴隶社会,基本保持着几千年不变的彝族先民文化和独特的婚姻习俗。

---

① 杨甫旺:《云南彝族家庭消费结构的变迁——以云南永仁县谢腊彝村为个案》,《云南师范大学学报》(哲学社会科学版) 2007 年第 6 期。

② 程雅群、景志明:《彝族祖先崇拜对婚姻习惯法的制约刍论》,《宗教学研究》2009 年第 1 期。

③ 严文强:《少数民族婚姻习惯法的历史变迁——以凉山彝族等级内婚制为例》,《宁夏大学学报》(人文社会科学版) 2009 年第 4 期。

④ 张丽虹:《彝族妇女婚育观念变迁研究——基于对云南姚安县大河口乡涟水村的调查》,《云南民族大学学报》(哲学社会科学版) 2014 年第 3 期。

⑤ 由于彝族具有独特的父子联名制,绘制谱系图成为可靠的研究手段。

⑥ 数据来源:凉山州 2016 年国民经济和社会发展统计公报。

一 彝族婚姻文化的历史演变

大约在公元前 5 世纪,古代彝族和世界上的大多数民族一样,在母权制社会中繁衍生息,过着"只知有母,不知有父"的群体生活,实行着群婚制度。据彝族古典文集《西南彝志》记载,上古时代的彝族先民大约有6 个母氏王朝。彝文经典《创世纪》记载,在雯治世烈之前的 4 个王朝共33 代都是母系氏族社会。

据《中国彝族通史纲要》《中国原始社会史》等有关资料记载,公元前 6 世纪前后,彝族漫长的母系氏族社会被父系氏族社会所代替。彝族盛行的父子联名制①是父权制确立后的产物。贵州水西安氏土司的父子联名谱系已达 114 代,四川大小凉山彝族地区的古侯、曲涅两大家支父子联名谱系也已经有四五十代至七八十代不等。这表明彝族社会从母权制过渡到父权制已有相当长的历史。

在人类社会的发展进程中,社会发育程度越低,群体越是以血缘、亲缘关系相结合。随着社会发展,婚姻禁忌日益复杂,氏族在禁止血缘亲属结婚方面起到了推动作用,群婚被对偶制婚姻替代。对偶制婚姻在彝族社会以小范围的"多妻制"形式存在②,但它从来没有成为一种普遍的婚姻形式。

彝族开始形成一夫一妻制的时间并不确定。"专偶制的产生是由于大量财富集中于一人之手,也就是男子之手,而且这种财富必须传给这一男子的子女,而不是传给其他人的子女。"③ 一夫一妻制本质上是私有制在婚姻关系上的表现形式,它有利于财产的父系传递和继承。

二 凉山彝族旧社会的婚姻文化

(一) 家支外婚

彝族以父系血缘为基础建立起的家族制度,称为家支。在新中国成立

---

① 彝族父系制确立之后还不断受到母系制残余的有力抵抗。父权制社会为了确保父权的巩固、延续,在历史发展过程中产生了父子联名制的宗法性组织,形成了一套完整而严格的制度往下传袭,并贯穿于父系制的家庭组织和社会生活中,世系按父系计算,财产所有权归男子。

② 彝族一夫多妻制产生的主要原因是后代生产的考虑,当妻子不能生育的时候,便是丈夫再娶的时候,丈夫再娶之前要征得原配及其家族的同意。

③ 《马克思恩格斯全集》第二十八卷,人民出版社,2018,第 93 页。

前，凉山地区存在大小数千个彝族家支。在彝族人看来，同一家支内部成员（父系家支）都是源自共同祖先的血缘集团，家支内部同辈之间在传统观念上"均为兄弟姐妹"，成员之间严禁通婚和发生婚外性关系。婚姻只能在不同的家支之间缔结，否则将被视为乱伦，在旧时根据习惯法，乱伦的男女双方均要被处死。"罗罗有自己的氏族组织，氏族内部不许通婚，嫁娶必于族外求之，谓之族外婚制。按照罗罗的传统，兄弟姐妹彼此间是没有婚姻的可能。"① 这种兄妹关系又向着旁系延伸，以至凡是父系族内的同辈男女，都禁止通婚。

家支外婚是禁止血缘婚的表现。随着生产力的发展，父权制取代母权制掌控家支，人们的交往范围日益扩大，不同血缘家族间的男女相互交往成为可能。这时，普那路亚式的血缘家庭再也适应不了新的生产力发展。为了不违背共同的先祖订立的规则，同时又必须担负起延续种族的重任，便有了以民族内婚制为前提的家支外婚。彝族内婚的目的在于区分血统贵贱，维护先祖血统的纯正，家支外婚的意义在于延续整个家支的后代，繁衍血脉。

家支外婚是大的家支、家族之间借联姻来增强己方政治、经济实力的重要方式。每个人都力图与人口众多、实力雄厚的家支结为姻亲，以壮大自身力量。旧凉山彝族社会由家族、氏族延伸出来的家支，是血缘制度和政治制度的基础。对内，家支在血缘群体内互相协助，增强内部团结，稳固其血缘集团的生存；对外，强化对外家支侵犯的防御能力和本家支的扩张能力，使自己不断发展壮大，便于与另外的家支联姻结成更为强大的联盟。作为独立社会单元的家支，只有具备强大的经济实力和政治势力才能得到社会的公认。

（二）民族内婚

人类婚姻家庭的发展历程表明世界上许多族群为了种族的繁衍、婚姻的稳定和群体内部的统一性，倾向于同类联姻，如阶级地位大致相当、宗教与文化背景相似等，民族内婚规则就是同类婚姻的一个重要体现。② 在

---

① 林耀华：《凉山彝家的巨变》，商务印书馆，1995。

② 李晓霞：《中国各民族间族际婚姻的现状分析》，《人口研究》2004 年第 3 期。

旧凉山彝族社会，彝族通婚范围仅限于彝族内部，严格禁止同本民族以外的其他民族缔结婚姻关系，这种内婚制受到彝族习惯法的严格保护。如果发生与族外人通婚的行为，此人会为民族习惯法所不容，为本族人所不齿，同等级的其他家支会认为其血统不纯而从此不愿与之通婚，该人还会因违反婚姻禁忌而受到习惯法的严惩。与外族通婚无异于自降等级，这是任何人都不愿意去触碰的底线。

从历史的角度来看，旧凉山彝族社会虽然长期处于中央王朝的统治范围，但是由于这里地形交错复杂，基本上属于独立自治的奴隶社会，很少与周边其他民族有政治、文化、经济上的交流，具有高度的封闭性。同时，为了保护和巩固政权，彝族经常会与周边民族发生矛盾冲突和战事。封闭的社会生活和紧张的民族关系造成民族间深刻的危机，阻挡了民族间的婚姻缔结。

凉山民主改革伊始，国家需要培养大量的民族干部，族际婚姻开始有了地域性的松动，尤其是分属于不同等级的彝族青年外出求学工作，接受新思想、新文化和新习惯，加之其居住的生活环境远离传统文化区域，家支控制鞭长莫及，他们便率先冲破了民族内婚的壁垒。这个时期的族际婚姻多发生在彝汉杂居的城镇，而在凉山彝族聚居区和文化腹心区域，彝族根深蒂固的内婚制并未被撼动。

（三）等级内婚

在旧凉山彝族社会中，等级内婚规定，男女之间的婚配必须在自己与生俱来的等级内选择，不允许跨等级或等第①选择配偶，甚至与同一等级不同等第之间通婚和发生两性关系也将受到开除族籍或处死的严厉惩罚。在凉山奴隶制时期，彝族社会大体上划分了兹伙、诺伙、曲诺、阿加和呷西五个自然等级（见表6-1）。

表6-1　彝族旧社会的等级制度解析

等级		阶级	人身自由状况
统治阶级	兹伙（土司）	奴隶主	最高统治阶级
	诺伙（黑彝）	奴隶主	统治阶级

---

① 等第是指在同一等级内仍然按照血统的纯正与否划分的等级。

续表

等级		阶级	人身自由状况
被统治阶级	曲诺（白彝）	奴隶主（拥有少量奴隶）	不从属于任何阶级
	阿加	奴隶和半奴隶	有一定的人身自由
	呷西	奴隶和半奴隶	无人身自由

为了维护整个社会等级格局的稳定，等级内婚制应运而生。等级内婚制规定：土司不和黑彝通婚，黑彝不和白彝通婚，白彝不和下等级通婚等，这些都是婚姻缔结的红线。

不同等级通婚的情况是很少的。只有当某一个等级的家族没落时，他们才能接受较低等级的姻亲；或某一等级的家族势力扩大后，他们希望通过姻亲的关系来提升自己的等级地位而同意与比自己等级高的宗族开亲。这种等级之间的"异类匹配"[①] 模式，以一方为提高血缘等级地位、另一方为改善经济处境为目的而进行婚配，双方都是一种所谓的"攀上婚"。其中的经济因素和个体功利性考虑是松动血缘等级制度的根本力量。

（四）姨表不婚

所谓姨表不婚，就是姨表兄弟姐妹之间禁止通婚。在彝族人的观念中，姨母等同于母亲，姨表兄妹在亲属称谓上通称"玛兹尼姆"，意为兄弟姐妹。姨表亲在凉山彝族亲属关系中居于首要位置，姨表兄弟姐妹之间的恋爱、通婚和发生性关系，都被视为父系氏族内部乱伦，按传统习惯法规定，以兄妹通婚论罪，旧凉山时期甚至处死违反者，现在则以"除籍"为主要处罚方式。

姨表不婚被列为彝族婚姻禁忌的主因是政治因素。一方面，为了社会结构的稳定和族群团结，避免家支因开亲集团的碰撞引发矛盾和战事；另一方面，婚姻有利于两个相互漠视甚至仇恨的集团在某种时刻发生合作行为，巩固家支集团的发展。

---

① 异类匹配通常表现为两种形式：一种是"攀上婚"，即社会地位较低或者较穷困的人因一定条件改善（如经济地位提高）而选择社会地位较高或较富的人为配偶结婚；另一种是"就下婚"，即社会地位较高或较富的人出于某种原因（如生理缺陷）而选择社会地位较低或较穷的人为配偶结婚。

（五）姑舅表优先婚

在凉山彝族旧社会，因为实行严格的家支外婚、等级内婚、姨表不婚等制度，所以最理想的通婚对象就是姑舅表兄弟姐妹。在彝族习惯法中，这种婚制被视为该民族婚配中合乎传统道德规范的普遍行为。

在彝族人看来，姑家的女儿生来就是舅家的媳妇，反之舅家的女儿也是姑家的媳妇，俗称"借姑还表"，又称"交表婚"①，都是自小便订立的默契婚约。无论是姑家还是舅家，有女都要先询问对方娶否才可另配他人，若自行纳聘，那么轻则按照退婚规矩赔偿对方损失，重则遭到家支亲属不齿，断绝关系。

就起源而言，彝族的姑舅表优先婚同大多数民族一样肇始于原始社会，是母权制的遗风。其中起重要作用的是"舅权"。在母权制社会，母亲的兄弟（包括胞兄弟和血统较远的从兄弟）统称为"舅父"，舅父是母系社会里的男家长，他们掌握抚育下一代的权利，此即为"舅权"。随着母权社会没落，男子的政治经济地位上升，母亲越来越依靠自己的兄弟，"舅权"越来越壮大，即使是在父权制取代了母权制，进入奴隶社会后，这种"舅大似父"的权利仍被保留下来并延续至今。

（六）其他婚姻旧俗

因为习惯、道德、经济、生存环境等因素，凉山彝族还有一些残余的婚姻旧俗，如转房婚、一夫多妻制等婚姻习俗。

转房婚，凉山彝族称之为"西莫拾"，即照顾、抚养的意思。按照凉山彝族旧社会习俗，妇女在死了丈夫以后，子女尚未成年，妇女仍在生育年龄期的，则应该转嫁给死者的同胞兄弟或近亲兄弟等平辈，特殊情况下可以转房至死者的晚辈或者近亲长辈。彝族转房婚的成因主要有三。第一，婚嫁聘金。彝族在娶亲时，男方要向女方支付高额的"身价钱"作为聘金，转房实质上是将妇女当作男方的间接财产在家支内部转让。第二，转房婚被视为"人文道德关怀"。妇女亡夫后，死者的家支成员理应承担

---

① 姑舅表婚也就是交叉婚姻，同兄妹家可以通婚，同姐妹家不可以通婚。从形式上可分为舅表婚、姑表婚、交错从表婚（父方交表婚、母方交表婚、双方交表婚）三种。

照顾遗孀和遗孤的责任。在凉山彝族旧社会，转房这种习俗不仅受到习惯法的保护，甚至寡妇本人也"希望"亡夫家接受其转房，否则女方家支会视之为羞辱和轻视。第三，在旧凉山彝族社会，生存条件恶劣，地广人稀，要保障足够的人口数量来抗击自然和外族侵略，女性是重要的婚配资源，在家支看来，让寡妇外嫁是很不明智的。

在凉山彝族旧社会中，也存在一夫多妻制的现象。一夫多妻制主要是由三种情况造成的：一是转房婚；二是前妻不育或者无子；三是为了增加助手。不论等级的高低，在凉山彝族旧社会，父权制要求每一对夫妻必须生养一个男孩，无子对旧凉山彝族男子来说意味着悲剧。习惯法规定，父辈的财产只能由儿子来继承。在凉山彝族旧社会，黑彝无子家产归家支，白彝无子家产归黑彝，阿加无子家产归主子。因此凡是无子者，不仅自己尽力再娶，有些为妻者也积极支持丈夫娶一名或者几名妻子直到他有子嗣继承家业。彝族的这种一夫多妻制保证了家庭财产不会流失到非血缘关系的外人手中。

第二节　20世纪ADI家支三代人的婚姻样态

凉山是一个特殊的地域。在新中国成立前，三种社会制度并存于此：安宁河流域的汉族地区是封建社会，木里藏族地区是农奴制社会，大小凉山的彝区则处于奴隶制居于统治地位的半原始社会。直到1950年后，三种社会制度混合的局面才结束，凉山直接进入社会主义社会。正因如此，私有制得以充分扩展到凉山彝族旧社会，就其血缘共同体、生产自给性等而言，应该是马克思所说的"亚细亚生产方式"，而这些因素直接或间接地影响着彝族婚姻的文化变迁。

一　ADI家支简介及其谱系图

ADI家支[①]自20世纪初就居住在四川凉山喜德县两河口镇瓦苦村，

---

① ADI家支：ADI系家族姓，由家主黑彝瓦查赋姓，下有三个儿子，ADI家支先祖是老二，本研究的对象是其后代。

1998 年 ADI 阿谱（祖父）① 的直系后裔全部迁往喜德县的沙罗村。ADI 家支至今已经承袭 17 代人，这一节研究的是 20 世纪自 ADI 阿谱（祖父）开始的三代人的婚姻样态。

由 ADI 家支三代谱系图可见，ADI 家支自 20 世纪 20 年代以来历经三代约 70 年时间，共嫡出 ADI 姓 22 个子孙后代（见图 6 - 1）。

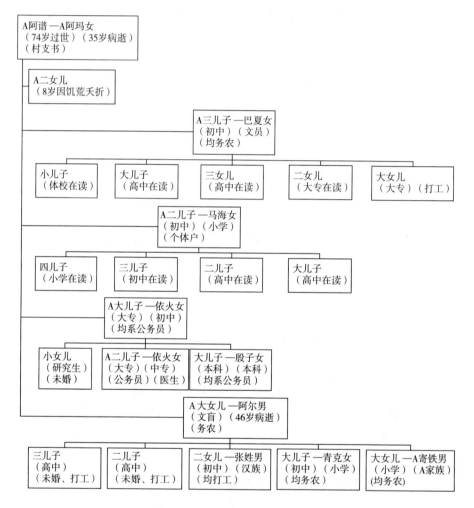

图 6 - 1　ADI 家支三代人谱系图

注：谱系图中的婚配对象，如大女儿与阿尔男，其中的阿尔是指阿尔家支。大儿子与依火女，其中的依火是指依火家支。

---

① "阿谱"汉译为爷爷，"阿玛"汉译为奶奶。女子出嫁后，称谓上从夫，文中称 ADI 阿玛。

从初婚年龄来看，第一代阿谱（祖父）21 岁和阿玛（祖母）16 岁结婚。共生育 ADI 第二代 3 个儿子、2 个女儿（其中 1 个女儿夭折），3 个儿子婚配的初婚年龄均在 20 岁出头，长女初婚年龄为 17 岁。ADI 第三代共育出 11 个孙子、6 个孙女，已婚的 3 个孙子、2 个孙女初婚年龄平均在 24 岁左右。

从受教育程度来看，ADI 第一代阿谱、阿玛都没有念过书，阿谱略识一些彝族字①，阿玛一字不识。ADI 第二代的 3 个儿子都送到学校读书，2 个女儿在家帮忙做农活。ADI 第三代的 17 个孙子女都送到学校读书，受教育程度都在初中以上，学历最高的是硕士研究生。

从职业方面来看，ADI 第一代均是农民，阿谱曾任村支书。ADI 第二代中的长子为公务员，二儿子为个体户，长女和三儿子终身为农民。ADI 第三代中，长子家的儿子均是公务员，长女家的子女以务农和打工为主，其他孙子、孙女大部分在读书。

由此可见，在 ADI 家支的三代人中，初婚年龄从不到 20 岁提高到 24 岁；受教育程度从最初的文盲提高到现在平均高中以上；职业从纯粹农民转变为农民、个体户和公务员等。快速的经济发展和社会转型推动着这些变化，ADI 家支及其每一个小家庭也不断调适自己以适应时代的变迁。

二　20 世纪 40 年代末：ADI 阿谱的传统婚姻

ADI 阿谱 1929 年生于四川喜德县两河口镇瓦苦村，这个村寨远在大山深处，一切都是循着奴隶社会的脚步重复日子。ADI 阿谱家是白彝，从彝族的等级分层来看，属于在统治阶级管辖下的平民阶层。在凉山彝族旧社会，即便是平民阶层，只要居住在土司或者黑彝的土地范围内，就都属于他们管辖。但是白彝有自己独立的社会地位和生产生活权利，并且被允许拥有自己的奴隶。ADI 阿谱家的家主②是黑彝瓦查，因为善战和受家主的重视，ADI 阿谱自己家中拥有少量的奴隶，在当地白彝阶层中算是比较有名望的一族。

ADI 阿玛 1934 年生于四川喜德县某地，白彝。

---

① 彝族的传统文化知识历来是由神职人员毕摩掌握的，普通人包括统治阶级和被统治阶级是没有机会习得的。

② 这里的家主是指处在统治阶级地位的黑彝，白彝、阿加和呷西均在他的统治管辖下。

ADI 阿谱长到 20 岁一直没有娶亲，这在 17 岁就普遍婚配的奴隶社会算是比较大龄了，至于晚婚的理由也只是说是因为战争等而耽搁了。

1949 年，因为家支械斗，15 岁的 ADI 阿玛避难到了 ADI 阿谱所在的村寨。在符合彝族婚姻制度的前提下，家主牵线欲使两人婚配。不过，ADI 阿谱很一般的身材外形让漂亮高大的 ADI 阿玛最初拒绝了这桩婚姻，可是 ADI 阿谱生性要强，使计谋将 ADI 阿玛软禁。而 ADI 阿玛也在数日的煎熬下，终于屈服，两人在 1950 年组建了家庭。婚后 ADI 阿玛生下了 5 个孩子，小女儿 8 岁时因饥荒夭折，ADI 阿玛也因病在 35 岁时去世。之后 ADI 阿谱一直未再婚娶，独自抚养 4 个儿女，在 20 世纪 70 年代初还在村寨担任了村支书。

ADI 阿谱的婚姻，虽然具有偶然性，但完全符合当时婚姻制度的主要原则。

一是对家支和家主互利的家支外婚、等级内婚。家支成员在考虑和决定婚事的时候，都要以对方家支的势力和地位而定，虽然 ADI 阿玛家支遭遇战事，但是由血缘制决定的等级意识形态不会消失，他们仍然有等级通婚的话语权。所以，两个家支的结合仍然是具有等级意义的。

在阶级社会中，统治阶级常常利用有利于自己统治的婚姻制度来为自己的统治服务。作为家主的黑彝牢牢掌握利用家支外婚制度，名义上是为 ADI 阿谱的婚配，但更主要的目的是想通过外婚建立不同家支的政治联盟，以壮大本家支的势力。这里要强调说明的是，虽然瓦查是 ADI 阿谱的家主，但是在这场婚配中，ADI 阿谱有自己婚姻的话语权，家主与 ADI 阿谱之间的关系更多是靠着"礼俗"来维系。

二是一夫一妻制。凉山彝族社会的婚姻形态很早就进入了一夫一妻制度。即使是上文中提及的一夫多妻制现象，也是在某些特殊情况（包括转房制）下形成的，是一种历史残留。同时，凉山彝族社会的一夫多妻制也有别于其他民族家庭的婚姻制，每个妻子都是自立门户独居，丈夫轮流到各家居住，这样在表面形态上看也是一夫一妻制。

三　20 世纪 70 年代：ADI 家支长女和长子的婚姻

ADI 阿谱 4 个存活的子女中，从谱系图中可以看到第二代的婚姻仍然沿袭旧有的彝族婚姻制度，婚配的对象都是等级内、家支外、民族内的。本节重点考察 ADI 第二代长女和长子的婚姻形态。

（一）ADI 第二代长女的姑舅表优先婚

ADI 长女 1953 年出生在四川喜德县两河口镇瓦苦村，1970 年冬季由家支包办嫁给了外村舅舅家的儿子阿尔表哥，婚后育有 3 男 2 女。ADI 第二代长女的婚姻是彝族婚姻制度中典型的"姑舅表优先婚"，体现在两个方面。

一是传统婚姻制度的惯性。凉山州 1956 年实行民主改革，随后于 1960 年、1977 年、1987 年进行了三次大规模的婚姻制度改革（简称婚改）。这三次婚改，目的在于破除旧的婚姻制度和推进婚姻法在凉山的实施。主要内容是大力贯彻婚姻自由、自主的规定，反对包办买卖婚姻，反对转房制，禁止早婚和近亲结婚。然而，这三次婚改并未动摇凉山彝族旧的婚姻制度根基，在凉山彝族社会的腹心地带，旧的婚姻制度仍然保持着旺盛的活力。ADI 第二代长女在 1970 年举行了结婚仪式①，此时距离第一次婚改已有 10 年时间，但是其仍然承袭着旧的婚姻制度和习俗。这表明传统婚姻制度是凉山彝族宗法社会的核心，有很强的惯性和稳固性。

二是女性在婚姻中的依附性。ADI 第二代长女在这桩婚姻中有着极其顺从的心态，彝族有句谚语"养女儿是母亲的事，嫁女儿是父亲的事"。首先，父亲拥有儿女婚嫁的决定权。本质上，父亲的这种决定权受到家支左右，要最大限度地体现家支意愿，维护家支利益。如费孝通说的"结婚不是件私事"，婚姻是被置放在公众视野的一种长期行为。对凉山彝族的血缘制家支而言，婚姻是一种政治行为，是通过联姻的方式来巩固和扩大自己势力的最有利途径。其次，婚姻中的男权主义。ADI 第二代长女是典型的传统彝族农村妇女，即便凉山已进入社会主义社会，父权制在 ADI 第二代长女的思想意识中根深蒂固，以至于这样的包办婚姻在她看来是理所当然的。

（二）ADI 第二代长子自主择偶的等级内婚

ADI 第二代长子 1957 年出生，接受汉族文化教育，大专毕业后被分配

---

① 结婚登记这类行为在 20 世纪 90 年代前的凉山彝族农村基本不存在。习惯法中的婚姻仪式才是见证两个人组建家庭最重要的依据，它的约束力远强过法律。

在县城工作，成为国家公职人员。1978 年与西昌的依火女因工作结识，结婚组建了家庭，育有 2 子 1 女。

ADI 第二代长子的婚姻依旧在传统婚姻制度框架下进行，女方仍然是同等级内的、家支外的。与兄弟姊妹们不同的是，ADI 第二代长子自主选择婚恋对象，旧婚姻制度中家支的支配力量在悄然发生改变。

ADI 第二代长子出生、上学、毕业、结婚等人生历程，恰好遇上民主改革、婚姻制度改革等重大变革。个体婚姻在这个过程中，遵循了宗法家支价值至上的原则，同时也通过现代理性的方式自主支配了自己的婚姻。ADI 第二代长子采用这种有意识的、委婉的方式调节了国家制度和本土文化之间的矛盾，柔性地拒绝了传统的安排，在客观的社会变迁中得到了自己满意的婚姻。

ADI 第二代长子在远离村寨几十公里的县城工作，家支力量在一定程度上随着空间距离加大而减弱，但是其自主择偶的范围和行为仍然受到了通婚结构的制约，整体的婚姻制度框架是不变的。因此，ADI 第二代长子择偶的自主性仍是停留在表层。

ADI 第二代另外两个儿子的婚姻均严格遵循了旧时的婚姻制度，ADI 阿谱和家支主宰和支配了他们的婚姻。可见，彝族习惯法中的婚姻制度仍然用其强势的文化伦理手段维系着凉山婚姻制度的权威性。值得一提的是，两个儿媳都是外县人。这说明凉山彝族的通婚圈①在逐渐扩大，意味着不同地域的文化交流开始加强。

（三）21 世纪初：ADI 第三代外孙女的族际婚姻

在孙辈的三个已婚配儿女中，ADI 第二代长女所育二女儿（以下简称阿兰）的"族际婚姻"具有标志性。

阿兰 1981 年出生，初中辍学后在家务农和打零工。2003 年随着打工潮的兴起，她和同伴一起外出到成都打工，经朋友介绍与乐山一张姓男子（汉族，工厂技术工人）相识相恋。此举遭到父母、亲戚和 ADI 家整个家族的强烈反对，他们以断绝往来和开除族籍相要挟。而阿兰在反抗家族未

---

① 通婚圈也称为择偶范围。通婚圈可分为两类：一类是等级通婚圈；另一类是指地理通婚圈。此处指的是地理通婚圈。

果的情况下，与张姓男子于 2005 年到乐山登记结婚，隐瞒两个月后才通知父母。在得知女儿已经登记结婚之后，ADI 家族与阿兰中断联系长达半年，直至阿兰带着张姓男子再次回到家中请求原谅，关系才得以恢复。张姓男子还按照彝族的传统习惯，买酒赔礼、补付彩礼，至此，才得到部分家族成员对这桩族外婚姻的认可。随着时间的推移，张姓男子勤劳朴实、善良孝顺的一面让 ADI 家族对两人的婚姻逐渐有了改观，接纳了这个汉族女婿。两人也已经从乐山搬回喜德做个体生意，现育有一女，生活富足快乐。

ADI 第三代外孙女和张姓男子的婚姻经历了家支的反对、孤立、默认、许可的过程。家支对两人婚姻的认可也附着了对现实因素的考量：农村人向经济妥协，脱贫致富才是最重要的。这也符合婚姻迁移的一般规律，即女性的梯级迁移①。

第三节　彝族婚姻制度的代际变动与走向

为进一步把握凉山彝族婚姻文化的代际特征和趋势，笔者在凉山州布拖县、喜德县和西昌市随机抽取样本并以面谈方式发放了"彝族婚姻文化调查问卷"共 165 份，回收有效问卷 165 份。所有接受抽样调查的样本均为有过婚姻经历的人，本次问卷调查一方面调查受访者的婚姻状态，另一方面也调查受访者配偶的信息。因此，共涉及约 330 人的婚姻等信息。从性别、出生年代、民族、受教育程度、婚姻状态、是否家庭户主、本人职业属性和政治属性等维度分析样本人口学特征如下。

（1）受访者以彝族为主。彝族占 99.4%，其他民族（藏族）占 0.6%。

（2）男性户主受访者较多。男性占 84.7%，女性占 15.3%。凉山彝族农村外出打工现象少于汉族农村，调查中男性受访者较多。且多数是户主，户主占 88.4%。

（3）各年代受访者分布较为均衡。20 世纪 50 年代的占 4.2%，20 世纪 60 年代的占 23.0%，20 世纪 70 年代的占 26.1%，20 世纪 80 年代的占 32.7%，20 世纪 90 年代的占 13.9%。

_____

① 所谓梯级迁移，即山区女外嫁，贫困区女远嫁发达区，国内女嫁外国等类似的婚姻形态。

（4）受访者的受教育程度低。布拖县、喜德县的受访者受教育程度低，西昌市的受访者受教育程度较高。样本中文盲占 15.6%，小学占 41.3%，初中占 19.4%，高中、中专或职业学校占 7.5%，大专占 6.3%，大学本科占 7.5%，硕士及以上占 2.5%。不会（含不会和完全不会）说汉语①的占 20.6%。

（5）职业分布较为均衡。布拖县、喜德县的受访者以普通农民为主，西昌市的受访者以机关事业单位从业人员为主。样本中党政机关干部占 12.7%，事业单位职员占 6.7%，普通工人占 2.4%，普通农民占 77.0%，无业或退休人员占 1.2%。其中中共党员占 33.9%。

（6）社会阶层分布适当。受访者中以自认家支出身为"曲诺"的为主，占 90.2%。另有 5.5% 的"诺伙"受访者。受访者中贫困户样本全部来自布拖县和喜德县，其中建档立卡贫困户占 57.0%，低保户占 23.0%（见图 6 - 2）。

表 6 - 2　彝族婚姻文化调查样本的人口学特征

指标	指标值	频数	有效百分比（%）
性别	男	138	84.7
	女	25	15.3
出生年代	20 世纪 50 年代	7	4.2
	20 世纪 60 年代	38	23.0
	20 世纪 70 年代	43	26.1
	20 世纪 80 年代	54	32.7
	20 世纪 90 年代	23	13.9
民族	彝族	84	99.4
	其他民族	1	0.6
受教育程度	文盲	25	15.6
	小学	66	41.3
	初中	31	19.4
	高中、中专或职校	12	7.5
	大专	10	6.3
	大学本科	12	7.5
	硕士及以上	4	2.5

① 本次调查采用彝汉双语进行。会说汉语的用汉语，不会汉语的用彝语。

续表

指标	指标值	频数	有效百分比（%）
婚姻状态	已婚	154	96.3
	丧偶	4	2.5
	再婚	2	1.3
户主	是	145	88.4
	否	19	11.6
职业属性	党政机关干部	21	12.7
	事业单位职员	11	6.7
	普通工人	4	2.4
	普通农民	127	77.0
	无业或退休人员	2	1.2
政治属性	中共党员	56	33.9
	无党派人士	109	66.1
家支出身	诺伙	9	5.5
	曲诺	148	90.2
	阿加	4	2.4
	呷西	3	1.8
是否贫困	贫困户	94	57.0
	低保户	38	23.0

资料来源：课题组"彝族婚姻文化调查问卷"分析结果，部分题项填答时有缺失。下同。

　　从抽样调查的结果来看，当前凉山彝族婚姻文化保留了家支外婚、民族内婚、等级内婚和姨表不婚的鲜明特征（见图 6 - 2）。

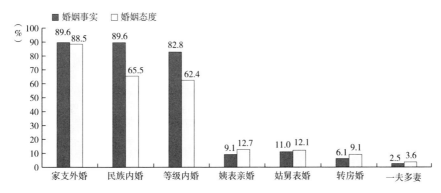

图 6 - 2　凉山彝族婚姻文化的结构性分布特征

一 家支外婚、民族内婚、等级内婚分布广，呈明显松动趋势

受访者认同自己的婚姻属于家支外婚的占 89.6%（赞成者占 88.5%），属于民族内婚的占 89.6%（赞成者占 65.5%），属于等级内婚的占 82.8%（赞成者占 62.7%）。这三个方面构成新时期凉山彝族婚姻文化的核心与本质。

（一）家支外婚分布广，松动中表现出稳定性

调查结果显示，家支外婚占 89.6%。从 20 世纪 50 年代到 20 世纪 90 年代出生的受访者的婚姻事实和态度来看，家支外婚比例高、出现松动趋势。20 世纪 50 年代的受访者中家支外婚占 100%，20 世纪 60 年代的受访者中家支外婚占 92.1%，20 世纪 70 年代的受访者中家支外婚占 92.9%，20 世纪 80 年代的受访者中家支外婚占 88.9%，20 世纪 90 年代的受访者中家支外婚占 82.6%（见表 6-3）。

表 6-3 彝族婚姻文化的代际差异

单位：%

出生年代	20 世纪 50 年代	20 世纪 60 年代	20 世纪 70 年代	20 世纪 80 年代	20 世纪 90 年代
家支外婚占比	100.0	92.1	92.9	88.9	82.6
民族内婚占比	100.0	97.4	88.0	85.2	91.3
等级内婚占比	83.3	92.1	87.8	74.1	78.3
姨表不婚占比	100.0	86.8	92.2	88.9	91.3
姑舅表婚占比	0	21.1	4.8	13.2	4.3

分析发现：家支外婚[①]与是否贫困户显著相关[②]（-0.253，$p < 0.01$），调查发现的家支内婚绝大部分案例发生在贫困家庭。家支外婚与职业显著相关（0.16，$p < 0.05$），调查发现的家支内婚案例全部发生在"普通农民"群体。家支外婚与受教育程度显著相关（-0.183，$p < 0.05$），调查发现的家支内婚案例主要发生在"文盲"、"小学"和"初中"文化群体中。

---

① 家支外婚与性别、出生年代、政治属性、家支等级无显著相关性。
② 本研究采用的是非参数相关的 Kendall 相关系数。

（二）民族内婚分布广，松动中有反弹

调查结果显示，民族内婚占89.6%。从20世纪50年代到20世纪90年代的受访者的婚姻事实和态度来看，整体呈小幅松动。20世纪50年代的受访者中民族内婚占100.0%，20世纪60年代的受访者中民族内婚占97.4%，20世纪70年代的受访者中民族内婚占88.0%，20世纪80年代的受访者中民族内婚占85.2%，20世纪90年代的受访者中民族内婚占91.3%。

分析发现：民族内婚[1]与受访者政治属性显著相关（-0.162，$p <$ 0.05），中共党员中有85.7%属于民族内婚，无党派的受访者中有94.2%属于民族内婚。调查发现：族际婚姻的案例主要发生在20世纪70年代和20世纪80年代出身"曲诺"和"诺伙"两个家支等级的人当中，且以男性彝族与汉族女性通婚为主要形态。"90后"一代在民族内婚选择上的反弹趋势明显。

（三）等级内婚分布广，松动趋势比较明显

调查结果显示，等级内婚占82.8%。20世纪50年代的受访者中等级内婚占83.3%，20世纪60年代的受访者中等级内婚占92.1%，20世纪70年代的受访者中等级内婚占87.8%，20世纪80年代的受访者中等级内婚占74.1%，20世纪90年代的受访者中等级内婚占78.3%。从20世纪50年代到20世纪90年代出生的受访者的婚姻事实与态度来看，等级内婚占比在代与代之间降幅大，代际松动趋势比较明显。

分析发现：等级内婚[2]与出生年代显著相关（0.149，$p < 0.05$），其中20世纪60年代和20世纪70年代的受访者当中等级内婚的比例较高，20世纪80年代的受访者当中等级内婚的比例最低。"80后"选择等级外婚的受访者以出身"曲诺"家支的为主（见图6-3）。

---

[1]　民族内婚与性别、出生年代、职业、受教育程度、家支等级、是否贫困户、是否低保户无显著相关性。

[2]　等级内婚与性别、政治属性、职业、受教育程度、家支等级、是否贫困户、是否低保户无显著相关性。

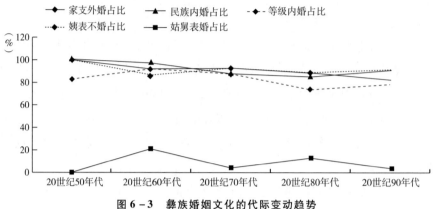

图 6 – 3　彝族婚姻文化的代际变动趋势

二　姨表不婚松动中有稳定性，姑舅表优先婚逐渐解构

（一）姨表不婚松动中有稳定性

前文曾述，在彝族婚姻习俗中，姨表亲是禁止结婚的，姨表不婚从生物学意义上讲，有其合理性。调查结果显示：受访者中姨表不婚占 90.2%，代际认同姨表不婚习俗的比例总体呈上升趋势。但是也有 9.8% 的受访者认可自己的婚姻属于姨表近亲婚。姨表不婚[①]与受教育程度显著相关（0.155，$p < 0.05$），受教育程度越低，选择姨表近亲结婚的可能性越高。姨表不婚与是否低保户显著相关（0.180，$p < 0.05$）。总体来看，姨表近亲结婚的案例主要以受教育程度为小学以下的低保户农民为主。

（二）姑舅表优先婚趋于解构

受访者中认可自己的婚姻属于姑舅表优先婚的占 11%，与 30 年前的 17.6% 比较，[②] 减少了 6.6 个百分点。代际降低趋势明显，20 世纪 50 年代的受访者中姑舅表优先婚为 0，20 世纪 60 年代的受访者中姑舅表优先婚占 21.1%，20 世纪 70 年代的受访者中姑舅表优先婚占 4.8%，20 世纪 80 年代的受访者中姑舅表优先婚占 13.2%，20 世纪 90 年代的受访者当中姑舅表

---

① 姨表不婚与性别、出生年代、政治属性、职业、家支等级、是否贫困户无显著相关性。
② 袁亚愚主编《当代凉山彝族的社会和家庭》，四川大学出版社，1992。

优先婚的占4.3%，"90后"一代的姑舅表优先婚比例显著低于平均水平。

分析发现：姑舅表优先婚[1]与受教育程度显著相关（0.169，$p < 0.05$），受教育程度越高，姑舅表优先婚的占比越低。可以预期的是，随着社会进步、彝族受教育程度普遍提高，姑舅表近亲结婚现象将进一步减少。

（三）转房婚、一夫多妻等现象尚未绝迹

本次调查中的受访者明确表示自己婚姻属于转房婚的有10例，占6.1%，与30年前的7.7%比较，[2]减少了1.6个百分点。

分析发现：10例转房婚中，有2例是20世纪50年代出生的普通农民，有4例是20世纪60年代出生的普通农民，有4例是20世纪80年代出生的普通农民。10例转房婚均出现在凉山彝族旧社会的中上层，其中9例是来自"曲诺"，1例来自"诺伙"。10例转房婚中，2例为"文盲"，8例为"小学"文化程度者。10例转房婚中，有8例是贫困户和低保户，有2例为非贫困户。

由此可见，转房婚主要残留于极少数五六十岁的受教育程度低的贫困农民群体，随着这部分人的逐渐老去和彝族社会现代化进程，转房婚将逐渐消失。

本次调查的受访者中有4例明确表示自己的婚姻属于一夫多妻，从20世纪50年代到20世纪80年代，各有1例，以普通农民、无业人员为主。

（四）未达法定年龄的早婚早育现象在各年代出生的受访者中均有分布

受访者中男性的初婚年龄均值是22.06岁，最小的是13岁，其中21岁及以下的占46.62%；女性的初婚年龄均值是22.33岁，最小的是17岁，其中19岁及以下的占20.83%。

受访者配偶中的男性初婚年龄均值是24.78岁，最小的是17岁，其中21岁及以下的占26.09%；女性初婚年龄最小的是13岁，其中19岁及以下的占30.23%。由此可见，未达法定年龄的早婚现象在凉山彝族是比较

---

[1]　姑表舅优先婚与性别、出生年代、政治属性、职业、家支等级、是否贫困户、是否低保户无显著相关性。

[2]　袁亚愚主编《当代凉山彝族的社会和家庭》，四川大学出版社，1992。

普遍的。

相关性分析发现：两性初婚年龄与出生年代无显著相关性。从 20 世纪 50 年代到 20 世纪 90 年代出生的受访者当中均存在早婚现象，20 世纪 50 年代出生的受访者当中早婚的占约 66.67%，20 世纪 60 年代出生的受访者当中早婚的占 34.21%、20 世纪 70 年代出生的受访者当中早婚的占 48.78%，20 世纪 80 年代出生的受访者当中早婚的占 30.19%，20 世纪 90 年代出生的受访者当中早婚的占 55%，呈现重新抬头上升的趋势。

在凉山彝族，伴随早婚现象的是早育。国家计划生育政策实施以来，彝族多生现象得到抑制，绝大多数实行新法接生，受访者生育孩子数量的均值为 2.86，众数为 3，最大值为 5。其中，生育 4 个及以上孩子的受访者占比 30.8%。20 世纪 50 年代到 20 世纪 90 年代出生的受访者平均生育孩子数从 3.67 下降到 1.35[①]。其中，20 世纪 80 年代出生的受访者平均生育孩子数为 2.44[②]。

综上所述，彝族婚姻制度的代际变动趋势明显。相关的影响因素有：（1）教育。受教育程度与家支外婚、姑舅表优先婚、姨表不婚有显著相关性；（2）经济。家庭经济状况与家支外婚、姨表不婚显著相关；（3）年龄。出生年代与等级内婚显著相关；（4）政治属性。是否为中共党员与民族内婚显著相关（见表 6-4）。

表 6-4　彝族婚姻制度的显著相关因素

	家支外婚	民族内婚	等级内婚	姑舅表优先婚	姨表不婚
性别	—	—	—	—	—
出生年代	—	—	0.149*	—	—
家支等级	—	—	—	—	—
政治属性	—	-0.162*	—	—	—
职业	0.16*	—	—	—	—
受教育程度	-0.183*	—	—	0.169*	0.155*
是否贫困户	-0.253**	—	—	—	—
是否低保户	—	—	—	—	0.180*

注：*p<0.05；**p<0.01。

---

① 20 世纪 90 年代出生的受访者可能生育第二胎，这个数据只是调查期间生育孩子实际数。

② 20 世纪 90 年代出生的受访者可能再生育。

第四节　松动的婚姻制度与下层的流动

一　彝族婚姻制度已经松动

婚姻制度是社会制度的重要组成部分，既是社会演进的产物，也推动着社会演进。由于各民族社会发育程度不同，长期以来，分布在西南地区的彝族始终保有其独特的婚姻文化，并对当地政治经济社会产生重要影响。新中国成立以后，尤其是民主改革以来，婚姻法的推广普及，市场经济的全面渗透，使彝族的婚姻制度融入我国的基本婚姻制度中，并发生了不同程度的改变。

首先，彝族传统婚姻制度中的转房婚制、一夫多妻制等旧俗，已经随着经济发展和社会进步趋于消失。姑舅表优先婚制，在代际已呈明显下降趋势，在彝族婚姻制度中已经不再具有显著地位。再加上人口自然更替、计划生育政策的交互影响，未来没有足够的姑舅表兄弟姊妹可以联姻，故而姑舅表优先婚制将趋于解构。

其次，上千年的彝族传统婚姻文化在与现代社会多元文化的接触与碰撞中，仍保留了最为本质的特征，并对一些家庭发挥着重要的影响和作用。这些本质特征就是家支外婚、民族内婚和等级内婚。可以确定的是，彝族传统婚姻制度中的家支外婚、民族内婚和等级内婚已经有所松动，但短期内很难发生根本性改变，尤其是等级内婚和民族内婚。虽然凉山彝族旧社会划定的等级在今天的许多场合里不被提起，但是这个等级观深深印在彝族群体的骨髓里，并以"骨头"的贵贱成为"明里不说"却"心知肚明"的社会分层标签。

然而，无论是凉山彝族 ADI 家支三代人的婚姻样态，还是抽样调查时更多凉山彝族人群的婚姻事实与婚姻态度，均可发现接受过良好的现代化教育的彝族年轻一代开始尝试等级外婚和族际婚姻。未来若能在彝族聚居区更深入、更广泛地普及九年义务教育，在此基础上加强中高等教育，有序推进新一轮婚姻文化改革和优生优育、晚婚晚育的政策激励，将在一定程度上加速彝族传统婚姻制度松动的进程，并抑制农村早婚早育现象的进一步蔓延。

二　彝族贫困下层的社会流动

社会流动是指个体或群体在不同的社会经济地位之间的变动。其中社会的垂直流动是衡量社会开放程度的重要指标，它衡量社会中有多少出身低微却富有才华的人能够沿着社会经济阶梯往上爬。① 低保家庭、建档立卡贫困户通过自愿申请和政府认可，成为自认处于社会下层、需要救济的贫困群体②。

彝族当下的社会分层与彝族旧凉山时期的社会阶层划分不是一一对应关系。现在的贫困群体中不乏旧凉山时期的社会中层群体，旧凉山时期的社会下层群体也有为数不少的人进入社会中上阶层。分析发现：94 例贫困户中，88 例来自"曲诺"（占 59.5%），4 例来自"诺伙"（占 44.4%），1 例来自"阿加"（占 25%），1 例来自"呷西"（占 50%）。38 户低保户③中，35 例来自曲诺（占 23.6%），2 例来自"诺伙"（占 22.2%），1 例来自"呷西"（占 50%）。由此可见，在改革开放与市场经济时代，彝族社会阶层具有一定的垂直流动性。

然而，问题来自彝族社会下层的贫困群体。在各种资源普遍短缺和传统婚姻制度制约下，处于彝族社会下层的贫困群体的社会流动性很弱，政府扶持和社会福利很难协助贫困群体"往上爬"并脱离贫困陷阱，并出现贫困代际传递。

家支外婚是彝族文化中禁止血缘婚的主要特征之一。前文分析发现，样本中的家支内婚绝大部分发生在贫困家庭。家支内婚在彝族习惯法中是被禁止的，在凉山彝族旧社会里，违反者将受到严厉处罚。贫困家庭违反民族习惯法在家支内开婚，最为主要的原因是经济贫困。因为贫困，他们只能在家支内联姻。不仅如此，家支内婚的近亲繁育可能带来的先天残疾子辈，将使此类联姻的家庭陷入更深的贫困陷阱。

另一个影响彝族婚姻制度和社会流动的重要方面来自彝族社会的精英阶层，在经济相对自由的前提下，这个群体坚守着彝族传统婚姻制度所隐

---

① 〔英〕安东尼·吉登斯：《社会学》，李康译，北京大学出版社，2009。
② 贫困群体通过精准识别，绝大多数以建档立卡贫困户纳入扶贫范围或者以低保人口纳入社会救助范围。
③ 低保人口属于陷入极端不利困境中的人群，通常这个群体很难依靠自己的力量在短期内摆脱贫困。本研究将其视为长期贫困人群。

喻的一系列文化元素，致使其婚姻游走于传统和现代之间，成为政治地位、经济地位、社会地位相互交换的媒介。

在凉山彝族旧社会里，统治阶级通过等级内婚，一方面扩大自己所处社会阶层的各种资本积累，另一方面控制资源不流失。前文已述，彝族等级内婚有松动趋势，这种松动有利于各阶层在不同社会经济地位之间垂直流动。尽管"是否贫困户"与等级内婚弱相关且不具显著性，但是深入分析发现：86%的受访贫困户选择等级内婚。贫困家庭因为"贫困"或者支付不起高昂的"身价钱"，或者因为"社会等级"不够而被排斥，即使在松动的等级内婚制度下，也很难"攀上婚"，进而无法突破旧有的不高的家支社会等级来改变其贫困的下层地位。

第五节　凉山彝族婚姻习俗、家支资本与贫困代际传递

凉山彝族双重社会分层体系、家支身份与经济地位关系的分离，以及婚姻匹配规则的转变，是彝族家支体系具有"资本"的根本原因。"家支资本"可视为彝族等级身份在婚姻选择中的博弈筹码，影响着凉山彝族的阶层流动。凉山彝族特有的通婚规则，使"家支资本"参与婚姻选择并与经济资本进行兑换，不断攀升的彩礼使"异类匹配"的婚姻逐渐增多。家支的"资本化"和高额彩礼的出现，看似强化了彝族的家支身份认同，实质上加速了彝族等级身份系统的解体。

彝族彩礼是彝族传统的婚姻习俗，具有偿付和资助功能。随着凉山彝族社会经济的快速发展，彩礼金额也节节攀高：在 2009 年之前，彩礼金额平均在 2 万元以下；但 2010 年突然提高到 7 万元以上，且以年均2 万~3 万元急速上涨。这给凉山彝族地区带来一定的负面冲击，诸多贫困家庭面临着难以承担的婚嫁重负，而且越是贫困的地区，彩礼金额越高，导致其陷入贫困代际传递的恶性循环。

关于彩礼上涨的原因有几种解释，包括：青年婚姻协商的自主权提升，并集体向新郎家庭索要彩礼；① 市场经济导致贫困地区劳动力流动，

---

① 　Y. Yan, "The Individual and Transformation of Bridewealth in Rural North China." *Journal of the Royal Anthropological Institute*, Vol. 11, No. 4, 2005, pp. 637 – 658.

形成对新娘有利的"女方市场"；① 彩礼性质转变为"炫耀性消费"的途径。② 但一般的彩礼理论和实践难以涵盖少数民族的地方性知识，因此本节力图为少数民族地区出现的高额彩礼提供具有民族性的解释机制。当追求工具理性的现代性价值观侵入古老的村庄，凉山彝族特殊的社会分层与流动机制如何响应？家支如何从等级身份转变为资本形态？"家支资本"进入婚姻领域后，如何催生凉山彝族的"高额彩礼"？"高额彩礼"如何加深凉山彝族的贫困代际传递？

彝族地区曾经是典型的奴隶社会，家支是奴隶等级制度的具体形式，彝语为"此伟"，作为父系的血缘集团，其含义为同祖先兄弟，集中体现了彝族社会的政治关系。等级制度和家支制度构成了凉山彝族奴隶制度的统治基础。"其他一切，无论是社会习俗、文化生活、道德规范、意识形态等，都离不开这两个核心。"③ 家支组织实际上构成习惯法指定和实施的权力机关，对个体和家庭均有约束力。在经历了民主改革、改革开放等之后，家支制度仍在彝族社区发挥着重要作用。现有研究将家支作为社会集团组织形式，从传统的功能主义视角考察家支制度的组织和庇护功能，如：传统习惯法的基层调解作用，家支嵌入凉山彝族的乡村治理等。

事实上，由于凉山彝族婚姻制度形成于奴隶社会时期，其通婚原则与家支制度有密切的联系，实行严格的"民族内婚""家支外婚""等级内婚"等婚姻制度。④ 家支制度通过影响彝人的婚姻匹配，形塑着凉山彝族的阶层再生产。随着改革开放对彝族村落的冲击，更多的现代性元素改变了彝人的物质精神生活。作为一种等级制度，家支身份由直接传递的血亲关系所决定，在彝族的生活场域中，家支成为等级区分的符号。结合课题组的田野资料，本研究重点讨论两个问题：第一，家支分层与现代社会经济地位分层体系的关系；家支身份等级化的变迁，以及"资本化"的可能

① C. D. Laughlin, "Maximization, Marriage, and Residence among the So," *American Ethnologist*, Vol. 1, No. 1, 2010, pp. 129 – 141.

② 李怀：《婚嫁消费升级的意义供给机制转型：一个多重逻辑的分析》，《浙江学刊》2017年第3期。

③ 林耀华：《凉山彝家的巨变》，商务印书馆，1995，第139页。

④ 王卓、张伍呷：《凉山彝族婚姻制度的松动与走向研究——兼析彝族贫困代际传递的原因》，《西南民族大学学报》（人文社科版）2018年第3期；袁亚愚主编《当代凉山彝族的社会和家庭》，四川大学出版社，1992，第118页。

性；第二，随着彝族"等级内婚"的逐步瓦解，"家支资本"通过彩礼使"异类匹配"婚姻得以实现并开始泛化。

调研地 A 村位于四川省峨边彝族自治县，该县辖 6 个镇、13 个乡，共 129 个村、7 个社区居委会，其中有 106 个贫困村，境内以小凉山彝族人口为主，主要聚居在县境内西南高地。A 村生活着 172 户家庭，共计 734 人。该村大约形成于 19 世纪，其祖先主要来自大凉山的美姑县。从 2015 年 9 月开始，课题组以人类学田野调查方法深度访谈彝族村民，辅以专访县政府、学校领导和村委干部等，获得本研究的原始资料。①

一　家支何以为资本：双重阶层观的亲和与分离

在凉山彝族地区有两种不同的社会分层体系，其对应的生活世界场域具有特殊的逻辑和自主性。随着彝族地区现代化进程，旧社会决定主奴关系的种姓等级转化为家支身份的优劣，同时种姓等级与经济资本的关系逐渐减弱；但家支与家族的性情系统、社会网络和政治资源仍保持亲和性，这是家支身份成为世俗化的资本的前提。在此，本研究提出"家支资本"的概念，是对布迪厄所提资本概念②的情境性借用。"家支资本"所对应的是凉山彝族地区的婚姻领域，同样会引发资本占据者对该资本的竞争。

（一）民主改革前后的双重社会分层体系

社会分层的规则决定了资本的优先性，个体拥有的资本筹码决定其社会地位。在凉山彝族地区有两种同时发生作用的分层系统：传统等级分层系统和现代社会经济分层系统。彝族社会传统的分层系统包括四个身份等级：土司、黑彝、白彝、娃子。土司和头目统称为"兹伙"，是彝族社会的统治阶级；"诺伙"指黑彝，"曲洛"统称为白彝，奴隶被称为"娃子"（也称阿加或呷西）。黑彝是在土司之下的贵族阶级，对白彝和娃子有严格

---

① 个案编码规则为：第一部分为家支等级（黑彝家支编码为"B"；上等、中等和下等白彝家支分别编码为"S""M""L"），第二部分是访谈案主的姓名首字母简称，第三部分是访谈日期。本节所涉及的所有家支名称均以大写字母作隐匿处理。

② 〔法〕布尔迪厄：《文化资本与社会炼金术：布尔迪厄访谈录》，包亚明译，上海人民出版社，1997，第 189 页。

的管理控制权力。在旧凉山彝族生活世界的场域内，以黑彝父系血缘为纽带的家族制度服务于等级制度。[①] 这种等级制度完全由家族原初属性和通婚历史所决定，在彝族以熟人社会为特征的"罗罗王国"中，家支所属等级是非常明晰的，年纪越长的彝人，对等级分层系统越认可。

现代社会的经济分层系统从经典的一元分层体系发展为至今的多元分层系统。作为西方社会分层理论的源头，马克思提出，划分阶级的标准是对生产资料的占有关系；[②] 韦伯将其扩展为以权力、财富、声望三位一体的分层模式；[③] 现代分层指标，如陆学艺等人以职业分类为基础，以组织资源、经济资源和文化资源的占有状况为分层标准，[④] 大多可以追溯到三位一体的古典分层理论。随着凉山彝族青年谋生职业的改变，他们逐渐接受了现代经济社会地位的衡量标准。例如，A 村村民非常认可教育对于社会流动的意义，教育有助于彝族青年在劳动力市场赢得优势，也是获取政治身份的基础，这囊括了他们对经济和政治地位的追求。

在不同的时期，这两种分层系统在凉山彝族发挥的作用存在差异。以1956 年民主改革为界，在 1956 年之前的传统时期，黑彝、白彝和娃子之间等级固定且森严，黑彝对村内白彝和奴隶均有统治实权；在 1956 年之后的转型时期，黑彝的特权地位已逐渐消失，黑彝与奴隶不再有统治隶属关系。但传统分层体制并未退出历史舞台，而由等级的分层演化为家支的优劣。

由于家支地位来源于传统等级制度，因而具有"好坏""高低"之分，即：个体与生俱来的家支身份，决定了其在彝族传统分层系统中的位置。家支的优劣主要根据是否遵循了通婚规则进行判别。导致家支"走下坡路"的原因包括：第一，奴隶主跟不是明媒正娶的奴隶发生关系，导致奴隶怀孕并生下非婚子，家支血统遭到"污染"。第二，一个好家族"全部没有了"。即整个家族都死去，没有后代，原来没有姓氏的奴隶，继承了主人的姓氏，这种家支被彝族人称为"假家支"。因此即便是同一个名称的家支，因其形成历史的差异导致其"骨头"存在差别。遵循这样的判断原则，在 1956 年以后，A 村里 20 多个白彝家支被区分为上、中、下三层。

---

① 何耀华：《论凉山彝族的家支制度》，《中国社会科学》1981 年第 2 期。
② 《马克思恩格斯选集》第 1 卷，人民出版社，1995，第 345 页。
③ 〔德〕马克斯·韦伯：《经济与社会》上卷，林荣远译，商务印书馆，1997，第 333 ~ 339 页。
④ 陆学艺主编《当代中国社会阶层研究报告》，社会科学文献出版社，2002，第 8 页。

1949 年之前，A 村由于没有"土司"阶层，主要区分为黑彝、白彝和奴隶。1956 年民主改革时期，阶级划分主要参考了彝族的等级身份，将黑彝直接转化为地主，白彝转化为劳动者，而奴隶则转化为奴隶和半奴隶。1956 年以后，黑彝和白彝、奴隶不再是主奴关系，这种等级制度虽然看似已经瓦解，实质上却转化为家支的优劣差别，曾经的白彝转化成上等、中等家支，而曾经的奴隶和半奴隶则对应为下等家支。从一定意义上讲，A 村的等级变迁是凉山彝族的等级分层变迁的缩影。

（二）等级与经济地位的关系

凉山彝族家支优劣与家族的物质资产和经济地位有密切关联，经济地位是判断社会身份的标准，家支身份与经济地位呈现高度的正相关。在 1949 年乃至 1956 年之前，A 村里家家户户都种鸦片，用鸦片与外面商人换银子等，再用银子向"丁家阿干"换"娃子"。在那个时期，黑彝的主要收入包括地租和自营土地的收入，后者是剥削白彝和"娃子"的无偿劳动所得；民主改革时期，政府主要根据奴隶数量和占有土地划分阶级成分，也与彝族的等级身份相对应。地主的前身份是黑彝，一般拥有 3 ~ 4 个"娃子"和占有 30 亩以上的土地；其次是由白彝转化而来的富裕劳动者和一般劳动者，他们占有的资源也较多。

民主改革的主要目的是解放凉山彝族的奴隶和半奴隶，没收地主和富裕劳动者等黑彝和上等白彝的财物，这对于彝族的阶层结构产生巨大的影响。尤其在经历"复查补课运动"后，黑彝阶层的损失最严重；奴隶和半奴隶的受益最大，他们不仅不再受到奴隶主的控制和管理，其社会经济地位也得到提升；此外，也有一些家支较好的上等白彝，出于种种原因并未被划分为富裕劳动者。总之，在经历了"平等化"倾向的民主改革之后，家支身份与其拥有的财富资源不再有紧密的联系。

1949 年前，彝族社会的阶层流动与经济地位变动的关系密切。在旧凉山，黑彝家支通常名气较大，在大、小凉山都相互认识，黑彝的地位不易变动；白彝下降为"娃子"，大多因为债务和贫困，以及被"丁家阿干"拐卖到其他地区；"娃子"希望上升为白彝，通常当其奴隶主家支全部死亡以后，才会有向上流动的可能。民主改革以后，尤其是改革开放以来，随着彝族地区的经济发展，现代化和城市化对彝族群众的认知产生了影响，弱化了家支身份与经济地位的关系。

分离的原因是两者的流动率存在差异。首先，家支地位相对固化，主要通过与不同等级家支通婚的方式进行细微调整；其次，经济地位的流动率更高，尤其在改革开放后的 40 多年里，彝族地区逐渐兴起外出打工潮，机会平等的经济地位流动冲破了传统家支地位的阻碍。有些家支地位较低的白彝，甚至旧社会奴隶的后代，有不少人取得了显赫的经济地位。同时有些黑彝的后代，由于不思进取，反而落入了贫困境地。

（三）家支的祛魅：从等级到资本

家支地位在彝族地区是不言自明的，彝人几乎对生活世界中的家支环境了如指掌，不仅熟知村里家支的地位等级、与本家支的匹配程度，甚至对邻村、同乡乃至整个大、小凉山的知名家支等级谱系都有所知晓。这不仅关系到彝人成年后婚嫁选择的范围，而且决定了彝人间互动的原则。"家支好""骨头硬"的家族通常名气远扬，在凉山地区都享有盛誉，而"差一点"的家族则不受重视。如前所述，家支等级与社会经济地位的亲和性逐渐削弱，彝族群体对正统家支的尊崇，可能并非来自对现代社会分层模式的认可。那是否来自血统崇拜的惯性？

对此，本研究考察了家支身份与不同类型资本的关系。资本是传统的经济学概念，布迪厄对资本进行非经济的扩展和解读，提出四类资本：经济资本、政治资本、文化资本和象征资本。他将市场延伸为场域，而个体在场域中进行各种资本的竞争。布迪厄语境下的资本类似于纸牌游戏中的"王牌"，拥有"王牌"使个体在各种社会博弈中区别于简单的碰运气，进而个体拥有各类资本的多寡，决定其社会经济地位的高低。

通过比较不同家支的性情系统、社会网络关系和基层政治资源的差异，本研究发现，虽然家支等级与高流动率的经济收入的关系在消减，但其等级特性已具有现代性意义上的资本表征。

第一，家支的性情系统共性。本书借用许烺光所称"性情"（personality）或"个性结构"[1]。相同的家支等级具有相似的性情结构，好家支的家族具有较强的组织性，家支内部成员团结和睦、顾全大局，珍惜家族的名誉，

---

① 〔美〕许烺光：《祖荫下》，王芃、徐隆德译，南天书局有限公司，2001，第 9 页。

不会随便与下等家支成员通婚。每个较好的家支有"说得起话"的家支头人，这使家支整体能够平稳地上升，名气越来越大。而下等家支组织较为零散，没有家族的领导协调内部事务。A 村在 2015 年初曾发生一起家支内部的冲突，下等家支 SR 内部两兄弟间发生了矛盾，半夜携械斗殴，甚至惊动了警方。

第二，家支与社会关系网络。家支组织是凉山彝族奴隶社会时期的社会基础，如彝族俗语"老虎靠嘴巴，诺伙靠家支"所述，家支成员对血亲系统持有高度的信任感，在重大事件中会相互援助和帮扶。上等家支通常拥有良好的对外交往关系，而传统社会时期严格的"等级内婚制"匹配模式，使家支结的亲家均属于同一家支社会阶层，两方都拥有高质量且广泛的社交团体，形成并巩固了上等家支阶层网络。社会关系网络对彝族青年外出打工有极大的影响，作为一种"新兴成年礼"[1]，彝族乡村青年渴望走出大山，但由于与汉族区域相联系的社会网络的稀缺，大部分彝族青年个体很难与外界建立关系，无法获得需要的工作机会，而社会关系丰富的"小老板"则根据工厂需求，在多个村内招工，并收取中介费，形成在彝族地区特有的"带工制"。这种由社会资本带来的经济回馈与家支网络密切相关。

第三，家支与基层政治资源。旧社会的黑彝因为有较高的社会地位，在纠纷冲突中，往往作为令人信服的仲裁人出现，其领导角色在彝族地区得以保留。而地位较低的家支，则很难得到众人认可。上等家支在基层的根基延续到其后辈，A 村"最好"的四个白彝家支的后代均担任村内要职，分别为现任村党支部书记、村委会主任、村文书和村内毕摩；村内最德高望重的"德古"也属于其中的三个家支。家支地位与基层政治地位相对而言有较强的亲和性。在现今的村干部换届选举时，很多村民也拥护家支地位较高的后代，同时反对奴隶后代担任村干部，他们认为奴隶后代做事不顾全大局，反而会导致村内建设的倒退。

综上所述，在凉山彝族生活世界的场域内存在力量和竞争，家支不仅仅是与血统相关的等级身份，还作为资本在主观或客观结构中积蓄能量，家支身份符合资本的排他性和获利性特征，是决定彝人在生活世界中竞争

---

① 刘绍华：《我的凉山兄弟》，中央编译出版社，2015，第 69 页。

的逻辑之一。布迪厄认为，社会过程并不像赌局一样每局独立，"现实社会是不断累积迭代的过程，在连贯的时间线上紧密相关"[①]。资本则是在结构和社会系统的规律中，进行不断的积累。既然上等家支身份意味着规范的家族组织、稳定良好的社会网络和基层政治资源，那么彝人对"好骨头"家支后代的推崇，事实上也与现代社会地位的价值体系相契合。

因此，家支身份中的血亲崇拜的意味逐渐消解，而呈现世俗化的现代性资本意蕴。更重要的是，"家支资本"不仅是场域活动中竞争的手段，同时也是场域活动中竞争的目标。而彝族阶层流动过程则集中体现了彝人对"家支资本"的争夺，阶层流动强调阶层地位的代际延续，这主要包括两个方面：第一，婚姻匹配导致的代内阶层流动；第二，父辈资本的传递导致的代际流动。各种资本的传递率和传递方式存在差异，导致凉山彝族阶层再生产过程更为复杂。那么"家支资本"如何在阶层流动过程中运作？彝族现代婚配规则的变迁如何影响不同资本间的兑换和重组？

二　"家支资本"的运作：婚姻交换与阶层流动

在哈贝马斯构建的"系统－生活世界"理论中，当以金钱为载体的市场力量和以权力为媒介的国家力量，介入本属于私人领域的生活世界——"生活世界殖民化"（colonization of life world）时，本来是私人领域交往行为的婚姻选择和抚育子女都将遵循工具理性的逻辑。[②]"生活世界殖民化"影响了凉山彝族的阶层流动。首先，通婚圈的扩大和通婚模式的改变。其次，不同的资本相互转换和兑换，这集中体现在彩礼这种婚姻支付媒介上，"异类匹配"的婚姻促生了"高额彩礼"的出现，"高额彩礼"也反过来促进了"异类匹配"的婚姻。

（一）通婚规则：从"同类匹配"到"异类匹配"

现代婚姻理论将"婚姻匹配"界定为两种模式："同类匹配"模式与

---

① P. Bourdieu, "The Forms of Capital," in John Richardson (ed.), *Handbook of Theory & Research for the Sociology of Education*, WestPort, Conn.: Greenwood Press, 1986, pp. 280 – 291.

② 〔德〕哈贝马斯：《交往行动理论》（第一卷），洪佩郁、蔺青译，重庆出版社，1994，第205～210页。

"异类匹配"模式。① 前者是指结婚时相互选择那些在民族身份、社会地位、经济收入等各方面条件相匹配或相近的对象结婚；后者则相反，结婚双方的条件具有差异，包括"攀上婚"和"就下婚"两种模式。贝克尔认为，只有当婚姻的收益大于独身的收益，人们才会选择结婚。当配偶双方是互补关系时，"同类匹配"婚姻结合的效益最大；而双方呈现替代关系时，"异类匹配"的婚姻结合最佳。② 所以，当家支等级观在婚姻中的支配地位降低，个体会根据婚姻的收益选择婚配对象，而不是完全遵从传统的婚姻风俗。我们发现，凉山彝族地区的"婚姻改革"，逐渐瓦解了彝人对家支匹配的坚持，进入 21 世纪以来，彝族地区"异类匹配"婚姻逐渐增多。

凉山彝族地区经历了三次"婚姻改革"，其主要内容包括反对包办和买卖婚姻、反对转房制、推行男女婚姻地位平等，主要趋势是破除旧式的婚姻模式，引入自由婚配方式。而彝族地区婚姻风俗的基本原则是：民族内婚、家支外婚、等级内婚。即：不与外族通婚，而与同等级的不同家支通婚。这样的通婚规则可以保证"以祖先等级论自己的等级"，家支不会"走下坡路"。因此，传统的彝族婚姻规则是以家支身份的同类婚为主，政府对凉山彝族的"婚姻改革"是希望削弱家支身份的等级观，引导彝族青年冲破家支桎梏，形成平等自由的婚姻观念。

旧社会彝族地区等级森严，黑彝、白彝和娃子间绝无通婚的可能，属于"等级内婚"。同样，在白彝内部家支存在分层，不同等级的家支也不能通婚。而且家支较好的白彝家庭，为了维护家族的血脉纯正，会谨慎地对待后辈的配偶选择，尤其反对与下等家支通婚。由于黑彝在彝族人口中的数量较少，因此，在婚姻的家支等级的限制下，他们结婚的选择余地非常有限。在调查点峨边县，黑彝人数不足千人，占峨边县彝族总人口的 1% 左右，许多人到 30 岁、40 岁难以成婚。与村内的彝族青年相比，彝族长辈更加看重传统的家支"等级内婚制"。

在转型时期，虽然"门当户对"的家支结亲仍是基本规则，但事实上家支的"攀上婚"也得到长辈的应许和鼓励。在 1956 年民主改革之后，彝人近乎探险般地进入现代社会空间，生计、教育、人际交往的各方面都

---

① 李煜：《婚姻匹配的变迁：社会开放性的视角》，《社会学研究》2011 年第 4 期。

② 〔美〕加里·斯坦利·贝克尔：《家庭论》，王献生、王宇译，商务印书馆，2011，第 136～138 页。

受到冲击，"异类匹配"——"跨等级、跨民族间互通婚姻和自主婚姻的婚变现象"① 越来越显著。现代婚姻转型的特点是对"浪漫爱情"的追求，② 彝族青年的婚姻自主性增强，城市地区的彝族婚姻甚至接纳了汉族等其他民族，而农村彝族婚配文化则相对传统，仍然以族内婚为主，但出现不同家支等级的"异类匹配"婚姻案例。

"异类匹配"的方式为"婚姻交换"埋下伏笔。但这种"异类匹配"并非单纯"攀上婚"和"就下婚"，而是在结亲双方家庭交涉博弈中，达到双方均满意的平衡点，实现不同资源的互补，因而具有经济人类学领域中的交换意义。"婚姻交换"不是强调孤立的财富积聚，而是通过交换考察经济体整合的模式，经济人类学家波兰尼将其区别为互惠、再分配及市场交换三类。③ 例如，在 A 村，一位家支较好但身体残疾的 JY 家支聋哑男性，娶了一位家支较差但身体健全的 SR 家支女性。这样的婚配方式尚且可视为"互惠"，而在更广阔的市场概念——"完全市场"中，这样的婚配无疑会涉及金钱，进而形成彝族婚姻市场交换，而"高额彩礼"则是流动于其中的交换媒介。

（二）高额彩礼："家支资本"的策略性实践

彝族的彩礼从 2010 年前后攀升至今，已超越了普通百姓所能承担的范围。当彝族地区男女双方同意婚事后，男方通过媒人向女方送彩礼，同时需向女方支付聘金的一部分。彩礼的多寡大多视男方家庭财力而定。在峨边县，由于白彝居多，生活水平差距不大，彩礼的数目在特定的时期也比较固定。课题组在调查点收集的资料显示：1980 年彩礼大约 100 元；1990 年前后，彩礼为 200 ~ 700 元；随着经济水平的上升，2005 年彩礼为 1000 ~

---

① 戴庆厦主编《中国彝学》第二辑，民族出版社，2003，第 308 页。

② 〔英〕安东尼·吉登斯：《亲密关系的变革——现代社会中的性、爱和爱欲》，陈永国、汪民安等译，社会科学文献出版社，2001。

③ 〔美〕波兰尼：《大转型：我们时代的政治与经济起源》，冯钢、刘阳译，浙江人民出版社，2007，第 41 ~ 48 页。三种交换类型：第一，互惠交换：是人与人之间相互的"总体赠予"，交换的目的在于维护情感和关系本身；第二，再分配交换：是中心与边缘之间的"向心"和"离心"的运动，即当权力的中心与边缘间形成经济上的不平等关系，由中心抽取社会劳动的成果分配给边缘地区；第三，市场交换：这是经济学意义上的交换，是需求群体和供给群体之间进行的商品配置运动，商品价格、供需关系决定了市场交换的进行。

2000 元，2009 年为 2 万元左右。到 2010 年前后，彩礼迅速攀升至 7 万元以上，且以年均 2 万~3 万元急速上涨。A 村有彩礼 20 万元的婚姻，而峨边县里甚至有彩礼上百万元的特例。彝族地区高额彩礼已成为社会舆论焦点，其发生原因尚有若干猜想，除了彝人收入增加①、通婚圈内"女方市场"② 以外，本研究认为重要原因是"家支资本"进入了彝族的婚姻市场中，家支在彝族生活世界场域中的重要性，引发了彝人利用高额彩礼对"家支资本"的竞争。

彩礼在经济人类学研究领域有两类理论工具。第一，在家庭功能层面，彩礼具有传统礼节性的偿付功能和资助功能，③ 阎云翔将彩礼视作礼物交换，是两个共同体的长者所使用的集体策略；④ 费孝通认为彩礼是男方家庭对女方家庭劳动力丧失的经济补偿和权利让渡；⑤ 第二，在社会群体结构方面，古德认为彩礼的形成取决于社会财产的传播模式和分层体制。在经济地位分化程度较高的社会，人们会避免与低阶层建立亲属关系，而彩礼和嫁妆可以使阶层关系更接近，使结亲双方的总体资本更平衡，以保持婚姻的稳定性。⑥ 因此，彩礼是弥补异质性婚姻社会经济地位差距的形式。基于彝族地区家支"异质婚姻"增加的事实，如果女方的家支比男方家支更高贵，这种在旧社会不被接受的匹配模式，在转型时期，彩礼——尤其是"高额彩礼"便可以弥补家支间不可逾越的阶层鸿沟。

此外，从"资本转换"的理论视角来看，高额彩礼是男方"经济资本"与女方其他资本兑换的产物。布迪厄认为主要是社会资本、文化资本、象征资本围绕"经济资本"而进行，虽然"资本转换"主要是行动者个体的决策，但也符合社会交换理论范式。上等家支在本地婚姻场域仍属于稀缺资源，从而彩礼成为婚姻匹配与选择的重要筹码。在实践中，一些

---

① 认为随着收入的增加，彩礼也会随之提高。但计算村民的收入，从 20 世纪 90 年代之前平均年收入 200 元左右，到 2010 年前后平均年收入 2000 元左右，收入上涨了 9 倍，但彩礼上涨了 200 倍，这只能部分解释彩礼上涨的原因。

② 魏国学、熊启泉、谢玲红：《转型期的中国农村人口高彩礼婚姻——基于经济学视角的研究》，《中国人口科学》2008 年第 4 期。

③ J. L. Comaroff（ed.），*The Meaning of Marriage Payments*，London：Academic Press，1980。

④ Yunxiang Yan，"The Individual and Transformation of Bridewealth in Rural North China，"*Journal of the Royal Anthropological Institute*，Vol. 11，No. 4，2005，pp. 637–658。

⑤ 费孝通：《生育制度》，商务印书馆，2008，第 131 页。

⑥ J. Goody，& S. J. Tambiah，*Bridewealth and Dowry*，Cambridge University Press，1974，p. 426。

家支较低但经济实力较强的男性，结婚时可以出很高的彩礼娶走家支地位较高的姑娘，以呈现男方家庭在家支地位上的"攀上婚"和女方家庭在经济地位上的"攀上婚"。

这说明"家支资本"已进入彝族婚姻领域，而且具有极高的交换价值。当"等级内婚"逐渐松动，维持家族血脉纯正的压力渐弱，一些上等家支的女儿有宽泛的配偶选择，甚至愿意接受家支等级的"下嫁"，而得到男方家庭高额的彩礼。例如，在峨边县的 AS 家族，他们本是等级较低的白彝家支，但其父辈开始做生意，子辈的青年人也做小批发、搞小工程，积累了较多的经济财富，AS 家支的后代娶了 QM 家支的女性，QM 家支在彝族"骨头最硬"，而这桩婚姻的彩礼则高达百万元。

而凉山彝族是传统乡土熟人社会，彩礼虽然属于结亲当事双方家庭"讨价还价"的结果，根据新郎家庭的支付能力和新娘"身价"而定，但其意义往往从某一桩婚事中脱离，通过村民口口相传而波及其他婚事。多桩婚事的彩礼价格则形成了具有地域特征的参考体系，而且彝族传统的"等级内婚"导致年轻彝人的通婚圈较小，通婚圈越小，只要较少的"高额彩礼"婚姻前例便可"抬高"整体彩礼水平，从而形塑了该地区彩礼的"底价"。随着家支间"异类匹配"婚姻的增加，彩礼金额不断上涨。虽然不乏年轻人冲破家族观念，或称难以承受"高额彩礼"的负担，从而选择与汉族或其他民族结婚，但大部分的婚配对象仍然在大小凉山境内的彝族社区。这样有限的婚配范围以及"好"家支在婚姻场域的稀缺性，是"家支资本"得以充分发挥作用的重要背景。

（三）彩礼与凉山彝族贫困代际传递

社会流动的继承性模式认为，父辈在某一社会阶层位置的时间越长，越会形成与该阶层相契合的惯习，进而影响后辈的资源获得和阶层状态，即强调阶层的再生产模式与阶层流动停滞。在凉山彝族地区，由于传统的家支分层与现代社会经济地位分层机制的共存，所对应的两种阶层流动模式也存在差异。首先，在强调"等级内婚"的传统社会时期，家支身份传递模式是无折损的，等级边界不会被轻易渗透。但在家支间通婚逐渐增加的转型时期，通过"高额彩礼"对双方家支梯度距离的弥合，家支等级具有流动的可能性，等级森严的家支体系开始呈现融合趋势。对于后辈而言，他/她所继承的家支身份是父母家支的"平均化"，进一步导致家支的世俗化和现代性功用。

其次，在现代社会经济分层体系中，社会阶层体现的是资本总量的差异，其识别标志包括：资源的构成和结构；资本资源所需的社会背景和时间总量。与汉族地区无异，在凉山彝族地区，经济资本同样是一种不容置疑的强势资本，经济资本在总资本中所占比例越高，越容易处于社会地位的上层，而且经济资本的传递更直接，折损率极低，容易与其他资本进行兑换，而且父辈的经济地位可以通过教育资源等中介影响子辈的阶层地位。尽管如此，经济资本与"家支资本"相比，其流动率更高。

在民主改革之后，当分层模式所对应的资本进行兑换和交易时，两种原本分离甚至"倒置"的阶层关系，出现了再次聚合的可能。具体而言，阶层流动包括代内和代际两个过程。第一，代内阶层重组。婚姻匹配方式会影响婚姻的社会流动功能。"同类婚"并不能改变个体的阶层地位，但是"异类婚"则将实现社会流动，尤其是处于社会下层的农村女性，可以通过"攀上婚"进行向上流动。[①] 但我们在研究中发现，结亲双方资本总量的平衡，有利于婚姻的稳定。由于资本的多类型和可转化性特征，婚姻匹配的实质是不同资本的互补。在凉山彝族地区的婚姻场域中，拥有"好家支"的家族与"经济资本"存量丰富的家族结合，通过婚姻弥补彼此某类资本的缺额。第二，代际阶层再生产。在凉山彝族的阶层再生产中，各类资本的传递模式存在差异，家支的身份符号具有稳定的代际流动率，经济资本在转换中也有较强的可兑换性和较低的折损率，由于经济资本的优势群体可以与"骨头硬"的家支相结合，其后辈则继承并巩固了父母辈在两种分层体系中的优势。但对于经济分层中的弱势群体而言，彩礼的攀高最直接的影响是加重男方家庭和新家庭的经济负担。由于彝族地区对彩礼的特殊规定，彩礼从男方家庭传递到女方家庭，女方家庭虽然作为彩礼的实际流入方，却不能获得全部彩礼。彩礼的流出路径有以下几个：女方的亲戚朋友，如母舅、叔叔、兄弟、姐妹分得部分彩礼；在筹备婚礼的过程中，伴郎、伴娘和重要来宾分得部分彩礼；而酒席筹备排场也需要彩礼的

---

① Elisabeth Croll, *The Politics of Marriage in Contemporary China*, Cambridge University Press, 1981, p. 169.

支持。另外，男方家庭作为彩礼的支出方，由于高额彩礼已经超出普通家庭的承受能力，但子女到了适婚年龄需要成婚，父母往往通过四处举债的方式，筹备彩礼。而新成立的家庭得不到男方家庭的彩礼支持，反而会因为"父债子偿"而面临严峻的经济困境。

综上所述，与传统社会时期家支身份与社会经济地位的对应不同，目前凉山彝族地区的"资本再整合"实质是经济资本对家支身份的追逐和自我匹配。由于家支分层系统的特殊性，家支等级将不断同质化，经过多代通婚后，家支等级的界限可能越来越模糊。但目前"高额彩礼"也会导致部分经济弱势群体陷入长期贫困的恶性循环。

三 家支资本的影响

家支作为一种"资本"运作于彝族地区的婚姻领域，其表现形式为男女双方家庭对彩礼的操弄。彝族地区"家支资本"的逐渐成形，主要基于以下两个背景。

首先，凉山彝族的社会分层遵循两种基本原则。第一，传统血亲性质的家支等级制度；第二，现代分层系统体现为资本总量的差异。同时还有传统社会时期和转型社会时期的差异。在传统社会时期，家支分层与资本分层有亲和性，而这样的分层与家支系统内的"好与坏"相对应。在转型社会时期，家支地位与现代经济地位相关性减弱。此外，在凉山彝族的生活场域中，家支的等级身份仍与彝人的性情系统、社会网络和政治资源有关联，上等家支仍具有稀缺性和排他性，是彝人希望争夺的资本之一，以期更好地在其场域中博弈和竞争。

其次，凉山彝族"等级内婚"的松动，"异类匹配"婚姻模式的出现，使原本基于血缘传递而固化的家支身份得以在婚姻选择时进行交易。基于"家支资本"的形成和资本间的不同类型的可转换性，构成了行动者策略的基础，这些策略的目的在于通过转换来保证资本、社会关系和社会地位的再生产。而婚姻是阶层再生产的重要内容，彩礼作为男方家庭给女方家庭的经济补偿，事实上是根据女方的"价值"进行估算的。与汉族地区无异，女方的出身、长相、学历和工作也是协商彩礼的重要筹码；在凉山彝族地区，"家支资本"与"经济资本"产生的兑换关系，可以对彝族自

2010年急速上涨的彩礼进行部分解释：男方家庭与女方家庭家支等级的差异越大，女方家支"骨头"越硬，彩礼的金额越高。随着彝族地区经济流动加速，贫富差距加大，更多的经济资本能够填补家支间的差距，彩礼金额越发迅猛地上涨。

从表面上看，家支成为场域中竞争的资本，说明彝族人对家支身份仍然十分重视。这似乎是强化了家支的等级属性，而与国家政策希望引导的"平等化"目标相悖，尤其是家支资本化属性引发了"高额彩礼"的竞夺，导致彩礼致贫等不良社会后果。舆论则将这种贫困事实归咎于彝族民俗和陋习，政府和社会也力图移风易俗，倡导现代文明、礼仪规范的婚嫁活动，例如"德古协会"已经颁布相关政策，规定礼钱不得高于5万元。①

此外，"家支资本"进入婚姻领域，是彝族婚姻现代化的必然趋势。这事实上意味着对传统的"等级内婚"的解构。奴隶社会时期遗留下的家支制度，曾经导致严重的社会隔离，给贫困地区社会经济发展带来了消极的影响。现代社会"浪漫爱情"理论强调婚恋的自由和平等，削弱婚姻双方社会地位的匹配度，家支对于婚配的控制逐渐萎缩；此外，家支身份逐渐被世俗化，经济资本提供了一种打破家支等级规范的可能性。这是现代性因素自发驱动的后果。

本书认为凉山彝族的阶层流动正处于过渡时期。"家支资本"的出现似乎强化了彝人对家支身份的认同，然而，家支间的通婚由于经济资本的介入加速了家支等级的同质性转化。彩礼的提高可视为传统被逐渐消解的过程，但真正的解构或许是彩礼这一媒介的消失。总之，凉山彝族家支等级身份的淡化不是短期可实现的，其趋势是在长期的多代"异类匹配"通婚中逐渐解体。

---

① 《峨边推进移风易俗三年攻坚"德古"忙搭桥彝乡吹新风》，新华网，http://www.sc.xinhuanet.com/content/2017-06/13/c_1121137491.htm。

第七章　彝族宗教与世俗经济的关系变迁

　　自韦伯以来，宗教与经济的关系一直广受讨论。在彝族的信仰体系中，自然神、鬼魂和祖先信仰表现出三类不同特点的经济理性。随着时代的变迁，在现实生活中，自然神和鬼魂的影响力逐渐弱化，但祖先信仰的重要性则得到提升。综合而言，彝族宗教与世俗经济之间的关系不断转化，先后经历了共生、分离和复兴三个时期。前述变化反映出当下彝族宗教与世俗经济的双向关联，以及与这种关联有关的发展困境。对彝族宗教的实地调查始于杨成志、马学良、马长寿在彝区的调研，早期主题集中于彝族宗教的概况、语言、风俗及历史。[①] 20世纪80年代，随着多学科、各民族及各年龄层学者的加入，对彝族现状的研究渐多，对毕摩苏尼、彝族史诗、仪式等方面的专题研究也更为细致。[②] 20世纪90年代以来，凉山彝区的毒品问题再度引发了学界的关注，而彝族传统宗教中的积极因素也在这一问题中得到深入探讨。[③] 而今，彝族宗教研究的相关领域较此前有较大拓展，在学科上呈现多元化的趋势，主题上也出现了对宗教－族群认同的探讨、社会性别建构、仪式的现代调适、信仰对心理发展的影响等侧重

---

① 参见杨成志《杨成志人类学民族学文集》，民族出版社，2003，第223页；马长寿著，周伟洲编《马长寿民族学论集》，人民出版社，2003，第165页；马学良《马学良民族研究文集》，民族出版社，1992，第568页。

② 毛燕：《20世纪80年代以来彝族宗教研究综述》，《宗教学研究》2012年第3期。

③ 庄孔韶：《"虎日"的人类学发现与实践——兼论〈虎日〉影视人类学片的应用新方向》，《广西民族研究》2005年第2期。

现实问题的研究。① 综合而言，对彝族宗教的研究成果丰硕，但就其与世俗经济的关系而言，既存在较大的讨论空间，又有较强的现实意义。

韦伯认为，从宗教内部的角度出发，如要使其与经济世界之间的关系缓和，有两种可行方法。第一种方法来自清教徒的职业伦理，即放弃俗世生活中的经济观念，并以上帝的名义将其转化为宗教意义上的经济伦理。第二种方法则来自神秘主义的遁世方式，即不关心自身奉献的动机和对象，其善行也并非有实质的理由。② 本章讨论的彝族传统宗教与世俗经济的关系变迁，也发生在前述宗教与世俗经济之间。就神秘主义而言，彝族的传统宗教同样存在类似的情况，但其与经济世界之间的关系又与新教有着显著的不同。在其宗教文化中，那些用来影响精灵和诸神的原始巫术与秘法，无非都是为了追求特定的利益。③ 但在社会发展和现代化的语境之下，彝族传统宗教又常常与经济或资本主义关系紧张。④ 基于此，以下将从彝族宗教中三类信仰对象的经济理性出发，就传统宗教与世俗经济的关系进行历史向度的讨论，尝试理解二者关系及形成机制。

第一节　彝族三类信仰的经济理性

彝族的信仰对象门类繁多，前人的划分方式有二：其一是将彝族的宗教视为一个多元的信仰体系，并将祖灵崇拜作为其重要特征。⑤ 其二是将毕摩文化作为彝族宗教的主要特征，并将各种宗教信仰囊括于其中。⑥ 以

---

① 张可佳：《族群认同与宗教结构特性——以凉山诺苏彝族及其原生性宗教为例》，《世界宗教文化》2015 年第 3 期；徐睿：《宗教与性别社会化——毕摩教在凉山彝族女性生命转折点中的作用》，《云南社会科学》2007 年第 3 期；肖雪：《凉山彝族死亡认知的本土表达与现代调适——以"尼木措毕"仪式为例》，《宗教学研究》2013 年第 3 期；卢佳：《试析彝族祖灵信仰对彝族心理发展的影响》，《西南民族大学学报》（人文社会科学版）2012 年第 3 期。

② 〔德〕马克斯·韦伯：《经济·社会·宗教——马克斯·韦伯文选》，郑乐平编译，上海社会科学院出版社，1997，第 74 页。

③ 〔德〕马克斯·韦伯：《经济·社会·宗教——马克斯·韦伯文选》，郑乐平编译，上海社会科学院出版社，1997，第 72、82 页。

④ 李静玮、王卓：《论原始宗教的经济理性》，《宗教学研究》2016 年第 4 期。

⑤ 张泽洪：《中国西南彝族宗教祖灵崇拜及多元信仰体系》，《宗教学研究》2011 年第 4 期。

⑥ 毛燕：《20 世纪 80 年代以来彝族宗教研究综述》，《宗教学研究》2012 年第 3 期。

下分类是参照了彝族传统宗教的历史演变，从自然－文化的二元逻辑入手，讨论不同类别的彝族信仰及其经济理性。

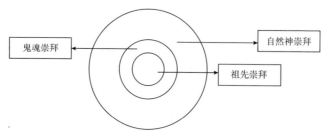

图 7 - 1　自然－文化关系中的彝族信仰对象

一　自然神崇拜的经济理性

在图 7 - 1 的三类信仰对象中，对自然神的崇拜产生时间最早，也与大自然关系最密切。彝族对山神和精灵的崇拜较为普遍。山神既能守护人们的农牧业生产活动，也能控制天气的变化，带来风雨雷电。彝族的精灵，象征着福气，能守护主人的"吉尔"，往往是人们物质生活中的器具或动物，例如酒杯、犁头、马匹等。其中，贵金属和珠宝的精灵，即苏噶吉尔，能保佑人们发财，而另一种吉斯吉尔，则可以保佑人们在战斗中取胜。[①] 同时，对自然神的崇拜也常与人们的经济生活密不可分，此信仰既属于自然范畴，又具有世俗的一面。《早斋经》中载有送亡魂的仙祖，分别是"山头鹰神祖，大山树神祖，深箐锦鸡祖，崖洞蛇仙祖，水中鳄仙祖，高山雉仙祖，岩中燕仙祖，荒地云雀祖，屋檐麻雀祖，房前雄鸡祖"[②]。它们表现了彝族人对其生产生活中动物的神化信仰。

自然神崇拜的经济理性提倡保护自然、尊重自然，对维持生态平衡，促进可持续发展具有一定积极作用。然而，和韦伯论著中宗教的经济理性相比，自然神崇拜中的经济理性却显得朴素而封闭，对资本主义的发展没有助益。其原因可从两个方面进行分析：首先，从人类文明的历史来看，自然神崇拜的信仰观念始于原始社会时期，其发生时间在市场经济之前，

---

① 阿牛史日、吉郎伍野：《凉山毕摩》，浙江人民出版社，2007，第 27 页。

② 师有福译注《阿哲毕摩经选译》，云南民族出版社，2006，第 77 页。

与商品交换行为分属不同的历史阶段；其次，在宗教的具体理性上，清教徒的宗教规训往往使其重视勤勉劳作，对自然神的崇拜则使人们满足于已有的生活环境，不愿采用新的技术和革新生产方式。对于市场经济而言，彝族的自然神崇拜虽然有世俗的一面，但并不以经济利益最大化为追求目标。

二　鬼魂崇拜的经济理性

根据爱德华·泰勒（Edward B. Tylor）的观点，在各种宗教观念中，灵魂是最重要和基本的——灵魂的观念连接了人类与自然，使人们将对自身身体的感知推演到其对自然物的崇拜上。[①] 和自然神崇拜一样，彝族的鬼魂崇拜也属于灵魂崇拜的范畴，但因其与现实的家庭生活、亲属制度及家支活动关联密切，故更接近人类文化的范畴。对彝族而言，鬼魂与其自身密不可分。蔡富莲通过分析彝文的"魂"字，认为彝族人将自己的影子、照片、画像视作魂的一部分。人的魂来自水中，在不同的生命阶段附于身体的不同部位，如要寻找失去的魂，应以水为媒介，将魂招回。[②]

相比较而言，自然神对人们的生产活动既有积极影响，又有消极影响，鬼魂则主要与灾难、疾病、非正常死亡等负面事件相关。因此，尽管两种信仰对象都是对现实事物神秘化的解释，但彝族对自然神往往是积极意义上的"敬畏"，而对鬼魂则是消极意义上的"害怕"。岭光电在其回忆录中有记，彝人信鬼，认为人死了灵魂便会变成鬼害人，"屋子里死的人越多，相应的鬼也越多"，而生育、病痛、搬迁等事件都可能受到鬼的负面影响。在其出生时，为免受鬼的侵害，家人用羊肩胛骨占卜，最后选定出生地点。[③] 同时，在彝族人的理解中，和人一样，鬼也是不断变化的。除了彝族的鬼之外，还出现了外族甚至外国的鬼。这些鬼使用汽车、火车、飞机等交通工具，在彝族地区散布病灾，反映了彝族人从鬼魂观念出发，理解灾难的传统思维方式。[④]

---

① 参见〔英〕爱德华·泰勒《原始文化》，连树声译，上海文艺出版社，1992，第404~405页。
② 蔡富莲：《论凉山彝族的魂鬼崇拜观念》，《西南民族学院学报》（哲学社会科学版）2000年第S3期。
③ 岭光电：《忆往昔——一个彝族土司的自述》，云南人民出版社，1988，第3页。
④ 岭光电：《忆往昔——一个彝族土司的自述》，云南人民出版社，1988，第125页。

此外，在毕摩经书中，"魂"也常常与"灵"或是前文的"自然神"互用，用以指代万事万物。如《脱孝经》载有"庶民这一家，财魂来持家，畜魂来安家，寿魂来护家，粮魂来持家，房魂来把家，荞魂来保家，稠魂来罗家，农具魂为家"①。而《招魂经》则将魂细化到了不同的亲属、职业、性别、房屋及农作物，如"白豆黑豆魂，芝麻葵花魂，大豆米豆魂，葫芦黄瓜魂，捶打用器魂，苦荞甜荞魂"② 等。可知在彝族的世界观中，诸事物均有魂魄，但这里的魂并不与消极意义上的鬼完全等同。

除了产生时间和工作规训的问题以及前述区别，自然神崇拜和鬼魂崇拜的经济理性却是相通的，这种相通性表现在以下两方面。第一，在两类崇拜中，彝族人经常试图借助毕摩的力量驱走相关的灾祸与病痛，并为此支付崇拜仪式上的开支或祭品，呈现以超自然物为导向的经济理性。《摇钱树经》中有记，摇钱树不仅是送给祖先，其受益者还包括家中的亲戚朋友。"种棵金银树，种给阴间魂，砍金树银树，全部送亡魂。风吹金银树，吹到阴间去，送给阴世祖，送给阴世妣，送给父去用，样样送亲朋。"③ 第二，自然神崇拜和鬼魂崇拜均为封闭地理环境的产物，二者表现了彝族人对生活环境的依赖和适应，且将其对财富的认识限制在自然与文化之间的模糊地带。因此，在毕摩经书的描述中，摇钱树上的财富不仅是工具、牲畜财宝，还包含了自然界中的万物，即"天地样样有，日月挂上边，云星上面移，工具样样有，财宝件件丰"④。

三 祖先崇拜的经济理性

祖先崇拜也是鬼魂崇拜的一种，但其发生时间较晚，经济理性也与前两类存在较大差异。历史上，祖先崇拜还表现为对自然界各种动植物图腾的崇拜，如将虎、水牛、狼、熊、山羊等动物作为家族名号和象征。随着彝族社会的发展与变迁，图腾崇拜的仪式逐渐式微，对祖先的祭祀进入彝族信仰系统的中心，既越来越专门化，也与各种仪式相互建构，成为其重

---

① 师有福译注《阿哲毕摩经选译》，云南民族出版社，2006，第93页。
② 师有福译注《阿哲毕摩经选译》，云南民族出版社，2006，第108页。
③ 师有福译注《阿哲毕摩经选译》，云南民族出版社，2006，第43页。
④ 师有福译注《阿哲毕摩经选译》，云南民族出版社，2006，第43页。

要组成部分。

当下，彝族祖先崇拜的主要对象是家族内去世的祖先，有时也包括其他家族的先民。[①] 综合而言，其经济理性体现在以下两个方面。

第一，就其现实功能而言，祖先崇拜是构建利益共同体和族群整合的重要方式。在彝族社会中，人们之间的亲属关系往往是靠祖先谱系建立起来的。在凉山彝族的奴隶社会时期，各家支之间经常因集体利益的冲突而发生纠纷和械斗。在家支面临生存危机时，祖先往往能增强人们内部对自身血缘关系的认同，从而增强共同体的凝聚力。[②] 近年来，随着基层社会治理和法治的深入推进与加强，彝族各家支打冤家事件减少。但在各种节日、人生仪礼的祭祀活动中，祖先作为族人共享的一种集体记忆，依然通过谱系、仪式和"德古"的威望，在维持家族内部团结和族群整合上扮演着重要角色。

第二，祖先崇拜保证了家族财富的延续，但又减少了财富积累的规模。祖先往往是个人利益的重要保障。彝族人出门在外，通过背诵家支谱系，可获得家支亲人的帮助，故有"走家支地方，不带干粮；依靠家门，三代人都平安"一说。同时，在传统彝族社会里，财产分配实施平分制，所有儿子，包括入赘的女婿均可分到一份财产，父母的灵牌由小儿子供奉，而父母住的房子亦分给小儿子。在无子的情况下，黑彝的财产由近亲兄弟接收，而曲诺、阿加的财产则转移到主子名下。因此，通过内部团结互助和财产分配机制，祖先崇拜为彝族人提供了以血缘关系为纽带的社会保障。不过，由于财产的不断平均分割，加上祖先崇拜中存在大量的宰牲仪式活动，祖先崇拜也促进了彝族的消费行为，且限制了彝族资本的积累。

第二节　彝族传统宗教与世俗经济的互动史

在过去，彝族受其环境、历史、周边民族的影响，其多元的信仰对象与世俗经济间保持着世居地的原生关系。随着时代的进步与发展，在彝族

---

① 蔡富莲：《凉山彝族的招魂仪式及灵魂崇拜》，《宗教学研究》2003 年第 1 期。
② 徐铭：《凉山彝族祖先崇拜及其社会功能》，《西南民族学院学报》（哲学社会科学版）1990 年第 2 期。

社会与国家、市场的互动中，彝族宗教与世俗经济的关系大致经历了三个时期的变迁，而前文所述的三类信仰对象也在各个时期表现出不同程度的影响力。

一 1949 年以前：共生的宗教与经济

彝族传统宗教形成于原始社会时期，并随着其社会变迁而不断变化。在新中国成立前，凉山彝族处于奴隶社会时期，各奴隶主的政权较为分散。在这一社会背景下，凉山彝族的宗教还处于与外界隔离的状态，表现形式也较为传统。据李景汉在民国时期的考察，在四川、云南、贵州等地，彝族生活的山地贫瘠，多以农业为主要生计方式，种植苞谷、土豆、苦荞，但其他技术落后。[①] 如过去的"咪西苏"彝族，其手工业不发达，需依靠汉族工匠织棉布、盖房子、打铁。[②] 这一时期，对自然神的崇拜与农事活动相伴相生，往往处于人们社会经济生活的中心。在围绕农作物生长的四时变化中，人们祭祀山川雷雨，以祈福来年风调雨顺、五谷丰登，形成宗教与经济密切共生的生计文化。

除去贩卖粮食的副业，彝族较少专门从事商贸活动，其内部也少有集市现象。据记载，彝族主要用牛羊皮、药材和木材与汉族交换盐、布、铁器等物。就宗教观念而言，这一情况与自然神和鬼魂崇拜中的种种禁忌有关。禁忌限定了人们出行的范围，使多数人选择不确定性较低的农业作为生计方式。因此，凉山的集市位于彝汉交接的边缘地带，包括越西、雷波、甘洛、喜德、普格、金阳等地的 33 个初级市场。[③] 市场中的坐商均为汉人，而彝族多参与汉族的集市，以进行钱粮贸易。除去集市，也有许多交换发生在彝区。汉族商贩会请本地人作保，前往彝族的村寨进行交换。在彝族与周边民族的互动中，其生计文化也与佛家、儒家、道家思想相结合，吸收了外来宗教的元素。

---

① 李景汉：《凉山罗罗的氏族组织——一个实地调查的介绍》，载李绍明、程贤敏编《西南民族研究论文选》，四川大学出版社，1991，第 231 页。

② 云南省编辑组、《中国少数民族社会历史调查资料丛刊》修订编辑委员会编《四川贵州彝族社会历史调查》，民族出版社，2009，第 32 页。

③ 《彝族简史》编写组、《彝族简史》修订本编写组编《彝族简史》，民族出版社，2009，第 213 页。

20 世纪初，川滇黔一带成了鸦片的主要产区。1910 年前后，清政府开始大力禁烟。但凉山彝区不在政府管控范围内，其产品也在此背景下获得广阔市场。① 随着鸦片利润的暴涨，即便不善于经商，且无吸食鸦片习惯的彝人，也开始种植罂粟。② 客观上，相关的商品交换行为使彝族和汉族之间的联系更为密切，但彝族自身的经济，尤其是与其传统宗教密切相关的农业与手工业并没有发展，对鸦片的消费也为彝族的毒品及艾滋病问题埋下了历史隐患。通过鸦片贸易，大量的白银从汉区流入彝区，也使彝族传统社会中的各等级发生了相应的变化，一些低等级的奴隶通过从事鸦片贸易，从主子那里赎身，甚至逐渐成为地主阶级。不过，这一阶段的彝族社会依然处于相对封闭的状态，其传统宗教及本地经济二者之间处于关系模糊的共生状态。

二　1949~1977 年：分离的宗教与经济

1950 年后，凉山地区废除了奴隶制度，经济走上农业合作化的道路。对于保留着原始公社制度的彝族地区，合作化意味着从奴隶制到社会主义制度的直接过渡。以云南楚雄地区为例，截至 1953 年冬，当地的农业互助组发展到 30311 个，而入户的农户占到总户数的 90% 以上。③ 20 世纪 70 年代，在人民公社建设中，彝区也开始整顿和建立人民公社。农业合作化时期，彝区各类分散的商业和手工业基本实现了公私合营。1956 年，峨山县的手工业便采取集体化的发展路径，组成采矿、冶炼、制铁、农具加工等生产合作社。巍山县的彝族兼营运输和手工业，这一时期，其马匹和物资都实施折价入社，以从经济上确立社会主义制度。④

社会主义改造后，各彝区也经历了整风、反右、"大跃进"、人民公

① 秦熠：《鸦片种植与凉山彝区社会变迁（1908—1949）》，《中南民族大学学报》（人文社会科学版）2014 年第 3 期。
② 云南省编辑组、《中国少数民族社会历史调查资料丛刊》修订编辑委员会编《四川贵州彝族社会历史调查》，民族出版社，2009，第 47 页。
③ 《彝族简史》编写组、《彝族简史》修订本编写组《彝族简史》，民族出版社，2009，第 212 页。
④ 《彝族简史》编写组、《彝族简史》修订本编写组《彝族简史》，民族出版社，2009，第 214 页。

社、社教运动和"文革"等历史事件。总体而言，这一时期，彝族地区的传统宗教是与俗世的经济发展相分离的，而三类宗教信仰的影响都被极大减弱。一方面，在生产关系变革的背景下，随着彝族人受教育水平的提高，各种文化机构和设施的建立，彝族人的精神生活逐渐丰富，传统宗教活动的现实基础开始发生变化。另一方面，以集体为单位的基层组织在彝族地区广泛确立，降低了家支在彝族社会中的影响力，也减少了与家支活动密不可分的各类宗教活动。在"以阶级斗争为纲"的历史时期，彝族的宗教活动一度停滞。不过，以传统宗教为核心的祭祀活动并没有完全消失，而是与集体化生计方式相互分离，转而进入了更为隐秘的私人空间。

三 1978 年至今：改革开放与宗教复兴

根据缪格勒的观点，在强大的国家力量之下，传统宗教依然依附在彝族的本土社会中，一旦国家的干预弱化，传统宗教便会重回人们的日常生活中。[1] 改革开放后，随着家庭联产承包制的实行，各彝区农民的活动空间变得相对自由。另外，随着政府基层组织管理的弱化，传统的彝族家支制度开始发挥互助作用，彝族传统文化得以强化。[2] 在此背景下，传统的彝族宗教信仰也随之复兴。根据 1983 年的调查资料，当时毕摩、苏尼的人数开始增加，做毕摩的彝族人出现了年轻化的趋势。[3] 与同时期的其他地区相比较，可知宗教复兴广泛存在于中国各地。除了各民族的传统宗教及俗信，同时兴起的还有新兴宗教与跨国性宗教，以及蕴含着宗教思想的一些养生活动。[4]

对于地理环境偏僻的凉山彝区而言，改革开放和市场经济成为一把双刃剑。以家庭为单位的生计活动拓宽了世俗经济活动的范围，也推动更多彝族人从事商业贸易。[5] 同时，在自然条件不利、基础设施落后、科学技

---

① Erik Mueggler, *The Age of Wild Ghosts*, Berkeley and Los Angeles: University of California Press, 2001, pp. 282 - 283.
② 蔡富莲：《当代凉山彝族家支聚会及其作用》，《民族研究》2008 年第 1 期。
③ 四川省编写组、《中国少数民族社会历史调查资料丛刊》修订编辑委员会编《四川省凉山彝族社会历史调查》，民族出版社，2009，第 87 页。
④ 梁永佳：《中国农村宗教复兴与"宗教"的中国命运》，《社会》2015 年第 1 期。
⑤ 刘绍华：《我的凉山兄弟》，中央编译出版社，2016，第 72 页。

术缺乏的影响下，人们面临严重的生计问题，一些彝区开始借助 1949 年前的毒品经济进行"自救"。毒品及艾滋病使彝族的人口死亡率增高，降低了其劳动生产能力。[1] 许多吸毒者在走出戒毒所后依然复吸，为地方社会及彝族流动人口集聚的城市带来了极大的社会安全隐患。

在庄孔韶等人看来，小凉山彝族禁毒的成功恰好来自向先祖献祭的"虎日"仪式。仪式开始后，头人通过回顾祖先的美德及传统秩序，声明当下毒品给家支带来的种种危害，毕摩则向祖先祈求保佑，帮助戒毒者渡过难关。戒毒者的誓言也往往以祖先为对象，即通过向祖先宣誓戒毒，重新将自身的位置放回强调集体道义感的家支之中，并以此摆脱毒品的控制，恪守传统的社会秩序。[2] 借助"虎日"仪式，吸毒者加深了对毒品危害性的认识，也将自身的命运与家庭、家支和家族的命运紧密相连，从而克服生理上对毒品的依赖感。

由此可见，在经历社会危机时，去世的祖先作为共同体的象征，往往有责任维护家族的长远利益。因此，就类似的仪式而言，祖先其实是集体理性的守护者。在流动性加强、不确定因素增多的现代化背景下，彝族祖先的重要性并未衰微，而是在改革开放和市场经济大潮下得以"复兴"。

"复兴"是建立在彝族宗教传统之上的。对于长期生活在祖居地的彝族而言，自然神和鬼魂崇拜依附于本土性知识上，并没有完全消失。加之基层公共医疗卫生服务的供给与普惠不足，一些贫困家庭的成员仍然寄希望于传统宗教仪式来缓解病痛折磨。而在发展项目中，与之相关的信仰观念也常使民间作出有别于政府期望的反应。早在新中国成立以前，岭光电倡导的植树计划便遭到彝民的反对，理由是"种了桐树，到桐树开花结果时，桐鬼要来找人死"[3]。而在近年来的艾滋病宣传上，由于彝族倾向于将生育相关的事情神秘化，女人们往往不愿意向外人透露其生产时间，负责艾滋病宣传的头人也常因这种神秘主义的逻辑而受到谴责。[4] 另外，血缘关系构建的社会网络便利了项目的发展与实施，也以各种神秘主义的说辞

---

[1]　何景熙、王娟：《非常规因素影响下彝族人口死亡模式变动探析——兼论毒品对彝族人口的影响》，《西南民族大学学报》（人文社科版）2005 年第 9 期。

[2]　庄孔韶、杨洪林、富晓星：《小凉山彝族"虎日"民间戒毒行动和人类学的应用实践》，《广西民族学院学报》（哲学社会科学版）2005 年第 2 期。

[3]　岭光电：《忆往昔——一个彝族土司的自述》，云南人民出版社，1988，第 126 页。

[4]　一种说法是为了保护妇女身上的生育魂"格非"，以免使其受惊出走。

将外来资源以本地的形式进行分流。在花椒种植计划中，尽管地方政府认为花椒的种植可以帮助患艾滋病的人们改善贫困，但在人们对这一初衷的解构之下，相关的资源依然按照地方的权力网络流通，用以种植花椒的土地并没有实现前期政府期望中的统一种植。[①]

缪尔达尔（Gunnar Myrdal）认为，在公开讨论中，人们常假定政府政策代表着理性，而历史、传统、本地的观念和制度（习俗）则代表着非理性，非理性仅在能达到特定目标时才得以保留。[②] 在这种理性－非理性的对立之下，人们普遍认为，彝族宗教中存在一些与世俗经济相背离的神秘主义观念和惯习。这些神秘主义观念和惯习，一方面使彝族缺乏资本主义精神，经济发展缓慢；另一方面也使其保留了敬畏自然、与自然和谐相处的关系。

在这种二元对立之下，彝族宗教本身的多元性，宗教所适用的场景、范围，以及其中与世俗经济相适应的部分依然存在。在彝族的现代化进程中，我们需对这些部分重新加以认识，发现经济理性与传统宗教间对立统一的辩证关系，在实施政策时合理运用本土传统的必要性。假设坚持将宗教与发展分而论之，则可能在实施上遭遇困境，或是取得适得其反的效果。

第三节　凉山彝族宗教消费的文化特性与运行逻辑

在凉山彝族贫困代际传递研究的田野调查中，我们发现，宗教仪式在凉山彝族家庭中频繁出现。逢年过节、生病受灾、外出务工、求学等都要请毕摩举行宗教仪式，随即产生牺牲、烟酒、卡巴等宗教消费现象。这些现象在深度贫困的凉山彝族家庭中普遍存在。如何理解凉山彝族宗教信仰体系？宗教仪式消费有哪些内容？宗教消费有哪些特性？其内在逻辑是什么？

分类，即将事实划分成种和属，并确定彼此关系的过程。分类为事实提供了普遍而强制的社会框架，使人与事物在各自轨道上运行，分类规定了秩序。涂尔干首次构想出分类这一分析性观念，使之成为社会学的追求和任务。[③] 与

---

① 刘绍华：《我的凉山兄弟》，中央编译出版社，2016，第 206 页。

② 〔瑞典〕冈纳·缪尔达尔著，〔美〕塞思·金缩写《亚洲的戏剧：南亚国家贫困问题研究》，方福前译，商务印书馆，2015，第 37 页。

③ 〔法〕爱弥尔·涂尔干、〔法〕马塞尔·莫斯：《原始分类》，汲喆译，上海人民出版社，2000。

涂尔干不同，列维－斯特劳斯提出人皆有分类天性。分类就是创造秩序，就是按照二元对立规则来寻求事物之间的区别性特征。尽管列维－斯特劳斯吸收了"结构"的思想，但其关注点并不是经验的社会结构，而是人类的思维结构。① 社会分类的来源是布迪厄研究的根本问题，他提出场域、惯习的概念，认为惯习建构了分类。② 道格拉斯的"污秽理论"是分类研究的典范。凡是存在"脏"的地方，就存在一个分类体系，而"脏"就意味对分类物体或观念的混淆或抵触。③ 脱离原位或非同类事物的混合即会产生肮脏。

　　肮脏即为失序，在生活中表现为灾害、违法、疾病等苦难。宗教的符号、象征性使苦难获得了一种意义，将信仰者纳入信仰、回报系统，个人的内心痛苦从而转化为集体的倾诉情感。④ 而宗教以秩序的神圣化，为分布不均的苦难提供解释。因此，格尔兹强调宗教的核心任务就是如何忍受苦难。⑤ 仪式就是对这一诉求最好的回应，成为失序回归、秩序重构的良方。涂尔干区分了消极崇拜仪式和积极崇拜仪式，前者等于禁忌，是对类属的明确和责任的划分，将世界隔离成神圣与世俗二元。后者则为了维持神圣的权威，通过定期举行的仪式，唤醒认同的集体意识，实现秩序的持续存在。仪式是社会群体用以使自己定期得到重新巩固的手段。⑥ 马林诺夫斯基和布朗都强调仪式的社会功能，不同的是前者更注重仪式对个人失序产生心理焦虑的缓解，后者则强调仪式对社会秩序的维持和重建作用。特纳通过对仪式过程和结构的探讨，建构出仪式的认知层面和解释层面，并最终得出仪式象征的多义性是其解决社会冲突能力的关键。⑦ 可马洛夫（Jean Comaroff）研究的德希地人，把仪式作为反抗殖民统治的武器，凸显了仪式与传统文化相结合形成新的反抗力量，从而实现重塑社

① 庄孔韶主编《人类学概论》，中国人民大学出版社，2006，第55页。
② 〔法〕皮埃尔·布迪厄、〔美〕华康德：《实践与反思——反思社会学导引》，李猛、李康译，中央编译出版社，2004，第131～186页。
③ 〔英〕玛丽·道格拉斯：《洁净与危险》，黄剑波、卢忱、柳博赟译，民族出版社，2008，第45页。
④ Ellen Badone, "Ethnography, Fiction and the Meanings of the Past in Brittany," *American Ethnologist*, Vol. 18, No. 3, 1991, p. 5.
⑤ 〔美〕克利福德·格尔兹：《文化的解释》，纳日碧力戈等译，上海人民出版社，1999，第119页。
⑥ 〔法〕爱弥尔·涂尔干：《宗教生活的基本形式》，渠东、汲喆译，上海人民出版社，1999。
⑦ 〔英〕维克多·特纳：《象征之林》，赵玉燕、欧阳敏、徐洪峰译，商务印书馆，2017。

会的目的。① 汉特曼在对赞比亚本巴人齐松古仪式的研究中，将仪式的功能逻辑归纳为分类与转化。② 宗教仪式变成了人调节失序的一种方式。通过仪式的举行，实现"上帝的归上帝，恺撒的归恺撒"和谐有序的状态。而这种目的的实现得益于仪式中人与物的不断分化组合，严格遵守禁忌的祭司，健硕、完美的牺牲，种类、颜色符合标准的宗教展品，以及参与者所贡献的时间、精力等，共同构建了神圣的场域，实现人与神在时间和空间的重合，通过交换、沟通实现秩序的恢复。这些财物、时间、精力的消耗即产生了宗教消费，成为寻求失序回归付出的代价，即宗教消费是一种偿付行为，以世俗的物品消耗实现世界的和谐共生。宗教消费是宗教仪式的实践，在狭义范围下，两者可以互换、等同。

伴随仪式而产生的宗教消费普遍存在。特罗布里恩德岛人通过仪式实现薯芋的再分配，其特有的库拉圈交易，伴随着巫术和仪式的举行。③ 新西兰礼物中的"昊"，是礼物流动、消耗的内在动力。④ 维娜研究萨嘉仪式发现，仪式本身构成了草裙、香蕉叶等物品的再分配环节。⑤ 夸求图印第安人在夸富宴仪式中，毁坏大量财富是必要的环节。⑥ 仪式中资源的消耗给参与者带来财富变化的最直观感受。这种因宗教诉求而产生的财务、劳务的消耗即属于宗教消费的范畴。与此同时，由仪式产生的宗教消费，也广泛存在于我国各民族之中，比较典型的有傣族的"摆"仪式、彝族的"尼木措毕"⑦ 仪式、佤族的"剽牛"仪式，均因较高的宗教消费而广为流传。然而，傣族、彝族、佤族等少数民族大多处于我国边疆地区，也是贫困发生率高的区域，厘清少数民族宗教消费的文化特性，有利于深化当前民族地区的精准扶贫和乡村振兴。

---

① Jean Comaroff, *Body of Power*, *Spirit of Resistance*: *The Culture and History of a South African People*, Chicago: University of Chicago Press, 1985, pp. 42 – 78.

② Don Handelman, *Models and Mirrors*: *Towards an Anthropology of Public Events*, Oxford: Berghahn Books, 1985, p. 13.

③ 〔英〕布罗尼斯拉夫·马林诺夫斯基：《西太平洋上的航海者》，弓秀英译，商务印书馆，2016，第 93~108 页。

④ 〔法〕马塞尔·莫斯：《礼物》，汲喆译，商务印书馆，2016，第 15~30 页。

⑤ Annette B. Weiner, *Women of Value*, *Men of Renown*: *New Perspectives on Trobriand Exchange*, Austin: University of Texas Press, 1983.

⑥ Franz Boas, *Kuakiutl Ethnography*, Chicago: University of Chicago Press, 1967, pp. 240 – 318.

⑦ "尼木措毕"为彝语，即为送祖归灵举行的仪式。

本节以凉山彝族自治州喜德县 E 村为田野点，在实地调查的基础上，以凉山彝族历史文化、经济社会和宗教体系为背景，分析各类仪式中宗教消费的具体金额、比例，探析凉山彝族宗教消费的文化特性。

一　凉山彝族自治州喜德县 E 村宗教消费现状分析

（一）凉山彝族宗教仪式体系

凉山彝族宗教属于原始宗教范畴，出于对祖先的缅怀和敬畏，加之万物有灵传统观念的影响，形成了当下以祖先崇拜为中心，自然崇拜、图腾崇拜并存的多元信仰格局。毕摩是凉山彝族宗教仪式的执行者和传承者，为彝族民众提供与神鬼沟通的渠道。作为神职人员，毕摩将人、神、鬼联系起来，构成彝族宗教的信仰网络，并成为宗教仪式的关键节点。

根据目的和内容，可将凉山彝族宗教仪式划分为岁时仪式、人生仪式、神祇祭祀仪式、禳解崇祸仪式和咒盟审判仪式。岁时仪式以一年中的时间变化为轴线，不同时节对应不同的节日和仪式，周而复始运转。凉山彝族的岁时节日主要有火把节、彝族年和春节。人生仪式伴随着一个人从生到死的全过程，诞生礼、成人礼、婚礼、葬礼所涉及的不同人生阶段表现了社会角色、地位和责任的改变。神祇祭祀仪式以自然神和祖神祭拜为对象，有祭山神、祭龙神、祭井神、祭门神、祭火塘神、祭家神等仪式，一般以村庄为单位举行。目前，存留下来的主要有祭山神、祭祖神、祭家神和祭火塘神这四种仪式。禳解崇祸仪式是应对疾病和灾祸仪式的统称，是鬼魂崇拜的体现。主要有净宅仪式、招生育魂仪式、祈求丰收仪式、治疗仪式、祈求平安仪式等。咒盟审判仪式是凉山彝族家支间冤家械斗、诅咒和判断是非仪式，包括诅咒仪式、晓补仪式、结盟仪式和审判仪式。

（二）田野点宗教消费概况

本研究以凉山州喜德县为田野调查点，调研点的选取主要基于以下考量：从人口分布和民族成分方面来看，喜德县是凉山州彝族人口相对集中的聚居区之一，全县彝族人口占98%以上，境内高山林立，受现代化影响较小。从经济发展状况来看，喜德县虽然与冕宁县和西昌市毗邻，但经济发展远低于两者，属于深度贫困县。统计数据显示，截至 2017 年底，在凉山州地区生产总值排名中，西昌市排名第一，冕宁县排名第四，喜德县排名最后一位，[①] 喜德县的贫困和落后是凉山州发展瓶颈的缩影。E 村位于喜德县境内，是一个传统的彝族社区，大多数农户居住在海拔 2500～3400 米的高山上。全村面积 16.4 平方公里，辖 5 个村民小组。截至 2018 年 6 月，全村户籍人口 302 户、1078 人，其中精准识别建档立卡贫困户 123 户、491 人，低保户 85 户、339 人，五保户 6 户、6 人，残疾人 16 人。由于自然环境恶劣，经济发展条件较差，2017 年底全村人均纯收入 3300 元，粮食作物以马铃薯、荞麦和玉米为主。养殖业以猪、羊、牛为主，全村共养殖羊 1379 只、猪 284 头、马 63 匹、牛 131 头，家禽存栏 330 只，有 1 个养羊合作社。[②]

本书界定的宗教消费是指因宗教诉求而产生的财务、劳务的消耗。宗教诉求、宗教展品和神职人员是判断宗教消费的必要因素。宗教诉求是指信仰者企图借用神秘力量来解决世俗困难的愿望，如祷告、许愿等。宗教展品是宗教仪式中布置场景的物品，也是宗教诉求的外化，包括摆放的雕像、面具、贴纸、谷物等。神职人员则指专门从事宗教服务的人员，在彝族主要是指毕摩。通过实地调查与问卷数据整理，得到 E 村 2017 年 110 户样本家庭年宗教活动次数和平均每次的消费金额（见表 7 - 1）。

表 7 - 1　喜德县 E 村 2017 年宗教活动次数和平均消费金额（$n = 110$）

仪式类别	仪式名称	频次（次）	金额（元）	仪式诉求
岁时仪式	嘿呷库史（春节）	86	116	辞旧迎新
	都则（火把节）	110	323	避免灾祸
	库斯（彝族年）	110	1665	辞旧迎新
人生仪式	系莫系（婚礼）	23	2230	幸福美满
	搓丝（葬礼）	22	3859	回归祖灵
	沙拉勒（成年礼）	15	760	避免灾祸
	阿依德波堵（诞生礼）	24	920	健康成长

① 《四川统计年鉴 2018》，http：//tjj. sc. gov. cn/tjcbw/tjnj/2018/zk/indexch. htm。
② 数据来源于 E 村 2018 年上半年工作总结报告。

仪式类别	仪式名称	频次（次）	金额（元）	仪式诉求
神祇祭祀 仪式	祭山神	3	236	风调雨顺
	祭祖神	11	170	家支强大
	堂神（祭家神）	14	148	家人平安
	吉罗（祭火塘神）	24	123	平安顺利
禳解崇祸 仪式	卓尼书（净宅）	28	296	驱除鬼邪
	格非（招生育魂）	6	721	治不孕不育
	驱病鬼（治疗疾病）	16	418	治慢性病
	芝固（祈求丰收）	35	591	祈求丰收
	握古比（祈求平安）	82	532	祈求平安
	驱"洁"邪"耐"耶（预防意外）	33	604	预防意外
咒盟审判 仪式	约定盟誓（约定盟誓）	2	2000	约定盟誓
	撮日（咒人）	0	0	诅咒他人
	晓补（反咒）	90	401	反击咒语

资料来源：课题组问卷调查数据分析结果。

　　由表 7-1 可见，在深度访谈的 110 户样本家庭中，家家户户都会过火把节和彝族年。春节也进入了彝族的节日体系，但还未全面普及，110 户受访家庭中有 86 户家庭过春节。消费金额中，以岁时仪式来看，以彝族年的平均消费金额最高，火把节次之，春节的平均消费金额较低。从消费次数与金额的高低可以看出，E 村彝族家庭对彝族年、火把节和春节的重视依次递减。人生仪式的平均消费高于其他仪式，其中葬礼消费排在首位，这与彝族注重祖先崇拜有一致性。相对于其他类型的仪式，举行神祇祭祀仪式的家庭并不多。宗教消费的次数呈现祭火塘神＞祭家神＞祭祖神＞祭山神的现象，体现出彝族崇拜从自然神灵转向世俗祖先的倾向。禳解崇祸仪式的分布范围最广，彝族认为这些仪式具有驱灾辟邪、治疗疾病的作用。其中对祈求平安的诉求最大，宗教仪式举行的次数较多。没有家庭举行咒盟审判仪式中的撮日仪式，约定盟誓举行的次数也比较低，110 户受访家庭中仅有 2 户家庭举行。晓补仪式举行的次数比较高，受访家庭中有 90 户家庭举行了这种仪式。进一步的问卷调查分析发现，E 村平均每户年宗教消费金额约为 3500 元，占受访家庭年均消费支出的 12%，在家庭消费支出中居第四位。在宗教消费中，酒席消费支出排在第一位，宗教牺牲消费支出和毕摩卡巴消费支出分别排在第二位、第三位，宗教展品消费支出占比最小。

从 E 村宗教消费分布状况可见，凉山彝族宗教仪式随着时代的发展，各部分的重要性也有所变化。现代化知识、技术、法律的进入，使彝族减少了对自然的依赖。相应的，神祇祭祀仪式和咒盟审判仪式的重要性下降。凉山彝区奴隶制和等级制的废除，使宗教仪式冲破贵族局限，进入寻常百姓家并向世俗化发展。家庭联产承包制凸显了个人和家庭的重要性，促使宗教信仰范围由公共性向私人性转变，宗教信仰单位由家族向家庭转变。涉及家庭成员安危的禳解崇祸仪式、人生仪式，以及与风俗融合的岁时仪式的重要性上升，成为目前凉山彝族宗教仪式体系的核心部分。

二 凉山彝族宗教消费中的分类

人、神、鬼是凉山彝族宗教消费中的三个类型主体，仪式中三者的凸显，源于各自所具有的"力"，这种力可以表述为力量或权力，即 Power 而非 Right。从马克思之后，权力研究往往在政治学的框架之下。以卢克斯"三维权力"理论为代表的利益 - 冲突模式和以帕森斯为代表的权威 - 媒介模式，[①] 均忽略了权力在政治、统治中的实践性。福柯对传统权力理论进行了解构，提出微观权力理论。定位于权力运作机制研究，提出权力关系性、生产性、规训性特征。[②] 布迪厄将资本等同于权力，提出经济资本、文化资本、社会资本、象征资本的概念。[③] 福柯和布迪厄对权力内涵和外延的扩展，打破了权力研究的政治框架，为我们从权力角度，分析凉山彝族人、神、鬼三元主体"力"的发挥提供可能。在扩大化的权力概念下，人力、神力、魔力，可指人、神、鬼三者之间支配与被支配、控制与被控

---

① 〔美〕史蒂文·卢克斯：《权力：一种激进的观点》，彭斌译，江苏人民出版社，2008，第13 页；〔美〕塔尔科特·帕森斯：《社会行动的结构》，张明德、夏遇南、彭刚译，译林出版社，2012，第 821 页。

② 〔法〕米歇尔·福柯：《规训与惩罚——监狱的诞生》，刘北成、杨远婴译，三联书店，2012。

③ 〔美〕戴维·斯沃茨：《文化与权力——布尔迪厄的社会学》，陶东风译，上海译文出版社，2012。

制的关系。人—神、人—鬼、鬼—神三重二元概念是凉山彝族人民宗教实践的产物。

（一）三重分类

1. 神—神力

凉山彝族宗教信仰实践深受万物有灵的影响，神灵来自对灵魂的想象。在彝族人的信仰世界里，灵魂可以脱离肉体的束缚独自存在。肉体的死亡不会带来灵魂的终结，灵魂会成为具有强大威力的神灵。这些强大的神灵控制、支配着人的今生来世、生老病死。神灵可以在大地上任意游荡，转世投生为动物、植物或人，或者进入西天、地狱这样特殊的空间。人的行为无时无刻不在神灵的监督和掌控之下，人的行为也会引起神灵的高兴或不悦。神祇祭祀消费中的山神、祖神、家神和火塘神，均属于诸神中的一员。

2. 鬼—魔力

在灵魂阶段，并无鬼、神之分。在灵魂归入祖灵的过程中，出现了鬼与神的分流。祖灵是彝族灵魂的安息之地，不能回归祖灵的灵魂就会变成漂泊无依的鬼。那些非正常死亡、生前作恶人的灵魂往往不被祖灵所接受，会变成鬼作恶人间。因此，彝族人害怕非正常死亡，如自杀、他杀、夭折等，意味着对生命规律秩序的违反。鬼已经脱离人的肉体，却未能进入诸神的行列，成为一种失序的产物。非人非神的两义性使它进入禁忌范畴，即道格拉斯主张的两义性等同于禁忌概念。与神力相对，鬼所具有的支配力量，主要在破坏性上，即魔力。鬼能使人遭受生病、死亡、地震等挫折和苦难，阻碍人的正常生产和生活。

3. 人—人力

人既属于生物实体，又属于社会实体。欲望是人的生物本能反应，对人具有强大的控制力，弗洛伊德将其称为无意识，受到意识和潜意识的监察。[①] 意识和无意识，形成人性善、恶的一体两面。人既能无私奉献造福社会，也能无恶不赦危害他人。这种影响与改变他人行为轨迹的能力，就是人力的具体体现。在凉山彝族宗教消费中，人力的发挥主要体现在两个

---

① 〔奥〕弗洛伊德：《精神分析引论》，高觉敷译，商务印书馆，1986，第214~225页。

方面：一是人通过诅咒偷盗、抢劫等仪式危害他人生命或财产。咒盟审判仪式就是对这类人为事件的解决。晓补仪式则是避免他人诅咒所带来的伤害。二是表现为沟通人、神、鬼的能力。在彝族具有这种能力者有毕摩和苏尼。毕摩是祭司主持者，也是彝族文化传播者，每个毕摩法师都经过严格的训练和长时间的学习，熟练掌握仪式旨意、程序和经书，从而具有召唤、沟通神灵、驱除恶鬼的能力，受到人们的尊重。"君至毕不起身迎，起身反伤君主面"[1]，足见毕摩崇高的社会地位。苏尼与毕摩类似，但法力远低于毕摩，只能与鬼沟通，而没有召唤神灵的能力。

在凉山彝族宗教消费中，神庇佑人，人崇拜神；鬼作祟人，人驱除鬼；鬼渴望转变成神，神制服鬼。形成人、神、鬼的三重性和人—神、人—鬼、鬼—神的二元结构关系。

在人力、神力、魔力三界中，最根本、最活跃的是人，神和鬼的存在建立在凉山彝族的集体想象之中，人是他们力量的发挥场，没有人，神、鬼一切都不复存在。仪式实践将彝族对神和鬼的玄想落到实处，在参与者心中建立有力的、具有渗透性的、持久的情绪和动机。宗教消费的外在物质性，给这些观念笼罩上真实的色彩，使这样的情绪和动机看上去极其真实。这种从意识到实践的转变，本身就是人力的一种体现。凉山彝族宗教消费始于人、靠人来实践，最终指向又归于人。同时，人也是三界中负重最多的主体。人既要承受神力约束，又要遭受魔力阻碍。人在任何行为中，都要考虑人、神、鬼三者的关系，并凭借人力来召唤神力、驱除魔力。正如福柯所论述的"权力没有中心，亦没有边界，每个人都是中心而又不是中心"[2]，人力、神力、魔力，无时无刻不在凉山彝族人的生活中发挥作用。

（二）两种维度

凉山彝族宗教消费中，除了人、神、鬼的三重分类外，普遍存在时间与空间两种维度划分。时间、空间是一种无形却真实的存在，怀特海把时间称为带有事件标志的绵延的相继。利奇则将自然现象的重复和生命的不

---

① 阿牛史日、吉郎伍野：《凉山毕摩》，浙江人民出版社，2007，第63页。
② 〔法〕米歇尔·福柯：《福柯集》，杜小真编选，上海远东出版社，1998，第210页。

可逆视为时间的基本经验。在宗教中，时间在摆动的两极——生与死、日与夜实现了统一，使我们相信对立两极的同质性，从而否认死亡的真实性。[①] 伊利亚德则将神圣化的空间视为"中心"象征体系。[②] 利奇认为，时间、空间是人为的切割自然连续体的工具，属于社会的某种无时刻间隙。[③] "社会在时间和空间上都无限超越个人，是社会的产物，表现了涂尔干社会决定论的时间观念。"[④]

1. 时间维度

凉山彝族宗教消费的时间维度，表现在消费行为的周期性和消费过程的程式化两个方面。凉山彝族的火把节在每年农历六月二十四日前后举行，一般为期三天，分为祭火、庆火和送火三个环节。每年农历十月下旬过彝族年，其间要进行迎祖灵、祭祖灵、送祖灵的活动。彝族女孩 15~17 岁、男孩在 13 岁后要举行成年礼，葬礼则是生命结束的节点。时间维度对人的行为做出安排，同时也规定了神、鬼的节点，将人—神、人—鬼、神—鬼之间的沟通、驱除、制服统一于宗教消费的节点之中。凉山彝族宗教消费中的时间，表现为自然时间和社会时间。依四季轮回而产生的春种秋收，以及出生、成年、死亡等生命规律，形成具有不可抗拒性的自然时间，分段时间节点的安排使世界在一个有序的安排中运行。社会时间则是因加入人的意愿而产生的时间。社会时间具有较大的灵活性，随着社会的变化而变化。

2. 空间维度

凉山彝族宗教消费中，人力、神力、魔力的出现，将改变周围的空间，使世俗空间转变为神圣领域。与基督教、佛教等以教堂、寺院为圣地不同，凉山彝族宗教以家屋为神圣的承载场。在宗教消费中，形成以火塘为中心的神圣场域。宗教牺牲、宗教展品、神职人员等事物共同建构了神圣性。毕摩将象征恶鬼的草人、牺牲等扔到屋外，寓意将恶鬼驱除到神圣之外，此时门就成了神圣与世俗的分界。在葬礼中，逝者的灵魂，需要按照彝族先民迁移的路线，回到祖灵所在的大山或森林之中。祖灵则成为与世俗相对的神圣空

---

① 史宗主编《20 世纪西方宗教人类学文选》，金泽、宋立道、徐大建等译，三联书店，1995，第 486~489 页。

② 〔美〕米尔恰·伊利亚德：《神圣的存在：比较宗教的范型》，晏可佳、姚蓓琴译，广西师范大学出版社，2008，第 357 页。

③ 〔英〕埃德蒙·利奇：《文化与交流》，卢德平译，华夏出版社，1991，第 98 页。

④ 〔法〕迪尔凯姆：《社会学方法的准则》，狄玉明译，商务印书馆，2017，第 98 页。

间。家屋、祖灵已经超越了位置、方位的本质，成为确保神圣性持续存在的
场域。女孩成年礼中，在受礼者家屋→大树或草棚→家屋的过程中，在经历
分离、过渡、融合的同时，也伴随着空间的转移。在这些空间中人力、神
力、魔力得以反复展演，使进入的一切事物都能分享神显的力量。

凉山彝族宗教消费的时间维度和空间维度，揭示了宗教消费在物质消
费背后，隐藏着对凉山彝族历史、文化传统的消费。消费以仪式唤起集体
记忆，强化凉山彝族传统文化资本的价值。将过去的历史记忆，在现在的
时间维度中重现，使其服务于当下。在过去、现在和将来的纵向序列中，
宗教消费实现自身的前后相继和积累、完善。时间和空间为凉山彝族宗教
消费提供了序列和方位的安排。为何时进行消费、以何种形式消费、消费
何种东西等现实问题提供历史与文化意义的指导，并以宗教消费的方式，
在适应环境变革中调整外在的形式，从而巩固内在核心。

三 凉山彝族宗教消费的三重特性

凉山彝族宗教消费中人—人力、神—神力、鬼—魔力的三重分类，形
塑了人、神、鬼三界的秩序。人—神、人—鬼、神—鬼的二元划分，再现
和调整了三界间的秩序关系。宗教消费将凉山彝族信仰的三重二元分类，
统一于时间和空间维度。这种秩序分类和维度划分，共同决定了宗教消费
的具体指向，即人、神、鬼，对三界的失序进行全方位调整，使宗教消费
具有人—神、人—鬼、人—人的三重特性。

（一）人—神消费

在凉山彝族信仰系统里，神界是平等、自由、富裕的美好象征，神力
具有创造和平世界的能力。人们崇拜、敬重神，通过宗教消费来愉悦神，
希望神能增强保护其子民的灵力和意愿。

宗教消费中岁时仪式消费、人生仪式消费、神祇祭祀仪式消费都属于
以神为对象产生的消费。岁时仪式中，火把节源于大力士阿体拉叭用火烧
死害虫、保护庄稼的神话传说。[①] E 村火把节中的祭火、庆火和送火环节，

---

① 朱文旭：《彝族原始宗教与文化》，中央民族大学出版社，2002。

成为神佑人间场景的一次次展演；按照彝族的十月太阳历法，十月下旬是一年的新旧交替之际，同时也是祖先回归家庭与子孙团聚的时候。E 村的彝族新年基本沿袭了彝族的传统，为期三天。第一天杀年猪迎祖灵；第二天摆放坨坨肉祭祖灵；第三天守夜送祖灵。彝族人所过的春节，以祭拜神灵为主。农历正月初一，祭拜祖灵、门神、灶神、土地神等神灵。人生仪式中，在家中分娩是 E 村传统的生育方式，由于气候环境恶劣，医疗常识缺乏，新生儿夭折的现象比较普遍。为了让新生儿能度过危险期，遂在婴儿出生时举行诞生仪式，请求神灵庇佑婴儿平安地活下来。在彝族，羊粪具有增强女性生育能力的神力，所以女孩的成年礼一般在羊粪旁完成。祭拜祖灵求得同意和保佑，贯穿婚礼仪式的始终。死亡并非意味着消减，逝者的灵魂会回归祖灵保佑子孙后代，或者转世成人重新成为家庭一员。神祇祭祀仪式中，山神、祖神、家神和火塘神的信仰序列，从自然到社会、从山林到家庭，是彝族人在自然中寻求生存的集体智慧表达。人—神消费的积极性和重要性，使之成为凉山彝族祭祀制度的重要基础。

（二）人—鬼消费

在凉山彝族，鬼是疾病和灾祸的根源。每一种病都对应一种鬼，如头疼鬼、腿疼鬼、胃痛鬼、天花鬼、眼疾鬼、麻风鬼、咳嗽鬼等都是导致生病的原因。还有一些鬼会给人带来灾祸，如"布兹"鬼[1]，所到之处必会发生吵架、车祸、失火等事件。禳解祟祸仪式、咒盟审判仪式均属于以鬼为对象产生的消费。禁止、回避、驱除、制服是人—鬼消费的感情基调，与人—神消费形成善与恶的对立。禳解祟祸消费意在恢复被打破的平衡状态，引导一个被边缘化的成员返回群体，迫使病人接受象征性身体控制，以换取重新被接纳。当家中乔迁新居、增添人丁、大病初愈、举行过葬礼或有不吉利的动物、植物进入家中时，都需要举行净宅仪式，将进入家中的鬼怪驱赶出去；夫妻间出现不孕不育、夭折、流产、不生儿子或孩子残疾等要举行"格非"仪式；当出现身体瘦弱、腰酸背痛，且久病不愈时要举行驱病鬼仪式；家中办事不顺，如外出被骗、意外受伤、升职或升学失败等时，举行驱"洁"邪"耐"耶仪式来化解灾祸；咒语代表着邪魔具有

---

[1]　一种死于非命的鬼。

巨大的魔力，会引起病痛甚至死亡。偷盗、杀人、放火者身上也隐藏着恶鬼。咒盟审判仪式则要找出并驱除恶鬼。

人—神消费、人—鬼消费，处理的是人与神、人与鬼之间的混乱和失序。人以财物的消耗来换取神灵的庇佑和鬼怪的远离，宗教消费成为人神交换的媒介和符号，将人的这种和谐愿景物化为生活仪式。宗教消费中的财物不只具有经济价值，更承载着彝族人的意识倾向，其背后与神秘交换的力量，远远超出了财物价值本身，成为彝族人关注的重点。神灵角色的加入，淡化了彝族人对个人利益的狂热，形成自然神崇拜、鬼魂崇拜和祖先崇拜共存的经济理性，① 和人神共存的消费观。② 建立在分类认知基础上，对维护秩序的执着驱动着凉山彝族人，在深度贫困的环境下依然进行规模宏大的宗教消费行为。

（三）人—人消费

人—神消费、人—鬼消费是符号、象征在意识层面的传达，实践操作的主体依然是积极主动的人，维护秩序的愿景来源于世俗又归于世俗。宗教消费中的祭牲、酒席体现了凉山彝族的共享传统。凉山彝族日常饮食以土豆、米饭、荞饼、辣椒为主，饲养的牲畜一般在仪式中才会被宰杀。仪式中对肉类、蔬菜类的共享，可以提供蛋白质、纤维，改善饮食结构，均衡营养搭配。酒席展示了主家的人脉关系和家族实力，酒席的秩序和质量不仅关系到主家的地位与声望，而且体现了彝族家支的凝聚力。酒席上劳动力的流动，是人际关系网络构建的基础。在酒席这个场域中，个人及家庭的社会关系资源实现了再生产和再积累。与仪式严肃性相对的娱乐性，在酒席中体现出来，为人们聚会交流和改善生活提供了契机。在一定程度上，也调节了彝族山地群众单调的生活。凉山彝族宗教仪式将主家的私人领域转换成了公共空间，个人事件转换成了集体活动。在仪式的反复展演中，丰富多彩的程序、各式各样的祭品，以及毕摩抑扬顿挫的经文诵读，形成民族的集体记忆。为重温民族起源和历史演变提供引导，从而增强民族的情感联系。这种集体记忆积累内化的过程就是意识的形成过程，最终

---

① 王卓、李静玮：《论彝族宗教与世俗经济的关系变迁》，《宗教学研究》2018 年第 1 期。
② 李静玮、王卓：《论原始宗教的经济理性》，《宗教学研究》2016 年第 4 期。

效用是指挥和调动个人和群体的行为，成为凉山彝族人社会行为、生存方式、行为策略的生成机制。调查中发现，许多年轻的彝族人虽然并非完全明白宗教消费实践所代表的具体含义、缘由，但他们常通过模仿长辈的消费行为，结合自己的理解来表达信仰。随着时代的发展，宗教消费的形式有所改变，如毕摩卡巴消费由实物甚至女人转变为现金，兰花烟逐渐被外来的品牌烟所取代，但宗教消费实践本身从未改变，逐渐成为凉山彝族民族认同的标志。

凉山彝族宗教消费的集体性，实现了人力、物力、财力的汇聚，起到整合社会资源的作用。消费中的礼物和人力的流动，以一种再分配的形式，保证村落中每个家庭能应对宗教仪式所带来的经济危机，具有社会保障的功能。这种消费的再分配形式，具有维护社会经济相对平等的作用。萨林斯认为"积累是权力的来源"①。在相对同质化的彝族村落，拥有较多的财富，无疑会对社会凝聚形成一种压力。宗教消费以取有余而补不足的方式，来化解财富的异常现象，维持村落内部的高度一致性。这种建立在互惠基础上的交换，将对社会秩序和生命价值的追求融合为内在的准则。在各自利益与责任共存的情况下，催生出公共行为的动力。

人—人消费是维持社会秩序的抓手，实现基本需求的满足、矛盾冲突的调节、民族认同的增强。在神圣形式下，宗教消费实现了社会关系、社会利益的建构。宗教消费参与主体的广泛性，明确了与家庭相关联的血缘关系、亲缘关系、地缘关系，在交换中实现政治、经济、婚姻、亲属间的调配。

分类是世界得以存在和运行的保障，类别化的归属形成内在的运行秩序。失序会带来压力，迫使主体寻求调节的途径。过渡性使仪式成为调节失序的工具。仪式展演所产生的牺牲、展品、时间、精力的消耗形成宗教消费概念，是失序回归常态所付出的代价，属于偿付性行为。根据仪式体系，凉山彝族的宗教消费可分为岁时仪式消费、人生仪式消费、神祇祭祀仪式消费、禳解祟祸仪式消费和咒盟审判仪式消费。宗教消费中存在人—人力、神—神力、鬼—魔力和人—神、人—鬼、神—鬼的三重二元秩序分类，将人、神、鬼三界进行区隔，并以宗教消费的方式，在时间和空间维度中实现三者失序的调整，从而形成人—神消费、人—鬼消费和人—人消

---

① 〔法〕让·鲍德里亚：《消费社会》，刘成富、全志刚译，南京大学出版社，2008，第47页。

费的三重特性。

凉山彝族宗教消费中，对人、神、鬼三界失序的调整，体现出彝族同胞的智慧和勤劳。宗教消费与生活互渗，在宗教仪式中，凉山彝族同胞力图在自己的社会关系网络中凸显自身的社会价值，追求精神上的自我实现而不过分在意物质上的消耗。[①] 宗教消费给彝族同胞带来的，更多的是一种文化意义上的享受。宗教仪式在集体记忆和惯习的形塑中，逐渐向象征化、程序化方向发展，其所具有的展演和戏剧性在一代代彝族人中传承。宗教消费的合理性在宗教场域中被强化，使宗教消费成为人、神、鬼三界共存的耦合点，在日常生活中，潜移默化地影响着人们的行为选择。"选择更多的是一种历史的、文化的、动态的、有意识和无意识的先验图式。"[②] 在民族传统文化的代际传递中，宗教消费伴随着惯习的传播得到认可，成为凉山彝族同胞行为选择背后的逻辑依据和原则，这为我们利用宗教消费结构逻辑来治理贫困提供契机。凉山彝族属于直过民族之一，虽然身处现代化的时代背景下，却依然在不同程度上保留原始宗教、原始经济的气息。非原始非现代的两义性，使其处于失序的间隔之中，贫困就是这一苦难最明显的表现。2017 年，凉山彝族自治州被纳入"三区三州"深度贫困地区脱贫计划，成为打赢 2020 年脱贫攻坚战的关键区域。要摘掉"深度贫困"的帽子，需要对凉山彝族贫困地区及彝族同胞进行深入的理解，透过表面行为探究其背后的文化逻辑。

人、神、鬼三界的划分，是凉山彝族同胞对世界类别的想象，表达了对神圣美好的追求和对万恶魔鬼的驱逐。而这一目标的实现正是依托"人"这个关键要素，本质上反映了凉山彝族人民愿意通过自身力量为美好生活奋斗的价值观念。

也正是对"人"的能动性的重视和运用，凉山彝族同胞才得以在恶劣的自然环境中繁衍生息，并形成了独具魅力的民族文化。宗教消费中的人—神、人—鬼、人—人的三重特性，以及其所蕴含的分类、失序与调整的关系结构，为我们寻找一条促进凉山彝族社会、经济、文化协调

---

① 郝彧、刘立策：《凉山彝族文化消费的区域特征研究》，《西南民族大学学报》（人文社科版）2019 年第 11 期。

② 〔法〕皮埃尔·布迪厄、〔美〕华康德：《实践与反思——反思社会学导引》，李猛、李康译，中央编译出版社，2004，第 148 页。

发展的脱贫道路提供了理论上的可能。在一定意义上，个人的努力、现代化的繁荣、深度贫困的苦难与人力、神力和魔力似已形成对应的隐喻关系。国家扶贫政策精准性地进村入户，成为调节失序的工具。宗教消费对"人"的能动性的凸显，为催生和激发凉山彝族同胞摆脱贫困的内在动力，调动凉山彝族同胞的脱贫热情提供突破口。这种内源性动力机制的建构，是当下扶贫攻坚取得胜利的关键，更是 2020 年后相对贫困治理的重点和难点。因此，宗教消费调整人、神、鬼失序的逻辑，可为扶贫政策的精准施策提供逻辑参考。在摒弃其唯心论糟粕的基础上，寻找凉山彝族传统文化中的发展结构，为国家扶贫政策及扶贫项目的有效落地，打好意识形态基础。

第八章　缓解彝族长期贫困的
政策分析

第一节　彝族扶贫政策的演变历程

一　彝族地区扶贫政策演变历程

马克思指出，"历史本身是自然史的一个现实部分，即自然界生成为人这一过程的一个现实部分"①。一切客观存在都是多种因素共同作用的结果，贫困也不例外。彝族长期贫困的形成是历史、社会、地理以及政策调控等多种复杂因素长期作用的结果。对此，政府在贫困地区持续开展大规模的扶贫工作。国家启动对包括彝族在内的少数民族地区进行有组织的帮扶始于20世纪80年代。在此之前，国家在全国范围内通过收入分配与社会发展减贫（1949～1978年）、体制改革主导的农村扶贫（1979～1985年）实现了1.25亿人脱贫。至此，国家整体性贫困问题得到缓解，而农村区域发展不平衡问题开始凸显，贫困人口呈现明显的区域集中特点。其中，包括川滇彝族聚居区在内的少数民族地区聚集着大量长期贫困人口，成为国家重点帮扶对象。

1984年《关于帮助贫困地区尽快改变面貌的通知》提出，要帮助山区、少数民族聚居地区和革命老区根据地、边远地区的人民首先摆脱贫

---

① 《马克思恩格斯文集》，人民出版社，2009，第194页。

困。1986 年，六届全国人大四次会议将扶持"老、少、边、穷"地区尽快摆脱经济文化落后状况作为一项重要内容列入了"七五"计划，川滇彝区被列为国家重点帮扶区域。该时期国家以区域开发为抓手、以县为单位、以项目带动为着力点对彝族等少数民族地区贫困群体进行帮扶。实践表明，该时期贫困县域经济确实得到了发展，但由于扶贫政策与贫困户之间缺乏直接的利益联结机制，该阶段减贫速度变缓、返贫人数增加。

1994 年 3 月《国家八七扶贫攻坚计划》颁布，建立了扶贫的东西协作机制，安排东部沿海发达省市对口帮扶中西部贫困地区。其中，浙江省部分市区帮扶四川彝族聚居区，上海帮扶云南彝族聚居区，深圳、大连、青岛分别帮扶贵州毕节、六盘水、安顺彝族聚居区。在此基础之上，国家在包括川滇彝族聚居区在内的贫困地区推行了生态移民、最低生活救助、劳动力转移、科技扶贫、入户项目支持等多元帮扶措施。

进入 2000 年，《中国农村扶贫开发纲要（2001—2010 年）》确定了彝族聚居区 35 个国家扶贫开发重点县，将帮扶目标下移至村级，开始重点实施整村推进、产业发展与劳动力转移等扶贫开发措施，同时推进易地扶贫搬迁。2007 年启动扶贫开发政策与低保制度衔接并轨工作，对确有困难的群体进行低保兜底。《中国农村扶贫开发纲要（2011—2020 年）》规定到 2020 年全国将稳定实现扶贫对象"两不愁、三保障"，贫困地区基本公共服务主要领域指标接近全国平均水平。

2014 年"精准扶贫"工作全面铺开，"五个一批"成为贫困地区打赢脱贫攻坚战的主要手段，彝族地区开始以"五个一批"为核心举措，因地制宜地推进减贫工作。

二　彝族地区精准扶贫政策安排

自中央提出精准扶贫战略规划以来，川滇两省积极响应中央政策精神，围绕"六个精准""五个一批"规划，依据各省贫困状况与致贫原因制定精准扶贫政策并落实到包括彝族地区在内的贫困地区。

（一）四川省精准扶贫政策概况

2015 年 7 月，中共四川省委通过《中共四川省委关于集中力量打赢扶

贫开发攻坚战 确保同步全面建成小康社会的决定》，在遵循"六个精准"的基本要求下聚焦贫困人口，结合四川省贫困状况，依据"扶持产业和就业发展一批、移民搬迁安置一批、低保政策兜底一批、医疗救助扶持一批、灾后重建帮扶一批"等"五个一批"实施脱贫攻坚。四川省将改善住房条件、加强贫困地区交通建设、加快建立供水保障体系、推进电力和信息网络全覆盖、提升贫困地区教育发展水平、加快贫困地区医疗卫生事业发展、实施文化惠民扶贫、建立完善的科技服务体系和推进生态扶贫作为省内贫困地区要解决的九大突出问题，以此为抓手推动扶贫工作进程。在此基础上，2016 年 12 月，《四川省"十三五"脱贫攻坚规划》颁布，进一步细化帮扶措施与实施路径，并将省内秦巴山区、乌蒙山区、大小凉山彝区、高原藏区定为帮扶重点区域。

2015 年 7 月 25 日中共凉山彝族自治州第七届委员会第七次全体会议通过《中共凉山州委关于集中力量打赢扶贫开发攻坚战确保同步全面建成小康社会的决定》，贯彻落实中共四川省委精准扶贫政策精神。凉山州针对彝族贫困的独特性与致贫原因的特殊性，以"六个精准"为保障，在四川省"五个一批"的基础上增加"治毒戒毒救助一批、移风易俗巩固一批"合成"七个一批"作为实施路径开展脱贫攻坚工作；与此同时，在四川省提出的九大突出问题的基础上增加"严格人口计生管理、加强禁毒防艾工作"两个问题作为扶贫工作重点。

（二）云南省精准扶贫政策概况

云南省是民族大省，省内民族发展进程不一、致贫原因复杂。2015 年 7 月，云南省结合省情民情创造性地提出了新时期扶贫开发"63686"行动计划，"即在今后 6 年，紧扣脱贫、摘帽、增收 3 个主要目标，聚焦集中连片特困地区等重点区域，瞄准建档立卡贫困对象，推动产业扶持、安居建设、基础设施、基本公共服务社会保障、能力素质提升、金融支持 6 个到村到户，实施基础设施改善、特色产业培育、劳动力培训转移就业、移民新村建设、社会保障和社会事业发展、整乡整村整体推进、人口较少民族整族帮扶、生态建设 8 大工程，健全投入增长、项目资金整合使用管理、'三位一体'大扶贫、考核退出激励约束、'挂包帮'驻村帮扶、信息化动态6项体制机制保障"①。同年12月，为全面贯彻落实中央精准扶贫战略部署，中共云南省委、云南省人民政府出台《关于深入贯彻落实党中央国务院脱贫攻坚重大战略部署的决定》，将"63686"行动计划细化为"发展生产、加强转移就业、实施易地搬迁、生态保护、发展教育、加强医疗保险和医疗救助、资产收益脱贫、实施农村最低生活保障托底脱贫"八大脱贫措施；与此同时，将"加大基础设施建设力度、推进农村公共服务体系建设、推进农村危房改造和美丽宜居乡村建设、大力推进革命老区建设与兴边富民行动"② 作为区域建设重点，推动脱贫与区域发展。

第二节　数据来源与样本特征

一　数据来源

2018年8月，课题组在四川省凉山州普格县、盐源县、喜德县和云南省威信县、镇雄县以建档立卡户为抽样框，采用系统抽样的方法抽取了620户建档立卡户进行"彝族地区贫困代际传递与精准扶贫政策效果评估问卷"（以下简称"问卷"）的调查。问卷包括两个部分内容，一是对贫困代际传递的调查（见第五章），二是对精准扶贫政策的影响评价。

在精准扶贫政策的影响评价的问卷设计中，首先是对建档立卡时受访者家里的困难和问题进行了评估。在此基础上，"问卷"围绕住房保障政策、教育帮扶政策、医疗帮扶政策、产业扶贫政策、金融扶贫政策、就业帮扶政策、道路饮水等基础设施建设政策等7个方面共30个问题进行了逐一调查和评估，并就这7个方面的政策进行满意度评价。"问卷"的最后部分是对受访者家庭的经济收入情况进行简单评估。

此次调查回收有效问卷598份，问卷回收率为96.45%。软件工具SPSS 23.0建立的数据库显示，此次调查总共获得有效数据68280个。

2018年11月课题组再次到凉山州西昌市和喜德县调研，与州级、县

---

① 中共云南省委、云南省人民政府：《关于举全省之力打赢扶贫开发攻坚战的意见》，http://www.cxs.gov.cn/public/4664061/4726273.html。

② 资料来源于云南省内部政策文本资料。

级、乡级政府扶贫工作相关部门负责人座谈，深入案例村进行追踪调研，系统把握精准扶贫政策实施情况。本章重点就精准扶贫政策的影响评价展开分析研究。

二 样本特征

关于受访者性别、年龄、受教育程度、健康状况、户籍人口数等样本人口学特征详见第五章。有关变量定义详见表 8 - 1。总体来看，川滇彝族地区贫困家庭文化水平普遍偏低，身体素质较差，现阶段脱贫难度仍然较大。

表 8 - 1　变量定义与样本主要特征

变量名称	定义变量	均值	标准差
性别	男 = 1；女 = 2	1.31	0.46
年龄	实际观测值	44.36	16.76
受教育程度	文盲 = 1；小学 = 2；初中 = 3；高中/高职 = 4；大专及以上 = 5	2.13	2.80
健康状况	优 = 1；良 = 2；中 = 3；差 = 4；残疾 = 5	2.43	1.22
户籍人口数	实际观测值	4.39	1.71
家庭人均纯收入	0～3299 元 = 1；3300～13000 元 = 2	1.42	0.49
扶贫政策帮扶作用	不明显 = 1；一般 = 2；明显 = 3	1.90	0.93

资料来源：课题组"彝族地区贫困代际传递与精准扶贫政策效果评估问卷"。以下未注明处，均来自本次问卷调查。

在回收的有效问卷中，有效回答精准扶贫政策的样本农户共 569 户（四川省 285 户，云南省 284 户）。受访农户建档立卡时，家庭的主要困难和问题占比由高到低依次为：收入低；家里缺劳动力；住危房；家里有病人，看不起病；饮水有困难；义务教育阶段有孩子辍学；没有当季的衣服、鞋和被褥；家中缺粮，吃不饱饭。详见表 8 - 2。由此可见，彝族建档立卡贫困户的情况不容乐观，温饱尚未解决的农户不在少数。

表 8 - 2　川滇彝族地区贫困家庭建档立卡时的困难情况

建档立卡时家庭困难情况	有效回答数	有困难者频数	有困难者比例（％）
家中缺粮，吃不饱饭	444	43	9.7
没有当季的衣服、鞋和被褥	443	81	18.3
饮水有困难	483	174	36.0
义务教育阶段（小学和初中）有孩子辍学	442	140	31.7
住危房	495	262	52.9
家里有病人，看不起病	496	202	40.7
家里缺劳动力	486	315	64.8
收入低	524	473	90.3

在有效回答精准扶贫政策参与情况的农户中，参与"危房改造政策"农户 354 户，占 62.2%；参与"易地搬迁政策"农户 151 户，占 26.5%。家中有义务教育阶段学生的 364 户，占 64.0%；参与"产业帮扶政策"农户 330 户，占 58.0%；参与"就业帮扶政策"农户 301 户，占 52.9%；参与"金融扶贫政策"农户 174 户，占 30.6%。

第三节　彝族地区精准扶贫政策实施情况

本节结合实地调研和问卷调查资料，重点从人力资本提升型帮扶政策体系、发展型帮扶政策体系、生活改善型帮扶政策体系等，分析川滇彝族地区扶贫政策落实情况及效果。

一　人力资本提升型帮扶政策实施情况分析

（一）教育扶贫政策落实情况

教育扶贫是阻断贫困代际传递的重要手段，在彝族地区应当得到足够重视。四川与云南彝族地区教育扶贫政策体系较为类似，主要集中在：一是发展学前教育，凉山州强调学前双语教育；二是落实"三免一补"，控制义务教育阶段儿童辍学率；三是落实贫困地区学生营养补贴计划，提高贫困地区儿童营养补贴；四是加大对贫困家庭高中及以上学生补贴力度，对考入大学、职业院校者给予补贴，对离校未就业者提供就业支持。

调查问卷结果显示，彝族贫困户子女学前教育入学率较低，四川省彝族贫困家庭子女学前教育入学率为25.4%，云南省彝族贫困家庭子女学前教育入学率为22.3%，这反映出彝族贫困家庭对子女学前教育的重视度不够。

进一步分析发现，川滇彝族地区接受问卷调查的458个贫困家庭中，有326个家庭表示没有学龄儿童辍学，占71.2%。有96个家庭表示有学龄儿童辍学，占21.0%。其中分布在四川彝族地区的249个受访贫困家庭中，有126个家庭表示有学龄儿童辍学，占50.6%。分布在云南彝族地区的209个受访贫困家庭中，有6个家庭表示有学龄儿童辍学，占2.9%。两省差异显著。四川省彝族地区辍学率高，一方面与当地彝族家庭子女数量较多有关，另一方面也与当地贫困程度深、家庭支持能力有限有关，较为深层次的原因是彝族较为落后的家庭教育观（见表8-3）。

表8-3 川滇彝族地区贫困家庭适龄儿童辍学情况

| | | 川滇彝族贫困家庭适龄儿童辍学数量 | | | | | | 总计 |
		0	1	2	3	4	5及以上	
四川省	计数	123	53	39	27	6	1	249
	占四川省（%）	49.4	21.3	15.7	10.8	2.4	0.4	100.0
云南省	计数	203	4	2	0	0	0	209
	占云南省（%）	97.1	1.9	1.0	0.0	0.0	0.0	100.0
合计	计数	326	57	41	27	6	1	458
	占调查省（%）	71.2	12.4	9.0	5.9	1.3	0.2	100.0

我们针对四川省彝族地区的辍学原因进行了调查，发现：75.2%的受访者表示家庭经济差、负担不起是导致辍学的主要原因；48.8%的受访者认为"孩子不愿继续上学"；30.4%的受访者表示因住处偏远，离学校较远，上学不方便；有24.0%的受访者表示"孩子因身体原因不得不辍学"；有8.7%的受访者认为"没有必要花钱送孩子去读书"。由此可知，经济困难仍旧是导致辍学的主要原因，这与彝族传统的生育观导致的家庭子女数量过多相关。但除此之外，彝族贫困家庭思想上对教育不重视，也在一定程度上提高了当地辍学率。而因身体原因导致的辍学问题，说明当地特殊教育资源建设亟待跟进，应当引起重视。

在回答"如果家中有读小学初中阶段的学生，享受过哪些补助政策？"时，调查结果显示：91.2%的受访者认同"享受了免费营养午餐"，彝族地区免费营养午餐政策落实情况较好。其中，云南彝族地区贫困家庭学生享受"三免一补"政策，除了寄宿补贴较低外，"免费营养餐、免学杂费、免书本费"政策落实情况均超过90%。四川彝族地区受访者普遍反映当地学校教辅费用较高，导致其"免学杂费、免书本费"两项政策的认可度低。实地调研发现，两省彝族地区对寄宿补贴政策认可度低（四川58.1%，云南69.5%）是走读生人数较多所致。教育扶贫政策是缓解彝族长期贫困的关键性政策，彝族地区贫困家庭较高的辍学率是该地区脱贫的一大障碍。从长远来看，也不利于彝族贫困群体的综合发展。

（二）健康扶贫政策落实情况

健康扶贫政策体系包括改善地区医疗卫生条件，完善医疗保障体系以保证贫困群体看得起病、防止因病致贫，完善医疗救助体系防止因大病、慢性病等致贫和返贫。四川凉山州自2015年起逐步调整新农合政策，逐步提高贫困群体受益水平；完善大病救助制度，并对贫困户、残疾人群体倾斜照顾。除此之外，凉山州提出了具有针对性的"四免一关怀"政策，加大对艾滋病和麻风病、肺结核等地方病的帮扶救治力度。从政策文本分析可以看出，四川凉山州对慢性病的关注度与帮扶力度均相对较弱。云南省除对贫困群体新农合缴费部分给予财政补贴、新农合与大病救治制度向贫困群体倾斜、完善地区三级医疗网络标准化建设之外，强调要将贫困人口全部纳入大病救助范围，同时加强贫困人口慢性病防治工作。比较而言，云南基本医疗卫生条件较好，医疗帮扶政策体系更加完善。

课题组在四川与云南两省彝族地区抽样调查结果显示（见表8－4），云南彝族地区新农合覆盖率明显高于四川彝族地区。云南被访彝族贫困户中有99.3%表示参加了新农合，仅0.7%表示不知道自己是否参加了新农合；而四川被访彝族贫困户中有70.0%表示参加了新农合，14.5%表示没有参加，仍有15.5%表示没有听说过新农合。四川彝族地区新农合覆盖率低于云南，一方面是由于其健康扶贫工作推进较慢，另一方面是由于该地区彝族贫困户文化素质较低，同时政府政策宣传不到位也是原因之一。

表 8 - 4   川滇彝族地区农村新农合政策实施情况

单位：%

	参加新农合	未参加新农合	不知道
四川省	70.0	14.5	15.5
云南省	99.3	0.0	0.7
两省统计	84.6	7.3	8.1

就新农合个人缴费部分政府财政补贴覆盖范围来看，云南彝族地区的政府补贴覆盖范围远大于四川（见表 8 - 5）。在云南被访彝族贫困群体中，97.5%表示新农合个人缴费部分享受了政府补贴，1.8%表示个人自行购买新农合未得到政府补贴资金，仅有 0.7%表示不知道是否得到了政府补贴。而在四川彝族地区，仅有 18.4%的受访者自认得到了新农合个人缴费部分的政府补贴，66.1%表示未曾得到政府补贴，15.5%表示不知道是否得到了政府补贴。

表 8 - 5   川滇彝族地区新农合个人缴费部分政府补贴覆盖情况

单位：%

	享受政府补贴	未享受政府补贴	不知道
四川省	18.4	66.1	15.5
云南省	97.5	1.8	0.7
两省统计	57.3	34.4	8.2

云南彝族地区大病医疗保险覆盖情况也要明显好于四川（见表 8 - 6）。云南被访彝族贫困户 98.9%表示有大病医疗保险，仅 0.4%表示没有大病医疗保险，0.7%表示不知道是否有大病医疗保险；而在四川彝族地区的被访彝族贫困户中，有 70.0%的受访者表示有大病医疗保险，有 14.5%明确表示没有大病医疗保险，15.5%表示不知道自己是否有大病医疗保险。

表 8 - 6   川滇彝族地区农村大病医疗保险覆盖情况

单位：%

	有大病医疗保险	没有大病医疗保险	不知道
四川省	70.0	14.5	15.5
云南省	98.9	0.4	0.7
两省统计	84.5	7.5	8.1

从两省彝族地区统计数据来看，云南农村慢性病救助政策落实情况要

明显好于四川（见表8-7）。云南彝族地区61.9%的受访者表示享受过慢性病救助政策，而四川彝族地的这一比例仅34.0%。四川彝族地区55.3%的受访者表示未享受过慢性病救助，10.7%表示不知道慢性病救助政策，相比较而言，云南彝族地区仅28.1%的受访者表示未享受过慢性病救助，10.0%表示不知道慢性病政策。慢性病患者需长期治疗或服药，贫困地区慢性病救助政策落实情况对该地区减贫影响较大。四川彝族地区慢性病救助政策落实滞后，将会直接影响到该地区的脱贫进程，不利于患有慢性病的贫困群体脱贫。

表8-7　川滇彝族地区农村慢性病救助政策实施情况

单位：%

	享受过慢性病救助	未享受慢性病救助	不知道
四川省	34.0	55.3	10.7
云南省	61.9	28.1	10.0
两省统计	48.0	41.7	10.4

二　发展型帮扶政策实施情况分析

（一）基础设施与基本公共服务建设效果

基础设施与基本公共服务建设是打破地区发展瓶颈的主要手段。已有研究发现，基础设施供给与地区经济增长呈正相关，[①] 基本公共服务水平的提升能够提高贫困户的主观"获得感"及政策满意度，因而贫困地区基础设施与基本公共服务建设水平能够直接影响脱贫效果。

四川省凉山州将基础设施建设重点放在县域路、水、电三大领域，大力实施"交通大会战"、水利工程建设、电网改造工程，以切实改善贫困群众的生产生活条件。在交通建设方面，推进"凉推项目"建设，逐步实现硬化路通村、柏油路通乡（镇）、国省干线公路提档升级并加大县、乡、村三级客运点建设力度，提升道路运输速度与村民出行便利度；在水利工程建设方面，将建设重点放在人饮安全工程与小型农田水利工程建设方

---

① Paul Rosenstein-Rodan，"Problems of Insutrialisation of Eastern and South-Eastern Europe"，*The Economic Journal*，Vol. 53，No. 210/211，1943，p. 208.

面，同时推动其他水利工程同步建设；在电网改造工程方面，实施农村电
网改造、光伏工程、建设电站与农村沼气池，并实施"宽带乡村"工程、
实现通信信号乡村全覆盖。在基本公共服务方面，加大"一村一幼"、中
小学与高等职业院校建设力度，推动教育信息化建设进程；将县、乡、村
三级卫生体系建设作为建设重点，加强防疫体系建设；推进村级文化体育
设施建设，同时聚力生态修复、卫生环境治理等。①

　　问卷调查结果显示，凉山州被调查彝族贫困户对村庄交通出行条件、
适龄儿童上学条件、饮水设施与卫生环境满意度较高，而对村庄看病就医
条件与文化设施满意度较低，对村庄农田水利满意度最低（见表 8－8）。
在四川省凉山州被调查的 285 户建档立卡贫困户中，85.6% 认为村中交通
出行条件较之以往有明显改善；78.6% 认为适龄儿童上学条件有明显改
善，儿童上学比以往方便，村幼村小办学条件与师资水平也较以往有明显
提高；在被调查的 285 户彝族贫困户中，有 112 户表示曾因家庭饮水困难
致贫，占比高达 39.3%，但调查显示，当下 75.8% 的被调查者表示村中饮
水设施已有明显改善，就目前来看饮水设施改善的减贫效果较为明显；除
此之外，75.4% 的被调查者认为村庄卫生环境较之以往有明显改善。调研
发现，彝族贫困户普遍对村级医疗卫生条件与文化设施满意度较低（分别
为 60.4% 与 67.0%），普遍反映村中医务室医疗条件有限且缺乏专职医生，
村级公共文化服务供需失衡等，不能满足部分村民的需求。被调查者对村
农田水利设施的满意度最低，55.1% 的被调查者认为村内农田水利设施存
在问题。课题组在调研时了解到，部分贫困村农田水利设施仍旧缺失，农
户仍旧处于靠天种植的状态，农田水利条件关系地区农业发展与根本民
生，其建设滞后必将成为彝族贫困户跨越温饱的障碍，也是当下阻碍凉山
彝族脱贫进程的重要因素之一。

　　表 8－8　川滇彝族地区受访者对基础设施与基本公共服务政策实施满意度

单位：%

	交通出行	农田水利	饮水设施	上学条件	看病条件	卫生环境	文化设施
四川省	85.6	44.9	75.8	78.6	60.4	75.4	67.0
云南省	87.3	73.6	67.3	85.9	82.7	89.1	77.5

———————

① 政策文本资料由凉山州政府提供。

　　云南省在基础设施建设方面将主要任务定为"交通扶贫五项工程"、"水利扶贫六项行动"、农村电网升级改造行动、农村信息基础设施行动四项。在交通方面，推动建制村通硬化公路工程、自然村通公路工程、农村客运站与物流工程、农村公路安全防护工程、农村公路养护工程等五大工程建设；在水利扶贫方面，实施农村饮水安全行动、农田灌溉保障行动、防洪抗旱减灾行动、水资源开发保护行动、水保生态建设行动、农村水电开发行动等六项行动；在农村电网改造方面，开展农村电网改造，基本解决户均供电容量低、安全隐患多、"卡脖子"、"低电压"等问题，控制农村电价；在农村信息基础设施建设方面，逐步推动宽带网络行政村全覆盖，缩小城乡数字鸿沟。[1] 除此之外，云南省还同步加大县、乡、村卫生院（室）建设，公共活动场所建设，村级公厕、垃圾中转站等公共卫生服务建设力度，加大义务教育投入，以改善贫困地区基本民生环境。在课题组调研的云南省镇雄县和威信县，截至 2017 年底，两县基础设施与基本公共服务建设总投资已超过 5 亿元，[2] 财政投入力度很大。

　　课题组在云南省镇雄县和威信县获取的调查问卷分析结果显示，被访彝族建档立卡贫困户对村庄卫生环境、交通出行条件、适龄儿童上学条件和看病就医条件满意度均较高，相比而言，对文化设施、农田水利和村庄饮水设施的满意度较低（见表 8 - 8）。在云南彝族地区被调查的 284 户彝族建档立卡贫困户中，89.1% 的受访者认为村庄卫生环境较 2014 年以前有明显改观；87.3% 的受访者表示交通出行条件便利，道路交通建设成效明显；85.9% 的受访者认为适龄儿童上学条件比以往有较大改善，不少受访者反映村小教育条件有较大改善，愿意将孩子送到村小读书；82.7% 的受访者表示村级医疗水平有所提高。被访彝族建档立卡贫困户对村文化设施条件的满意度为 77.5%，满意度较低，部分受访者表示村图书室图书专业性较高，自己阅读障碍明显；仍有 26.4% 的受访者反映村中农田水利设施建设滞后，无法满足农耕需求，少数受访者甚至表示村中没有农田水利设施；仅 67.3% 的受访者对饮水设施表示满意，部分受访者反映家中饮水仍存在较大问题。

---

①　政策资料由云南省政府提供，详见《云南省精准扶贫基础设施建设行动计划》。

②　数据由威信县脱贫攻坚指挥部、镇雄县脱贫攻坚指挥部提供。

比较四川与云南的调查结果，在基础设施与基本公共服务建设方面，四川彝族聚居区（凉山州）稍显滞后，其中适龄儿童上学条件、看病就医条件、卫生环境与文化设施较云南滞后性明显。四川彝区农田水利设施建设存在较为严重的问题，这将在一定程度上影响当地农业生产，阻碍脱贫进程；而云南彝区饮水问题是当下的一个突出问题，这将直接影响当地民生与农户对政府扶贫政策的满意度。

（二）产业扶贫政策落实情况

产业扶贫是通过构建利益联结机制让贫困户进入由经营主体主导的产业链体系中，以解决贫困农户独立发展产业能力弱的问题，从而实现贫困户的持续稳定增收。[①] 产业扶贫通过企业、合作社或大户带动等方式，通过发展特色产业、促进产业融合、引导贫困农户融入产业链、扶持新型经营主体以增强贫困户自身发展与增收能力，确保其持续稳定脱贫。彝族地区扶贫产业发展好坏、贫困户参与率高低、利益联结机制建设是否得当直接影响减贫效果。

四川凉山州将产业扶贫的建设重点放在农业产业与乡村旅游两方面。坚持"建基地、创品牌、搞加工"思路，做优做强"大凉山"绿色特色品牌，发展"果薯蔬草药"特色产业、乡村旅游和产业园区，深化农产品加工、商贸服务，培育新型经营主体，拓宽贫困群众增收渠道、增强"造血"功能。[②] 为拓宽本地农产品销路，实现民族产业发展弯道超车，凉山州大力投资商贸服务，推动电商、物流、村级服务站建设，扩大产业扶贫效益。

调研发现，当下凉山州产业化程度较低，同质性较为明显，多以个体农业经营为主，部分自然资源较好的地区（如喜德县冕山镇小山村）有少部分个体经营农家乐，农业合作社数量仍然较少，被访彝族贫困户中64.3%的农户表示村中并没有合作社。但在有合作社的村庄中，贫困户入社率很高（99.6%）。被访彝族贫困户中，27.5%的农户表示加入合作社后农产品销路更好、价格更稳定；27.9%的农户表示用自家土地入股合作社，并得到了土地流转的租金；20.7%的农户表示参加合作社后，自己的

---

① 汪三贵、殷浩栋、王瑜：《中国扶贫开发的实践、挑战与政策展望》，《华南师范大学学报》（社会科学版）2017年第7期。
② 资料来源于凉山州内部政策文本。

生产技术得到了提高；20.0%的农户表示已领到合作社的分红；2.9%的农户有机会到当地的合作社打工，并且得到了收入。另外，没有参加合作社的农户中，15.0%的农户表示政府帮助其发展了个体脱贫产业，已找到了生计门路。

可见，凉山州产业脱贫效果仍不太明显，彝族贫困户自身发展能力仍有待进一步提升。分散的个体经营模式很难产生规模效应，也不利于三级产业融合发展。这种现象与凉山彝族聚居区地势起伏大、农耕资源匮乏等不利因素有关。

云南省产业扶贫重点发展高原特色种养殖业、民族及地方特色旅游、电商扶贫与光伏扶贫，其中又以前两者为建设重点。高原特色种养殖业主要发挥云南传统农业优势，以培育种养殖示范基地为平台，重点培育贫困户干得了的产地初加工项目；旅游扶贫主要发展边境旅游、民族特色旅游、红色旅游等项目，同云南省美丽乡村建设相结合，着力打造100条精品旅游项目；电商扶贫主要采取"农超对接""农社对接"等方式，促进农产品产销衔接；光伏扶贫充分利用云南省光照资源优势，覆盖全省9.65万户特困户，助其脱贫。①

调研发现，滇东北地区产业化程度较高，在被访彝族贫困户中仅有16.3%的农户表示村中没有合作社。合作社（企业）与贫困户之间的利益联结机制存在问题，以致该项政策贫困户"获得感"较弱。虽然云南调研地合作社数量较多，但贫困户参社率并不高，被访彝族贫困户中60.5%表示自己并没有参加村里的合作社。参与合作社的彝族贫困户对合作社的认可度并不高，除53.6%的受访者表示得到了合作社分红外，其他方面的"好处"不多。14.1%的受访者表示参加合作社后自己的生产技术得到了提高；9.6%的受访者表示得到了土地流转的租金；8.4%的受访者表示加入村里的合作社后农产品销路变好且价格稳定；仅有1.6%的受访者表示在当地的合作社打工并得到了收入。另有24.2%的受访者表示，虽然没有参加合作社，但政府帮助其发展了个体脱贫产业，增收效果较好（见表8-9）。

---

① 资料来源于云南省内部政策文本。

表 8−9　川滇彝族地区产业扶贫政策实施情况

单位：%

项目	四川省	云南省
参加村里面的合作社后农产品不愁卖、价格稳定	27.5	8.4
在当地的专业合作社打工，并得到收入	2.9	1.6
政府帮助自己发展了个体脱贫产业	15.0	24.2
入股村里的合作社并且得到了分红	20.0	53.6
自己的生产技术得到了提高	20.7	14.1
得到了土地流转的租金	27.9	9.6
自己没有参加村里的合作社	0.4	60.5
村里没有合作社	64.3	16.3

通过以上分析，课题组发现云南省调研地点的产业扶贫收效并不太理想，农户参与积极性不高。产业扶贫对激发内生动力、提升发展能力作用有限。产业扶贫对彝族贫困户的脱贫作用仍旧主要依靠固定分红，并没有产生其应有的"造血"功能。云南调研地点的企业与贫困户之间的矛盾较为明显，企业对贫困户存在一定的排斥心理，贫困户也不太相信企业，这或许是当地产业扶贫效果不佳的原因之一。

（三）就业扶贫政策落实情况

就业扶贫是政府为贫困户提供就业岗位，通过其劳务工资收入的增加来提高收入的一种帮扶方式，早在《国家八七扶贫攻坚计划》中就已经提出。

四川凉山州就业帮扶政策主要从人才培养与就业创业两项着手落实。着力加强劳动力就业技能培训、农村实用技术培训、致富带头人培训、科技人员培训等，提升彝族贫困群体工作技能。与此同时，加强州级劳务输出网络建设，培养劳务经纪人与优质劳务输出组织，"采取'劳务经纪人＋劳务派遣公司＋用工企业'模式开展订单输出培训"①。凉山州就业扶贫工作更多采取政府引导的模式，主要通过民间企业组织劳务输

---

① 《中共凉山州委关于集中力量打赢扶贫开发攻坚战确保同步全面建成小康社会的决定》，http：//www. lsz. gov. cn/lszrmzf_new/zcfz/3884319/index. shtml。

出，政府主要负责前期培训工作。

根据课题组在四川凉山州的调研，被访彝族贫困户中 69.1% 的受访者表示建档立卡以来曾参加政府组织的就业培训；仅 7.2% 的受访者表示通过政府组织外出务工；22.0% 的受访者表示家里有人在公益性岗位工作。可以看出，凉山州抽样地区政府组织就业培训的力度较大，不少彝族贫困户参加了技能培训。调研发现，被访农户普遍反映此种培训内容缺乏梯度、专业性太强以致无法内化，同时缺少普通话培训，这限制了就业培训功能的发挥。受访者中 31.6% 的人表示，培训对找工作或增加家庭收入的帮助不大。除此之外，虽然政府在直接提供就业岗位中影响较弱，但其提供的公益性岗位覆盖面较广，不少彝族贫困户从中得到了稳定的收入（见表 8 – 10）。

表 8 – 10　川滇彝族地区贫困户就业扶贫政策落实情况

单位：%

	参加过就业培训	通过政府组织外出务工	在公益性岗位工作
四川省	69.1	7.2	22.0
云南省	62.7	22.2	13.4

云南主要从实施农村贫困劳动力职业技能培训、贫困村致富带头人培训、农村实用技能培训着手开展贫困群体素质提升和就业创业脱贫工作。政府依托中等职业技术学校、技工院校，对有就业需求和培训意愿的贫困户开展以就业为导向的培训。同时实施新型职业农民培育工程，重点培养贫困地区种养殖大户；依托农业科研培训机构、农广校、县级职中和乡镇成人文化技术学校等开展农业实用技术培训，以增加地区种养殖产量。[①]

转移就业是云南省威信县与镇雄县的重要帮扶举措，威信县在此项中落实举措尤为突出。在广东东莞的对口帮扶下，威信县已开展了从培训到就业的"一条龙"服务，由政府牵头组织贫困户到东莞务工就业，派出东莞对口帮扶协作工作组进驻东莞，协调东莞市大岭山镇提供就业岗位、争取就业扶贫专岗，开展劳务协调服务工作。已在县里成立县人力资源公司，乡镇成立社会保障服务中心，村成立外出务工服务工作站，制定了贫

---

① 资料来源于云南省内部政策文本。

困户东莞就业的优惠政策（四不愁、三保障、两放宽、两补助）。截至2017年底，威信县已组织建档立卡贫困户劳动力133人赴东莞市大岭山镇务工，给予每人300~500元交通补助，人均月工资4000元左右。2017年威信县共举办农村劳动力转移就业培训班32期，参加技能培训的建档立卡贫困户劳动力已有700多人实现了转移就业，实现务工收入1600多万元。[1]

根据课题组在云南省镇雄县与威信县问卷调查结果，被访彝族贫困户中62.7%的受访者表示参加过政府组织的就业培训，且对培训的满意度较高（58%）；22.2%的受访者表示通过政府组织外出务工；13.4%的受访者家中有人在政府提供的公益性岗位工作，得到了稳定收入。相较于四川，云南省政府在转移就业方面发挥了更大的作用，威信县贫困户普遍反映政府提供了很多工作岗位，自己也愿意出去工作。

转移就业能够加速彝族贫困群体的社会流动，走出去的彝族贫困户能够开拓，并在现代化的社会空间中潜移默化地改变其落后的思维模式与生活习惯。可以说，转移就业不仅能够增加彝族贫困户的收入，而且可以从"骨子里"消除贫困文化与落后的惯习，是一种短期内收效较快的扶贫政策。但该项政策长期稳定脱贫的前提是前期培训过硬，让彝族贫困户真正掌握一项安身立命的技能，但就目前调研情况来看，四川与云南调研点的就业培训工作都还有待加强，尤其是凉山州彝族的普通话培训工作。

（四）金融扶贫政策落实情况

金融扶贫政策作为发展型帮扶政策的一种，其主要目的是通过为贫困群体提供发展本金，以帮助其发展脱贫产业、激发其内生动力，最终帮助贫困户持续稳定脱贫。当下四川与云南两省的金融扶贫政策还是以扶贫小额信贷为主。

课题组在四川与云南两省调查问卷的结果分析显示，在569份有效问卷中，174户被调查者表示家中曾经借过扶贫小额信贷，约占被调查群体的30.6%；334户被调查者表示家中从未借过小额信贷，占被调查群体的58.7%；61户被调查者反映其从未听说过扶贫小额信贷，对小额信贷政策不甚了解，占被调查群体的10.7%（见表8-11）。

---

[1] 资料由威信县脱贫攻坚指挥部提供。

表 8 – 11　川滇彝族地区贫困户小额信贷借贷情况

	四川省			云南省		
	借过	没借过	不知晓	借过	没借过	不知晓
频数	87	165	33	87	169	28
百分比（％）	30.5	57.9	11.6	30.6	59.5	9.9

分别对四川和云南两省的数据进行分析，可以发现，两省彝族建档立卡贫困户对扶贫小额信贷的借贷情况并无显著差异，未曾借过小额信贷的家庭仍占大多数。由此可见，扶贫小额信贷政策在四川与云南两省的知晓度较高，但小额信贷发挥的作用有待提高。

三　生活改善型帮扶政策实施情况分析

安全住房政策包含危房改造与易地扶贫搬迁两项落实途径。危房改造主要解决"两不愁、三保障"中的住房保障问题，与民生问题直接挂钩；易地扶贫搬迁是将"一方水土养活不了一方人"的建档立卡贫困户搬迁至基础设施较为完善、生产生活环境较好的地方，从根本上解决其贫困问题。

四川凉山州结合彝族特色，在原有住房政策的基础上将安全住房政策细化为易地扶贫搬迁、彝家新寨、地质灾害避险搬迁安置、幸福美丽新村建设、少数民族特色村（镇）建设、民族团结进步新村建设等六类，危房改造内化其中，并将安全住房与产业扶贫等其他减贫措施相结合，以提高政策的减贫效果。在上述六类住房政策中，易地扶贫搬迁是建设重点。政府重点解决 35 万户居住在海拔 2500 米以上高寒山区的贫困群众住房问题，并且落实该部分群众搬迁后的生计解决与相关公共服务问题。

课题组在四川凉山州的问卷调查结果显示，54.6％的被访彝族贫困户在建档立卡时住危房。但截至 2018 年 8 月，69.0％的受访者表示已享受过危房改造政策，住房条件有了明显的改善，另有少部分危房问题通过贫困户自身努力得到了解决。调研发现，凉山州抽样地区危房改造工作正稳步推进，减贫效果明显，群众满意度较高（见表 8 – 12）。

表 8 - 12　川滇彝族地区危房改造政策实施状况

单位：%

	四川省	云南省	两省整体情况
建档立卡时住危房	54.6	50.7	52.9
享受了危房改造政策	69.0	58.8	63.8

在易地扶贫搬迁方面，据调查（见表 8 - 13），四川彝区易地搬迁户搬迁后依旧主要以务农为生（61.2%），36.2% 享受易地搬迁政策的受访者主要以务工收入维持生计。在被访易地搬迁户中，仍有 12.9% 的受访者主要依靠政府补贴生活，该部分贫困群体对政府依赖性强，脱贫难度大。仅有 6.0% 的受访者表示经商或做小生意是搬迁后的主要收入来源。不难看出，搬迁后的彝族贫困户仍习惯沿用传统的生产方式。课题组在凉山州实地调研时发现，凉山易地搬迁户虽较搬迁前生活有了明显改善，但部分贫困群体收入仍旧较低，对搬迁后续帮扶措施的需求仍具有多元性（见表 8 - 14）。

表 8 - 13　川滇彝族地区贫困户易地搬迁后主要收入来源

单位：%

	务农	外出或就地务工	政府补贴	经商或做小生意
四川省	61.2	36.2	12.9	6.0
云南省	24.3	62.2	18.9	0.3

表 8 - 14　川滇彝族地区贫困户易地搬迁后需求状况

单位：%

	就业务工	产业发展	义务教育	医疗	住房问题
四川省	83.3	70.2	25.2	16.7	17.5
云南省	45.9	48.6	25.2	16.7	17.5

83.3% 的被访易地搬迁户表示需要政府为其提供就业务工的机会以增加家庭收入，这说明该部分群体已经有了强烈的走出去、改变现有生活条件的主观意愿；70.2% 的受访者表示希望政府在安置点附近发展产业或帮助其发展个体产业，以此帮助其脱贫；25.2% 的受访者表示安置点仍存在就学不便的问题，希望政府帮助解决；16.7% 的受访者认为医疗条件亟须

跟进；少数受访者（17.5%）表示搬迁后仍然存在住房问题。由此可知，四川彝族地区易地搬迁户搬迁后的生计问题仍未得到妥善解决，存在较大的返贫风险；同时，教育与医疗服务仍需进一步跟进完善。

云南省安全住房政策主要分为危房改造与易地扶贫搬迁两类。其中，危房改造作为一种解决区域性整体贫困的手段，与美丽宜居乡村建设同步推进。云南全省均统一实施危房改造工程，给予贫困户优先安排与补助标准上的倾斜照顾。与此同时，云南省将易地扶贫搬迁作为贫困人口精准脱贫的主要措施。截至2018年底，计划完成"30万户、100万人搬迁，并建设3000个安置新村。搬迁后同时强调完善后续巩固提升政策措施，让搬迁户享有与当地群众同等的基本公共服务，确保搬迁对象搬得出、稳得住、有事做、能致富"①。

课题组在云南省镇雄县与威信县的问卷调查结果显示，50.7%的被访彝族贫困户在建档立卡时住危房。截至2018年8月，58.8%的受访者表示已享受过危房改造政策，住房条件有了明显的改善，另有少部分危房问题通过贫困户自身努力得到了解决。调研发现，威信县危房改造工程已近尾声，镇雄县由于贫困人口数量多其危房改造进度稍显滞后。

在易地扶贫搬迁方面，由于搬迁后距离自家土地较远，同时当地政府鼓励并支持外出务工，因此62.2%的受访者选择外出或就地务工；少部分受访者（24.3%）仍旧以务农为生，该部分群体多是年岁偏大的老年户；除此之外，仍有18.9%的受访者靠政府补贴维持生计，0.3%的受访者选择经商或做小生意维持生计。

对搬迁后的需求调查结果显示，45.9%的受访者表示希望政府在就业务工方面给予帮助，以求能够有更多的工作机会；48.6%的受访者表示希望政府在搬迁点附近发展产业，以此带动地区发展与自家增收；仍有25.2%的受访者表示搬迁后孩子上学不便，希望政府帮助解决；16.7%的受访者表示看病就医条件仍旧有待改善；在被访彝族易地搬迁户中，仍有17.5%的受访者表示房子仍在修建当中，未搬迁入住。

比较四川、云南两省易地搬迁政策效果，云南省抽样地区易地搬迁政策对彝族贫困户的收入结构改变较大，搬迁后更多的贫困户选择以务工为

---

① 资料来源于云南省内部政策文本。

生，加快了其社会流动速度并且提高了家庭收入水平；相比较而言，四川省彝族地区易地搬迁政策对当地彝族贫困户的收入结构改变较小，大部分仍旧以务农为生，家庭经济状况改变幅度有限。两省抽样调查地区普遍反映搬迁后仍需解决教育与医疗问题，该问题应当引起地方政府重视。

四 贫困户对精准扶贫政策的总体评价

川滇彝族贫困户对医疗帮扶、住房保障两项政策的满意度较高。73.3%的被调查者认为医疗帮扶政策对其家庭帮助最大，认为医疗政策解决了其主要家庭负担；有70.0%的被调查者认为其从住房保障政策中受益最多，认为住房政策解决了家中主要困难。

在彝族贫困户认为第一有效的帮扶措施中，住房保障政策最优，有45.1%的被调查者认为在所有扶贫政策中住房政策最为有用；在第二有效的帮扶措施中，医疗保障政策被认为最有效，有32.9%的被调查者认为该政策使其生活负担明显减轻；在第三有效的帮扶措施中，基础设施建设得到的评价最高，有33.0%的被调查者认为基础设施建设带来的交通便利、饮水安全等显著提升了其生产生活水平（见表8-15）。

表8-15　川滇彝族地区贫困户对精准扶贫政策评价

帮扶措施	农户倾向（%）			
	第一位	第二位	第三位	累计
住房保障	45.1	14.7	10.2	70.0
教育帮扶	13.8	19.9	10.1	43.8
医疗帮扶	20.3	32.9	20.1	73.3
产业扶贫	4.1	6.7	7.4	18.2
金融扶贫	4.1	9.1	7.7	20.9
就业帮扶	3.9	5.0	6.6	15.5
基础设施建设	7.1	9.6	33.0	49.7
其他帮扶措施	1.8	2.1	4.8	8.7

五 精准扶贫政策对彝族贫困乡村的整体影响

调查发现，在村庄整体情况改善方面，彝族受访者认为交通出行、卫生环境、儿童上学条件等三项改善较为明显。其中，有82.1%的受访者认为村庄整体交通出行条件较精准扶贫前有明显改善；78.9%认为村庄整体卫生环境改善明显；78.1%认为儿童上学条件得到明显改善。另外，农田水利条件、饮水设施、看病就医条件仍有待加强。其中，35.4%的受访者认为乡村农田水利条件以前存在问题，现如今仍未有效改观；26.6%认为村里的看病就医条件仍不能满足需求；24.2%认为村里饮水设施仍存在问题（见表8－16）。

表8－16　川滇彝族地区精准扶贫政策对贫困村整体改善情况

单位：%

对村庄的主要影响	农户倾向			
	以前有问题，现在变好了	以前有问题，现在还未解决	以前没有问题，现在也没有问题	以前没有问题，现在出现问题
交通出行	82.1	12.7	5.0	0.2
农田水利条件	49.8	35.4	10.8	4.0
饮水设施	65.5	24.2	6.4	3.9
儿童上学条件	78.1	13.0	5.3	3.6
看病就医条件	65.6	26.6	6.6	1.2
卫生环境	78.9	14.2	5.0	2.0
文化设施	69.7	24.1	3.0	3.2

第四节　彝族地区精准扶贫存在的主要问题

一　人力资本提升型政策问题

（一）健康扶贫政策问题

根据调研结果，在受访的569户彝族贫困户中，因病致贫、因病返贫的共有231户，占总受访户的40.6%，在致贫原因中位列第三。由此可见，健康扶贫政策在彝族长期贫困地区的实施效果直接影响当地的脱贫工作。据课题组实地调研发现，川滇彝族贫困地区在健康扶贫方面主要存在以下主要问题。

1. 医疗卫生服务资源整体不足，区域间配置不均等

在基本医疗卫生服务资源指标中，卫生技术人员数、执业（助理）医师数、注册护士数、医疗机构床位数四个指标能够基本代表地区基本医疗卫生服务资源水平。对比来看，川滇彝族贫困地区医疗卫生服务资源整体不足，地区之间基本医疗卫生资源配置不均等的现象较为突出（见表 8 - 17）。

表 8 - 17　川滇彝族地区基本医疗卫生情况（2016 年）

	全国	四川省	凉山州	云南省	昭通市
每千人口卫生技术人员（人）	6.12	6.00	4.66	5.23	3.90
每千人口执业（助理）医师（人）	2.31	2.24	1.57	1.80	1.20
每千人注册护士（人）	2.54	2.51	1.96	2.22	1.86
每千人口床位数（张）	5.36	6.28	4.86	5.70	3.93

资料来源：依据 2017 年中国统计年鉴、四川省统计年鉴、四川省卫生和计划生育年鉴、昭通市 2016 年国民经济和社会发展统计公报整理而成。

根据截至 2016 年底的统计数据，四川省凉山州每千人口卫生技术人员数为 4.66 人，每千人口执业（助理）医师数为 1.57 人，每千人注册护士数为 1.96 人，每千人口床位数为 4.86 张，均远低于全国及四川省的平均水平。云南省基本医疗卫生资源建设水平整体上低于全国与四川省平均水平，其中卫生技术人员、执业（助理）医师配置水平同全国平均水平差距较大。昭通市每千人口卫生技术人员数为 3.90 人，每千人口执业（助理）医师数为 1.20 人，每千人注册护士数为 1.86 人，每千人口床位数为 3.93 张，均远低于全国及云南省的平均水平。

川滇彝族长期贫困地区医疗卫生资源配置不均等的问题也比较突出。以四川省凉山州为例，其医疗资源主要集中在凉山州州府西昌市。据统计数据（见表 8 - 18），截至 2015 年底，西昌市卫生机构数为 277 个，占全州卫生机构总数（1088 个）的 25.46%，是喜德县卫生机构数的 7.9 倍。除硬件设施外，医护人员也主要集中在西昌市，贫困县医护人员数量与质量均较低。例如，截至 2015 年底，西昌市共有医护人员 11725 人，占全州医护人员总数的 34.41%，是普格县医护人员总数的 16.9 倍。

表 8 - 18　四川凉山彝族地区基本医疗卫生情况（2015 年）

	西昌市	盐源县	普格县	喜德县	布拖县	美姑县
卫生机构数（个）	277	53	47	35	37	50
卫生机构床位数（张）	5569	1188	529	466	550	907
卫生技术人员（人）	6463	1086	397	563	536	622
医生（人）	2222	333	164	174	141	136
护师护士（人）	3040	476	132	183	174	179

资料来源：2016 年凉山州统计年鉴。

2. 医疗卫生资源密度低，未能实现对患者全覆盖

川滇彝族贫困地区除基本医疗卫生资源总量低以外，还存在医疗卫生服务半径同彝族贫困群体的居住环境不相匹配的问题，严重影响了基本医疗卫生服务的可及性与健康扶贫效果。

调研发现，约有 80% 的彝族贫困群体长期居住在环境较为偏远的山区，与中心城市的距离较远。医疗服务一般有一定的服务半径，因而其所能覆盖的患者范围严重受到医疗服务机构密度的影响。由表 8 - 19 可以看出，四川省医疗资源密度普遍高于全国平均水平，但凉山州医疗卫生从业人员密度仅有四川省平均水平的 1/3。云南省医疗卫生资源密度整体上要低于全国平均水平，昭通市医疗卫生资源密度虽高于云南省平均水平，但与全国平均水平仍有较大差距。通过比较不难看出，四川省凉山州医疗卫生资源密度最低，患者的医疗服务覆盖率也相对较低。

表 8 - 19　川滇彝族地区医疗卫生资源密度情况（2016 年）

	全国	四川省	凉山州	云南省	昭通市
每千平方公里卫生技术人员（人）	881.48	1020.00	373.90	639.74	926.76
每千平方公里执业（助理）医师（人）	332.71	380.80	125.97	220.18	285.65
每千平方公里注册护士（人）	365.84	426.70	157.26	271.55	442.76
每千平方公里医疗机构（个）	102.44	163.60	89.78	62.14	89.04

资料来源：依据 2017 年中国统计年鉴、四川省统计年鉴、四川省卫生和计划生育年鉴、昭通市 2016 年国民经济和社会发展统计公报计算整理而成。

凉山州彝族贫困人口多居于海拔在 2000～2500 米的"二半山"上，居住较为分散、交通不便。由于凉山州医疗卫生服务资源有限且密度低，

彝族贫困户就诊成本普遍较高。这使部分居住地较为偏远的彝族贫困群体在病痛可以忍受时，不去当地医疗机构就诊，有些人反而会求助于当地毕摩。尤其是作为家庭主要劳动力的妇女，经常受家庭农活和家庭琐事牵绊，就医成本又高，虽然参加了新农合可以报销部分医药费，仍选择隐忍病痛直至病灶影响其正常的生产生活后才去医疗机构就医。正因为此，不少因病致贫、因病返贫的家庭实则是久病不治所致。因此，彝族贫困地区医疗卫生机构密度低，在一定程度上对缓解并遏制彝族长期贫困并无益处。

3. 较高的生育率仍旧影响整体人力资本的提升

彝族贫困家庭的贫困与其生育时间早、男性偏好明显、生育数量多等较为传统的生育观念有着直接的联系。高生育率直接带来宏观上的资源、环境压力与微观上的家庭经济压力，不利于彝族贫困家庭脱离贫困陷阱。生育过多致贫现象在四川省凉山州地区尤为严重。从一定意义上说，传统生育观念下的高生育率是凉山州地区彝族长期贫困的主要原因之一。

凉山州人口的自然增长率目前稳定在10‰左右，虽然凉山州人口增长速度有所减缓，但人口增长惯性依旧存在，人口总量依旧呈增长态势。从全州来看，虽然凉山州对生育率进行严格控制，但2011~2016年，其政策外生育率仍然保持在10‰以上，可见彝族地区计划生育工作并非易事。对比来看，2016年以后凉山州政策外生育率逐渐降低，生育水平平缓下降（见表8-20）。

表8-20 2011—2017年凉山州人口生育情况统计

年份	出生人数（人）	出生率（‰）	政策内出生人数（人）	政策外出生人数（人）	政策外生育率（‰）	总和生育率（%）
2011	76738	17.29	62780	13958	18.19	2.15
2012	80965	18.04	66103	14862	18.36	2.26
2013	79033	17.35	64404	14629	18.51	2.08
2014	76504	16.61	62886	13618	17.80	2.07
2015	69535	15.00	56763	12772	18.37	1.80
2016	73914	15.67	64878	9036	12.23	1.94
2017	72169	14.54	66572	5598	7.76	1.87

资料来源：部分数据由凉山州卫计委提供。

由表 8 - 21 的统计数据可以看出，凉山州 10 个贫困县的多孩率与其贫困发生率有着明显的趋同性，多孩率高的县贫困发生率也相应较高；相反，计划生育政策落实较好的县的贫困发生率也较低。凉山州，除普格县外，符合政策生育率超过 90% 的县贫困发生率普遍低于其他县。

表 8 - 21　2017 年凉山州贫困县生育情况与贫困发生率统计

地区	出生率（‰）	符合政策生育率（%）	多孩率（%）	贫困发生率（%）
凉山州	14.95	92.27	22.35	11.01
美姑县	20.49	86.24	38.53	29.44
昭觉县	20.73	85.72	38.99	25.61
布拖县	16.92	85.60	40.60	32.33
喜德县	16.74	88.09	31.88	17.47
普格县	12.93	92.11	30.59	23.69
金阳县	17.99	86.65	32.24	32.22
越西县	18.52	88.64	31.81	14.00
甘洛县	17.00	88.90	27.48	11.82
盐源县	10.85	97.16	15.54	7.21
雷波县	19.98	92.23	21.76	12.61

资料来源：凉山州卫生和计划生育委员会提供的《凉山州人口形势分析报告（2017）》。

四川省人口和计划生育领导小组 2016 年 9 月对凉山州计划生育工作重点检查的结果①显示：生育子女个数已达政策允许上限，但仍准备生育的夫妇占 17%；愿意多生孩子的原因中，传宗接代、多子多福占 56%，养儿防老占 72%，增加家庭劳动力占 60%，扩大家族势力占 24%。调查表明，群众生育多孩的意愿依然十分强烈，群众生育观并没有发生根本性转变。"重男轻女""儿女双全"的思想在一些地方、一些人的心里根深蒂固，传统生育观念仍占主导地位。课题组在 2016 年、2017 年、2018 年多次进入凉山州调研，有关当地的生育问题结论与上文基本一致。

高生育率带来的较大的抚养比加重了凉山州彝族贫困人口的抚养负担，是导致其长期贫困的重要原因之一。以美姑县为例，美姑县老年人口

---

① 四川省人口与计划生育领导小组对凉山州计划生育工作重点检查的结果由凉山卫计委提供。

占比为 5.1%，少儿人口占比为 35.18%，少儿抚养比为 58.92%，老年抚养比为 8.54%，总抚养比为 67.46%，人口年龄中位数为 26.08。① 根据抚养比来看，美姑县平均每 100 个劳动人口需抚养 59 个少儿和 9 个老人，抚养负担非常重。由此可见，彝族地区对生育率的控制对脱贫相当关键。

4. 艾滋病管控干预难、宣传难、治疗难，母婴阻断难上难

前面在讨论历史致贫原因时提到，鸦片战争时期毒品开始大范围地流入大小凉山彝区，随之而来的便是艾滋病的蔓延与传播。调研发现，近年来凉山州艾滋病传播方式已由注射吸毒传播向非商业性性传播转变，对艾滋病管控工作的难度也随之加大。当下凉山州的艾滋病管控工作有"四难"，概括为："干预难、宣传难、治疗难，母婴阻断难上难"。

"干预难"主要指对艾滋病人精准实施管控、治疗等措施非常困难。这一方面是艾滋病的特殊性所致，由于艾滋病潜伏期长且在潜伏期内无显著病症，因而不易及时识别；另一方面，人口的流动性给控制疾病传播的工作增大了难度。"宣传难"主要难在宣传内容不被当地群众重视，虽知道艾滋病病毒对自身及家庭的严重危害，但在具体生活当中不主动积极采取防预措施。"治疗难"是针对艾滋病本身而言的，目前受医疗水平限制，艾滋病仍不能被治愈。"母婴阻断难上难"主要表现在劝阻怀孕难、孕期干预难、哺乳期干预难等方面。

其中，贯穿于"四难"问题始末的是被干预群体及其密切接触者"知行分裂"严重。所谓"知行分裂"即深知如何预防患病，患者也知道患病后到正规医院接受治疗即可控制病情，患病母亲知道患病不可怀孕、妊娠期应及时接受医疗阻断措施以防止婴儿传染、哺乳期应避免母乳喂养等，但其在实际生活中并不这么做。政府深感对此类"知行分裂"的艾滋病高危群体的干预压力巨大，该部分群体同样也是脱贫难度大、返贫风险高的主要群体之一。

（二）教育扶贫政策问题

从长远计，教育扶贫是提升彝族贫困人口质量、阻断彝族家庭贫困代际传递并将彝族贫困人口数量优势转变为人力资源优势，以带动地区发展

---

① 美姑县人口年龄结构的相关数据由凉山州卫计委提供。

的核心政策措施。2015 年 11 月 29 日，《中共中央国务院关于打赢脱贫攻坚战的决定》对"着力加强教育脱贫"的政策的定位是："加快实施教育扶贫工程，让贫困家庭子女都能接受公平有质量的教育，阻断贫困代际传递"。由此可见，教育扶贫应达到的政策效果即"通过提升人口质量来阻断贫困代际传递"。经过对国家及四川省、云南省教育扶贫政策的梳理与分析，本研究将现阶段教育扶贫政策的落实重点归纳为：改善贫困地区办学条件、加强贫困地区师资队伍建设和提升贫困学生自身素质等，这三项指标是评价川滇彝族地区教育扶贫政策实施效果的关键指标。其中，改善办学条件与加强师资队伍建设是基础与前提，是当下政府工作的重点；而提升贫困学生自身素质是政策落实的效果。

1. 川滇彝族地区教育资源分配不均衡

川滇彝族地区覆盖贫困县 33 个，其中 21 个位于云南，12 个位于四川。根据课题组实际调研情况和贫困发生率，选取 5 个有代表性的县市区进行教育扶贫资源配置状况的评估。其中，在四川省凉山彝族自治州选取贫困发生率最高的布拖县①，贫困发生率处于中等水平的喜德县②，以及州府西昌市；在云南选取位于滇东北三省交界处的镇雄县与威信县进行分析评价。

总体来看，云南彝族地区县级教育资源在各类校舍数量及教师配置数量上均相对优于四川彝族地区。例如，就县域面积相近的威信县与布拖县而言，威信县的校舍数量是布拖县的 4.8 倍，教师数量是布拖县的 3.5 倍，两县差距较大。

在四川省凉山州，教育资源配置不均衡现象尤为明显，大部分优质教育资源集中在州府西昌市（见表 8 - 22）。据 2015 年底的统计数据，凉山州贫困发生率最高的布拖县，其教师人数仅为西昌市的 14.0%，而贫困状况相对较好且距离西昌仅一小时车程的喜德县，其教师人数也仅为西昌市的 19.6%。这一方面是贫困县教育投入力度不足，尤其是教师待遇较低所致；另一方面也是贫困县优质生源外流所带来的后果之一。

---

① 布拖县 2017 年底贫困发生率为 32.33%，在四川省 12 个彝族贫困县中排第 12 位。
② 喜德县 2017 年底贫困发生率为 17.47%，在四川省 12 个彝族贫困县中排第 6 位。

表 8 - 22　2013～2015 年川滇彝族地区教育资源配置状况统计

单位：所有，人

年份	四川彝族地区						云南彝族地区			
	西昌		喜德		布拖		镇雄		威信	
	学校	教师	学校	教师	学校	教师	学校	教师	学校	教师
2013	198	6981	133	1673	33	1133	529	12174	159	3937
2014	191	8055	133	1774	33	1174	528	12067	158	3678
2015	191	8470	77	1662	33	1184	527	12593	159	3908

资料来源：凉山州 2014～2016 年统计年鉴、昭通市 2014～2016 年统计年鉴。

除教育资源配置状况外，教育质量也是衡量彝族贫困地区教育扶贫效果的重要指标，其中师生比是最直观的教育质量观测指标之一。由表 8 - 23 可以看出，四川彝族地区与云南彝族地区师生比指标相差不大，而在四川省凉山州内部，各县市师生比与该地区贫困状况呈正相关。

表 8 - 23　2013～2015 年川滇彝族地区学校密度与师生比配置状况统计

年份	四川彝族地区						云南彝族地区			
	西昌		喜德		布拖		镇雄		威信	
	学校密度	师生比（%）	学校密度	师生比（%）	学校密度	师生比（%）	学校密度	师生比（%）	学校密度	师生比（%）
2013	74.69	4.9	60.45	4.4	19.58	4.2	142.97	4.3	113.57	5.8
2014	72.05	5.6	60.45	5.0	19.58	4.1	142.70	4.1	112.86	5.6
2015	72.05	5.3	35.00	4.6	19.58	3.8	142.43	4.3	113.57	6.0

注：学校密度为"每千平方公里学校个数"。

资料来源：由凉山州 2014～2016 年统计年鉴、昭通市 2014～2016 年统计年鉴计算得出。

此外，比较发现：云南彝族贫困县的学校密度远高于四川彝族贫困县。在四川省凉山州，州府西昌的学校密度又远高于州内其他彝族贫困县，例如布拖县的学校密度不到西昌市的 1/3。较低的学校密度带来的直接后果是就学便利性的降低与家庭教育成本的提高。而对于部分居住在边远山区、本地学校又不提供住宿的贫困户学生来讲，长距离的上学路程将会提高该部分群体的辍学率，使其不愿坚持完成学业，这对于提升贫困地区人口质量与阻断家庭贫困代际传递非常不利。

2. 四川彝族地区"9+3"免费职业教育质量有待提升

四川省大小凉山彝族地区"9+3"免费职业教育计划，主要是解决部分彝族群体因缺乏技术而导致的收入低的问题，其主要措施是每年组织大小凉山彝族地区 13 个县的有关学生①到省内较发达地区接受免费职业教育，以提升彝族贫困群体的技术水平。参与"9+3"免费职业教育计划的学生不仅免学费，政府还补贴生活费、交通费、住宿及书本费等，政策优惠力度很大。据四川省教育厅统计，包括四川藏族聚居区在内的"9+3"免费职业教育计划毕业生初次就业率均在 98% 以上。②

课题组在深入凉山就教育扶贫情况进行调研时发现，参与"9+3"免费职业教育的彝族学生虽然初次就业率较高，但其稳定就业情况不容乐观，不少"9+3"毕业的学生就业稳定性较差。课题组在与凉山州乡镇领导干部就该问题产生的原因进行讨论时发现，其主要原因有二。

第一，"9+3"职业教育学生基础相对薄弱，自身学习能力相对不足。"9+3"作为职业教育的一种，其生源远不如普通高中及大专，因而其学生自身的学习能力也相对较弱。事实上，"9+3"在凉山州的生源绝大多数来自彝族贫困家庭，由于受到较为落后的家庭教育观影响和家庭教育支出限制，这部分学生的基础相对薄弱，普遍仅有初中低年级水平。教育基础薄弱与自身学习能力不足直接影响该部分学生在职业教育阶段的学习质量，以致大部分"9+3"毕业学生未能扎实掌握一门职业技术。

第二，"9+3"职业教育指定教学点的教学质量不高。"9+3"毕业学生就业稳定性差，一方面与学生基础薄弱有关，另一方面也与"9+3"指定职业技术学校教学质量差存在一定的关系。一些承担"9+3"计划的职业技术学校师资弱，教学资源和教学保障不足，很难针对市场就业需要及时开设专业课程并提供有效的实用技能训练，对学生学业成绩管控松散，不能保障大多数学生真正掌握就业所需要的实用技术。

---

① 包括凉山州 10 县和乐山市 3 个县区。
② 《四川省"9+3"应届毕业生初次就业率达到 98.32%》，http：//epaper. scdaily. cn/shtml/scrb/20170801/169505. shtml。

二 发展型政策问题

(一) 产业扶贫政策问题

1. 地区资源禀赋限制地方产业培育，产业扶贫帮扶精准度有待提高

在中共中央、国务院 2015 年 11 月 29 日出台的《中共中央国务院关于打赢脱贫攻坚战的决定》中，将"发展特色产业脱贫"列为"五个一批"扶贫措施之首。根据决定文本，本研究将村合作社建设情况、合作社对农户的增收效果、合作社解决就业情况、贫困户发展生产情况作为衡量产业扶贫政策效果的 4 个主要维度，并在此基础上细分成 7 项测量指标（见表 8 – 24）构成产业扶贫效果测量指标体系。

表 8 – 24　产业扶贫政策的测量与变量定义

维度	指标
村合作社建设情况	村里有无合作社
合作社对农户的增收效果	参加合作社后农产品更易出售
	入股合作社并得到分红
	得到土地流转金
合作社解决就业情况	在当地合作社务工
贫困户发展生产情况	政府帮助自己发展了脱贫产业
	自己的生产技术得到提高

分析发现，受访者中认为产业扶贫政策有效的占 49.1%，认为产业扶贫政策一般的占 11.9%，认为产业扶贫政策没有效果的占 39.0%。从统计结果来看，贫困户对产业扶贫的增收效果满意度较高，但仍存在相当一部分群体对现有产业扶贫增收效果存疑。在所有 7 项指标中，落实情况（见表 8 – 25）排在前三位的分别是：政府帮助贫困户发展脱贫产业（51.2%）、村合作社建设情况（48.8%）、合作社为贫困户分红（31.8%）。相比之下，农户普遍反映产业扶贫在助其提高生产技术（18.6%）、提供务工岗位（2.5%）方面落实效果欠佳。

表 8 - 25 分指标产业扶贫政策落实情况

单位：%

指标	政策落实情况	
	有/是/提高	无/否/未提高
政府帮助自己发展了脱贫产业	51.2	48.8
村里有无合作社	48.8	51.2
入股合作社并得到分红	31.8	68.2
得到土地流转金	21.9	78.1
参加合作社后农产品更易出售	21.4	78.6
自己的生产技术得到提高	18.6	81.4
在当地合作社务工	2.5	97.5

为进一步分析川滇彝族地区产业扶贫效果的影响因素[①]，根据课题组的田野调研经验以及调研情况，分别选取县、性别、年龄、受教育程度、家庭人均纯收入、家庭人口数、家庭劳动力人数、对扶贫政策的了解程度、技能培训的有效性、小额信贷对家庭增收的有效性、交通条件改善状况、农田水利设施改善状况、饮水条件改善状况、医疗卫生条件改善状况、教育资源改善状况等15个变量作为自变量，运用多元有序逻辑回归模型估计各因素对产业扶贫效果的影响，输出结果如表8-26所示。

表 8 - 26 产业扶贫政策增收效果影响因素的有序逻辑回归模型

变量	估计	标准误
县	- 1.012 ***	0.273
性别	0.208	0.427
年龄	0.302	0.567
受教育程度	0.147	0.248
家庭人均纯收入	0.607 **	0.289
家庭人口数	0.128	0.155
家庭劳动力人数	- 0.436 *	0.259
对扶贫政策的了解程度	0.696	0.575
技能培训有效性	1.753 ***	0.409
小额信贷对家庭增收的有效性	1.170 ***	0.246

---

① 产业扶贫效果的因变量为：农户自评产业扶贫对家庭增收的有效性程度。

变量	估计	标准误
交通条件改善状况	-0.050	0.751
农田水利设施改善状况	0.581	0.423
饮水条件改善状况	-0.129	0.429
医疗卫生条件改善状况	1.336**	0.683
教育资源改善状况	-0.752	0.536
阈值1	5.531**	2.675
阈值2	6.572**	2.693

注：* $p < 0.1$，** $p < 0.05$，*** $p < 0.01$。

根据表8-26模型估计结果可知，不同县域的产业扶贫效果不同，四川省普格县产业扶贫效果要好于云南省威信县与镇雄县。这与地域资源禀赋差异存在直接关系，四川凉山除部分旅游资源丰富地区（如普格县）之外，其余地区地势起伏大、自然环境恶劣，不利于当地的产业发展，因而其产业扶贫效果不及云南威信与镇雄等地。

家庭人均纯收入在5%的显著水平上同产业扶贫效果存在显著的正向影响，家庭人均纯收入越多，产业扶贫效果越好。这在一定程度上反映出川滇彝族地区产业扶贫项目对低收入家庭的瞄准精确度不高。调研发现，低收入家庭由于缺资金、缺技术，部分家庭还缺乏劳动力，因而无法有效参与到产业扶贫项目中去。绝大部分低收入群体只能得到定期的产业分红，"被边缘化"现象明显。

除此之外，家庭劳动力人数、技能培训对家庭增收的有效性、小额信贷有效性、医疗卫生条件改善状况等因素均在不同程度上影响了川滇彝族地区产业扶贫的效果。地方政府应着力从加大培训力度和提高培训质量、优化小额信贷环境、改善医疗卫生条件入手，进一步提升川滇彝族地区的产业扶贫效果。

2. 凉山州"以购代捐"模式有待规范完善

"以购代捐"属于产业扶贫的范畴，是在产业扶贫模式实施过程中，为解决产业发展起来以后农副产品市场销售难题而衍生的新型产销协作模式。该模式是在政府主导下，通过组织协调，让贫困村、贫困县与帮扶部门签订"以购代捐"协议，让贫困农户与对口帮扶部门建立一种长期稳定的双向联系以实现互惠互利。现阶段凉山州"以购代捐"模式主要由政府主导，政府出面组织对口帮扶单位和帮扶对象签订农副产品"以购代捐"协议，对口帮扶单位获得贫困农户生产的农副产品并支付"以购代捐"资金，贫困农户通过出售自己生产的农副产品获得资金报酬，进而实现农业循环再生产。据调查，截至 2017 年 9 月，凉山州每个贫困村与 1 个以上帮扶部门、企业签订农产品"以购代捐"协议。据统计，贫困村累计签约 4000 个以上，购销协议金额累计上亿元，所扶持的贫困村群众增收效果明显。

"以购代捐"模式超越了过去"输血式"捐款捐物的单向扶贫模式，它引导帮扶对象与对口帮扶单位之间建立一种相对稳定的社会网络，并使彼此之间产生一种信任关系，加强帮扶对象与市场经济的联系，使其主动参与社会分工协作。贫困农户从过去被市场边缘化，转变成为市场经济的主动参与者，从而调动了贫困对象的积极性，使其真正参与到扶贫开发过程中。同时，"以购代捐"可以有效推动凉山地区经济向现代市场经济转变，加快贫困地区生产经营主体融入商品经济交换的进程。以"以购代捐"为着力点可以在短时间内有效带动贫困地区产业发展，快速实现贫困户脱贫，并能够促进贫困地区更好地实现地区经济的可持续发展。

调研发现，凉山州"以购代捐"产业扶贫模式仍存在以下问题。

第一，"以购代捐"模式的利益联结机制存在问题，贫困户利益得不到切实保障。"以购代捐"虽然倡导优先购买贫困户的农产品，优先保障其经济收益，但对此并没有明文规定。调研发现，当贫困户农产品质量达不到收购要求时，收购者便会优先收购非贫困户的农产品。贫困户生产条件与技术相对落后，如果缺乏有效的利益联结机制，贫困户在激烈的生产竞争中处于劣势，进而被排挤出"以购代捐"的供给系统。随着"以购代捐"规模的不断扩大，贫困户的经济收益与政策利益都很难得到切实有效的保障。

第二，"以购代捐"运行机制尚处于摸索阶段，规范化程度低。目前凉山州"以购代捐"模式主要依靠政府提供平台连接供需双方，尚未建立起规范化的长效运行机制。在供给方面主要依靠村干部与县乡干部统筹协调生产规模与产品类型、产品收购与运输、利益分配等；在需求方面主要由政府向各对口帮扶单位下达购买任务，并组织销售。政府统筹不利于直接促进农民自身生产经营能力的提升和农村新型经营主体的培育，同时也为腐败留下了可乘之机。

第三，食品安全监管机制尚未建立，制约"以购代捐"的长效发展。调研发现，当下凉山州"以购代捐"农产品尚缺乏完善的安全监管机制，这主要表现在食品安全检测体系缺失与农产品质量标准缺乏两大方面。一方面，"以购代捐"的农产品多数未经过严格的食品安全检测，较容易出现劣质产品，对"以购代捐"的推广产生不利影响。尤其是那些对农产品的检验检疫要求比较高的活禽活畜类，遇到禽流感、口蹄疫等流行性疾病的时候，将严重制约"以购代捐"模式的推广。另一方面，由于食品质量标准的缺乏，"以购代捐"的农产品质量较低，普遍存在质量标准信息缺乏，如品种名称、原产地、包装规格、贮藏方法、农户联系方式等商品信息不健全等问题。同时，由于农产品配套设备不完善、加工设备不健全，很多贫困地区不具备对农产品进行真空保鲜包装的条件，加之基础设施不完善，长途运输面临更多的不确定性因素，风险大，制约了农产品"以购代捐"模式的长效开展，不利于其发挥扶贫效果。

第四，"以购代捐"扶贫模式具有短期性，不利于支撑凉山州长期稳定脱贫。就目前来看，凉山州"以购代捐"农产品一般会采取略高于原产地市场价格的方式认购，由帮扶部门或者政府财政补贴物流费用，出售给帮扶单位的价格普遍高于销售地市场价。由此，从价格上看，"以购代捐"农副产品并不具备竞争优势。该模式在短期内能被帮扶部门接受，但从长远来看，长期执行容易演变成为行政摊派任务，引发帮扶部门员工的不满情绪，可持续性不强。当"以购代捐"模式终止，凉山州贫困地区产品销售渠道会大幅缩减，这会使当地的持续稳定脱贫受到冲击。

3. 云南彝族地区民族特色村寨建设项目收效甚微

云南少数民族脱贫攻坚工作是在云南民族团结进步示范区建设的大背景下开展的。因此云南彝族地区随处可见具有彝族特色的民族团结示范村寨。民族团结示范村寨是一种特殊的综合扶贫项目，其建设目的有三：一是通过搬迁或村寨翻新的形式改善彝族的生活环境；二是保留与弘扬彝族传统文化；三是作为一种旅游扶贫项目产生经济效益。由于云南转移就业政策力度大，大量贫困群体外出务工，多数民族特色村寨已变成空心村，项目投资收益比较低。

云南镇雄县芒部镇上坝村便是一例。上坝民族团结示范村是 2016 年镇雄县政府投资修建的特色民族村寨，全村共有 2153 户、5139 人，彝族 261

户、550 人。上坝村推行的是一种典型的民族特色村寨扶贫模式，首先，给予易地搬迁户每人 25 平方米的建房面积标准，实施易地搬迁工程，并跟进基础设施与民族村寨建设；其次，在建设好的民族村寨中发展旅游帮扶项目，如通过彝族火把节吸引周边游客等；最后，针对年老体衰而无法外出务工的留守人口，民族特色村寨为其提供公益岗位，保障其收入来源。由于此前芒部镇政府统一组织了几批务工技能培训，并由政府出面联系安徽芜湖与浙江永康两地对口劳务输出，大批青壮年劳动力外出务工，全村所剩人口不多，仅剩的几十户中也以老年户居多。再加上镇雄县交通建设较为滞后，因此上坝镇民族特色村寨中空荡无人，商铺与游客寥寥无几。由此可见，特色村寨的建设的确在一定程度上改善了当地彝族贫困群体的生活环境，但由于过于注重外部环境建设，没有考虑到转移就业及地区交通环境对村寨项目的不利影响，民族特色村寨无法实现预期经济效益。

4. 川滇彝族地区产业扶贫存在的其他问题与风险

产业扶贫是通过对口帮扶单位和乡村精英的带动作用，为贫困地区寻找稳定、可持续的收入来源，从而保证脱贫的可持续性，其底线是保证贫困农户的"两不愁、三保障"。

首先，从调研情况来看，川滇彝族地区产业扶贫面临的首要困境是贫困户普遍存在对产业扶贫作用定位不当、期望过高，甚至期望通过产业扶贫发财致富等。这夸大了产业扶贫的效果，超出了政策设计目的。贫困户总觉得本地产业扶贫项目没有达到预期的收入效果，降低了对该项政策的满意度。

其次，彝族贫困地区乡村精英稀缺、致富能人较少，这在一定程度上制约了当地的产业发展。一方面，产业扶贫的初级阶段大多会选择以合作社的形式让大户带动贫困户共同致富，但目前四川彝族地区乡村精英稀缺、致富能人较少，无法实现大户带动的初级社的合作互助；另一方面，即便存在少数的乡村精英，由于彝族地区乡村普遍以家支血缘为纽带、差序格局的熟人社会状况，契约精神指导下的公平合理的利益分配很难实现，难以促进以乡村精英为主导的产业发展。

再次，扶贫产业同质性强，发挥稳定脱贫致富的作用有限。川滇彝族地区贫困农户农业生产停留在传统的种养殖阶段，以种土豆养生猪为主要农事，组织化程度低，生产经营理念无实质性转变。在市州层面，政府主导的扶贫产业同质性强，贫困村集体经济抵御市场风险的能力弱，产业扶贫投资失败的风险大。同时，农户实质性参与合作社的活动少，政府出台的保障贫困户利益的专项可行办法不多，贫困农户易成为市场风险的承受者。产业扶贫项目的同质性和利益相关者参与不充分，使产业扶贫项目发挥稳定脱贫致富的作用有限。

最后，政府主导的产业扶贫的脆弱性问题凸显，该问题在凉山州表现得尤为明显。凉山州通过扶贫第一书记联系对口帮扶单位和企业对贫困村的产业发展进行扶持，对口帮扶单位往往通过"以购代捐"的形式收购农产品以解决乡村产业的销售问题。这其实是以政府主导市场的形式来保证产业发展的稳定性。在彝族地区政府主导市场不具备长期性和稳定性，随着政府减少对市场的管控以及逐步还权于市场，以追求经济利益最大化为导向的资本就不可能从贫困户角度出发考虑公共利益问题，市场竞争力弱的扶贫产业势必面临破产的风险，大批贫困户会遭遇返贫危机。

（二）就业帮扶政策问题

1. 转移就业"招不到、留不下、稳不住"

在四川凉山和云南昭通，当地政府均与沿海发达城市签订了劳务输出协议，由政府为有外出务工需求的彝族贫困群体搭建转移就业平台，以期建立"订单式"与"菜单式"培训、就业服务体系，社保服务体系，维权服务体系等长效机制，确保有劳动力的彝族贫困家庭能够实现"就业一人，脱贫一户"的目标。通过实地调研，并对专门负责转移就业工作的政府工作人员进行深度访谈后发现，虽然政府对转移就业工作投入资金逐年增加，但仍旧存在招不到工、对方企业留不住人、在外务工人员稳定不下来等问题。以下以凉山州喜德县为例对以上三大问题进行分析。

广东省佛山市对口帮扶凉山州喜德县，国务院扶贫办向广东省佛山市下达的帮扶凉山州转移就业指标为500人，截至2018年10月底仅招到227人。据广东省佛山市南海区相关工作人员介绍，"招工难"主要是受到凉山州内民间劳务输出中介组织对政府劳务输出平台"挤压"效应的影响。目前当地政府未出台规制民间劳务输出组织不法营利的相关政策文件。

"留不住，稳不下"两大问题与"招不到"相比更为严重。"去年到现在，向我们佛山输出（劳务）的数字，是 227（人）……但实际上到昨天为止，可能留在佛山务工的不到 100 人。干满一个月的，到目前统计为止应该是 64 个。有 16 个人干满 4 个月了。"（20181106 XD 县 EN 乡，访谈记录）

由此可见，通过政府转移就业平台到广东佛山务工的 227 人当中，仅有 16 个人稳定地干满了 4 个月，占 7.05%，比例相当低。

分析相关影响因素如下：首先，外出务工人员子女入学问题未能得到有效解决。大部分彝族外出务工者会将子女带在身边照顾，但据转移就业的彝族群体反映，政府仅能帮助解决其子女入托问题，但小学及以上的入学问题不能帮助解决。这迫使部分转移就业群体返回家乡。其次，外出务工彝族贫困群体在外不能享受医疗保险优惠政策。由政府转移就业平台出去就业的绝大多数是建档立卡贫困户，其在户籍地可享受较高优惠的医保政策，就医负担低。但在广东佛山不能享受贫困户医保优惠政策，由于贫困户本身收入低，无法承担广东高额的就医费用，若患病则必然选择放弃工作回家治疗。最后，未建立起有效的纠纷解决机制。调研发现，在外务工的彝族贫困群体在与当地工人发生纠纷，或者有生活上的问题需要政府帮助时，仍需要首先联系户籍所在地的乡政府，而后再由乡政府与企业所在地政府沟通解决。如此，问题解决的周期就比较长，也有部分彝族建档立卡贫困户由于问题未及时得到有效解决而返回家乡。

2. 贫困主体能力与转移就业岗位要求不匹配

川滇彝族地区各级政府均为部分有就业需求的彝族贫困户提供了就业岗位，但由于彝族贫困群体部分存在专注力不够、语言不通、无法适应高强度工作等问题而难以胜任城市现代企业工作，这一问题在凉山彝族地区表现得尤为明显。课题组在凉山州入户调查时发现，部分农户专注力明显不足；大部分年龄在 35 岁以上的彝族农民无法熟练地使用汉语交流，这也为其走出凉山进入城市工作带来不小障碍。课题组专访了许多曾到广东务工的彝族贫困户，他们年均在外务工 4 个月左右，一般是每年 3 月外出、7月火把节前返乡之后便不再外出务工。当被问及下半年为何不外出务工时，他们普遍反映"广东太热了，等不热了，又该过年（彝族年）了"（20180426XD 县 HBL 乡入户访谈记录）。从企业和雇主角度考虑，也并不愿意聘用短期临时工。除此之外，彝族农民普遍反映在外地无法较好地融入以至于不愿外出务工。

由此可见，基于种种原因贫困主体转移就业意愿低，其能力与转移岗位要求并不相适应，转移就业帮扶效果欠佳。

三　生活改善型政策问题

（一）易地扶贫搬迁政策问题

易地扶贫搬迁政策在我国已经实施多年，其目标是希望通过"挪穷窝"使政策客体的住房安全能够得到有效保障，使其能够享受同等水平的基本公共服务，生产生活水平得到明显改善。川滇彝族地区易地搬迁安置点新房建设进程已接近尾声，政府投入力度很大，但仍旧存在新房入住率低、搬迁后居民生计问题未得到有效解决，以及新社区管理难等方面问题。

1. 易地搬迁新房入住率低

调研发现，川滇彝族贫困地区易地搬迁集中安置点新房的空置率很高，入住率较低。这一方面是原居住于山区的农户搬到坝区后生产生活不适应，居住不习惯所致；另一方面，农户"占旧房"的心理也是集中安置点新房空置率高的原因之一。农户由于从心理上有"老屋情结"，不愿离开住惯了的老屋，希望在入住新房的同时保留旧房。

更为重要的是易地搬迁后，农户的后续生计问题没有得到妥善解决。课题组在四川和云南彝族地区实地调研时发现，易地搬迁户虽较搬迁前住房条件有了明显改善，但由于搬迁后距离自家土地和牧场较远，失去了家庭稳定的收入来源。由于安置点附近产业发展需要一定的时间，县城又无法提供足够数量的工作岗位，部分搬迁户出于家庭生计考虑而返回旧房居住并维持原有的生产生活。

2. 易地搬迁形成的社区管理难问题

随着川滇彝族地区易地搬迁的推进，不少大规模的易地搬迁安置社区出现在了县城周围的坝区，有些新社区的人数之多甚至达到乡镇建制的规模。凉山州喜德县光明镇的甘哈觉莫安置点便是一例，该安置点共安置了2000多户、8000多人，规模相当可观。如此巨型的易地搬迁安置新社区，伴随而来的便是社区人居关系处理以及相关的管理问题。

易地搬迁安置社区人居关系问题由以下几方面构成：一是新社区的现代化空间形态同传统农村社区生活逻辑存在明显张力，现代化的楼房居住方式同农民传统的生活习惯之间表现出了明显的紧张感；二是搬迁户来自不同村落，彼此陌生的农户变成居民生活居住在一个新的城市空间中，难免会因为生活方式的差异而产生邻里纠纷，造成邻里关系的紧张；三是在物理空间的新社区里，由于传统权威消失而新权威尚未建立，邻里纠纷无法及时得到调解，势必使纠纷与矛盾升级，社会不稳定因素增加。

（二）生态扶贫政策问题

1. 生态扶贫的区域普惠性与贫困群体的特殊性之间存在矛盾

川滇彝族地区生态建设项目虽为低收入群体提供了长期稳定的收益，但也剥夺了其传统的生计来源，容易新生贫困。由于生态扶贫对贫困区域发展具有普惠性，项目区内所有居民均可受益，但这也降低了生态扶贫政策对贫困村与贫困户特殊需求的精准度。虽然针对贫困户劳动力的生态护林员岗位在一定程度上解决了贫困人口的特殊需求问题，但贫困家庭需求的多样性和动态性与护林员岗位的固定性之间仍存在矛盾。贫困户脱贫之后，是否还继续留任生态护林员？一些非贫困家庭因特殊原因致贫，可否通过参与生态护林获益？缺乏劳动能力的贫困家庭，如何能够分享到生态护林的收益？在生态建设项目中，如何更多地兼顾贫困群体的发展需求？这些都是当下川滇彝族地区生态扶贫所面临的问题。

2. 退耕还林政策停补与新一轮补偿偏低的问题凸显

川滇彝族地区是退耕还林的重点区域，该区域自然条件恶劣，林业产业化条件有限，多为生态公益林。由于可供选择的经济林品种少、树木生长周期长等，大部分退耕林区并无产出，加之第二轮退耕还林停补政策上的"一刀切"安排，较多有退耕还林土地的农户尤其是贫困户利益受损。具体表现在以下三点。第一，公益林分为国家级、省级、市县级多种，补偿存在差异，市县级公益林受制于当地财政影响而补助较低，甚至缺少补助；第二，新一轮退耕还林补助明显低于上一轮，如四川省、市、县三级因财力有限未单独增加补助；第三，剩余陡坡耕地的经营者更多是贫困家庭，对陡坡耕地的依赖程度高，缺乏转移生计策略的途径和能力。这些问题在一定程度上影响贫困户脱贫。

3. 生态扶贫中贫困户能力建设不足

贫困农户对生态环境的依赖程度较高,通过参与生态扶贫工程,他们可提高人力资本和积累社会资本,进而形成持续脱贫的能力。但实际上,贫困农户受自身禀赋限制,在生态建设中受益有限,对生态扶贫项目的知晓度、参与度、风险承载力较低。另外,川滇彝族地区女性能力开发不足也是制约当地扶贫的一大问题。彝族地区女性是家庭和农业生产活动的主要力量。然而,由于大量男性劳动力外出务工,农林活动、生态扶贫项目大多由当地女性推进,女性存在任务量大、工作重、接受培训少、文化素质低、劳动报酬不高等问题。现有生态扶贫项目缺乏对女性可行能力提升的政策安排,是当地生态扶贫的一大短板。

4. 生态服务消费市场不完善不健全

生态服务消费是典型的公共产品,但其生产具备一定的私人属性。当生态服务生产的个人成本与社会成本不匹配时,生产者积极性容易削弱。由于生态服务法律法规、制度建设滞后,生态林建设在抵消全国温室气体排放方面的作用未体现出应有的市场价值,全国大多数地区均未建立森林经营碳汇交易市场,退耕还林农户一般只能领到项目补贴和生态公益林管护补贴,生态林建设并未获得应有的回报。

生态服务消费的商业价值还体现在生物多样性、水源保护、药物研发等方面。但其商业价值均未得到足够体现,帮助贫困户增收有限。究其原因,在于并未形成完善的生态消费服务"研发—生产—消费—保护"产业链,其市场体系不够完善,贫困户能力开发不足,不利于生态服务供给,也不利于生态扶贫可持续发展。

四 精准扶贫政策实施中的其他问题

(一) 区域性贫困与精准帮扶关系问题

凉山州由于地域空间较为封闭、市场发育迟缓、资本流通缓慢,至今仍然保留着整体性贫困的特征。该区域除州府西昌及安宁河谷区域经济发展较好之外,其余大多数地区经济较为落后,贫困县绝大多数农户的人均年收入水平在贫困线上下波动。这导致精准扶贫政策实施以来，争当贫困户的现象时有发生，影响了脱贫的可持续性。

在整体性贫困特征明显的地区实施精准扶贫容易激起村内矛盾，导致"精准施策"不能保质保量落地。一方面，由于村内整体性贫困特征明显、农户家庭实际收入无法准确测量，对贫困户进行精准识别的工作难度很大，贫困户与非贫困户之间的差距也就是"一只鸡"的差距。于是，早期开展识别工作的部分行政村便选择通过扶贫资源平均分配的方式解决此难题。虽然在"回头看"与监督工作影响下，这种现象已得到遏制，但彝族家支力量影响扶贫资源分配的现象很难控制。贫困户的识别与筛选主要是靠村民代表大会民主投票，人数较多的家支由于其代表人数多，便能获得更多的贫困户指标，这在一定程度上加剧了贫困户名额分配的非公平性。另一方面，贫困户与非贫困户资源配置的差距导致农户之间形成一种羡慕甚至争当贫困户的不良风气。课题组在凉山州调研时发现，精准扶贫前，部分村庄虽然生活不宽裕，但村里农户之间的关系比较和睦。但自实施精准扶贫政策以后，所有的政策资源向建档立卡贫困户集中，这让没有被评为贫困户的人羡慕不已。许多已经是贫困户的农户不想"摘帽"，怕"帽子没了，资源也就没有了"，出现了一种想持续获得扶贫资源的心理。非贫困户希望得到政策支持，不再有上进心并且希望在下次"回头看"的工作中被评为贫困户。由此就造成了村里"不愿比富，反去争穷"的不良风气，进而形成了一种新的贫困文化形态。

（二）政府扶贫标本兼治的问题

如前所述，彝族长期贫困与彝族社会发育程度、历史文化、地理环境、价值观及现代化水平等主客观因素密切相关。调研发现，扶贫政策和措施更多着力于客观的外部致贫因素，通过大量资金注入推动基础设施与市场建设等进行扶贫。基础设施建设与发展性政策帮扶能够改善彝族居住环境、拉动地区经济发展，但其他物资性帮扶措施在缺乏特定约束机制的情况下，极易被吸附至贫困陷阱之中，难以发挥帮扶作用；而大量的转移性资金补贴，更会滋生"等靠要"的思想，不利于激发贫困群体内生动力，不利于贫困家庭从根本上脱贫。遏制长期贫困须内外结合、标本兼治。否则，再多的外部物质资源的投入，都难以可持续扶贫，反而会加剧贫困群体的"福利依赖"，导致贫困代际传递。

结　语

暂时性贫困不会遗传且容易治理，长期贫困容易遗传且是治理难题。彝族地区农村贫困现象是长期的。不论是按国家确定的收入性贫困标准，还是按支出法进行测算，2020 年前有 40％左右的彝族贫困家庭经历过 5 年以上的贫困。在这些经历过长期贫困的家庭里，有 90％的家庭存在贫困代际传递现象。贫困代际传递重点发生在那些身体状况差、生育子女数量较多、受教育程度低的彝族农村贫困家庭。比较而言，四川凉山彝族农村贫困代际传递现象比云南彝族农村贫困代际传递现象严重。

彝族长期贫困的原因是复杂的。微观上有个体禀赋和家庭禀赋因素，宏观上有历史文化、地理环境、社会发育与社会结构等因素。

彝族聚居区社会经济发展总体水平低，彝族内部存在贫富分化且固化的现象。彝族贫困家庭和个体是经济视域中的低收入群体，处于社会下层。彝族世居的山区及其宗教文化未能抑制市场力量进入。不同年龄、性别、受教育程度、家支等在彝族农村家庭长期贫困发生率上存在显著差异。彝族长期贫困家庭成员在其生命周期的全过程都受贫困影响，尤其是妇女、儿童、老人和残疾人。彝族地区宗教与习俗是彝族乡村家庭生活支出的一部分，加重了贫困的长期性。彝族旧的社会制度和习惯通过家支力量作用于婚姻与生育，使下层家庭深陷贫困。

不同年龄阶段的群体，其禀赋对其家庭所处的贫困类型影响不同。对于老年群体，精神力、抚养比、年龄、受教育程度、健康状况、语言水平、家庭生命周期等 7 个因素显著影响他们家庭的贫困户类型，其中精神力越好、汉语越流利、身体越健康、受教育年限越长的人，其家庭越不容易陷入长期贫困；年龄越大、家庭抚养比越重、家庭生命周期越靠后的人，其家庭越容易陷入长期贫困。对于中年群体，精神力、汉语水平、对毕摩的相信程度、家庭所处生命周期等 4 个因素对其家庭的贫困户类型有显著影响，受访者中精神力越好、汉语水平越高的人，其家庭越不容易陷入长期贫困；相信毕摩程度越深、家庭所处生命周期越靠后的人，其家庭越容易陷入长期贫困。对于青年群体，家庭抚养比、语言水平、家庭所处生命周期等 3 个因素对其家庭的贫困户类型有显著影响，其中家庭抚养比越大、家庭生命周期越靠后的人，其家庭越容易陷入长期贫困；而汉语水平越高的人，其家庭越不容易陷入长期贫困。

彝族宗教与经济之间的关系在现代化进程中面临一定的困境。在彝族的信仰体系中，自然神、鬼魂和祖先信仰表现出三类不同特点的经济理性。随着时代的变迁，在现实生活中，自然神和鬼魂的影响力逐渐弱化，但祖先信仰的重要性得到提升。彝族宗教中存在一些与世俗经济相背离的神秘主义观念和惯习。这些神秘主义观念和惯习，一方面使彝族缺乏资本主义精神，经济发展缓慢；另一方面也使其保留了敬畏自然、与自然和谐相处的观念。综合而言，彝族宗教与世俗经济之间的关系不断转化，先后经历了共生、分离和复兴三个时期。这种变化反映出当下彝族宗教与世俗经济的双向关联，以及与这种关联有关的发展困境。

彝族婚姻制度可能使部分家庭陷入长期贫困并导致代际传递。凉山彝族上千年的传统婚姻制度延续至今，仍保留了家支外婚、民族内婚和等级内婚等主要特征。在凉山解放、民主改革、婚姻法、市场经济、劳动力自由流动等变革性因素冲击下，凉山彝族民族内婚和等级内婚制度出现松动。处于彝族社会中层的年轻群体开始尝试族际婚姻和等级外婚姻。处于彝族社会下层的贫困群体的社会流动性很弱，并在传统婚姻制度的制约下处于贫困陷阱而难以自拔。在开放的社会里，婚姻可能是摆脱贫困、实现社会流动的途径之一。但是处于社会下层的彝族贫困家庭没有足够的经济资本和社会资本通过婚姻交换来摆脱贫困。不仅如此，凉山彝族的等级内婚制度还会强化贫困群体的下层认同意识，进而形成挥之不去的贫困亚文化。这可能是凉山彝族部分家庭陷入长期贫困并导致代际传递的根源之一。

大部分彝族贫困群体聚居区地理环境不利于市场经济发展，区位条件不利令其难以融入现代社会空间。以国家扶贫标准和现代社会生活水平来看，凉山彝族地区众多类似"悬崖村"的贫困村及其村民是十分贫困的。显而易见的是，其贫困与其所处地理环境极其不利有关。然而，地理环境通过对社会生产力的决定性影响，影响社会经济发展进程。地理环境不是产生贫困的决定性因素，空间的社会属性对贫困的决定性作用大于自然属性。彝族贫困村及其村民生活上的贫困，既有地理位置（自然因素）上的不利性影响，也有社会空间转换（社会因素）上的各种限制，更有来自彝族先民躲避战乱的初心（历史因素）的延宕。

彝族贫困代际传递以人力资本为核心，以经济资本为载体，以负资本的传递为主，在文化资本和社会资本的协同作用下，深刻地影响着贫困家庭。人力资本传递包括彝族贫困家庭身体负资本和教育负资本的传递，二者共同作用于子代贫困家庭的人力资本储备。经济资本是生产关系的基础，家庭内经济正资本的传递以赠予、继承、分家的形式进行；家庭内负资本以父辈债务、收入结构不合理和反哺需求为形式向子代转移。彝族贫困代际传递中的文化资本包括两方面，一是父辈严重缺乏对子代身体化、客观化、制度化文化资本的有意培育；二是现代化进程中，子代努力冲破家庭惯习、抗拒父辈文化负面影响，呈现子代文化正资本存量增加的整体面貌。彝族贫困代际传递中的社会资本是指子代获得的非正式社会支持，其绝大部分来源于父辈家庭，但社会资本存量高于父辈家庭。代际经济负资本通过作用于人力负资本、社会负资本，使贫困在代际循环发生，形成长期的贫困陷阱。

综合而言，彝族长期贫困与贫困代际传递的本质，是贫困场域中负资本的代际传承。解决办法有以下几个方面。

第一，国家政策应为贫困者提供脱离代际贫困或生命历程贫困的机会和环境。场域开放与精神脱贫互为因果。致贫因素的核心是精神贫困，体现为固守与保守，即封闭场域中的脱贫被动性。外界资源进入或内部人员外出后，封闭的贫困场域被打破，固守与保守得以解构。精神贫困消失后，人们也更愿意改变场域、放弃固守之地。因此，打通内外通道，提高贫困家庭进入主流社会的便利性和融入感显得尤其重要。以控制辍学和加强优生优育政策为主要手段的干预效果欠佳，加剧了贫困的遗传性。政府在政策硬性制定和软性执行之间，应找到合理的平衡点，既使贫困群众增权，又应提高人口素质。政府可从生命历程视角入手，制定动态扶贫政策。政策应确保儿童的受教育机会，加强青年的技能学习和社会融入，建立单亲家庭的正式社会支持网络，强化老年人及其他弱势群体的社会保障体系等。

第二，在场域内部需要打破阶层流动缓慢现象，增进社会公平。彝族的社会流动并不活跃，彝族贫困家庭长期处于社会下层，向上流动相当困难。需要持续提升纵向流动的公平程度。落实既有政策，制定新政策，多措并举预防儿童重大疾病的发生，保障并提高新生子代身体素质；倡导和推行新的生活方式，提高彝族群众健康意识；提高教育扶贫政策的覆盖率和效率。政府和社会应有效利用电视、广播、新媒体、绘本等多种工具，通过广泛宣传，引导彝族聚居区贫困群众摒弃安于现状的生活观、互相攀比的彩礼观、多子多福的生育观和非理性的消费观，激发脱贫致富的内生动力；加大移风易俗工作力度，鼓励彝族贫困群众积极进取，全方位助力彝族聚居区群众逐步摆脱贫困亚文化的桎梏。

第三，彝族的贫困是区域性整体贫困，应促进资源公平分配。重要的是加强基础设施建设，通过生态扶贫促进彝族地区绿色发展。可运用包括新型路面修筑技术、高速铁路公路建设、支线机场建设在内的一系列高新技术手段，克服彝族地区各类基础设施建设成本高、施工难度大、使用寿命短的缺陷，完善彝族贫困地区道路交通网，实现村落间通硬质路面，对现有道路、桥梁、隧道进行加固维修，提高通达水平，逐步形成完备通畅的彝族地区道路体系，弥补其基础设施建设的短板。巩固绿色发展理念，加大对彝族贫困地区生态补偿力度，通过开展包括植树造林、退耕还林、水土保护在内的一系列措施，积极发展生态产业，加强彝族地区生态文明建设，让彝族地区贫困群众在生态文明建设过程中得到实惠，实现生态扶贫与可持续发展的"双赢"，为促进彝族群众脱贫致富注入活力。

第四，在家庭内部需要优化各类资本，必要时可采取代际隔离，阻断贫困遗传。按照时间维度，优化家庭内部的各类资本有三条路径：短期内，就业帮扶、外出务工、资源开发是提升家庭经济实力的有效途径；中长期内，加强素质教育，包括学校教育、社会教育和家庭教育，是遏制下一代贫困的有效手段；长期内，反贫困利益相关方应致力于以多元结构化的方式提高家庭的抗逆力，或有可能阻断贫困的代际传递。家庭中，父辈负资本的渗透性十分顽固，必要的代际隔离包括三方面：一是子代处于学龄期时实施寄宿制，改善其成长环境，尽量减少原生家庭对其素质教育的负面影响；二是在子代独立生计之后，主动迁移，避免受到封闭场域的同化；三是在可能的情况下，阻断子代同父辈的反哺性关联，制度性地为贫困老人提供托底供养服务，减轻子代的经济负担，防控其返贫风险。在贫困代际传递过程中，父辈向子代传递的负资本具有决定性作用，其薄弱的正资本的效用微乎其微。从资源开发的角度，应促进正资源进入代际传递机制中，并发挥主导作用。

总体上，就彝族社会与彝族个体的关系而言，前者对后者的影响大于后者对前者的影响。换言之，在彝族贫困问题上，社会结构的影响更大一些。

参考文献

一 国内专著

阿牛史日、吉郎伍野：《凉山毕摩》，浙江人民出版社，2007。

费孝通：《乡土中国》，上海人民出版社，2006。

郭丛斌：《教育与代际流动》，北京大学出版社，2009。

李绍明、程贤敏编《西南民族研究论文选》，四川大学出版社，1991。

林耀华：《凉山彝家的巨变》，商务印书馆，1995。

岭光电：《忆往昔——一个彝族土司的自述》，云南人民出版社，1988。

刘绍华：《我的凉山兄弟》，中央编译出版社，2015。

陆学艺主编《当代中国社会阶层研究报告》，社会科学文献出版社，2002。

马长寿著，周伟洲编《马长寿民族学论集》，人民出版社，2003。

马学良：《马学良民族研究文集》，民族出版社，1992。

师有福译注《阿哲毕摩经选译》，云南民族出版社，2006。

石硕：《藏彝走廊：文明起源与民族源流》，四川人民出版社，2009。

宋镇修、王雅林主编《农村社会学》，黑龙江教育出版社，1993。

王卓：《中国贫困人口研究》，四川科学技术出版社，2004。

杨成志：《杨成志人类学民族学文集》，民族出版社，2003。

《彝族简史》编写组、《彝族简史》修订编辑委员会编《彝族简史》，民族出版社，2009。

袁亚愚主编《当代凉山彝族的社会和家庭》，四川大学出版社，1992。

云南省编辑组、《中国少数民族社会历史调查资料丛刊》修订编辑委员会编《四川贵州彝族社会调查》，民族出版社，2009。

郑杭生主编《社会学概论新修》，中国人民大学出版社，2019。

二 译著

〔美〕M. P. 托达罗：《第三世界的经济发展（上）》，于同申等译，中国人民大学出版社，1988。

〔印度〕阿马蒂亚·森：《贫困与饥荒》，王宇、王文玉译，商务印书馆，2001。

〔英〕爱德华·泰勒：《原始文化》，连树声译，上海文艺出版社，1992。

〔英〕安东尼·吉登斯：《社会学》，李康译，北京大学出版社，2009。

〔美〕加里·斯坦利·贝克尔：《家庭论》，王献生、王宇译，商务印书馆，1998。

〔英〕波兰尼：《大转型：我们时代的政治与经济起源》，冯钢、刘阳译，浙江人民出版社，2007。

〔美〕戴维·波普诺：《社会学》，李强等译，中国人民大学出版社，1999。

〔法〕布尔迪厄：《文化资本与社会炼金术：布尔迪厄访谈录》，包亚明译，上海人民出版社，1997。

〔英〕戴维·布莱克莱吉、巴里·享特：《当代教育社会学流派——对教育的社会学解释》，王波等译，春秋出版社，1989。

〔瑞典〕冈纳·缪尔达尔著，〔美〕塞思·金缩写《亚洲的戏剧：南亚国家贫困问题研究》，方福前译，商务印书馆，2015。

〔德〕哈贝马斯：《交往行动理论》（第一卷），洪佩郁、蔺青译，重庆出版社，1993。

〔德〕马克斯·韦伯：《经济·社会·宗教——马克斯·韦伯文选》，郑乐平编译，上海社会科学院出版社，1997。

〔德〕马克斯·韦伯：《经济与社会》上卷，林荣远译，商务印书馆，1997。

三　国内论文

蔡富莲：《当代凉山彝族家支聚会及其作用》，《民族研究》2008 年第 1 期。

蔡富莲：《凉山彝族的招魂仪式及灵魂崇拜》，《宗教学研究》2003 年第 1 期。

蔡富莲：《论凉山彝族的魂鬼崇拜观念》，《西南民族学院学报》（哲学社会科学版）2000 年第 S3 期。

陈全功、程蹊：《长期贫困为什么难以消除？——来自扶贫重点县教育发展的证据》，《西北人口》2006 年第 1 期。

陈全功、程蹊：《农村长期贫困与教育改革》，《贵州财经学院学报》2006 年第 3 期。

陈文江、杨延娜：《西部农村地区贫困代际传递的社会学研究——以甘肃 M 县四个村为例》，《甘肃社会科学》2010 年第 4 期。

邓志强：《青年的阶层固化："二代们"的社会流动》，《中国青年研究》2013 年第 6 期。

方菲：《社会排斥视野下农村低保对象的生活图景探究——基于湖北省 X 村和 T 村的调查》，《中国农村观察》2012 年第 4 期。

龚继红、钟涨宝：《农村家庭子女性别结构对家庭教育投资行为的影响——湖北省随州市农村家庭的调查》，《青年研究》2005 年第 3 期。

谷晓然、刘维娜：《中国居民收入流动性与长期贫困》，《财经科学》2016 年第 2 期。

何景熙、王娟：《非常规因素影响下彝族人口死亡模式变动探析——兼论毒品对彝族人口的影响》，《西南民族大学学报》（人文社科版）2005 年第 9 期。

何耀华：《论凉山彝族的家支制度》，《中国社会科学》1981 年第 2 期。

黄佳豪：《西方社会排斥理论研究述略》，《理论与现代化》2008 年第 11 期。

黄潇：《如何预防贫困的马太效应——代际收入流动视角》，《经济管理》2014 年第 5 期。

　　金晖：《当前农村社会阶层分化现象刍议——以西南地区 H 村为中心的考察》，《华中农业大学学报》（社会科学版）2008 年第 2 期。

　　蓝红星：《民族地区慢性贫困问题研究——基于四川大小凉山彝区的实证分析》，《软科学》2013 年第 6 期。

　　李春玲：《社会政治变迁与教育机会不平等——家庭背景及制度因素对教育获得的影响（1940—2001）》，《中国社会科学》2003 年第 4 期。

　　李昊、赵连阁、谭洪波：《农村地区家庭教育投资的影响因素分析——以河北省承德市为例》，《农业技术经济》2006 年第 5 期。

　　李怀：《婚嫁消费升级的意义供给机制转型：一个多重逻辑的分析》，《浙江学刊》2017 年第 3 期。

　　李强：《贫困文化之研究》，《天津社会科学》1989 年第 1 期。

　　李晓明：《长期贫困理论述评》，《广西青年干部学院学报》2006 年第 2 期。

　　李晓明：《我国山区少数民族农民贫困代际传递的基本特征》，《内蒙古社会科学》（汉文版）2005 年第 6 期。

　　李煜：《婚姻匹配的变迁：社会开放性的视角》，《社会学研究》2011 年第 4 期。

　　梁永佳：《中国农村宗教复兴与"宗教"的中国命运》，《社会》2015 年第 1 期。

　　林闽钢、张瑞利：《农村贫困家庭代际传递研究——基于 CHNS 数据的分析》，《农业技术经济》2012 年第 1 期。

　　卢佳：《试析彝族祖灵信仰对彝族心理发展的影响》，《西南民族大学学报》（人文社会科学版）2012 年第 3 期。

　　马传松、朱挢：《阶层固化、社会流动与社会稳定》，《重庆社会科学》2012 年第 1 期。

　　潘天舒：《我国县级义务教育投资的地区差异及其影响因素分析》，《教育与经济》2000 年第 4 期。

　　钱民辉：《教育真的有助于社会向上流动吗——关于教育与社会分层的关系分析》，《社会科学战线》2004 年第 4 期。

　　秦宛顺：《中国家庭教育支出与家庭收入关系的实证研究》，《数量经济技术研究》1992 年第 11 期。

　　秦熠：《鸦片种植与凉山彝区社会变迁（1908—1949）》，《中南民族大学学报》（人文社会科学版）2014 年第 3 期。

　　汪三贵、殷浩栋：《资产与长期贫困——基于面板数据的 2SLS 估计》，《贵州社会科学》2013 年第 9 期。

　　汪燕敏、金静：《长期贫困、代际转移与家庭津贴》，《经济问题探索》2013 年第 3 期。

　　王生云：《中国农村长期贫困程度、特征与影响因素》，《经济问题》2011 年第 11 期。

　　王卓：《扶贫陷阱与扶贫资金政府管理效率》，《四川大学学报》（哲学社会科学版）2008 年第 6 期。

　　王卓：《关于下一阶段扶贫工作的建议》，《财经科学》1999 年第 2 期。

　　王卓：《论暂时贫困、长期贫困与代际传递》，《社会科学研究》2017 年第 2 期。

　　王卓：《新世纪凉山彝族贫困地区扶贫问题研究——以喜德县为例》，《社会科学研究》2006 年第 2 期。

　　王卓：《中国现阶段的贫困特征》，《经济学家》2000 年第 2 期。

　　王卓、李静玮：《论彝族宗教与世俗经济的关系变迁》，《宗教学研究》2018 年第 1 期。

　　王卓、时玥：《彝族贫困代际传递现状及影响因素研究》，《中国人口科学》2019 年第 3 期。

　　王卓、张伍呷：《凉山彝族婚姻制度的松动与走向研究——兼析彝族贫困代际传递的原因》，《西南民族大学学报》（人文社科版）2018 年第 3 期。

　　魏国学、熊启泉、谢玲红：《转型期的中国农村人口高彩礼婚姻——基于经济学视角的研究》，《中国人口科学》2008 年第 4 期。

　　吴坚：《高等教育与社会流动的关系分析》，《华南师范大学学报》（社会科学版）2012 年第 2 期。

　　吴理财：《论贫困文化》（上），《社会》2001 年第 1 期。

　　吴晓林：《"阶层复制"还是"精英循环"——高等教育促进社会流动的再分析》，《国家教育行政学院学报》2012 年第 3 期。

　　肖雪：《凉山彝族死亡认知的本土表达与现代调适——以"尼木措毕"

仪式为例》,《宗教学研究》2013 年第 3 期。

谢霄亭、高梦滔:《农村地区孩子教育投资影响因素分析:山西省的经验数据》,《中国人口科学》2004 年第 6 期。

熊丽英:《贫困文化与文化贫困》,《求索》2004 年第 2 期。

徐铭:《凉山彝族祖先崇拜及其社会功能》,《西南民族学院学报》(哲学社会科学版)1990 年第 2 期。

徐睿:《宗教与性别社会化——毕摩教在凉山彝族女性生命转折点中的作用》,《云南社会科学》2007 年第 3 期。

银平均:《社会排斥视角下的中国农村贫困》,《思想战线》2007 年第 1 期。

张车伟:《人力资本回报率变化与收入差距:"马太效应"及其政策含义》,《经济研究》2006 年第 12 期。

张可佳:《族群认同与宗教结构特性——以凉山诺苏彝族及其原生性宗教为例》,《世界宗教文化》2015 年第 3 期。

张立冬、李岳云、潘辉:《收入流动性与贫困的动态发展:基于中国农村的经验分析》,《农业经济问题》2009 年第 6 期。

张泽洪:《中国西南彝族宗教祖灵崇拜及多元信仰体系》,《宗教学研究》2011 年第 4 期。

张兆曙、陈奇:《高校扩招与高等教育机会的性别平等化——基于中国综合社会调查(CGSS2008)数据的实证分析》,《社会学研究》2013 年第 2 期。

章元、万广华、史清华:《暂时性贫困与慢性贫困的度量、分解和决定因素分析》,《经济研究》2013 年第 4 期。

章元、万广华、史清华:《中国农村的暂时性贫困是否真的更严重》,《世界经济》2012 年第 1 期。

郑辉、李路路:《中国城市的精英代际转化与阶层再生产》,《社会学研究》2009 年第 6 期。

庄孔韶:《"虎日"的人类学发现与实践——兼论〈虎日〉影视人类学片的应用新方向》,《广西民族研究》2005 年第 2 期。

庄孔韶、杨洪林、富晓星:《小凉山彝族"虎日"民间戒毒行动和人类学的应用实践》,《广西民族学院学报》(哲学社会科学版)2005 年第 2 期。

四 国外文献

Anirudh Krishna, "Characteristics and Patterns of Intergenerational Poverty Traps and Escapes in Rural North India," *Development Policy Review*, 5 (2012).

A. Giddens, *The Transformation of Intimacy*: *Sexuality, Love and Eroticism in Modern Societies*, Stanford: Stanford University Press, 1992.

B. Baulch, J. Hoddinott, *Economic Mobility and Poverty Dynamics in Developing Countries*, Frank Cass, 2000.

C. D. Laughlin, "Maximization, Marriage, and Residence among the So," *American Ethnologist*, Vol. 1, No. 1, 2010.

David Hulme, Andrew Shepherd, "Conceptualizing Chronic Poverty," *World Development*, 31, 3 (2003).

Elisabeth Croll, *The Politics of Marriage in Contemporary China*, Cambridge: Cambridge University Press, 1981.

Erik Mueggler, *The Age of Wild Ghosts*, Berkeley and Los Angeles: University of California Press, 2001.

H. Silver, "Reconceptualizing Social Disadvantage: Three Paradigms of Social Exclusion," in Gerry Rodgers, Charles Gore and José B. Figueiredo (eds.), *Social Exclusion*: *Rhetoric, Reality, Responses*, Geneva: International Institute for Labor Studies, 1995.

J. Goody, S. J. Tambiah, *Bridewealth and Dowry*, Cambridge: University Press, 1973.

J. L. Comaroff, *The Meaning of Marriage Payments*, London: Academic Press, 1980.

Kathleen M. Blee, Dwight B. Billings, "Race Differences in the Origins and Consequences of Chronic Poverty in Rural Appalachia," *Social Science History*, 1996.

Kelly Musick, Robert D. Mare, "Family Structure, Intergenerational Mobility, and the Reproduction of Poverty: Evidence for Increasing Polarization," *Demography*, 41, 4 (2004).

K. Moore, "Frameworks for Understanding the Intergenerational Transmission of Poverty and Well-being in Developing Countries," CPRC Working Paper, 2001.

M. Corcoran, T. Adams, "Family and Neighborhood Welfare Dependency and Sons' Labor Supply," *Journal of Family & Economic Issues*, 16, 2 (1995).

O. Lewis, "Five Families: Mexican Case Studies in the Culture of Poverty," *Social Service Review*, 34, 1 (1960).

Peter M. Blau, Otis D. Duncan, *The American Occupational Structure*, N. Y. : The Free Press, 1967.

P. Bourdieu, *Outline of A Theory of Practice*, trans. by R. Nice, Cambridge University Press, 2013.

P. Bourdieu, "The Forms of Capital," in Richardson (ed.), *Handbook of Theory & Research of for the Sociology of Education*, Westport, Conn. : Greenwood Press, 1986.

S. Becker Gary, Tomes Nigel, "An Equilibrium Theory of the Distribution of Income and Intergenerational Mobility," *Journal of Political Economy*, 87, 6 (1979).

Thomas Glauben, Thomas Herzfeld, Scott Rozelle, XiaoBing Wang, "Persistent Poverty in Rural China: Where, Why, and How to Escape?" *World Development*, 40, 4 (2012).

Y. Yan, "The Individual and Transformation of Bridewealth in Rural North China," *Journal of the Royal Anthropological Institute*, Vol. 11, No. 4, 2005.

后　记

　　感谢我的父母、兄弟姐妹及所有家人。他们的生活和工作经历，作为我观察社会的重要部分，始终影响着我对贫困问题以及贫富差距的思考，始终激励着我对贫困问题的求解。

　　感谢我的朋友。他们以多种方式，鼓励我和团队成员一次又一次深入彝族社区。他们的一些想法和建议，也影响着我对贫困问题的看法。希望他们有机会看到这本书。他们是冯永宽、阿于古格、赵曦、郭晓鸣、陈井安、杨成钢、张俊良、何频、张骏、李克建、孟兆军、毛福美、袁波、瓦扎张学、吴喜、朱建学、王旭东、沙文、古德强、吉伍扯子、武杰、刘立策、周奎、沙力撒、吉好日各等。

　　感谢我的团队成员。他们在我主持国家社会科学基金重点项目"彝族长期贫困及代际传递的实证研究"前后，以合作者或学生的身份参与调查研究。他们的勤奋、才华和奉献，为本书增光添彩。希望他们为消除贫困、共同富裕继续努力。他们是张五呷、时玥、胡梦珠、李蔓莉、李静玮、李莎莎、董贝贝、杜芳、罗江月、刘海燕、冯丽婕、张云熙、王佩琪、王一帆、郝铁滚、刘明伟、唐辉、尹晗昕、王璇、马熠辉、冯彩华等。

　　感谢社会科学文献出版社的黄金平编辑，在长期合作的时间里，他为本书的出版劳神费力，提供了许多帮助。

王　卓

2021 年 2 月 22 日于四川成都

图书在版编目（CIP）数据

贫困治理：彝族长期贫困及代际传递 / 王卓著. --
北京：社会科学文献出版社，2022.8
ISBN 978 - 7 - 5228 - 0393 - 7

Ⅰ.①贫… Ⅱ.①王… Ⅲ.①彝族 - 民族聚居区 - 扶
贫 - 研究 - 四川、云南 Ⅳ.①F127

中国版本图书馆 CIP 数据核字（2022）第 114613 号

贫困治理
──彝族长期贫困及代际传递

著　　者 / 王　卓

出 版 人 / 王利民
责任编辑 / 黄金平
责任印制 / 王京美

出　　版 / 社会科学文献出版社 · 政法传媒分社（010）59367156
　　　　　地址：北京市北三环中路甲 29 号院华龙大厦　邮编：100029
　　　　　网址：www. ssap. com. cn
发　　行 / 社会科学文献出版社（010）59367028
印　　装 / 三河市尚艺印装有限公司

规　　格 / 开 本：787mm × 1092mm　1/16
　　　　　印 张：22.5　字 数：370 千字
版　　次 / 2022 年 8 月第 1 版　2022 年 8 月第 1 次印刷
书　　号 / ISBN 978 - 7 - 5228 - 0393 - 7
定　　价 / 138.00 元

读者服务电话：4008918866